电脑应用即时查系列丛书

电脑组装与BIOS设置

速查1000

九州星火传媒　陈　伟　编著

电子科技大学出版社

内容提要

本书是《电脑应用即时查》系列丛书之一。本书给出了电脑的主机部件、常用外部设备的基础概念、性能指标、参数、品牌知识及选购技巧，电脑的主机部件与外部设备的组装，BIOS 设置及硬盘分区，Windows 操作系统和应用软件的安装，电脑的维护技能，常见电脑故障的分析与排除等多达 1000 个问题的答疑解惑。

本书可作为初、中级电脑用户的学习参考书，也是电脑爱好者的必备工具手册。

图书在版编目（CIP）数据

电脑组装与 BIOS 设置速查 1000 / 陈伟主编.—成都：电子科技大学出版社，2007.4

ISBN 978-7-81114-375-1

I. 电… Ⅱ.陈… Ⅲ. ①电子计算机－组装－基本知识 ②微型计算机－输入输出寄存器－基本知识 Ⅳ.TP3

中国版本图书馆 CIP 数据核字（2007）第 011767 号

电脑组装与 BIOS 设置速查 1000

九州星火传媒　陈　伟　编　著

出　　版：电子科技大学出版社（成都市一环路东一段 159 号电子信息产业大厦　邮编：610051）
责任编辑：张　鹏
发　　行：新华书店经销
印　　刷：四川墨池印务有限公司
成品尺寸：144mm × 210mm　　印张 13.25　　字数 490 千字
版　　次：2007 年 4 月第一版
印　　次：2007 年 4 月第一次印刷
书　　号：ISBN 978-7-81114-375-1
定　　价：19.00 元

前言

你在学电脑吧？是不是觉得电脑很神秘，有点无从下手？家里买了电脑，因为经常出问题，但自己不知道该怎么修理，常常求助于朋友，以至于饭局总是少不了，搞得很头疼？看着别人在网上玩游戏玩得很痛快，自己不知道咋玩，但又碍于面子不好请教？

电脑硬件日新月异，软件版本不断推陈出新，上网冲浪越来越流行，不可不会，工作、学习之中电脑使用得越来越频繁，怎么办？

不要着急，我们特意为你推出了《电脑应用即时查》系列工具读物，让你轻轻松松学会各种电脑操作，笑对电脑各种疑难杂症。

□ 丛书简介

《电脑应用即时查》系列丛书是电子科技大学出版社精心打造的一套电脑工具读物，丛书包括《电脑维护、故障急救速查 1000》、《Windows XP 实用技巧速查 1000》、《精选实用网址速查 2000》、《注册表修改设置速查 1000》、《Office2003 高效办公速查 1000》、《电脑组装与 BIOS 设置速查 1000》、《五笔字型常用汉字速查 6000》、《新手学上网速查 1000》、《新手学电脑速查 1000》和《DOS 与 Windows 命令速查 1000》。相信读者根据自己的需求，一定能从这套丛书中选择到适合自己的图书。

□ 丛书特色

1. 内容丰富全面

本套丛书从作者多年钻研电脑的经验出发，精心挑选了电脑硬件、操作系统、应用软件、上网浏览与应用、局域网、电脑打字、网址速查等方方面面的操作与应用，内容十分全面，是广大电脑用户不可多得的电脑工具宝典。

2. 语言简洁精炼

本书在解析众多案例的时候，没有长篇大论，力求以最少的文字将问题描述清楚，以最省篇幅的形式将解决方案呈现给读者，便于读者阅读掌握。

3. 步骤详尽清晰

虽然篇幅有限，案例众多，但本书全部采用“一步一步”的写作形式，使得读者操作起来非常方便、条理清晰明了，宛如电脑专家言传身教，使读者迅速提高自身的电脑操作技能，获得大量实际经验、技能和技巧。

4. 专业的创作团队

本书由专业的、电脑应用经验丰富的团队所创作，在为你提供实用、丰富的书中内容的同时，还能保证随时解答你学习电脑的过程中遇到的各种疑难问题。

□ 使用说明

阅读本书之前，请将 Windows 窗口更改为“Windows 传统风格”，方法为：

（1）打开“我的电脑”窗口，然后单击菜单命令“工具”/“文件夹选项”。

（2）在打开的“文件夹选项”窗口中选择“使用 Windows 传统风格的文件夹”。

（3）单击“确定”按钮，就使窗口变回到了 Windows 传统风格界面。

□ 读者对象

（1）初、中级电脑用户不可多得的学习参考书。

（2）电脑爱好者和家庭电脑用户随用随查的必备宝典。

（3）电脑培训班、大专院校师生的教学辅导用书。

□ 完善的售后服务

本书为广大读者提供技术支持网站 www.21pcedu.com（21 世纪电脑教育网），免费为读者提供在线答疑、软件下载、学习论坛、免费电子图书下载等服务，相信能对读者自学电脑提供更多便利和帮助。你也可直接写邮件到 jzxh@vip.163.com 与我们联系，道出你的困惑，我们将非常热情、认真地为你服务。

□ 致 谢

本书由前程文化总策划，北京九州星火传媒编著。在此向所有参与本书编创工作的人员表示由衷的感谢，更要感谢购买本书的读者，你的支持是我们最大的动力，我们将不断努力，为你奉献更多、更优秀的电脑图书！

九州星火传媒　陈伟

目录

第 1 章 认识和选购电脑主机部件

第 2 章 认识和选购电脑外部设备

第 3 章　组装电脑硬部件

第 4 章 安装电脑操作系统

第 5 章 设置 CMOS 与 BIOS

第 7 章　维护电脑系统

第 8 章　电脑常见故障的分析与排除

第 1 章

认识和选购电脑主机部件

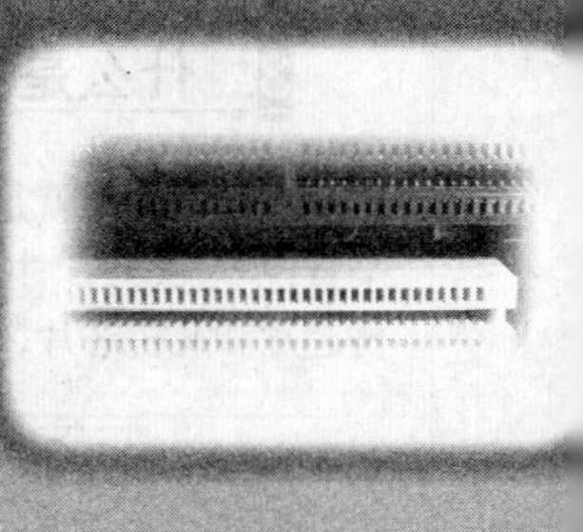

1-1 认识和选购主板

主板是电脑中各个部件工作的一个平台，它把电脑的各个部件紧密连接在一起，各个部件通过主板进行数据传输。也就是说，电脑中重要的“交通枢纽”都在主板上，它工作的稳定性影响着整机工作的稳定性。

1. 什么是主板

主板的英文名称叫做 Motherboard，也可以译做母板。从“母”字可以看出主板在电脑各个配件中的重要性。主板上面密布各种元件、接口、插槽。各种外设、板卡、 CPU、存储器等。主板在一台计算机中扮演着躯干和中枢神经的角色，它直接关系着一台计算机的种类、性能、功能。好的主板可以让电脑更稳定地发挥系统性能；反之，系统会变得不稳定。

2. 主板按主板类型可分为哪几种

现在主板的品牌不下几十种，模样也不尽相同。按主板类型划分主要有以下几种：AT 板型、ATX 板型、NLX 板型等。

（1）AT 主板类型是一种最基本板型，其特点是结构简单、价格低廉，一般的低价主板都采用这种结构。

（2）ATX 主板类型像一块横置的大 AT 板，这样便于 ATX 机箱的风扇对 CPU 进行吹风散热，而且板上的很多端口都“竖立”起来，直接与外界“沟通”，并不像 AT 板上的许多 COM 口、打印口都要依靠连线才能输出。ATX 还按尺寸分出一种“Mini ATX”，顾名思义，此种板型只是小了一号的 ATX 主板而已。

（3）NLX 主板类型比较受品牌机厂商的青睐，DIY 迷们很难见到它，其外形像是插了一块显示卡的主板，由两个部分构成：一个部分是布有逻辑控制芯片和基本输入输出端口的基板，另一部分具有 AGP、PCI、ISA 等插槽的附加板则像显示卡一样插在基板的特殊端口中。这样做可以使一些很“高大”的板卡能够躺在主板上，不仅可使机箱迅速变矮，而且抽取起来更加方便，那些超薄的原装机机箱内一般都采用了 NLX 主板。

3. 什么是主板芯片组

主板芯片组就是主板的核心，它决定了主板的规格、性能和大致功能。我们平日说“ 865PE 主板”， 865PE 指的就是主板芯片组。主板芯片组通常包含南桥芯片和北桥芯片，但有的主板芯片也包含一块或三块芯片。

（1）北桥芯片主要决定主板的规格、对硬件的支持、系统的性能，它连接着 CPU 、内存、 AGP 总线。主板支持什么 CPU ，支持 AGP 多少速度的显卡，支持何种频率的内存，都是由北桥芯片决定的。北桥芯片往往有较高的工作频率，所以发热量颇高，我们在主板上，可以在 CPU 插槽附近找到一个散热器，下面的就是北桥芯片。同北桥芯片的主板，性能差别微乎其微。

（2）南桥芯片主要决定主板的功能，主板上的各种接口（如串口、USB ）、 PCI 总线（接驳电视卡、内猫、声卡等）、 IDE（接硬盘、光驱）、主板上的其他芯片（如集成声卡、集成 RAID 卡、集成网卡等），都归南桥芯片控制。南桥芯片通常裸露在 PCI 插槽旁边，块头比较大。

4. 什么是南北桥总线

南北桥间随时进行数据传递，需要一条通道，这条通道就是南北桥总线。南北桥总线越宽，数据传输越便捷。各厂商的主板芯片组中，南北桥总线都被各自起了名字，比如 Intel 的 Hublink，VIA 的 V-Link，Sis 的 MuTIOL 等。

5. 什么是 BIOS 芯片

主板上有一块非常重要的芯片—BIOS 芯片。它是一片闪存（Flash Memory）芯片，里面保存着计算机内最重要的基本输入输出程序、系统设置信息、开机自检程序等。为了保证上述程序在断电后不会丢失，主板厂商特地“安排”了一颗纽扣电池为它提供电源，如图 1-1 所示。

图 1–1

6. 什么是主板 I/O 芯片

主板 I/O 芯片的功能是提供对键盘、鼠标、软驱、并口、串口、游戏摇杆等设备的支持，新型 I/O 芯片还具备各种监控及保护功能。目前常见的 I/O 芯片，主要有华邦电子（Winbond）的 W83627EHF、W83627THF，联阳科技（iTE）的 IT8712F。

7. 什么是 SATA 硬盘控制芯片

虽然现在很多南桥芯片都直接提供了对 SATA 硬盘的支持，但是还有一些主板的南桥并不支持 SATA。因此，这些主板往往会通过集成第三方芯片来提供 SATA 接口。常见的 SATA 控制芯片有 Silicon Image 公司的 Sil3114CT176、Sil3112ACT144，SiS 公司的 SiS180。

8. 什么是 AMR（声音/调制解调器插卡）

AMR 是 Audio/Modem Riser（声音/调制解调器插卡）的缩写。在有些主板上可以发现一个很短（长度约为 5 厘米）的棕色插槽，那就是 AMR 插槽。AMR 扩展卡可同时支持声音及 Modem 功能，它是将模拟 I/O 电路转移到单独的插卡中，其他部件则留在主板上，因此可有效降低成本，同时解决声音与 Modem 子系统目前在功能上的一些限制，如图 1-2 所示。

图 1-2

9. 什么是网卡控制芯片

如今网卡已经成了主板的“标配”组件，目前新型主板集成的网卡芯片几乎都是千兆网卡。一般只集成了一个网卡接口的主板多采用一块 Realtek 公司的 RTL8110S 或 Marvell 公司的 88E8001 芯片（如图 1-3 所示）。

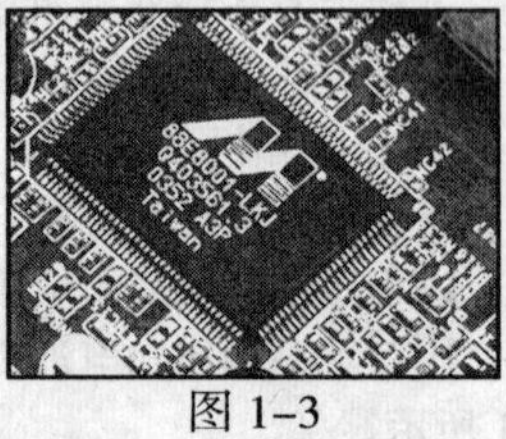

图 1-3

10. 什么是内存插槽

内存插槽一般位于 CPU 插座下方。目前使用的大多是 DDR SDRAM 插槽，这种插槽的线数为 184 线。

11. 什么是 AGP 插槽

AGP 是 Accelerated Graphics Port（图形加速接口）的缩写，是由 Intel 提出专为显卡所设计的接口标准，如图 1-4 所示。大多数板载显示模块的主板没有提供 AGP 插槽，其他主板上都会提供一个棕色的 AGP 插槽。由于 AGP 插槽还分为 AGP

图 1-4

1X、AGP2X、AGP4X、AGP8X 以及 AGPPro 等类型，所以在外观上也有少许差别。

12. 什么是 PCI 插槽

PCI 插槽多为乳白色，是主板的必备插槽，可以插上软 Modem、声卡、股票接受卡、网卡、多功能卡等设备。

13. 什么是 CNR 插槽

CNR 插槽为淡棕色，长度只有 PCI 插槽的一半，可以插 CNR 的软 Modem 或网卡。这种插槽的前身是 AMR 插槽。CNR 和 AMR 不同之处在于：CNR 增加了对网络的支持性，并且占用的是 ISA 插槽的位置。共同点是它们都是把软 Modem 或是软声卡的一部分功能交由 CPU 来完成。这种插槽的功能可在主板的 BIOS 中开启或禁止。

14. 什么是 PCI（互连外围设备）

PCI 是 Peripheral Component Interconnect（互连外围设备）的缩写，是 Intel 公司所发展出来的一种总线接口，如图 1-5 所示。在主板上有数根较短的白色插槽就是 PCI 插槽。PCI 总线具有传输速度快（32 位 PCI 可达 133MB/秒）的特点，目前大多数的适配卡（如：声卡、Modem 卡和网卡等）都设计成 PCI 适配卡。PCI 能以 1/2、1/3 或 1/4 的系统总线频率工作，这就是所谓的 PCI 分频技术，其目的是让 PCI 工作在标准的 33MHz 频率下。

图 1–5

15. 什么是 Expansion Card（扩展卡）

Expansion Card 的中文是"扩展卡"，是用来插在主板上的适配卡，以扩展计算机的功能。扩展卡通常会有接头或插孔，用来连接接口设备，从计算机主机的背后，你就可以看到这些接头或插孔。计算机有哪些扩展卡呢？首先，计算机必须要有屏幕显卡，屏幕才能显示计算机的资料，除此之外，如果要想计算机发出美妙的声音，则需要安装声卡。另外，在家里要连上网络，则可以安装 Modem 卡，这些都是属于扩展卡。

16. 什么是 Expansion Slot（扩展槽）

在计算机主板上，用来安装扩展卡的插槽，称为扩展槽。依据扩展卡的形式，扩展槽可分为许多种，目前一般常见的有：AGP 插槽用来安装 AGP 显卡，PCI 和 ISA 插槽用来安装声卡、Modem 卡等。

17. 什么是 ISA（工业标准架构）

ISA 是 IBM 公司为 PC/AT 电脑而制定的总线标准，只能支持 16 位的 I/O 设备。ISA 总线可说是总线的始祖，在主板上较长的黑色插槽就是 ISA 插槽，如图 1-6 所示。ISA 总线的优点是设计方式容易，由于数据传输速度较慢（仅为 8MB/秒），所以已经被传输速度较快的 PCI 总线所取代。

图 1-6

18. 什么是 RS-232

RS-232 是由美国电子工业协会（electronic industry association， EIA）制定的一套通信接口，最高传输率为 115.2bps/s，几乎是 PC 上串行传输的标准。

19. 什么是 COMport（通信连接端口）

通信连接端口是用来连接计算机主机和周边通信设备的地方，也叫做 Serial Port（串行接口），通常用来连接鼠标或调制解调器等设备。通信连接端口分为 9 针及 25 针两种，一部计算机最多可以有四个，目前一般主板上会有两个，通常一个和鼠标相连，另一个连接调制解调器，我们把这些接头称为 COM1、COM2 等，以此类推。通信连接端口并没有提供电源的线路，如果设备本身没有电源（例如鼠标），就只能够从信号接头得到约 0.05W 的电力，否则设备本身必须要有电源才行。

20. 什么是 WOL（响铃唤醒）

WOL（Wake Up on LAN，网络唤醒）功能可以通过网络将计算机开启。对于管理员而言，可以在网络里远程开机，执行维护任务，再远程关机。也可以自动进行维护工作，极大地方便了管理员。要开启该功能，首先必须确认网卡和主板都支持网络唤醒，且它们之间要用 3 针的数据线相连接，主板上的接口就是 WOL 插针。然后在 CMOS 设置当中开启网络唤醒功能。

21. 什么是 IEEE1394

IEEE1394 又称为 FireWire（火线），它是高性能串行总线。IEEE1394 可以 400Mbps 的传输速度连接 63 个外设。可以使用统一的端口和不同的外设连接使用的连接线是串行线，而不是并行线可以热插拔，也支持即插即用。因为 IEEE1394 是一个对等的接口，设备可以一个个要相互连接，而不需要直接和计算机相连。一些新型的主板上都已内置 IEEE1394 接口。如图 1-7 所示。

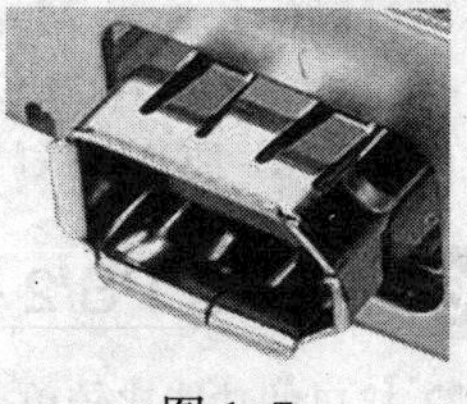

图 1–7

22. 什么是 IrDA（红外线通信接口）

IrDA（Infrared Data Association，红外线通信接口）泛指红外线传输资料的设备，如图 1-8 所示。它能让有传感器的设备之间（例如：打印机、笔记本电脑、手机等）进行无线通信。IrDA 的优点是不需要任何连接线，就可以在短距离内传输数据。比如，在两台笔记本电脑之间，两者的红外线接口彼此对准，误差不超过 30 度，就可以进行传输资料。其实主板上也配备了 IrDA 插针，但是必须安装 IrDA 适配器。不过，目前大部分主板都不自带这个适配器。

图 1–8

23. 什么是 IDE 接口

IDE 接口可分为 IDE1 和 IDE2。一般情况下，IDE1 接硬盘，IDE2 接光驱。通常 IDE 接口都位于 PCI 插槽下方，从空间上看它是垂直于内存插槽（也有横置的）。现行炒得很热的 ATA/133 是 IDE 的一种规范，即传输速率为 133MB/s。只有硬盘速度跟得上才能充分发挥 ATA/133 的优势，目前只有迈拓的金钻七代硬盘支持这一规格。

24. 什么是软驱接口

软驱接口用于连接软驱，多位于 IDE 接口旁边，比 IDE 接口略短一些，因为它是 34 针的，所以数据线也略窄一些。

25. 什么是 COM 接口（串口）

目前大多数主板都提供了两个 COM 接口，分别为 COM1 和 COM2，作用是连接串行鼠标和外置 Modem 等设备。COM1 接口的 I/O 地址是 03F8h-03FFh，中断号是 IRQ4；COM2 接口的 I/O 地址是 02F8h-02FFh，中断号是 IRQ3。由此可见，COM2 接口比 COM1 接口的响应具有优先权。

26. 什么是 PS/2 接口

PS/2 接口的功能比较单一，仅能用于连接键盘和鼠标。一般情况下，鼠标的接口为绿色、键盘的接口为紫色。PS/2 接口的传输速率比 COM 接口稍快一些，是目前应用最为广泛的接口之一。

27. 什么是 USB 接口

USB 接口是现在最为流行的接口，最多可以支持 127 种外设，并且可以独立供电，其应用非常广泛。USB 接口可以从主板上获得 500mA 的电流，支持热拔插，真正做到了即插即用。一个 USB 接口可同时支持高速和低速 USB 外设的访问，由一条四芯电缆连接，其中两条是正负电源，另外两条是数据传输线。高速外设的传输速率为 12MB/s，低速外设的传输速率为 1.5MB/s。此外，USB2.0 标准最高传输速率可达 480MB/s。ATX 主板的后面通常都有两个 USB 接口，如图 1-9 所示。但有些主板的 USB 端口多达 4 个或 6 个，多出部分一般在主板上以插针的形式提供。

图 1-9

28. 什么是 LPT 接口（并口）

LPT 接口（并口）一般用来连接打印机或扫描仪。其默认的中断号是 IRQ7，采用 25 脚的 DB-25 接头。并口的工作模式主要有三种：

（1）SPP 标准工作模式。SPP 数据是半双工单向传输，传输速率较慢，仅为 15KB/s，但应用较为广泛，一般设为默认的工作模式。

（2）EPP 增强型工作模式。EPP 采用双向半双工数据传输，其传输速率比 SPP 高很多，可达 2MB/s，目前已有不少外设使用此工作模式。

（3）ECP 扩充型工作模式。ECP 采用双向全双工数据传输，传输速率比 EPP 还要高一些，但支持的设备不多。

29. 什么是 MIDI 接口

声卡的 MIDI 接口和游戏杆接口是共用的。接口中的两个针脚用来传送 MIDI 信号，可连接各种 MIDI 设备，例如电子键盘等。

30. 什么是 ACR（先进通信子卡）

ACR 是 Advanced Communications Riser（先进通信子卡）的缩写。ACR 插槽在主板上是一个倒装的 PCI 插槽，如图 1-10 所示。ACR 将通信功能简化成一张卡，可整合的功能包括 Modem、以太网、家庭网络、ADSL、无线网络以及音频等。而且同一槽内支持多种通信接口，比 CNR 接口更有弹性。与 AMR 相较，ACR 延伸 AMR 的通信网络功能，并与现有的 AMR 卡 100%兼容。

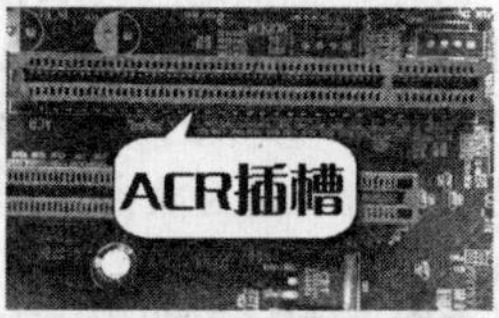

图 1-10

31. 什么是 CNR（通信与网络子卡）

CNR 是 Communication and Networking Riser（通信与网络子卡）的缩写。CNR 插槽（如图 1-11 所示）看上去与 AMR 插槽有些类似，仔细看就可以看出 CNR 的防呆口与 AMR 有区别。CNR 有点类似于 AMR，但是功能更强大。它除了可以连接专用的 Modem 卡外，还能使用专用的家庭电话线网络，以及 10/100Mbps 以太网。

图 1-11

32. 如何判断主板与 CPU 是否兼容

主板与 CPU 是否兼容，取决于以下几方面：针脚定义、FSB 支持、供电支持、BIOS 支持。

（1）针脚定义是指 CPU 上每个针脚的位置与作用，能否与主板插槽的完全对应。通常，同一针脚规格的 CPU 与主板都可以在针脚定义上保持一致。

（2）FSB 支持，是指主板能否支持 CPU 外频与前端总线。举例说，P4C 不能在 i845D 芯片组主板上使用，就是由于 i845D 不支持 P4C 高达 800MHz 的前端总线。

（3）供电支持，是指主板供电电路能否支持 CPU 所需的电压与电流，很多貌似兼容的 CPU 与主板，就是因供电问题，不能协同工作。

（4）BIOS 是指主板的 BIOS（基本输出输入系统）是否支持 CPU 的名称、型号、功能，BIOS 兼容性问题大多可以通过刷新 BIOS 解决。

33. 如何判断主板与内存是否兼容

内存与主板之间的兼容，主要取决于主板对内存种类、频率的支持。支持 DDR 的主板上不能接 SDRAM 内存，是因为种类不兼容，未超频的主板不能支持 DDR400 以上的 DDR 内存，是因为不支持高于标准的内存频率。此外，主板方面还存在是否兼容多通道内存、校验内存，是否支持内存加速技术的问题。

34. 如何判断主板与显卡是否兼容

显卡与主板的兼容，主要取决于 AGP 规范是否兼容。由于 AGP 规范具有向下兼容性，所以显卡与主板的兼容问题不多，有也属于个别现象。需要注意的是，AGP8X 与 AGP2X 的设备不能混用，AGP Pro 显卡也不能接在普通 AGP 接口上。

35. 主板的用料与做工有什么重要意义

主板的用料与做工，直接影响主板的稳定性与可靠性。

用料与做工较好的主板，应当采用优质的电容、电阻、接口元件，而且焊点平整、布线清晰、结构缜密。我们在选择主板时，务必注意主板的用料与做工，不要为此贪小便宜吃大亏。同时，有些主板采用了夸张奢华的用料，价格也是高高在上，是否应该选购这样的产品，就要根据自己的实际情况而定了。

36. 如何选择主板的附加功能

一款功能丰富的主板，可以方便我们的使用，增加电脑的用途。目前主板上的附加功能大致有网络功能、音频功能、磁盘功能、侦错功能、扩展接口功能等几大方面，我们可以按照自己的需要进行选择。不要过于节约成本；但也不要选购无用的功能，因为功能越强，成本越高，价格也越贵。

37. 如何选购集成显卡的主板

集成显卡是将显示核心集成在主板芯片里面，同时调用系统内存作为显卡的显存。这种整合型的主板最大的特点就是价格低廉，非常适合预算不多的用户。

除了价格低廉，集成显卡的主板往往是 M-ATX 结构，也就是常说的“小板”，因此可以放入迷你机箱使用，节省了空间。同时集成显卡没有独立显卡那般庞大的散热系统，噪音得到了良好的控制。

另一方面，集成显卡的性能一直为人们所青睐。如果是游戏玩家的话，一款集成显卡肯定不能满足你的需要了。但是一般家用，上网、看电影还是可以应付。目前最新的 Intel GMA900/950、NV 的 GF6100 等等集成显示芯片的性能不亚于一些廉价独立显卡，应付一些主流游戏是没有问题的。

在选购集成显卡主板的时候不但要观察产品的质量，另外还应该注意主板的可升级潜力，比如是否带有显卡插槽，是 AGP 插槽还是 PCI-E 插槽。当你需要一款独立显卡的时候可以免去更换主板的尴尬。

38. 选购主板时要注意哪些问题

如下几点，在选购主板时或许有用。

（1）注意观察主板电池。电池是为保持 CMOS 数据和时钟的运转而设的。选购时，观察电池是否生锈、漏液：若生锈，可换下电池；若漏液，严重时可导致整块主板因腐蚀而报废。

（2）注意看芯片的生产日期。主板的速度很大程度上取决于主板芯片组的性能。一般来说，时间相差不宜超过三个月，否则将影响主板的总体性能。

（3）注意观察扩展槽插卡。观察槽孔的位置形状，把 OSA 卡插入槽中然后拔出，再观察现在槽孔内的弹簧片是否与原来的位置形状相同，如果差别较大，说明质量较差。

（4）仔细观察外表。首先看主板厚度，厚者为佳。再看主板电路板的层数及布线系统是否合理。选购时应选四层或多层板，另外，布线是否流畅，也是影响主板性能的一个方面。

1-2　认识和选购 CPU

1. 什么是 CPU

CPU（Central Precessing Unit）即中央处理器，其功能是执行算术、逻辑运算，数据处理，传四舍五入，输入/输出的控制电脑自动，协调地完成各种操作。作为整个系统的核心，CPU 也是整个系统最高的执行单元，因此 CPU 已成为决定电脑性能的核心部件，很多用户都以它为标准来判断电脑的档次。

CPU 类型从早期的 386、486、Pentium、K5、K6、K6-2、Pentium II、Pentium III 等，到今天的 Athlon 64 X2，Athlon 64 FX，Athlon64，AthlonXP，Opteron，Sempron，Celeron，Celeron D，Pentium 4，Pentium D，经历了很多代的改进。

只有购买与主板支持 CPU 类型相同的 CPU，二者才能配套工作。

2. 什么是 Socket（插座）

Socket 插座是传统 CPU 所使用的插座形式，Socket 插座在主板上看起来像是一个正方形的插座，插座上分布着数量不等的管脚。而 Socket 形式的 CPU 从外观上看起来，就像是一颗扁扁的 IC 芯片，芯片上有许多针脚。

从 486 开始，英特尔公司便制定了一系列的接口规范，制造与英特尔兼容芯片的厂商也能相当成功地使用同一标准。最早是 Socket 插座，称为 486 Socket 插座。随着时间的推移，Socket 1 插座、Socket 2 插座、Socket 3 插座、Socket 4 插座、Socket 5 插座、Socket 6 插座、Socket 7 插座、Socket 8 插座、Socket 370 插座、Socket A 插座（又称 Socket 462 插座）、Socket 423 插座、Socket 478 插座、Socket 775 插座、Socket 754 插座、Socket 939 插座和 Socket 940 插座相继出现。

3. 什么是 Slot（插槽）

Slot 也就是插槽的意思，Slot 插槽和传统的 Socket 插槽有明显的不同，外形类似电视游戏机卡匣的插槽，而 Pentium II 系列的 CPU 的外形也酷似游戏机卡匣。因此，Slot 插槽的 CPU 和 Socket 插座的 CPU 完全不兼容。Slot 插槽的 CPU 在安装时，必须将金手指按照特定的方向匀速插入槽中。目前，主要有英特尔推行的 Slot 1 插槽和 Slot 2 插槽，以及 AMD 推出的 Slot A 插槽，它们之间都无法相互兼容。

4. 什么是 L1Cache（一级高速缓存）

L1 Cache（Level 1 Cache）即一级高速缓存，又称内部缓存。多年来，CPU 厂商一直致力于提高 CPU 的整体性能，其目的只有一个，那就是使 CPU 处理数据的速度更快。为了寻找提高处理速度的方法，CPU 厂商注意到，在从系统的内存读取指令和数据的时候，CPU 并没有处理数据。为了充分利用这段时间，于是在 CPU 内部开辟了一个存储空间，就是我们所知道的缓存。这样指令和数据可以暂时存放在 CPU 内部，减少了它们在 CPU 和内存间的传输次数。这个内置在 CPU 芯片内部的高速缓存就是 L1 Cache，用于暂时存储 CPU 运算时的部分指令和数据，存取速度与 CPU 主频一致，因此 L1 Cache 的容量和速度对 CPU 的性能影响较大。

5. 什么是 L2 Cache（二级高速缓存）

L2 Cache（Level 2 Cache）即二级高速缓存，又称外部缓存。单纯在 CPU 内部增加缓存也不能满足应用的需求了，于是 CPU 厂商在 CPU 的 L1 Cache 和系统内存之间增加了昂贵的高速内存，这就是所谓的 L2 Cache。指令与数据和 CPU 位置上的更加接近意味着更少的内存访问。在 586 时代，只是在一些主板上内建 L2 Cache，由于二级缓存对提高 CPU 的性能效果非常明显，许多 CPU 厂商已将它集成到了 CPU 中，从而为指令和数据开辟了更大的快速暂存空间。

6. 什么是 IA（英特尔架构）

IA 是 Intel Architecture（英特尔架构）的缩写。英特尔公司自 1971 年推出的第一块微处理器 4004 以来，其设计和生产的 CPU 就成了事实上的 X86 CPU 技术规范和标准。这是因为英特尔公司的研发实力非常强大，每次在发表新 CPU 之前，都会宣布新 CPU 的主要结构和主要特点，并将其兼容方式和兼容代码向外公布。这样一来，软件厂商就可以提前设计支持英特尔新型 CPU 的软件了。这使得其他 CPU 厂商在软件厂商面前不得不低下头来，兼容英特尔的新 CPU 标准。

7. 什么是 NI（非英特尔）

NI 是 Non-Intel（非英特尔）的缩写。目前，有能力生产 CPU 的厂商除了英特尔之外，还有 AMD、VIA 等公司（以前还有 Cyrix、IDT 等公司）。这些公司一直生产兼容 X86 体系的 CPU，由于专利权的问题，它们的产品和英特尔的架构是不一样的，但仍然能运行 X86 指令。

8. 什么是时钟控制器

为了保证每个操作准时发生，CPU 需要一个时钟。时钟控制着 CPU 所执行的每一个动作。时钟就像一个节拍器，它不停地发出脉冲，决定 CPU 的步调。目前，脉冲周期一般达到了每秒百万（MHz），这就是我们所熟悉的 CPU 的主频。主频越高，说明 CPU 的工作速度越快。在外频相等的条件下，主频为 2GHz 的 CPU 的工作速度应该比 1.8GHz 的 CPU 要快。

9. 什么是主频

主频也叫做时钟频率，就是 CPU 的工作频率，单位是 MHz。在同一个系列的处理器中，可以用来表示 CPU 的运算速度，主频越高，表明 CPU 的运算速度越快。由于各种 CPU 的内部结构有较大的差异，这个指标并不能完全衡量 CPU 的性能。

10. 什么是外频

外频也叫做前端总线频率和系统总线频率，单位也是 MHz。外频的速度对整个系统的性能来说很重要。

11. 什么是工作电压

工作电压是指 CPU 正常工作所需的电压。早期的 CPU 工作电压较高，随着 CPU 制造工艺的提高，CPU 的工作电压也逐渐下降。比如：Pentium Ⅱ使用 2.0V 的工作电压，而最新的 Pentium 4 Northwood 处理器使用 1.5V 的电压。

12. 什么是倍频系数

倍频系数是 CPU 主频和外频之间的相对比例关系，当外频的发展速度跟不上 CPU 主频发展的时候，倍频就出现了，这也可以看成是 CPU 发展过程中的一个革命性的创新。例如，Pentium Ⅲ 733 CPU 的倍频系数为 5.5，外频为 133MHz。Intel 生产的 CPU 绝大部分都采用了倍数系数不能改变的锁频技术，如果要获得更高的工作频率，只好从提高外频的方法着手了。

13. 什么是 SSE（单一指令多数据流扩充）

SSE（Streaming SIMD Extensions，单一指令多数据流扩充）指令集是 Intel 在 Pentium Ⅲ（Coppermine 核心）处理器中推出的，它有 70 条指令集，其中包含提高 3D 图形运算效率的 50 条 SIMD 浮点运算指令、12 条 MMX 整数运算增强指令、8 条优化内存中连续数据块传输指令。理论上这些指令对目前流行的图像处理、浮点运算、3D 运算、视频处理、音频处理等诸多多媒体应用起到全面强化的作用。SSE 兼容 MMX 指令集，它可以通过 SIMD 和单时钟周期并行处理多个浮点数据来有效的提高浮点运算速度。由于 K7 的出现，导致 Intel 提前发布 Katami 核心的 Pentium Ⅲ，所以 Intel 在 Katami 发布前，将 SSE 改名为 KNI（Katmai New Instructions，Katmai 新指令集，即 MMX2），因为 Katami 确实不能和 SSE 相对应。

14. 什么是 MMX（多媒体延伸）

MMX（MultiMedia Extensions，多媒体延伸）指令集是 Intel 在 Pentium MMX 处理器当中，加入 57 条支持多媒体的指令。如果 CPU 具有 MMX 功能，计算机就能有效率地处理多媒体的影音效果，使用者不必再购买其他特殊的适配卡，就能享受到多媒体的效果。目前不论是什么 CPU，都有支持 MMX 的能力，所以 MMX 已经成为 CPU 的标准规格了。

15. 什么是 Cache Memory（高速缓存）

Cache Memory 的中文是“高速缓存”。高速缓存有什么功用呢？将最近常用的资料储存在高速缓存中，一旦需要的时候，可以很快地取得资料，这个做法可以增加计算机执行的效率。高速缓存分为两种，一种是内建在 CPU 中的 L1 Cache，另一种则是在 CPU 之外，称为 L2 Cache。L1 Cache 比 L2 Cache 稍快，当 CPU 找寻数据时，首先会从 L1 寻找，寻找失败再从 L2 寻找，最后才到主存储器（RAM）寻找。所以，高速缓存越大，对计算机执行效率的帮助越大。

16. 什么是 MIPS（无内部互锁流水级的微处理器）

MIPS 是世界上很流行的一种 RISC 处理器。MIPS 是“Microprocessor without Interlocked Piped Stages（无内部互锁流水级的微处理器）”的缩写。其机制是尽量利用软件办法来避免流水线中的数据相关问题。最早是在 20 世纪 80 年代初期由斯坦福大学 Hennessy 教授领导的研究小组研制出来的。MIPS 公司的 R 系列，就是在此基础上开发的 RISC 工业产品的微处理器。这些系列产品已经为很多计算机公司采用，构成各种工作站和计算机系统。MIPS 系列处理器又授权相当多的厂商生产，此系列产品分布相当广泛，高端有 64bit 等级用在服务器的产品线，低端的也有 32bit 等级应用在嵌入式的场合，此系列的处理器擅长使用 Cache 及提升总线速率等技术来提升整体性能。Pocket PC 多使用授权 NEC 生产的 VR4100 系列。

17. 什么是 EPIC（明确平行运算指令集）

EPIC 是 Explicitly Parallel Instruction Computing（明确平行运算指令集）的缩写。它的主要特点在于利用分支断定达到指令之间的平行处理，支持长指令集及超长指令集。CPU 架构若拥有类似 EPIC 平行处理功能的，需具有编译器及应用程序配合。若程序分支条件越多，则 EPIC 断定失效的机会也越大，为避免发生 CPU 要回复到另外一个分支时，可能会抵消平行处理的优势，所以，若程序的分支判断越少，EPIC 架构越能发挥功效。Intel 的 Itanium（安腾）处理器就是属于 EPIC 架构。

18. 什么是 Godson CPU

Godson（龙芯）CPU 是第一款国产通用 CPU，通用 CPU 的应用领域非常广泛，能运行很复杂的程序，龙芯 CPU 可以广泛应用于工业控制、信息家电、通信、网络设备、PDA、网络终端、存储服务器、安全服务器等产品上。

龙芯一号是神州龙芯公司推出的兼顾通用及嵌入式 CPU 特点的新一代 32 位 CPU，龙芯一号兼容 MIPS 指令系统基于 0.18 微米 CMOS 工艺，在动态流水线的具体实现和硬件对系统安全性的支持方面有独特创新，龙芯一号功耗很低，可以在大量的嵌入式应用领域中使用。龙芯一号支持最新版本的 Linux、VxWorks、Windows CE 等操作系统。

Godson 系列微处理器采用的是 MIPS 指令系统。龙芯 CPU 的指令集和 MIPS II 指令集兼容。

19. 什么是 CISC（复杂运算指令集）

CISC 代表计算机系统具有许多功能强大的指令，每个指令的复杂度不同，所以 CPU 中各指令的微指令长度也有所差异，因而在 CPU 的线路设计上便不易做到最佳化。目前，英特尔的 80X86 系列和 Pentium 都是属于 CISC。目前，我们在台式机和笔记本电脑上用的 CPU 大部分都是 CISC 的 CPU，如：Intel Pentium Ⅲ、Pentium 4 和 AMD Athlon、AthlonXP 等。

20. 什么是 ZIF（零插拔力）

这是目前主板上 Socket 插槽的形式，传统的 CPU 插槽，在拆下 CPU 的时候，必须利用工具或是一支起子才能拔起来，不但麻烦，如果不小心，还会弄坏 CPU 的接脚。鉴于此，一些主板厂商发明了新的设计，也就是采用附有一根拉杆的 ZIF 插槽。在安装 CPU 的时候，只要将杆子拉起来，CPU 接脚便可轻松地放下，再压下拉杆便可将 CPU 固定在插槽上，省力又方便。

21. 什么是 LIF（低插拔力）

LIF 是 Low Insertion Force 的缩写，意思是“低插拔力”。LIF 插座必须用力才能插下或拔起 CPU，因为它没有设计像 ZIF 插座一样的拉杆。主要应用在 486 Socket 插座和 486 以前的 CPU 插座上。

22. 什么是 ALU（算术逻辑单元）

ALU 是 Arithmetic Logic Unit（算术逻辑单元）的缩写。ALU 在 CPU 中起计算器的作用，执行指令中规定的算术运算和其他各种运算。

23. 什么是 X86–64

AMD 公司发布了与英特尔的 IA-64 架构相对立的 64 位处理器架构——x86-64。x86-64 架构的设计是采用直接简单的方法将目前的 x86 指令集扩展，这与当初由 16 位扩展至 32 位的情形很相似。AMD 为沿用已久的 x86 架构添加两个主要功能：长模式的 64 位扩展与寄存器扩展，使 x86 架构可以透过扩展成为新的 x86-64 架构。x86-64 是一方面确保沿用的 32 位应用程序及操作系统能够充分利用最新的处理器技术，另一方面又可建立一个可支持 64 位运算的系统。

x86-64 架构的优点是：在适当的时候只要市场提供相关的软硬件支持，用户可以根据自己的需求确定是否采用 64 位运算架构，AMD 的 64 位策略使软件开发商可以继续全面开发 x86 兼容软件，同时又可发挥 64 位运算的强劲性能，其他公司的 64 位解决方案均不能充分保障业界在软件方面的投资。

24. 什么是 FPU（浮点运算单元）

FPU 是 Float Point Unit（浮点运算单元）的缩写。FPU 是数学处理的重要单元，特别是对于 3D 图像的运算， FPU 的优劣决定者系统的速度。FPU 负责运算非常大和非常小的数据。当 FPU 进行这些数据的运算时，ALU 同时可以做其他事情，这大大提高了 CPU 的性能。在 486 之前，Intel 专门推出浮点运算单元的数字协处理器（如：i8087、i80287、i80387 和 i80487，分别与 i8088、i80286、i80386 和 i80486SX 处理器搭配使用），用于对数、指数和三角函数等数学运算。而在 i80486DX 处理器以后，所有的 CPU 中均内置数字协处理器。

25. 什么是 OPGA

Athlon XP（Palomino 核心）是使用有机玻璃封装，也就是 OPGA（Organ Pin Grid Array）封装。Athlon MP 的早期产品是采用 CPGA 封装形式，但最新版本的 Athlon MP 采用了与 Athlon XP 一样的 OPGA 封装。

26. 什么是 CPGA

Duron（Morgan 核心）是采用传统陶瓷封装，也就是 CPGA（Ceramic Pin

Grid Array，陶瓷针型栅格阵列）封装。

27. 什么是 PPGA

Celeron（Mendocino 核心）的外观是一个塑料材料制成的薄方片，核心封装在有针脚的一面，同时将 Cache 直接封装到 CPU 核心内，且 Cache 和 CPU 同频率运行。这种封装方式被称为 PPGA（Plastic Pin Grid Array，塑胶针状矩阵封装）。

28. 什么是 FC-PGA

Pentium III（Coppermine 核心）和 Celeron（Coppermine 核心和 Tualatin 核心）是采用 FC-PGA（Flip Chip Pin Grid Array，反转芯片针脚栅格阵列）封装方式。这种封装方式采用的是将核心封装在无针脚的 CPU 背面，这样的封装模式比过去老 Celeron 的 PPGA 封装更容易散热，性能也就更好。由于核心的保护层很脆弱，过于用力的散热器安装方式会导致其损坏。另外，还有散热能力和抗冲击能力更强的 FC-PGA2、FC-PGA3、FC-PGA4、FC-PGA5 封装方式，这些主要应用在 Pentium III（Tualatin 核心）。

29. 什么是 mPGA

以往的 CPU 核心由于直接受到外力的影响，例如安装散热器，比较容易发生核心压坏的现象，从而造成损坏敏感的硅晶体。Intel 特别在 Pentium 4 上盖一层保护的外盖，以避免核心遭受任何损坏。这是一种全新的集成散热封装模式，内部采用 FC-PGA2，外部则采用了铝盖封装。Willamette 核心 Pentium 4 有 423 针脚和 478 针脚之分，Northwood 核心 Pentium 4 和 Willamette 核心 Celeron 则全部采用 478 针脚。因此，这种封装方式又可按照针脚的不同，分别称之为 mPGA423 和 mPGA478。

30. 什么是 CPU 的适用类型

“CPU 适用类型”是指该处理器所适用的应用类型，针对不同用户的不同需求、不同应用范围，CPU 被设计成各不相同的类型，即分为嵌入式和通用式、微控制式。

（1）嵌入式 CPU 主要用于运行面向特定领域的专用程序，配备轻量级操作系统，其应用极其广泛，像移动电话、DVD、机顶盒等都是使用嵌入式 CPU。

（2）微控制式 CPU 主要用于汽车空调、自动机械等自控设备领域。

（3）通用式 CPU 追求高性能，主要用于高性能个人计算机系统（即 PC 台式机）、服务器（工作站）以及笔记本三种。

①台式机的 CPU，就是平常大部分场合所提到的应用于 PC 的 CPU，平常所说 Intel 的奔腾 4、赛扬、AMD 的 AthlonXP 等等都属于此类 CPU。

②应用于服务器和工作站上的 CPU，因其针对的应用范围，所以此类 CPU 在稳定性、处理速度、同时处理任务的数量等方面的要求都要高于单机 CPU。其中服务器（工作站）CPU 的高可靠性是普通 CPU 所无法比拟的，因为大多数的服务器都要满足每天 24 小时、每周 7 天的满负荷工作要求。对于服务器而言，多处理器可用于数据库处理等高负荷、高速度应用；而对于工作站，多处理器系统则可以用于三维图形制作和动画文件编码等单处理器无法实现的高处理速度应用。另外，许多 CPU 的新技术都是率先开发应用于服务器（工作站）CPU 中。

③在最早期的 CPU 设计中，并没有单独的笔记本 CPU，均采用与台式机相同的 CPU。随着笔记本电脑的散热和体积成为发展的瓶颈时，才逐渐生产出笔记本专用 CPU。受笔记本内部空间、散热和电池容量的限制，笔记本 CPU 在外观尺寸、功耗（耗电量）方面都有很高的要求。笔记本电池性能是十分重要的性能，CPU 的功耗大小对电池使用时间有着最直接的影响，为了降低功耗，笔记本处理器中都包含有一些节能技术。在无线网络将要获得更多应用的现在，笔记本 CPU 还增加了一些定制的针对无线通信的功能。

④服务器 CPU 和笔记本 CPU 都包含有各自独特的专有技术，都是为了更好地在各自的工作条件下发挥出更好的性能。比如：服务器的多 CPU 并行处理，多核多线程技术笔记本 CPU 的 SpeedStep（可自动调整工作频率及电压）节能技术。

⑤封装方式三者也有不同之处，笔记本 CPU 是三者中最小最薄的一种，因为笔记本处理器的体积需要更小，耐高温的性能要更佳，因此在制造工艺上要求也就更高。

⑥三者在稳定性中以服务器 CPU 最强，因为其设计时就要求有极低的错误率，部分产品甚至要求全年满负荷工作，故障时间不能超过 5 分钟。

⑦台式机 CPU 工作电压和功耗都高于笔记本 CPU，通常台式机 CPU 的测试温度上限为 75 摄氏度，超过 75 摄氏度，工作就会不稳定，甚至出现问题。而笔记本 CPU 的测试温度上限为 100 摄氏，度服务器 CPU 需要长时间的稳定工作，在散热方面的要求就更高了。

⑧在选购整机尤其是有特定功能的计算机（如笔记本、服务器等）时，需

要注意 CPU 的适用类型，选用不适合的 CPU 类型，一方面会影响整机的系统性能，另一方面会加大计算机的维护成本。单独选购 CPU 的时候也要注意 CPU 的适用类型，建议按照具体应用的需求来购买 CPU。

31. 什么是流水线与超标量

Intel 在 486 处理器中首次使用了流水线（Pipeline）技术。它就像工厂里使用的装配生产线，在 CPU 内部有多个不同功能的电路单元组成一条指令处理流水线，将一条 x86 分成多步由这条流水线分别执行，这样就能实现在一个时钟周期内完成更多的处理任务，提高 CPU 的运行效率。流水线的级数越多，完成指令的速度越快，才能适应更高工作频率的 CPU。超标量是指在一个时钟周期内 CPU 可以执行多条指令。

32. 什么是制造工艺

制造工艺是指在硅材料上生产 CPU 时内部各元器件间的连线宽度，单位是 μm。早期的 Pentium 的工艺是 0.35μm，Pentium Ⅱ 和赛扬的工艺是 0.25μm，现在主流的处理器都是采用 0.18μm 的生产工艺，并使用了铜连线技术。采用 0.13μm 的处理器也已经上市了，最新的 Pentium 4 Northwood 处理器就是采用 0.13μm 的生产工艺。

33. CPU 处理器有哪几种

目前，CPU 的主流就是 Intel 和 AMD，而 Intel 又有 Pentium 和赛扬两种。

（1）Pentium 处理器的优点就是稳定，当然价格也不便宜，同主频的 Pentium 要比赛扬好很多，建议想做图形的用户选择 Intel 主板。

（2）赛扬处理器是 Intel 的低端产品，稳定性很不错，价格适中，但发热很高。

（3）AMD 处理器。前些年的 AMD 以高发热和不稳定一直走在 Intel 的后面，自 2004 年初以来，AMD 的产品一改旧貌，现在的 AMD 发热低，稳定性也有很大提高，加上高效率和低功耗的优势，其性价比已经赶超 Intel。

34. 如何根据外包装识别 Intel 盒装 CPU 真假

正品盒装 Intel CPU 具有 Intel 提供的三年保修，而且附带一个经过 Intel 认证的高品质原装风扇。假的盒装产品不但可能只有一年保修，而且附带的风扇决非原装风扇能比。那么怎么区别真假盒装 Intel CPU 呢？

（1）正品盒装 Intel CPU 的纸盒颜色鲜艳，字迹清晰细致，塑料薄膜上有 Intel Corporation 的字样，清晰而有立体感。塑料薄膜很有韧性，要用力才能撕开。

（2）假盒装 Intel CPU 的塑料薄膜上没有 Intel Corporation 的字样，即使有此字样，但字迹很浅，没有立体感。如果塑料薄膜很脆，非常容易撕开也是假的。另外，看纸盒是否有被折叠过的折痕，若有则很可能是被拆开过的，或者被换掉了原装风扇，或者是由散装 CPU 加普通风扇二次包装而成。

35. 如何根据防伪标签识别 Intel 盒装 CPU 真假

正所谓“魔高一尺道高一丈”。防伪标签是用来区别假货的，当然也成了造假者重点模仿的对象，几乎能以假乱真。

（1）真的防伪标签由一张完整的贴纸组成，上半部是防伪层，下半部标有这款 CPU 的频率。假盒装 CPU 的防伪标签是用两张贴纸拼成的，右边的半圆都没对齐。下半部分能揭下来，这属于造假水平比较差的。

（2）真防伪标签从不同的侧面都可以看到 intel inside 字样，背景是类似印刷电路板的图案，从不同角度看过去由于光线的折射会有不同的色彩。而假防伪标签的 intel inside 的字样比真的更清晰，几乎不用光线反射就能看得很清楚，不知情的人往往会认为越清楚的防伪标签才是真的。

36. 如何根据纸盒封口胶识别原装 Intel 风扇

很多用户买盒装 Intel CPU 就是冲着它附带的原装风扇去的，那么如何区别原装 Intel 风扇呢？

（1）先来看看风扇正面的防伪标签，真防伪标签光泽度好，字体清晰而且有立体感觉。而假的字迹淡，没有立体感，字体比较大而且粗糙。不过这需要比较仔细才能看出来：从侧面看就有了不一样，从底面看也是不一样的。

（2）真的散热片由于是采用切割工艺的，所以有切痕，而假的散热片是没有的。

（3）原装风扇侧面有 Foxconn 字样，而假的没有。假风扇的塑料材质也比较差。

37. 如何根据序号识别 Intel 盒装 CPU 真假

正品 Intel 盒装 CPU 外包装的序列号和 CPU 表面的序列号应该是一致的。不过此方法不代表 CPU 盒子没有被拆过，说不定里面的原装风扇已经被偷梁换柱了。

38. 如何根据电话查询 Intel 盒装 CPU 真假

Intel 支持中心的免费查询电话是 8008201100，需要在周一到周五上午 9 点到下午 5 点之间拨打，这是简单的鉴别方法，在校验了序列号之后，如果是真的，那么恭喜您买到的 Intel CPU 将得到 Intel 公司的三年质保，不过此法同样不保证您的 Intel 原装风扇没有被偷梁换柱过。

1-3 认识和选购内存

1. 什么是内存

内存又叫做内部存储器（RAM），属于电子式存储设备，它由电路板和芯片组成，特点是体积小，速度快，有电可存，无电清空，即电脑在开机状态时内存中可存储数据，关机后将自动清空其中的所有数据。

2. 什么是内存的主频

内存主频和 CPU 主频一样，习惯上被用来表示内存的速度，它代表着该内存所能达到的最高工作频率。内存主频是以 MHz（兆赫）为单位来计量的。内存主频越高，在一定程度上代表着内存所能达到的速度越快。内存主频决定着该内存最高能在什么样的频率正常工作。目前市面上已推出的内存产品中最高能达到 560MHz 的主频，而较为主流的是 333MHz 和 400MHz 的 DDR 内存。一般情况下，内存的工作频率是和主板的外频相一致的，通过主板调节 CPU 的外频也就调整了内存的实际工作频率。内存工作时有两种工作模式，一种是同步工作模式，此模式下内存的实际工作频率与 CPU 外频一致，这是大部分主板所采用的默认内存工作模式。另外一种是异步工作模式，此模式允许内存的工作频率与 CPU 外频可存在一定差异，它可以让内存工作在高出或低于系统总线速度 33MHz，又可以让内存和外频以 3：4、4：5 等比例模式工作。利用异步工作模式技术可以避免以往超频而导致的内存瓶颈问题。举个例子：一块 845E 的主板最大只能支持 DDR266 内存，其主频是 266MHz，这是 DDR 内存的等效频率，其实际工作频率是 133MHz。在正常情况下（不进行超频），该主板上内存工作频率最高可以设置到 DDR266 的模式。如果主板支持内存异步功能，就可以采用内存、外频频率以 5：4 的比例模式工作，这样内存的工作频率就可以达到 166MHz，此时主板就可以支持 DDR333（等效频率 333MHz，实际频率 166MHz）了。

3. 什么是 DRAM（动态随机存取内存）

DRAM 是 Dynamic Random Access Memory 的缩写，在计算机中通常被用来暂时存放指令和资料，以便执行程序。CPU 可以迅速地从 DRAM 中存取所储存的指令与数据。其优点是省空间与低消耗功率，但须不断补充电源，所以在计算机关机时，DRAM 中储存的资料也随之消失。目前最常使用的 DRAM 种类是 SDRAM（同步动态存取内存），其优点是执行指令和传送资料时，比传统 DRAM 节省更多的时间。而将来的趋势，则有可能是 Intel 所发展 RAMBus 的 RIMM 内存模块。

4. 什么是 DDRSDRAM（双倍速同步动态随机存取内存）

DDR 是一种更高速的同步随机存取内存（SDRAM），DDR 是 Double Date Rate 的缩写，其实 DDR SDARM 和 SDRAM 没有太大的差别，只是内存在一个时脉周期中，可以在正缘和负缘触发工作，简单来说，它比传统 SDRAM 在同一读写周期中，可增加一倍的读写次数，执行的效率是 SDRAM 的两倍。因此，也有人将它称作是双倍速的内存标准。DDR SDRAM 基本架构与一般 SDRAM 大同小异，成本仅提高约 1 倍，而读写性能又与 Rambus 内存相当，以 PC 266 的 DDR SDRAM 架构来看，最高读写频宽可达 2GB/sec。

5. 什么是 FlashROM

由于 ROM 不易更改的特性让更新资料变得相当麻烦，因此就有了 Flash Memory 的发展，Flash Memory 具有 ROM 不需电力维持资料的好处，又可以在需要的时候任意更改资料，不过单价也比普通的 ROM 要高。

6. 什么是内存电压

内存电压指内存正常工作所需要的电压值，不同类型的内存电压也不同，但各自均有自己的规格，超出其规格，容易造成内存损坏。SDRAM 内存一般工作电压都在 3.3V 左右，上下浮动额度不超过 0.3V；DDR SDRAM 内存一般工作电压都在 2.5V 左右，上下浮动额度不超过 0.2V；而 DDR2 SDRAM 内存的工作电压一般在 1.8V 左右。具体到每种品牌、每种型号的内存，则要针对不同的厂家而言，但都会遵循 SDRAM 内存 3.3V、DDR SDRAM 内存 2.5V、DDR2 SDRAM 内存 1.8V 的基本要求，在允许的范围内浮动。

7. 内存的传输类型有哪几种

传输类型指内存所采用的内存类型，不同类型的内存传输类型各有差异，在传输率、工作频率、工作方式、工作电压等方面都有不同。目前市场中主要的内存类型有 SDRAM、DDR SDRAM 和 RDRAM 三种，其中 DDR SDRAM 内存占据了市场的主流，而 SDRAM 内存规格已不再发展，处于被淘汰的行列。RDRAM 则始终未成为市场的主流，只有部分芯片组支持，而这些芯片组也逐渐退出了市场，RDRAM 前景并不被看好。

（1）SDRAM。SDRAM，即 Synchronous DRAM（同步动态随机存储器），曾经是 PC 电脑上广泛应用的一种内存类型，即便在今天，SDRAM 在市场上仍然占有一席之地。既然是“同步动态随机存储器”，那就代表着它的工作速度是与系统总线速度同步的。SDRAM 内存又分为 PC66、PC100、PC133 等不同规格，而规格后面的数字就代表着该内存最大所能正常工作系统总线速度，比如 PC100，那就说明此内存可以在系统总线为 100MHz 的电脑中同步工作。与系统总线速度同步，也就是与系统时钟同步，这样就避免了不必要的等待周期，减少数据存储时间。同步还使存储控制器知道在哪一个时钟脉冲期由数据请求使用，因此，数据可在脉冲上升期便开始传输。SDRAM 采用 3.3V 工作电压，168Pin 的 DIMM 接口，带宽为 64。SDRAM 不仅应用在内存上，在显存上也较为常见。

（2）DDR。严格地说，DDR 应该叫做 DDR SDRAM，人们习惯称之为 DDR，部分初学者常看到 DDR SDRAM，就认为是 SDRAM。DDR SDRAM 是 Double Data Rate SDRAM 的缩写，是双倍速率同步动态随机存储器的意思。DDR 内存是在 SDRAM 内存基础上发展而来的，仍然沿用 SDRAM 生产体系。因此，对于内存厂商而言，只需对制造普通 SDRAM 的设备稍加改进，即可实现 DDR 内存的生产，可有效地降低成本。SDRAM 在一个时钟周期内只传输一次数据，它是在时钟的上升期进行数据传输；而 DDR 内存则是一个时钟周期内传输两次数据，它能够在时钟的上升期和下降期各传输一次数据，因此称为双倍速率同步动态随机存储器。DDR 内存可以在与 SDRAM 相同的总线频率下达到更高的数据传输率。与 SDRAM 相比，DDR 运用了更先进的同步电路，使指定地址、数据的输送和输出主要步骤既独立执行，又保持与 CPU 完全同步；DDR 使用了 DLL（Delay Locked Loop，延时锁定回路提供一个数据滤波信号）技术，当数据有效时，存储控制器可使用这个数据滤波信号来精确定位数据，每 16 次输出一次，并重新同步来自不同存储器模块的数据。DDL 本质上不需要提高时钟频率就能加倍提高 SDRAM 的速度，它允许在时钟脉冲的上升沿和下降沿读出数据，因而其速度是标准 SDRA 的两倍。从外形体积上看，DDR 与 SDRAM 相比差别并不大，它们具有同样的尺寸和同样的针脚距离。但 DDR 为 184 针脚，比 SDRAM 多出了 16 个针脚，主要包含了新的控制、时钟、电源和接地等信号。DDR 内存采用的是支持 2.5V 电压的 SSTL2 标准，而不是 SDRAM 使用的 3.3V 电压的 LVTTL 标准。

（3）RDRAM。RDRAM（Rambus DRAM）是美国的 RAMBUS 公司开发的一种内存。与 DDR 和 SDRAM 不同，它采用了串行的数据传输模式。在推出时，因为其彻底改变了内存的传输模式，无法保证与原有的制造工艺相兼容，而且内存厂商要生产 RDRAM 还必须缴纳一定的专利费用，再加上其本身的制造成本，就导致了 RDRAM 从一问世就因高昂的价格让普通用户无法接受。而同时期的 DDR 则能以较低的价格、不错的性能，逐渐成为主流。虽然 RDRAM 曾受到 Intel 公司的大力支持，始终没有成为主流。RDRAM 的数据存储位宽是 16 位，远低于 DDR 和 SDRAM 的 64 位。在频率方面则远远高于二者，可以达到 400MHz 乃至更高。同样也是在一个时钟周期内传输两次数据，能够在时钟的上升期和下降期各传输一次数据，内存带宽能达到 1.6GB/s。普通的 DRAM 缓冲器的信息在写回存储器后便不再保留，而 RDRAM 则具有继续保持这一信息的特性，于是在进行存储器访问时，如行缓冲器中已经有目标数据，则可利用，因而实现了高速访问。另外其可把数据集中起来以分组的形式传送，所以只要最初用 24 个时钟，以后便可每 1 时钟读出 1B。一次访问所能读出的数据长度可以达到 256B。

（4）DDR2。DDR2（Double Data Rate 2） SDRAM 是由 JEDEC（电子设备工程联合委员会）进行开发的新生代内存技术标准，它与上一代 DDR 内存技术标准最大的不同就是，虽然同是采用了在时钟的上升/下降时进行数据传输的基本方式，但 DDR2 内存却拥有两倍于上一代 DDR 内存预读取能力（即：4bit 数据读预取）。换句话说，DDR2 内存每个时钟能够以 4 倍外部总线的速度读/写数据，并且能够以内部控制总线 4 倍的速度运行。此外，由于 DDR2 标准规定所有 DDR2 内存均采用 FBGA 封装形式，不同于目前广泛应用的 TSOP/TSOP-II 封装形式，FBGA 封装可以提供更为良好的电气性能与散热性，为 DDR2 内存的稳定工作与未来频率的发展提供了坚实的基础。回想起 DDR 的发展历程，从第一代应用到个人电脑的 DDR200 经过 DDR266、DDR333 到今天的双通道 DDR400 技术，第一代 DDR 的发展也走到了技术的极限，已经很难通过常规办法提高内存的工作速度。随着 Intel 最新处理器技术的发展，前端总线对内存带宽的要求是越来越高，拥有更高、更稳定运行频率的 DDR2 内存将是大势所趋。

8. 什么是 Access（存取）

所谓存取，通常指计算机内部读写资料的操作，例如内存和磁盘驱动器之间，或者 CPU 和内存之间读写资料，都可以称为存取。

9. 什么是 RAM（随机存取内存）

RAM 的全名为随机存取内存（Random Access Memory），可重复地写入写出资料，但需使用电力来保持资料，照组成来分有静态内存（SRAM）及动态内存（DRAM），DRAM 由于具有较低的单位容量价格，所以被大量地采用作为系统的主存储。

10. 什么是 ROM（只读存储器）

ROM 是 Read Only Memory 的缩写，中文叫做“只读存储器”。ROM 是将程序写在一种具有记忆功能的半导体电路中，而制作好之后，不管是否提供电源，里面的程序可以一直保存不变。举例来说，我们常听到的 BIOS，其程序就是记录在 ROM 中，所以计算机每次开机的时候，就从 ROM 里面读取 BIOS 的程序加载执行。对于计算机来说，ROM 也是相当重要的组件之一。

11. 什么是 NVRAM（非挥发性内存）

NVRAM 的全名是 Non-Volatile Random Access Memory，一般计算机使用的 RAM，在没有电源的时候资料就会消失，如果是 BIOS 里面的资料，想要在关机之后储存，下次再开机时能够使用这些设定，就必须要使用 NVRAM 才行。因此 NVRAM 的特点就是即使在电源中断时，也还能够保有储存的资料。目前一般的 NVRAM，大都是用 Flash ROM 作为储存媒体，除了 BIOS 外，其他比如显卡的参数设定等，也是用 NVRAM 来储存。

12. 内存的金手指是指什么

金手指（connecting finger）是内存条上与内存插槽之间的连接部件，所有的信号都是通过金手指进行传送的。金手指由众多金黄色的导电触片组成，因其表面镀金而且导电触片排列如手指状，所以称为“金手指”，如图 1-12 所示。金手指实际上是在铜板上通过特殊工艺再覆上一层金，因为金的抗氧化性极强，所以传导性也很强。不过，因为金的价格昂贵，目前较多的内存都采用镀锡来代替。从 20 世纪 90 年代开始锡材料就开始普及，目前主板、内存和显卡等设备的“金手指”几乎都采用锡材料，只有部分高性能服务器/工作站的配件接触点才会继续采用镀金的做法，但价格自然不菲。

图 1-12

内存处理单元的所有数据流、电子流正是通过金手指和内存插槽的接触与 PC 系统进行交换，是内存的输出/输入端口，因此，其制作工艺对于内存连接显得相当重要。

13. 内存的颗粒封装有哪些

颗粒封装其实就是内存芯片所采用的封装技术类型，封装就是将内存芯片包裹起来，以避免芯片与外界接触，防止外界对芯片的损害。空气中的杂质和不良气体，乃至水蒸气都会腐蚀芯片上的精密电路，进而造成电学性能下降。不同的封装技术在制造工序和工艺方面差异很大，封装后对内存芯片自身性能的发挥也起到至关重要的作用。随着光电、微电制造工艺技术的飞速发展，电子产品始终在朝着更小、更轻、更便宜的方向发展，因此，芯片元件的封装形式也不断得到改进。芯片的封装技术多种多样，有 DIP、POFP、TSOP、BGA、QFP、CSP 等等，种类不下 30 种，经历了从 DIP、TSOP 到 BGA 的发展历程。芯片的封装技术已经历了几代的变革，性能日益先进，芯片面积与封装面积之比越来越接近，适用频率越来越高，耐温性能越来越好，以及引脚数增多，引脚间距减小，重量减小，可靠性提高，使用更加方便。

（1）DIP 封装。20 世纪 70 年代，芯片封装基本都采用 DIP（Dual ln-line Package，双列直插式封装）封装，此封装形式在当时具有适合 PCB（印刷电路板）穿孔安装、布线和操作较为方便等特点。DIP 封装的结构形式多种多样，包括多层陶瓷双列直插式 DIP、单层陶瓷双列直插式 DIP、引线框架式 DIP 等。但 DIP 封装形式的封装效率是很低的，其芯片面积和封装面积之比为 1∶1.86，这样封装产品的面积较大，内存条 PCB 板的面积是固定的，封装面积越大在内存上安装芯片的数量就越少，内存条容量也就越小。同时，较大的封装面积对内存频率、传输速率、电器性能的提升都有影响。理想状态下芯片面积和封装面积之比为 1∶1 是最好的，但这是无法实现的，除非不进行封装。随着封装技术的发展，这个比值日益接近，现在已经有了 1∶1.14 的内存封装技术。

（2）TSOP 封装。到了 20 世纪 80 年代，内存第二代的封装技术 TSOP 出现，得到了业界广泛的认可，时至今日仍旧是内存封装的主流技术。TSOP 是“Thin Small Outline Package”的缩写，意思是薄型小尺寸封装。TSOP 内存是在芯片的周围做出引脚，采用 SMT 技术（表面安装技术）直接附着在 PCB 板的表面。TSOP 封装时，寄生参数（电流大幅度变化时，引起输出电压扰动）减小，适合高频应用，操作比较方便，可靠性也比较高。同时 TSOP 封装具有成品率高、价格便宜等优点，因此得到了极为广泛的应用。TSOP 封装方式中，内存芯片是通过芯片引脚焊接在 PCB 板上的，焊点和 PCB 板的接触面积较小，使得芯片向

PCB 传热相对困难，而且 TSOP 封装方式的内存在超过 150MHz 后，会产生较大的信号干扰和电磁干扰。

（3）BGA 封装。20 世纪 90 年代，随着技术的进步，芯片集成度不断提高，I/O 引脚数急剧增加，功耗也随之增大，对集成电路封装的要求也更加严格。为了满足发展的需要，BGA 封装开始被应用于生产。BGA 是英文“Ball Grid Array Package”的缩写，即球栅阵列封装。采用 BGA 技术封装的内存，可以使内存在体积不变的情况下内存容量提高 2~3 倍，BGA 与 TSOP 相比，具有更小的体积、更好的散热性能和电性能。BGA 封装技术使每平方英寸的存储量有了很大提升，采用 BGA 封装技术的内存产品在相同容量下，体积只有 TSOP 封装的 1/3；另外，与传统 TSOP 封装方式相比，BGA 封装方式有更加快速和有效的散热途径。BGA 封装的 I/O 端子以圆形或柱状焊点按阵列形式分布在封装下面，BGA 技术的优点是 I/O 引脚数虽然增加了，但引脚间距并没有减小反而增加了，从而提高了组装成品率；虽然它的功耗增加，但 BGA 能用可控塌陷芯片法焊接，从而可以改善它的电热性能；厚度和重量都较以前的封装技术有所减少；寄生参数减小，信号传输延迟小，使用频率大大提高；组装可用共面焊接，可靠性高。

（4）CSP（Chip Scale Package）封装。是芯片级封装的意思。CSP 封装最新一代的内存芯片封装技术，其技术性能又有了新的提升。CSP 封装可以让芯片面积与封装面积之比超过 1∶1.14，已经相当接近 1∶1 的理想情况，绝对尺寸仅有 32mm^2，约为普通的 BGA 的 1/3，仅仅相当于 TSOP 内存芯片面积的 1/6。与 BGA 封装相比，同等空间下 CSP 封装可以将存储容量提高 3 倍。CSP 封装内存不但体积小，同时也更薄，其金属基板到散热体的最有效散热路径仅有 0.2mm，大大提高了内存芯片在长时间运行后的可靠性，线路阻抗显著减小，芯片速度也随之得到大幅度提高。CSP 封装内存芯片的中心引脚形式有效地缩短了信号的传导距离，其衰减随之减少，芯片的抗干扰、抗噪性能也能得到大幅提升，这也使得 CSP 的存取时间比 BGA 改善 15%~20%。在 CSP 的封装方式中，内存颗粒是通过一个个锡球焊接在 PCB 板上，由于焊点和 PCB 板的接触面积较大，所以内存芯片在运行中所产生的热量可以很容易地传导到 PCB 板上并散发出去。CSP 封装可以从背面散热，且热效率良好，CSP 的热阻为 35℃/W，而 TSOP 热阻为 40℃/W。

14. 内存的传输标准有哪几种

内存是计算机内部最为关键的部件之一，其有很严格的制造要求。其中的传输标准代表着对内存速度方面的标准。不同类型的内存，无论是 SDRAM、DDR SDRAM，还是 RDRAM 都有不同的规格，每种规格的内存在速度上是各不相同的。传输标准是内存的规范，只有完全符合该规范才能说该内存采用了此传输标准。比如说传输标准 PC3200 内存，代表着此内存工作频率为 200MHz，等效频率为 400MHz 的 DDR 内存，也就是常说的 DDR400。传输标准是购买内存的首要选择条件之一，它代表着该内存的速度。目前市场中所有的内存传输标准有 SDRAM 的 PC100、PC133；DDR SDRAM 的 PC1600、PC2100、PC2700、PC3200、PC3500、PC3700；RDRAM 的 PC600、PC800 和 PC1066 等。

（1）SDRAM 传输标准。分为 PC100 和 PC133 两种。PC100 是由 JEDEC 和 Intel 共同制定的一个 SDRAM 内存条的标准，符合该标准的内存都称为 PC100，其中的 100 代表该内存工作频率可达 100MHz。JEDEC（Joint Electron Device Engineering Council）表示电子元件工业联合会。JEDEC 是由生产厂商制定的国际性协议，主要为计算机内存制定。工业标准的内存通常指的是符合 JEDEC 标准的一组内存。大多数人认为的 PC100 内存，就是该内存能正常工作在前端总线（FSB）100MHz 的系统中。其实 PC100 是一组很严格的规范，它包含有：内存时钟周期，在 100MHz 外频工作时值为 10ns；存取时间小于 6ns；PCB 必须为六层板；内存上必须有 SPD 等多方面的规定。PC100 中还详细规定了内存条上电路的各部分线长最大值与最小值；电路线宽与间距的精确规格；保证 6 层 PCB 板制作（分别为：信号层、电源层、地线层、信号层、基层、信号层），具备完整的电源层与地线层；具备每层电路板间距离的详细规格；精确符合发送、载入、终止等请求的时间；详细的 EEPROM 编程规格；详细的 SDRAM 组成规格；特殊的标记要求；电磁干扰抑制；可选镀金印刷电路板等等。从性能的角度来说，PC100 的内存在主板设置在 100MHz 外频，且在主板的 BIOS 选项中 CL 设置为 2，此内存可以稳定地工作。PC133 是威盛公司联合了三星、现代、日立、西门子、Micron 和 NEC 等数家著名 IT 厂商联合推出的内存标准，其中的 133 指的是该内存工作频率可达 133MHz。PC133 SDRAM 的数据传输速率可以达到 1.06GB/s。严格地说，PC133 和 PC100 内存在制造工艺上没有太大的不同，区别只是在制造 PC133 内存时多了一道“筛选”工序，把内存颗粒中外频超过 133 MHz 的挑选出来，焊接成高档一些的内存。

（2）DDR 传输标准。如果按照传统传输标准的命名，PC1600（DDR200）应该叫 PC200。在当时 DDR 内存正在与 RDRAM 内存进行下一代内存标准之争，此时的 RDRAM 按照频率命名应该叫 PC600 和 PC800。这样对于不是很了解的人来说，自然会认为 PC200 远远落后于 PC600，而 JEDEC 基于市场竞争的考虑，将 DDR 内存的命名规范进行了调整。传统习惯是按照内存工作频率来命名，而 DDR 内存则以内存传输速率命名。因此才有了今天的 PC1600、PC2100、PC2700、PC3200、PC3500 等。PC1600 的实际工作频率是 100MHz，而等效工作频率是 200MHz，那么它的数据传输率就为“数据传输

率 = 频率 × 每次传输的数据位数"，就是 200MHz × 4bit=12800MB/s，再除以 8 就换算为以 MB 为单位，就是 1600MB/s，从而命名为 PC1600。

（3）DDR2 传输标准。DDR2 可以看作是 DDR 技术标准的一种升级和扩展：DDR 的核心频率与时钟频率相等，但数据频率为时钟频率的两倍，也就是说，在一个时钟周期内必须传输两次数据。而 DDR2 采用"4 bit Prefetch（4 位预取）"机制，核心频率仅为时钟频率的一半、时钟频率再为数据频率的一半，这样即使核心频率还在 200MHz，DDR2 内存的数据频率也能达到 800MHz—也就是所谓的 DDR2 800。目前，已有的标准 DDR2 内存分为 DDR2 400 和 DDR2 533，今后还会有 DDR2 667 和 DDR2 800，其核心频率分别为 100MHz、133MHz、166MHz 和 200MHz，其总线频率（时钟频率）分别为 200MHz、266MHz、333MHz 和 400MHz，等效的数据传输频率分别为 400MHz、533MHz、667MHz 和 800MHz，其对应的内存传输带宽分别为 3.2GB/s、4.3GB/s、5.3GB/s 和 6.4GB/s，按照其内存传输带宽分别标注为 PC2 3200、PC2 4300、PC2 5300 和 PC2 6400。

（4）RDRAM 传输标准。RDRAM 仍旧采用习惯的内存频率来命名，分为 PC600、PC800 和 PC1066 三种。PC600 的工作频率为 300MHz，并且所以命名为 PC600。PC800 的工作频率为 400MHz，而其也是时钟上升期和下降期都传输数据，因此，其等效频率为 800MHz，所以命名为 PC800。PC1066 的工作频率为 533MHz，并且也是时钟上升期和下降期都传输数据，因此，其等效频率为 1 066 MHz，所以命名为 PC1066。

15. 什么是内存插槽

最初的计算机系统通过单独的芯片安装内存，那时内存芯片都采用 DIP（Dual In-line Package，双列直插式封装）封装，DIP 芯片是通过安装在插在总线插槽里的内存卡与系统连接，此时还没有正式的内存插槽。DIP 芯片有个最大的问题就在于安装起来很麻烦，随着时间的增加，由于系统温度的反复变化，它会逐渐从插槽里偏移出来。随着每日频繁的计算机启动和关闭，芯片不断被加热和冷却，慢慢地芯片会偏离出插槽，最终导致接触不好，产生内存错误。早期还有另外一种方法是把内存芯片直接焊接在主板或扩展卡里，这样就有效地避免了 DIP 芯片偏离的问题，但无法再对内存容量进行扩展，而且如果一个芯片发生损坏，整个系统都将不能使用，只能重新焊接一个芯片或更换包含坏芯片的主板，此种方法付出的代价较大，也极为不方便。对于内存存储器，大多数现代的系统都已采用单内联内存模块（Single Inline Memory Module，SIMM）或双内联内存模块（Dual Inline Memory，DIMM）来替代单个内存芯片。这些小板卡插入到主板或内存卡上的特殊连接器里。

（1）SIMM（Single Inline Memory Module，单列直插内存模块）。内存条通过金手指与主板连接，内存条正反两面都带有金手指。金手指可以在两面提供不同的信号，也可以提供相同的信号。SIMM 就是一种两侧金手指都提供相同信号的内存结构，它多用于早期的 FPM 和 EDD DRAM，最初一次只能传输 8 位数据，后来逐渐发展出 16 位、32 位的 SIMM 模组，其中，8 位和 16 位 SIMM 使用 30pin 接口，32 位的则使用 72pin 接口。在内存发展进入 SDRAM 时代后，SIMM 逐渐被 DIMM 技术取代。

（2）DIMM（Dual Inline Memory Module，双列直插内存模块）。与 SIMM 相当类似，不同的只是 DIMM 的金手指两端不像 SIMM 那样是互通的，它们各自独立传输信号，因此可以满足更多数据信号的传送需要。同样采用 DIMM，SDRAM 的接口与 DDR 内存的接口也略有不同，SDRAM DIMM 为 168Pin DIMM 结构，金手指每面为 84Pin，金手指上有两个卡口，用来避免插入插槽时，错误地将内存反向插入而导致烧毁；DDR DIMM 则采用 184Pin DIMM 结构，金手指每面有 92Pin，金手指上只有一个卡口。卡口数量的不同，是二者最为明显的区别。DDR2 DIMM 为 240pin DIMM 结构，金手指每面有 120Pin，与 DDR DIMM 一样，金手指上也只有一个卡口，但是卡口的位置与 DDR DIMM 稍微有一些不同。因此，DDR 内存是插不进 DDR2 DIMM 的，同理，DDR2 内存也是插不进 DDR DIMM 的，因此，在一些同时具有 DDR DIMM 和 DDR2 DIMM 的主板上，不会出现将内存插错插槽的问题。

（3）SO-DIMM（Small Outline DIMM Module）。它的尺寸比标准的 DIMM 要小很多，而且引脚数也不相同，主要用于笔记本电脑。同样，SO-DIMM 也根据 SDRAM 和 DDR 内存规格不同而不同，SDRAM 的 SO-DIMM 只有 144pin 引脚，而 DDR 的 SO-DIMM 拥有 200pin 引脚。此外，笔记本内存还有 Micro DIMM 和 Mini Registered DIMM 两种接口。MicroDIMM 接口的 DDR 为 172pin，DDR2 为 214pin；Mini Registered DIMM 接口为 244pin，主要用于 DDR2 内存。

（4）RIMM（Rambus Inline Memory Module）。这是 Rambus 公司生产的 RDRAM 内存所采用的接口类型，RIMM 内存与 DIMM 的外形尺寸差不多，金手指同样也是双面的。RIMM 有也 184Pin 的针脚，在金手指的中间部分有两个靠得很近的卡口。RIMM 非 ECC 版有 16 位数据宽度，ECC 版都是 18 位宽。由于 RDRAM 内存的价格较高，此类内存在 DIY 市场很少见到，RIMM 接口也就难得一见了。

16. 如何选择内存的速度

内存速度的选择取决于所用 CPU 的前端总线。例如，如果使用的是 P4A，则必须使用 DDR400，因为 P4A 的前端总线是 400MHZ。普通的

DDR266 只能够提供 2.1GB 的带宽，此种内存适用于 Athlon XP 低端以及毒龙等中低端配置，已经不在主流市场之内。DDR333 能够提供 2.7GB 的内存带宽，适用于 AMD166MHZ 外频的巴顿处理器。而 DDR400 内存以及 DDR433、DDR450 内存将能够提供 3.2GB 以上的内存带宽，主要应用在 Intel 高端的 P4C，P4E 上以及 Athlon 64 上面。

当然，上面所述的仅仅是指能够满足硬件系统的最低要求，由于 P4 的前端总线的提高，内存和 CPU 之间瓶颈问题已经十分严重，新的内存技术必将产生。

当前越来越多的用户使用了 Windows XP 操作系统，要运行 Windows XP 至少需要 128MB 以上的物理内存，而 256MB 内存可以让 Windows XP 基本流畅地运行。要想使 Windows XP 操作系统非常流畅地运行，那么内存至少需要 512MB 或者更多。

17. 如何根据颗粒选购内存条

近几年来，内存条的品牌渐渐多了起来，不过能够生产内存颗粒的还是那么几家半导体大厂。三星（SAMSUNG）、现代（Hynix）、英飞凌（Infineon）、美光（Micron）、勤茂（TwinMOS）、南亚（NANYA）、华邦（Winbond）、茂矽（MOSEL）、ELPIDA 等等。而某些颗粒厂商通常只用在显存上，比如 EliteMT，就不多介绍了。应该说这些内存颗粒厂商都具有相当实力，不过最具有实力还属三星、现代以及美光。

（1）现代 D43 颗粒。有些内存颗粒上出现不是这些颗粒厂商的 LOGO，比如 Kingston 的部分颗粒、GeIL、KINGMAX 等等，这些都是内存制造厂商自己打磨的，这个属于正常的打磨范围。而某些不良厂商通过打磨各种各样的 LOGO 来冒充正规产品，以次充好或者以低档充高档等等，这个就是俗称的“打磨条”。“打磨条”涉及的范围非常之广，一向假货极少的金邦内存都不能幸免，因此购买内存务必到正规代理商处购买。

现代 D43 颗粒应该是大家都非常熟悉的内存颗粒品牌了，从 SD 时代到 DDR 时代，现代内存颗粒在国内的占有量绝对是首屈一指的。目前大家在市场中常见的现代内存规格主要分 DDR400 和 DDR500 两种规格。

同为现代 D43 颗粒，CTP-D43 比 BT-D43 超频性能稍弱，在很多玩家心目中，HY D43 芯片颗粒有着兼容性好、超频性出色的特点，而采用 HY D43 芯片的产品更是被众多玩家所追捧，有部分玩家还专门对 HY D43 芯片进行研究，例如 HY D43 DT 芯片的超频能力就比 HY D43 BT 突出。一直采用各种芯片作为内存的 Kingston 在近期就推出部分采用 HY D43 芯片的产品。

现代的 D43 颗粒应该是目前市场上非常流行，同时也是大家公认性价比非常好的内存颗粒。除了能在现代自有品牌上看到这种内存颗粒外，包括其他比较知名的内存厂商也都曾经采用过它。如果我们将它细分的话，D43 内存颗粒又根据生产批次的不同，在编号上分为 AT-D43、BT-D43、CT-D43 和 DT-D43。其中又以 BT-D43 和 DT-D43 最为常见，口碑也是最好。

（2）三星 TCCC 颗粒。三星（SAMSUNG）不愧为 DDR 时代的终结者，在 512MB 容量有 TCCD 和 TCC5，到了海量 1GB 的今天，又推出了 UCCC。

UCCC 颗粒首现于 2004 年 4 月，早期专供服务器高端 ECC 内存使用；几经调整，最终于 2005 年 1 月进入大众领域。前期产品依旧保持着服务器内存的特点，只以稳定性见长，超频性能一般。但三星为了重夺高频内存之王的宝座，于 2006 年 6 月对 UCCC 做了进一步制程优化。两条 1GB 组成双通道，仅用 2.8V 电压就实现了 1T DDR600。所以说，UCCC 具有高频与海量的特性，稳定性绝佳。

三星（SAMSUNG）UCCC 颗粒一定要选 520 周期以后的，只有这些周期生产的才是优化颗粒，之前的则“服务器”风格较重。

（3）三星 TCCD 颗粒。 TCCD 颗粒固然是好，不过其高昂的价格也是令人难以接受的。然而大家在过于关注 TCCD 的同时却忘记了它的同门师兄——TCCC，TCCC 其实也是一款非常好的内存颗粒，最早我们是在三星原厂的“金条”中认识它。

TCCC 的颗粒品质基本上和现代 D43 比较相近，DDR400 下可以优化到 2-3-3-5 的延时参数，部分 TCCC 颗粒也可以达到 DDR500 的水平。不过 TCCC 仍然对内存电压不感冒，如果你手中的 TCCC 颗粒内存无法达到在 DDR500 下工作，那么你如何狂加电压也是于事无补。很可惜，三星 TCCC 内存颗粒除了在三星自有品牌内存上可以看到外，很少在其他品牌内存上出现过。不过三星金条的做工确实很优秀，兼容性也很好，但是价格方面也比普通内存高了一些。

（4）英飞凌（infineon）BT5、CE5 和 BE5 颗粒。来自德国的英飞凌科技前身为西门子半导体公司，在 2000 正式上市以后同样受到业界的广泛关注。英飞凌非常重视国内的代理渠道，我们在国内看到的英飞凌正品内存全部为：香港锐科集团有限公司所代理的—星河（Galaxy）系列内存。

目前市场上流行的英飞凌 DDR400 颗粒编号主要有：BT5、CE5 和 BE5 这 3 种，其中 BT5 颗粒最早曾经在“黑豹”内存上出现过。CE5 和 BE5 是英飞凌随后生产的内存颗粒，超频性能均在 BT5 之上。而关于 CE5 和 BE5 究竟谁更强的说法大家众说纷纭，不过可以确定的是它们的标准时序都可以在 2-3-2-5 下稳定工作，一些品质好的 CE5 和 BE5 颗粒内存还可以工作在更高的 DDR500 上，性能非常强劲。另外，英飞凌原厂内存的做工也是同类产品中数一数二的。

（5）镁光 MT-5BC 和 MT-5BG。镁光（Micron）身为世界第二大内存颗粒制造商，其产品却在国内极少现身。这是因为镁光鼪少将自己的优质颗粒卖给其他内存品牌，其极品颗粒一直是专供自家 DIY 品牌 Crucial 使用。

目前市场上主要流通的有 MT-5BC 和 MT-5BG 两个型号的 DDR400 规格内存颗粒。镁光的 MT 内存颗粒非常有特点，芯片的两端分别有个半圆形的缺角，很容易让人一眼就辨认出来它的内存来自镁光。与大多数 DDR400 内存不同的是，镁光 MT 颗粒可以在 DDR400 规格下达到极低的 TRD 和 TRP 延时，默认电压下可以达到 2.5-2-2-5 这样一个非常不错的参数。其实际效能甚至可以和 TCCD 在 DDR400 的环境下的表现相媲美，略加电压可以达到 DDR500 的标准甚至更高。

（6）华邦新 BH5 颗粒。提起华邦 BH5 内存颗粒的大名，我相信无人不知无人不晓。这款内存颗粒的最大特点就是耐高电压。在 3V 甚至更高以上的电压下，它的超频幅度是十分惊人的，因此也有很多人戏称它为 DFI 专用内存。

（7）Winbond 华邦（W942598BH-5）5 纳秒颗。BH5 颗粒真可谓是来也匆匆去也匆匆，刚刚名声大振，它也基本在市场上销声匿迹了。随之而来的 TCCD 盖过了它的锋芒，成为新一代超频王者，但世界上再也没有一款能像 BH5 那样性价比出色的内存了。

在超频玩家选择内存的时候，有一些内存颗粒的编号是相当重要的。比如三星的 TCCD 和 TCCC、现代的 BT-D43、还有英飞凌的-5-C 等等。这些代表内存批次的编号通常都有不错的超频能力或者上低延迟能力。其中又以三星的 TCCC 和 TCCD 颗粒最为著名，海盗船出品的极品内存通常都采用这种颗粒，能够在 5-2-2-2 时序下超频在 DDR500 以上，在发烧界中口碑极好。

18. 如何看内存的做工及用料

可以从下面几个方面来判断内存条的好坏：金手指、用料、设计、工艺。

（1）金手指部分。内存的金手指通常有两种制造方法，电镀和化学镀（以下简称化镀）。化镀的金手指会比电镀的薄 20 微米左右，不过肉眼很难看得出来，电镀的金手指耐磨度和电气性能更好。鉴别起来很简单，电镀的金手指在末端会有一个“小辫子”，这是由生产工艺造成的，没有办法避免。这两种工艺成本差价大概在 10 元左右，相对于目前内存的价格，还是比较可观的。另外，好的金手指通常看起来和黄金差不多，黄颜色很有质感；差的金手指看起来泛白。

（2）用料。要看一根内存的用料水准很简单，如果内存上面的小贴片元件多，那么这根内存用料应该说不错。用在内存上面的小元件主要有两种，一种上面有数字的，叫做排阻；一种更小的方块，叫做电容，通常用做耦合。一般在内存颗粒和金手指之间，会有很多的排阻，而内存颗粒周围会有很多电容。用料差的内存，在整个 PCB 板面上都是“光秃秃”的。

（3）设计。内存的 PCB 板通常为四层板或者六层板，尤其对于 DDR 内存，由于工作频率较高，采用六层板为佳。不过，为了控制成本，厂商通常有更加折中的办法：采用四层板，然后使用单面；或者采用六层板，双面都使用。仍然有很多厂商采用六层板单面设计，这样就不惜工本。

（4）工艺。看看 PCB 板的四边是否有毛边，摸起来是否光滑。如果是，那么这根内存的 PCB 板边还是处理得不错的。

（5）看看内存上颗粒、排阻、电容的焊接工艺，如果焊点圆滑饱满富有光泽，那么这根内存所使用的焊锡和焊接机是比较好的。

19. 如何选购双通道 DDR 内存

Dual Channel DDR（双通道）这个词语，伴随着 i865PE 的流行，双通道 DDR 内存开始风行起来。下面介绍一下双通道的选购方法。

（1）不一定使用相同品牌。针对市场上众多品牌的内存，Intel 公司并没有硬性要求用户采用相同品牌、相同速度及 CL 值的内存。例如，可以用一根 Hynix 256MB 内存搭配一根 SAMSUNG 256MB 内存，甚至是用一根 DDR266 内存配一根 DDR400 内存使用都可以。但是，这样对内存性能会有影响。由于不同品牌的内存在规格、用料上会有所不同，最终会影响到系统的兼容及稳定性，若使用不同速度的内存，则受到两根内存要同速工作所限，就不能获得 DIMM 0 跑 DDR266 而 DIMM 2 跑 DDR400 的理想速度，两根内存最终都只能跑 DDR266。

（2）最好用双面内存。在满足了 Intel 的基本要求后，Intel 公司又对内存的选用做出以下的建议：要获得最佳性能，用户应该使用两根双面内存，或用四根单面/双面内存。这是因为单面内存只有一个 Bank，而双面内存则有两个 Bank 可供使用，有助于增加内存的带宽。

提示!!
对于非 DDR400 的产品，如 Dual DDR320/DDR266 时，选用双面内存的意义就不太大。

如果你是 DIY 新手的话，购买 DDR 套装内存产品是一个不错的选择，这可避免使用上的麻烦。在售价方面，DDR 套装与一般 DDR 内存差不太多。

1-4 认识和选购硬盘

硬盘属于外部存储器，由金属磁片制成，而磁片有记功能，所以存储到磁片上的数据，不论在开机，还是并机，都不会丢失。

1. 什么是 Hard disk（硬盘）

Hard Disk 的中文是“硬盘”，也可以简称为 HD。硬盘是微机最重要的外部存储器之一，是电脑最重要的外部存储设备，包括操作系统在内的各种软件、程序、资料都需要保存到硬盘上。硬盘具有性能好、速度快、容量大等优点。硬盘将驱动器和硬盘片封装在一起，固定在主机箱内，一般不可移动。

硬盘主要是由磁盘、特殊的磁头、精密的马达和线路所组成，这些都密封在硬盘的外壳中。随着储存资料的需求越来越大，硬盘的容量也越来越大，现在几 GB 的硬盘已经成为标准计算机的配备，尽管如此，硬盘的价格却没有越来越高。目前制造硬盘的厂商，较著名的有希捷、迈拓、西部数据和日立等。

2. 什么是硬盘的容量

容量可以说是用户对硬盘认识最多的一个技术指标，它的单位是兆字节（MB）或千兆字节（GB）。影响容量的两个因素是单碟容量和碟片数量。有时在检测硬盘时可能会发现厂家标称的容量和电脑检测的容量不一致，这是由于他们采用的换算单位不同，厂家多以 1000 进制换算，即 1MB=1000byte、1GB=1000MB，而电脑中多用 1024 进制换算，所以存在差异。

硬盘容量是硬盘最重要的指标，其容量大小决定了可存储信息的多少。目前，常见的硬盘容量有 40GB、60GB、80GB、120GB、160GB、200GB、250GB、300GB、400GB 和 500GB 等。

3. 什么是台式机硬盘

台式机硬盘就是最为常见的 PC 机内部使用的存储设备。随着用户对个人 PC 性能的需求日益提高，台式机硬盘也在朝着大容量、高速度、低噪音的方向发展，单碟容量逐年提高，主流转速也达到 7200RPM，甚至还有了 10000RPM 的 SATA 接口的硬盘。台式机硬盘的厂商主要有希捷、迈拓、西部数据、日立、三星等，市场竞争很激烈。

4. 什么是笔记本硬盘

顾名思义，笔记本硬盘就是应用于笔记本的存储设备，笔记本强调的是其便携性和移动性，因此笔记本硬盘必须在体积、稳定性、功耗上达到很高的要求，而且防震性能要好。

笔记本电脑硬盘和台式机硬盘从产品结构和工作原理看，并没有本质的区别，笔记本硬盘最大的特点就是体积小巧，目前标准产品的直径仅为 2.5 英寸（还有 1.8 英寸甚至更小的），厚度也远小于 3.5 英寸硬盘。一般厚度仅有

8.5~12.5mm，重量在一百克左右，堪称小巧玲珑。由于笔记本电脑内部空间狭小、散热不便，且电池能量有限，再加上移动中难以避免的磕碰，对其部件的体积、功耗和坚固性等提出了很高的要求。笔记本硬盘本身就设计了比台式机硬盘更好的防震功能，在遇到震动时能够暂时停止转动以保护硬盘。

笔记本硬盘由于受到盘片直径小、功耗限制、防震等制约因素，在性能上相对落后于台式机硬盘。在桌面系统中，硬盘电机主轴转速7 200转称为主流，10 000转的硬盘也已推出，而在笔记本中还是以4 200转为主，部分新品则使用5 400转的硬盘，主要是因为笔记本硬盘空间狭小，而且采用高速电机必然会带来更大的功耗和发热量。而在缓存容量方面，笔记本硬盘也略微少于台式机硬盘。转速和缓存都低，自然数据传输率方面也就较低了。接口方面笔记本硬盘基本与台式机发展持平，市场上主流的笔记本硬盘都采用了 ATA100的接口标准，富士通公司也已经推出了业界首款2.5英寸的 SATA 硬盘。

5. 什么是服务器硬盘

服务器硬盘在性能上的要求要远远高于台式机硬盘，这是受服务器大数据量、高负荷、高速度等要求所决定的。服务器硬盘一般采用 SCSI 接口，高端还有采用光纤通道接口的，极少的低端服务器采用台式机上的 ATA 硬盘，性能受到很大影响。

6. 服务器硬盘具有什么特点

服务器硬盘具有如下四个特点。

（1）速度快。服务器硬盘转速很高，7 200 转、10 000 转的产品已经相当普及，甚至还有达到 15 000 转的。它还配备了较大的回写式缓存，一般为 2MB、4MB、8MB 或 16MB，甚至还有 64MB 的产品。平均访问时间比较短；外部传输率和内部传输率更高。

（2）可靠性高。因为服务器硬盘几乎是 24 小时不停地运转，承受着巨大的工作量。可以说，硬盘如果出现了问题，后果不堪设想。除了采用家用硬盘具备的 S.M.A.R.T 技术（自监测、分析和报告技术），硬盘厂商都采用了各自独有的先进技术来保证数据的安全。为了避免意外的损失，服务器硬盘一般都能承受 300G~1 000G 的冲击力。为了提高可靠性，服务器多采用了廉价冗余磁盘阵列（RAID）技术。RAID 技术相当于把一份数据复制到其他硬盘上，如果其中一个硬盘损坏了，可以从另一个恢复数据。

（3）带宽大。多数服务器采用了数据吞吐量大、CPU 占有率极低的 SCSI 硬盘。SCSI 硬盘必须通过 SCSI 接口才能使用，有的服务器主板集成了 SCSI 接口，有的安有专用于大约有 10~50 人同时在正常上班时间随机访问服务器或工作站。在此种情况下建议选择 SCSI 接口硬盘。

7. 如何选择硬盘类型

（1）普通家用或小型企业的台式机用户对硬盘性能的需求相对较低，也极少会对存储系统提出高性能的要求，因此一般建议使用 ATA、SATA 接口硬盘，部分个人音频或视频工作者可以考虑采用 SCSI 接口。

（2）中型服务器和工作站主要面向工作负荷较轻或中等的企业环境，其负荷相当于大约有 10~50 人同时在正常上班时间随机访问服务器或工作站。在此种情况下建议选择 SCSI 接口硬盘。

（3）高性能服务器和工作站主要面向执行关键任务且工作负荷很重的文件服务器，其负荷相当于 50 多人在一天 24 小时内同时进行访问，同时还面向视频、动画制作等有高要求的工作站。在这些场合建议使用高端 SCSI。

8. 什么是硬盘的转速

硬盘的转速（Rotationl Speed）就是硬盘电机主轴的转速。转速是决定硬盘内部传输率的关键因素之一，它的快慢在很大程度上影响了硬盘的速度，同时转速的快慢也是区分硬盘档次的重要标志之一。硬盘的主轴马达带动盘片高速旋转，产生浮力使磁头飘浮在盘片上方。要将所要存取资料的扇区带到磁头下方，转速越快，等待时间也就越短。因此，转速在很大程度上决定了硬盘的速度。目前市场上常见的硬盘转速一般有 5 400rpm、7 200rpm、甚至 10 000rpm。理论上，转速越快越好。因为较高的转速可缩短硬盘的平均寻道时间和实际读写时间。可是，转速越快发热量越大，不利于散热。现在的主流硬盘转速一般为 7 200rpm 以上。

9. 什么是硬盘的单碟容量

单碟容量（Storage per disk）是硬盘相当重要的参数之一，它在一定程度上决定着硬盘的档次高低。硬盘是由多个存储碟片组合而成的，而单碟容量就是一个存储碟所能存储的最大数据量。硬盘厂商在增加硬盘容量时，可以通过两种手段：一种是增加存储碟片的数量，但受到硬盘整体体积和生产成本的限制，碟片数量都受到限制，一般都在 5 片以内；另一种办法就是增加单碟容量。

举例说明：单碟容量为 60GB 的希捷酷鱼五系列和单碟容量为 80GB 的希捷 7200.7 系列，如果都用两个盘片，那么总容量将有 40GB 的差异，可见单碟容量对硬盘容量的影响。

2006 年 4 月，希捷（Seagate）率先将垂直记录技术运用于桌面硬盘，发布了采用垂直记录技术的酷鱼 7200.10（Barracuda 7200.10）系列硬盘，最大单碟容量提高到 188GB，这是此时所有硬盘产品中最高的单碟容量。随着垂直记录技术的继续发展和磁记录密度的提高，硬盘的单碟容量还会继续提升。

10. 什么是硬盘的盘片数

盘片是硬盘中承载数据存储的介质，硬盘是由多个盘片叠加在一起，互相之间由垫圈隔开。硬盘盘片是以坚固耐用的材料为盘基，其上再附着磁性物质，表面被加工的相当平滑。因为盘片在硬盘内部高速旋转（有 5 400 转、7 200 转、10 000 转，甚至 15 000 转），因此制作盘片的材料硬度和耐磨性要求很高，所以一般采用合金材料，多数为铝合金。

硬盘盘片是随着硬盘的发展而不断进步的，早期的硬盘盘片都是使用塑料材料作为盘基，然后再在塑料盘基上涂上磁性材料就构成了硬盘的盘片。随着硬盘转速和容量的提高又出现了金属盘基的盘片，金属材料的盘基具有更高的记录密度、更强的硬度，在安全性上也要强于塑料盘基。目前市场中主流的硬盘都是采用铝材料的金属盘基。

由于盘片上的记录密度巨大，而且盘片工作时的高速旋转，为保证其工作的稳定，数据保存的长久，盘片都是密封在硬盘内部。万万不可自行拆卸硬盘，在普通环境下空气中的灰尘，都会对硬盘造成永久伤害，更不能用器械或手指碰触盘片。

11. 什么是硬盘的平均寻道时间

平均寻道时间（Average seek time）指硬盘在盘面上移动读写头至指定磁道寻找相应目标数据所用的时间。它描述硬盘读取数据的能力，单位为 ms。当单碟片容量增大时，磁头的寻道动作和移动距离减少，从而使平均寻道时间减少，加快硬盘的转速。目前市场上主流硬盘的平均寻道时间一般在 9ms 以下，大于 10ms 的硬盘属于较早的产品，一般不值得购买。

12. 什么是硬盘的磁头数

硬盘磁头是硬盘读取数据的关键部件，它的主要作用就是将存储在硬盘盘片上的磁信息转化为电信号向外传输，其工作原理是采用特殊材料的电阻值会随着磁场变化的原理来读写盘片上的数据，磁头的好坏在很大程度上决定着硬盘盘片的存储密度。目前比较常用的是 GMR（Giant Magneto Resisive）巨磁阻磁头，GMR 磁头使用了磁阻效应更好的材料和多层薄膜结构，这比以前的传统磁头和 AMR（Anisotropic Magneto Resisive）磁阻磁头更为敏感，相对的磁场变化能引起来大的电阻值变化，从而实现更高的存储密度。

13. 什么是 AMR（各向异性磁阻）磁头

20 世纪 90 年代中期，希捷公司推出了使用 AMR（Anisotropic Magneto Resistive）磁头的硬盘。AMR 磁头使用 TFI 磁头来完成写操作，但用薄条的磁性材料来作为读元件。在有磁场存在的情况下，薄条的电阻会随磁场而变化，进而产生很强的信号。硬盘译解由于磁场极性变化而引起的薄条电阻变化，提高了读的灵敏度。AMR 磁头进一步提高了面密度，而且减少了元器件数量。

由于 AMR 薄膜的电阻变化量有一定的限度，AMR 技术最大可以支持 3.3GB/平方英寸的记录密度，所以 AMR 磁头的灵敏度也存在极限。这导致了 GMR 磁头的研发。

14. 什么是 GMR（Giant Magneto Resistive）磁头

GMR 磁头继承了 TFI 磁头和 AMR 磁头中采用的读/写技术。但它的读磁头对于磁盘上的磁性变化表现出更高的灵敏度。GMR 磁头是由四层导电材料和磁性材料薄膜构成的：一个传感层、一个非导电中介层、一个磁性的栓层和一个交换层。GMR 传感器的灵敏度比 AMR 磁头大三倍，所以能够提高盘片的密度和性能。

硬盘的磁头数取决于硬盘中的碟片数，盘片正反两面都存储着数据，所以一个盘片对应两个磁头才能正常工作。比如总容量 80GB 的硬盘，采用单碟容量 80GB 的盘片，那只有一张盘片，该盘片正反面都有数据，则对应两个磁头；而同样总容量 120GB 的硬盘，采用二张盘片，则只有三个磁头，其中一张盘片的一面没有磁头。

15. 什么是硬盘的接口类型

硬盘接口是硬盘与主机系统间的连接部件，作用是在硬盘缓存和主机内存之间传输数据。不同的硬盘接口决定着硬盘与计算机之间的连接速度，在整个系统中，硬盘接口的优劣直接影响着程序运行的快慢和系统性能的好坏。

从整体的角度上，硬盘接口分为 IDE、SATA、SCSI 和光纤通道四种，IDE 接口硬盘多用于家用产品中，也部分应用于服务器，SCSI 接口的硬盘则主要应用于服务器市场，而光纤通道只在高端服务器上，价格昂贵。SATA 是种新生的硬盘接口类型，正处于市场普及阶段，在家用市场中有着广泛的前景。

在 IDE 和 SCSI 的大类别下，又可以分出多种具体的接口类型，各自拥有不同的技术规范，具备不同的传输速度，比如 ATA100 和 SATA；Ultra160 SCSI 和 Ultra320 SCSI 都代表着一种具体的硬盘接口，各自的速度差异也较大。

16. 什么是 IDE 接口

IDE 的英文全称为“Integrated Drive Electronics”，即“电子集成驱动器”，它的本意是指把“硬盘控制器”与“盘体”集成在一起的硬盘驱动器。把盘体与控制器集成在一起的做法减少了硬盘接口的电缆数目与长度，数据传输的可靠性得到了增强，硬盘制造起来变得更容易，因为硬盘生产厂商不需要再担心自己的硬盘是否与其他厂商生产的控制器兼容。对用户而言，硬盘安装起来也更为方便。IDE 这一接口技术从诞生至今就不断发展，性能也不断的提高，其拥有的价格低廉、兼容性强的特点，为其造就了其他类型硬盘无法替代的地位。

IDE 代表着硬盘的一种类型，在实际的应用中，人们也习惯用 IDE 来称呼最早出现的 IDE 类型硬盘 ATA-1，这种类型的接口随着接口技术的发展已经被淘汰了，而其后发展分支出更多类型的硬盘接口，比如 ATA、Ultra ATA、DMA、Ultra DMA 等接口都属于 IDE 硬盘。目前硬件接口已经向 SATA 转移，IDE 接口迟早会退出舞台。

17. 什么是 SATA 接口

SATA 是 Serial ATA 的缩写，即串行 ATA。这是一种完全不同于并行 ATA 的新型硬盘接口类型，由于采用串行方式传输数据而得名。SATA 总线使用嵌入式时钟信号，具备了更强的纠错能力，与以往相比，其最大的区别在于能对传输指令（不仅仅是数据）进行检查，如果发现错误会自动矫正，这在很大程度上提高了数据传输的可靠性。串行接口还具有结构简单、支持热插拔的优点。

18. SATA 接口具有什么样的优势

与并行 ATA 相比，SATA 具有比较大的优势。

（1）Serial ATA 以连续串行的方式传送数据，可以在较少的位宽下使用较高的工作频率来提高数据传输的带宽。Serial ATA 一次只会传送一位数据，这样能减少 SATA 接口的针脚数目，使连接电缆数目变少，效率也会更高。实际上，Serial ATA 仅用四支针脚就能完成所有的工作，分别用于连接电缆、连接地线、发送数据和接收数据，同时这样的架构还能降低系统能耗和减小系统复杂性。

（2）Serial ATA 的起点更高、发展潜力更大，Serial ATA 1.0 定义的数据传输率可达 150MB/s，这比目前最快的并行 ATA（即 ATA/133）所能达到

133MB/s 的最高数据传输率还高，目前 SATA II 的数据传输率则已经高达 300MB/s。

（3）Serial ATA 规范不仅立足于未来，而且还保留了多种向后兼容方式，在使用上不存在兼容性的问题。在硬件方面，Serial ATA 标准中允许使用转换器提供同并行 ATA 设备的兼容性，转换器能把来自主板的并行 ATA 信号转换成 Serial ATA 硬盘能够使用的串行信号，目前已经有多种此类转接卡/转接头上市，这在某种程度上保护了我们的原有投资，减小了升级成本；在软件方面，Serial ATA 和并行 ATA 保持了软件兼容性，这意味着厂商丝毫也不必为使用 Serial ATA 而重写任何驱动程序和操作系统代码。

（4）Serial ATA 接线较传统的并行 ATA（Paralle ATA）接线要简单得多，而且容易收放，对机箱内的气流及散热有明显改善。而且，SATA 硬盘与始终被困在机箱之内的并行 ATA 不同，扩充性很强，即可以外置。外置式的机柜（JBOD）不但可提供更好的散热及插拔功能，而且可以多重连接来防止单点故障；由于 SATA 和光纤通道的设计如出一辙，所以传输速度可用不同的通道来做保证，这在服务器和网络存储上具有重要意义。

19. 什么是 SATA II

SATA II 是在 SATA 的基础上发展起来的，其主要特征是外部传输率从 SATA 的 1.5Gbps（150MB/s）进一步提高到了 3Gbps（300MB/s），此外还包括 NCQ（Native Command Queuing，原生命令队列）、端口多路器（Port Multiplier）、交错启动（Staggered Spin-up）等一系列的技术特征。单纯的外部传输率达到 3Gbps 并不是真正的 SATA II。

SATA II 的关键技术就是 3Gbps 的外部传输率和 NCQ 技术。

20. 什么是 NCQ 技术

SATA 规范支持许多新的功能，其中之一就是 NCQ（Native Command Queuing 全速命令排队）技术。它是一种使硬盘内部优化工作负荷执行顺序，通过对内部队列中的命令进行重新排序实现智能数据管理，改善硬盘因机械部件而受到的各种性能制约。NCQ 技术是 SATA II 规范中的重要组成部分，也是 SATA II 规范唯一与硬盘性能相关的技术。

目前，希捷、迈拓、日立等硬盘厂商已经在 SATA 硬盘中应用了 NCQ 技术。不过，要充分享用 NCQ 技术，光有硬盘支持是不行的，还要对应的硬盘控制器（如南桥芯片中的磁盘控制器）支持才行。例如 Intel 从 945 芯片组的 ICH7R 南桥开始支持 NCQ 技术，nVidia 从 nForce4 SLI 芯片组开始支持 NCQ 技术。

21. 什么是光纤通道

光纤通道（Fibre Channel）其实是对一组标准的称呼，这组标准用以定义通过铜缆或光缆进行串行通信，从而将网络上各节点相连接所采用的机制。光纤通道标准由美国国家标准协会（American National Standards Institute，ANSI）开发，为服务器与存储设备之间提供高速连接。早先的光纤通道专门为网络设计的，随着数据存储在带宽上的需求提高，才逐渐应用到存储系统上。光纤通道是一种跟 SCSI 或 IDE 有很大不同的接口，它很像以太网的转换开头。光纤通道是可以提高多硬盘存储系统的速度和灵活性而设计的高性能接口。

光纤通道是为像服务器这样的多硬盘系统环境而设计。光纤现在能提供 100MBps 的实际带宽，而它的理论极限值为 1.06GBps。不过现在有一些公司开始推出 2.12Gbps 的产品，它支持下一代的光纤通道（即 Fibre Channel II）。为了能得到更高的数据传输率，市面的光纤产品有时是使用多光纤通道来达到更高的带宽。

21. 什么是 SCSI 接口

SCSI 的英文全称为 Small Computer System Interface（小型计算机系统接口），是同 IDE（ATA）完全不同的接口，IDE 接口是普通 PC 的标准接口，而 SCSI 并不是专门为硬盘设计的接口，是一种广泛应用于小型机上的高速数据传输技术。SCSI 接口具有应用范围广、多任务、带宽大、CPU 占用率低以及热插拔等优点，但较高的价格使得它很难如 IDE 硬盘般普及，因此 SCSI 硬盘主要应用于中、高端服务器和高档工作站中。

SCSI 接口从诞生到现在已经历了二十多年的发展，先后衍生出了 SCSI-1、Fast SCSI、FAST-WIDE-SCSI-2、Ultra SCSI、Ultra2 SCSI、Ultra160 SCSI、Ultra320 SCSI 等，现在市场中占据主流的是 Ultra160 SCSI、Ultra320 SCSI 接口产品。

22. 什么是 SAS 接口

SAS（Serial Attached SCSI）即串行连接 SCSI，是新一代的 SCSI 技术，和现在流行的 Serial ATA（SATA）硬盘相同，都是采用串行技术以获得更高的传输速度，并通过缩短连接线改善内部空间等。SAS 是并行 SCSI 接口之后开发出的全新接口。此接口的设计是为了改善存储系统的效能、可用性和扩充性，并且提供与 SATA 硬盘的兼容性。

SAS 的接口技术可以向下兼容 SATA。

23. 什么是内部数据传输率

内部数据传输率（Internal Transfer Rate）是指硬盘磁头与缓存之间的数据传输率，简单地说就是硬盘将数据从盘片上读取出来，然后存储在缓存内的速度。内部传输率可以明确表现出硬盘的读写速度，它的高低才是评价一个硬盘整体性能的决定性因素，它是衡量硬盘性能的真正标准。

虽然硬盘技术发展很快，但内部数据传输率还是在一个比较低（相对）的层次上，内部数据传输率低已经成为硬盘性能的最大瓶颈。目前主流的家用级硬盘，内部数据传输率基本还停留在 70~90 MB/s 左右，而且在连续工作时，这个数据会降到更低。

数据传输率的单位一般采用 MB/s 或 Mbit/s，尤其在内部数据传输率，上官方数据中更多地采用 Mbit/s 为单位。

24. MB/s 与 Mbit/s 有何差异

MB/s 的含义是兆字节每秒，Mbit/s 的含义是兆比特每秒，前者是指每秒传输的字节数量，后者是指每秒传输的比特位数。MB/s 中的 B 字母是 Byte 的含义，虽然与 Mbit/s 中的 bit 翻译一样，都是比特，也都是数据量度单位，但二者是完全不同的。Byte 是字节数，bit 是位数，在计算机中每八位为一字节，也就是 1Byte = 8bit，是 1∶8 的对应关系。因此 1MB/s 等于 8Mbit/s。因此在书写单位时一定要注意 B 字母的大小写，尤其有些人还把 Mbit/s 简写为 Mb/s，此时 B 字母的大小真可谓“失之毫厘，谬以千里”。

25. 什么是外部数据传输率

外部数据传输率（External Transfer Rate），一般也称为突发数据传输或接口传输率。是指硬盘缓存和电脑系统之间的数据传输率，也就是计算机通过硬盘接口从缓存中将数据读出交给相应的控制器的速率。平常硬盘所采用的 ATA66、ATA100、ATA133 等接口，就是以硬盘的理论最大外部数据传输率来表示的。ATA100 中的 100 就代表着这块硬盘的外部数据传输率理论最大值是 100MB/s；ATA133 则代表外部数据传输率理论最大值是 133MB/s；SATA1.0 接口的硬盘外部理论数据最大传输率可达 150MB/s，而 SATAII 接口的硬盘外部理论数据最大传输率可达 300MB/s。这些只是硬盘理论上最大的外部数据传输率，在实际的日常工作中是无法达到这个数值的，而实际数值更多地取决于内部数据传输率。

26. 什么是平均寻道时间

平均寻道时间的英文拼写是 Average Seek Time，它是了解硬盘性能至关重要的参数之一。它是指硬盘在接收到系统指令后，磁头从开始移动到移动至数据所在的磁道所花费时间的平均值，它在一定程度上体现了硬盘读取数据的能力，是影响硬盘内部数据传输率的重要参数，单位为毫秒（ms）。不同品牌、不同型号的产品其平均寻道时间也不一样，这个时间越低，产品越好，现今主流的硬盘产品平均寻道时间都在 9ms 左右。

27. 什么是硬盘的缓存

缓存是硬盘与外部总线交换数据的场所，它是硬盘控制器上的一块内存芯片，具有极快的存取速度，它是硬盘内部存储和外界接口之间的缓冲器。硬盘的读数据的过程是将磁信号转化为电信号后，通过缓存一次次地填充与清空，再填充，再清空，一步步按照 PCI 总线的周期送出，可见，缓存的作用是相当重要的。

缓存的大小与速度直接关系到硬盘的传输速度的重要因素，能够大幅度地提高硬盘整体性能。当硬盘存取零碎数据时需要不断地在硬盘与内存之间交换数据，如果有大缓存，则可以将那些零碎数据暂存在缓存中，减小外系统的负荷，也提高了数据的传输速度。

缓存容量的大小不同品牌、不同型号的产品各不相同，早期的硬盘缓存基本都很小，只有几百 KB，已无法满足用户的需求。2MB 和 8MB 缓存是现今主流硬盘所采用，而在服务器或特殊应用领域中还有缓存容量更大的产品，甚至达到了 16MB、64MB 等。

28. 硬盘的缓存有什么作用

硬盘的缓存主要起三种作用：

（1）预读取。当硬盘受到 CPU 指令控制开始读取数据时，硬盘上的控制芯片会控制磁头把正在读取的簇的下一个或者几个簇中的数据读到缓存中。当需要读取下一个或者几个簇中的数据的时候，硬盘不需要再次读取数据，直接把缓存中的数据传输到内存中就可以了，由于缓存的速度远远高于磁头读写的速度，所以能够达到明显改善性能的目的。

（2）对写入动作进行缓存。当硬盘接到写入数据的指令之后，并不会马上将数据写入到盘片上，而是先暂时存储在缓存里，然后发送一个“数据已写入”的信号给系统，这时系统就会认为数据已经写入，并继续执行下面的工作，而硬盘则在空闲（不进行读取或写入的时候）时再将缓存中的数据写入到盘片上。

（3）临时存储最近访问过的数据。有时候，某些数据是经常需要访问的，硬盘内部的缓存会将读取比较频繁的一些数据存储在缓存中，再次读取时就可以直接从缓存中直接传输。

29. 硬盘的缓存越大性能就越好吗

大容量的缓存虽然可以在硬盘进行读写工作状态下，让更多的数据存储在缓存中，以提高硬盘的访问速度，但并不意味着缓存越大就越出众。缓存的应用存在一个算法的问题，即便缓存容量很大，而没有一个高效率的算法，将导致应用中缓存数据的命中率偏低，无法有效发挥出大容量缓存的优势。

算法是和缓存容量相辅相成，大容量的缓存需要更为有效率的算法，否则性能会大打折扣，从技术角度上说，高容量缓存的算法是直接影响到硬盘性能发挥的重要因素。更大容量缓存是未来硬盘发展的必然趋势。

30. 什么是硬盘的反应时间

反应时间是指硬盘中的转轮的工作情况。反应时间是硬盘转速的一个最直接的反应指标。5400rpm 的硬盘拥有的是 5.55ms 的反应时间，而 7200rpm 的硬盘可以达到 4.17 ms。反应时间是硬盘将利用多长的时间完成第一次的转轮旋转。如果确定一个硬盘达到 120 周旋转每秒的速度，那么旋转一周的时间将是 1/120s 即 0.008333s。如果硬盘是 0.0041665s 旋转一周的时间，则可以称这块硬盘的反应时间是 4.17 ms（1ms=1/1000s）。

31. 什么是转速

转速（Rotationl Speed），是硬盘内电机主轴的旋转速度，也就是硬盘盘片在一分钟内所能完成的最大转数。转速的快慢是标示硬盘档次的重要参数之一，它是决定硬盘内部传输率的关键因素之一，在很大程度上直接影响到硬盘的速度。硬盘的转速越快，硬盘寻找文件的速度也就越快，相对的硬盘的传输速度也就得到了提高。硬盘转速以每分钟多少转来表示，单位表示为 RPM，RPM 是 Revolutions Per minute 的缩写，中文表示为转/每分钟。RPM 值越大，内部传输率就越快，访问时间就越短，硬盘的整体性能也就越好。

家用的普通硬盘的转速一般有 5400rpm、7200rpm 几种，高转速硬盘也是现在台式机用户的首选；而对于笔记本用户则是 4200rpm、5400rpm 为主，虽然已经有公司发布了 7200rpm 的笔记本硬盘，但在市场中还较为少见；服务器用户对硬盘性能要求最高，服务器中使用的 SCSI 硬盘转速基本都采用 10000rpm，甚至还有 15000rpm 的，性能要超出家用产品很多。

32. 什么是硬盘的硬盘表面温度

硬盘表面温度指硬盘工作时产生的温度使硬盘密封壳温度上升的情况。硬盘工作时产生的温度过高，将影响薄膜式磁头（包括 MR 磁头）的数据读取灵敏度，因此，硬盘工作表面温度较低的硬盘有更好的数据读、写稳定性。

33. 什么是硬盘的连续无故障时间

连续无故障时间（MTBF）是指硬盘从开始运行到出现故障的最长时间。一般硬盘的 MTBF 至少在 30 000h 或 40 000h。

34. 什么是硬盘的间隔因子

间隔因子是指硬盘磁道上相邻的两个逻辑扇区之间的物理扇区的数量。因为硬盘上的信息是以扇区的形式来组织的，每个扇区都有一个号码，存取操作要通过这个扇区号，所以使用一个特定的间隔因子来给扇区编号将有助于获取最佳的数据传输率。

35. 硬盘的工作模式有哪些

硬盘的工作模式分为 NORMAL、LBA 和 LARGE 三种模式。

（1）NORMAL 模式：这是传统的硬盘工作方式，也称为 CHS 方式。在这种工作模式下，硬盘在存取数据时会按照柱面数 × 磁头数/扇区数的方法来寻找存储空间。它支持的最大柱面为 1 024，最大磁头数为 16，最大扇区数为 63。因为 1 024 × 16 × 63 × 512/（1 024 × 1 024）=504，这就使得系统最大只能支持 504MB 的硬盘，显然已经无法适应目前硬盘的需要。

（2）LBA 模式：LBA 是 Logical Block Addressing Mode 的缩写，大意是“逻辑块定位模式”。随着电脑技术的不断进步，伴随着 504MB 以上容量硬盘的出现，在硬盘技术上出现了名为 LBA 的硬盘工作模式。在这种模式下，系统采用一个 28 位的逻辑块地址来寻找硬盘上真实的柱面、磁头和扇区位置，从而解决了 NORMAL 工作方式对硬盘容量的限制。LBA 模式是目前最常见的硬盘工作方式。

（3）LARGE 模式：LARGE 是“大硬盘工作模式”，它是解决 NOKMAL 模式对硬盘容量限制的另一种方法，不过这种工作模式支持的硬盘容量最大也只有 1GB，并且只能使用 DOS 操作系统，因此使用这种工作模式的硬盘比较少见。

36. 什么是硬盘的编号

硬盘的编号包含了硬盘的主要信息，我们可以从其型号来了解硬盘的性能指标。下面以迈拓（Maxtor）、希捷（Seagate）和西部数据（Western Digital）这三个著名品牌的硬盘的编号进行详细的说明。

以迈拓（Maxtor）硬盘 5T040H4 为例进行说明，如图 1-14 所示。

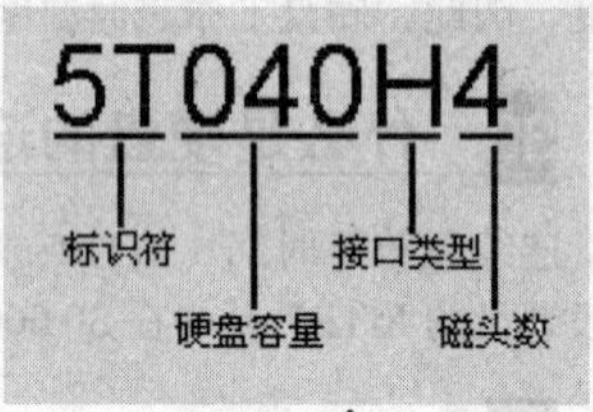

图 1-14

标识符号由一位或两位字母或数字组成，它代表迈拓硬盘产品型号的标识符。6Y 代表金钻九代；6E 代表金钻八代；6L 代表金钻七代；5T 代表金钻六代；2R 代表美钻一代；2B 代表美钻二代；3（40GB 或以下）或 9（40GB 以上）代表星钻一代；4W 代表星钻二代；4D（4K）代表新火球一代。

硬盘容量由三位或四位数字组成，如下图中的 040 代表 40GB。

接口类型由一位字母组成，它代表硬盘的接口类型。J 或 L 代表 Utral ATA/133 接口；H 代表 Utral ATA/100 接口；U 代表 Utral ATA/66 接口；D 代表 Utral ATA/33 接口。若是 P，代表该硬盘是 8MB 缓存且为 ATA/133 接口；最后，若这位字母是 M，则代表该款硬盘支持 Serial ATA 接口类型，不过，后两种硬盘目前市面上还没有出现。

磁头数由一位数字组成，它代表硬盘盘体中的物理磁头数。需要特别说明的是，自金钻八代开始，最后一位数字通通是“0”，不代表任何含义。

对于其他迈拓硬盘的产品型号，相信用户也可以举一反三。例如 6Y080P0，就代表这款硬盘是属于金钻九代，容量为 80GB，支持 ATA/133，而且它的数据缓存为 8MB。

37. 硬盘的选购原则与选购技巧是什么

下面就为用户谈谈选购硬盘时的一些原则与选购技巧。

如何选择一块合适自己的硬盘，在购买硬盘之前首先需要明确几个原则：

（1）接口的选择。我们通常使用的都是 IDE 接口的硬盘，另一种规格就是 SCSI 硬盘。尽管 SCSI 硬盘有很多 IDE 硬盘无法相比的优势，但是它的生产成本导致 SCSI 硬盘的价格一直很昂贵，根本无法适合普通用户的使用。还有一种接口规格，那就是 Intel 提出的 Serial ATA，但是 Serial ATA 真正要流行起来还需要时间，所以目前根本不用考虑。

（2）在资金有限的情况下，容量是最重要的。从购买的角度来看，我们应该是在能够接受的范围内，尽量选择大容量的硬盘，不要听信那种 40GB 足够、80GB 足够之类的话。当初一个 Windows 98 操作系统加上安装很多软件，才占用 700MB、800MB 空间而已，现在一个 Windows XP 就要占用近 1.5GB，再加上一些常用软件，快达到 2GB 了；以前的游戏有 100MB 左右就算不小了，现在的游戏动辄就要七八张 CD，所以我们无法想象以后的操作系统和游戏会有多大的容量，但是有一点是肯定的，那就是越来越大。所以买硬盘也不用迟疑，容量越大越好。

提示!!

> 尽量购买单碟容量大的硬盘，单碟容量大的硬盘性能比单碟容量小的硬盘高。

（4）硬盘是否“环保”非常重要。包括硬盘的工作噪音、工作温度等等，其中工作噪音已经成为衡量硬盘是否值得购买的一个非常重要的因素了。如果要一个用惯了 IBM 75GXP 的人去使用希捷的 U10，他一定会抱怨个没完，不仅因为两者之间的性能相去甚远，最关键的是，他可能受不了 U10 那锯木头般的工作噪音。目前在噪音控制上做得比较好的是 IBM、昆腾（已被希捷收购）和迈拓，它们都有自己独立研发的降噪技术，但是三者实现的手段不尽相同：IBM 由于具有领先的磁头技术并采用了先进的玻璃盘片，所以在噪音控制上本身就做得非常出色，7 200rpm 的 75GXP 比大多数 5 400rpm 硬盘的噪音还低；昆腾则是通过降低转速来实现较低的噪音，如 4 400rpm 的 lct15、4 500rpm 的 lct20 等等，lct20 甚至创下了 27dB 的硬盘工作噪音的最低纪录；迈拓硬盘的噪音本来就不大，但还是推出了能够让硬盘在静音模式下工作的软件，不过这种降噪方式是以损失硬盘性能为代价的。

（5）稳定性为重。稳定性是任何一个人都希望自己的系统所具有的，如果购买了一个容量大、速度快的硬盘，偏偏稳定性不好，那将是多么不幸的事情。所以，在选购硬盘的时候要保证一个原则，那就是淘汰的东西不买，最新的东西也尽量不买。原因很简单，淘汰的东西肯定是容量小而且技术落后，买后用不了多久就会感觉到落伍的尴尬；太新的产品价格贵且先不说，主要是新产品所用的新技术并不是很成熟、完善，所以难免会有缺陷。

（6）质量方面。这是一个几乎所有人买东西都要考虑的问题，尤其是比较贵的东西。硬盘工作的时候总是在不停地高速运转，而且硬盘其实是很脆弱的东西，没有人希望自己所有重要的数据轻易地丢失。在国内，对于硬盘的售后服务和质量保障这方面各个厂商做得还都不错，尤其是迈拓还为消费者提供三年的质量保证，但是切记一点：千万不要买水货硬盘。

（7）容量还是速度。随着宽带网与多媒体技术的普及，目前硬盘容量变得越来越敏感。面对我们疯狂的下载与容量夸张的游戏，相信很多人的硬盘都会被撑破。从性价比来分析，如果现在购买一个硬盘，那么选择 60GB 应该是最低容量了，毕竟 20GB 的硬盘与 40GB 的仅仅相差近 50 元而已。相对而言，更加值得关注的是 80GB 与 60GB 容量之间的微妙关系。对硬盘市场熟悉的朋友都会发现，目前 80GB 硬盘的价格正在一点点逼近 60GB 容量的产品，而 60GB 容量硬盘的降价速度要明显比 80GB 容量的硬盘慢。为此，带来的一个最直接的问题就是，到底是选择 40GB 容量还是 80GB 容量。这真是一件令人犯难的事情。单从每 GB 的价格来计算，肯定是选择 80GB 容量更为合算。不要忘记的是，硬盘容量将在今后迅速提升，如果把这笔差价花在以后的升级上，那么容量上的收益肯定更加明显。此外，目前的主流硬盘普遍采用 40GB 的单碟容量，跳过 60GB，80GB 直接成为市场主流也是极有可能的。

鉴于以上因素，笔者认为：当前大家在购买硬盘时，60GB、80GB 甚至 120GB 的容量都是可以考虑的。至于更高容量的产品，比如 160GB，200GB，250GB、300GB、350GB、400GB，甚至 500GB 的，如果没有特殊需求的话，不推荐选用。记住一点：适合自己的才是最好的。

（8）品牌。在大概了解了选购硬盘应该注意的一些主要事项之后，接下来就是挑选品牌了。目前市场中流行的硬盘主要有迈拓（Maxtor）、希捷（Seagate）、西部数据（WD）以及很少见到的三星和富士通的硬盘。

38. 如何正确选购移动硬盘

移动硬盘作为移动存储器的代表产品，有着大容量、方便携带的突出特点而为更多消费者青睐。目前市场上出售的移动硬盘主要有两种，正品移动硬盘与“盘加盒”移动硬盘，下面就从这二者的区别，谈谈移动硬盘产品的选购。

（1）品质质量。通常，正品移动硬盘在出厂之前都经过多道正式、严格的质量检验，并贴有条形码、序列号等防伪标志，最大限度地维护消费者的权益。与此同时，为充分保证产品在运行过程中的稳定性和安全性，很多厂商还对产品设有特殊保护，像老牌移动存储厂商旅之星公司独有的“0Ω电阻”技术，可以为工作中的移动硬盘提供过流保护，充分保证它在运行中的稳定性。

（2）服务选择。产品服务已经越来越受到厂商和消费者的重视，人们在购买产品时一定要明白购买行为发生之后，厂商还可为用户提供哪些实用、周到的服务。

（3）“盘加盒”。虽然比正品移动硬盘便宜，但因没有统一商家对产品进行生产、组装、质检等重要环节把关，因此没有售后服务保障。而正品移动硬盘有着相当全面的售后服务体系，像旅之星的“星际快车”服务体系，爱国者的“阳光服务”，朗科能做到异地购买、全国联保服务，受到广大消费者的好评。

（4）计算“附加价值”。与“盘加盒”相比较，正品移动硬盘还附加有许多超值的功能设置。比如正品移动硬盘通常都会内嵌杀毒软件、数据恢复功能和智能备份等。附加在产品的价值不菲的功能软件，充分保证了产品的稳定性和安全性，这是“盘加盒”无法比拟的优势。

（5）品牌。在经历了移动存储市场众多品牌激战的局面之后，市场愈渐成熟起来，仅仅抱着“投机”心理的小品牌逐渐淹没在移动存储大潮中。越来越多的消费者更加青睐知名移动存储厂商生产的正品移动硬盘，同时也看中的是大品牌背后提供的优良质量与完善服务。

39. 如何选购小容量硬盘

价格和容量对于硬盘来说似乎联系紧密。按照目前的硬盘情况来看，小于100G 的硬盘就称得上是小容量硬盘了。

（1）在电脑市场上，小容量硬盘也就是 40B 与 80GB 两款了。40GB 容量硬盘的“每 GB 单价”达到 9.5 元，而 80GB 容量的“每 GB 单价”只是接近 5.25 元，相差非常大，从以上两者的储存成本来看，40GB 的确不值得购买。

（2）从价格来看，40GB 容量的硬盘主要是 PATA 并行接，一般大约 380 元。 实际上，希捷、迈拓、 日立、西部数据和三星这五大品牌的 40GB PATA 接口硬盘的公开报价几乎都是 399 元，而从 40GB 硬盘升级到 80GB 容量的时候，可以说是容量翻倍，也可以瞬间拥有 3GB/S 和 NCQ 等等先进的 SATA2 特性，成本也在 50 元左右，因而对于普通的自用的消费用户来说，相当超值。

提示!!

目前 80GB SATA 接口硬盘仍然有不少采用桥接方式实现 SATA 支持，推荐购买希捷和三星这些支持原生支持 SATA 2.5 规范的 80GB 硬盘达到更好的性能。

40. 如何选购大容量硬盘

超过 100GB 的容量就可以说是大容量硬盘，实际上 100GB 和 120GB 容量已经非常少见。目前主流硬盘的单碟容量已经飙升到 188GB，希捷的 7200.10 SATA 系列部分型号已经采用 188G 的单碟容量，而拥有不错口碑的 T7K250 和三星的 SP2504C 都是 125GB 的单碟容量。目前硬盘制造商制造 80GB、120GB、100GB 和 160GB 几乎是一样的；80GB 作为主力的出货单位，不能缺少，而中间的 120GB/100GB 就可以省略，拉开 80GB 和 160GB 的价格差，实现产品线更好的排布。

我们所指的大容量硬盘都是指向 160GB、200GB 和 250GB。需求是不能忽视的，不能仅从价格和储存成本去考虑问题。从表 1-1 中可以看到，从 160GB~320GB，“每 GB 单价”一直在降低，单碟容量在起着关键的作用，从 160GB 的 3.75 元/GB 到 320GB 的 2.78 元/GB，单位成本几乎下降了 1 元。到了 400GB~750GB 型号，单位存储成本在成长，这也是很好理解。400GB~750GB

已经是针对专业和特殊用户，他们愿意直接购买 750GB 型号而不愿意购买数个 320GB/300GB 实现等同的容量，显然这也是为日后扩充着想。

表 1-1

容量	价格范围（元）	单价（元/GB）
40GB	380	9.5
80GB	400	5.00
120GB	480	4.00
160GB	480~530	4.00~3.31
200GB	.590~630	2.95~3.15
250GB	640~680	2.56~2.72
300GB	870~900	2.9~3.00
320GB	875	2.78
400GB	1 550	3.88
500GB	2 400	4.8
750GB	4 000	5.33

1-5 认识和选购显卡

显卡在工作时与显示器配合输出图形、文字，其作用是负责将 CPU 送来的数字信号转换成显示器识别的模拟信号，传送到显示器上显示出来。

1. 什么是显卡

显卡又称为显示器适配卡，是连接主机与显示器的接口卡，现在的显卡都是 3D 图形加速卡，显卡的作用是将主机的输出信息转换成字符、图形和色彩等信息传送到显示器上。

通常所说的加速卡的性能，是指加速卡上的芯片集能够提供的图形函数计算能力，这个芯片集通常也称为加速器或图形处理器。一般来说，在芯片集的内部会有一个时钟发生器、VGA 核心和硬件加速函数，很多新的芯片集在内部还集成了 RAMDAC。芯片集可以通过它的数据传输带宽来划分，最新的芯片多为 64 位或 128 位，而早期的显卡芯片为 32 位或 16 位。更多的带宽可以使芯片在一个时钟周期中处理更多的信息。但是大家不要以为 128 位芯片就会比 64 位芯片快两倍，更大的带宽为我们带来的是更高的解析度和色深，加速卡的速度很大程度上受所使用的显存类型以及驱动程序的影响。现在生产加速卡的厂商可以分为两类：一类是芯片和卡板均为自己设计和生产，另外一类就是使用别人设计的芯片，自己设计卡板线路并生产。

2. 什么是 AGP（加速图形接口）

AGP 是由 Intel 提出，专为显卡所设计的接口标准。由于目前只用于显卡，所以主板上只会提供一个 AGP 的显卡插槽，而 AGP 显卡必须搭配提供 AGP 插槽的主板才能使用。一般 AGP 显卡的标准配备，至少包含了 4MB 或 8MB 的显示内存，而最新的显卡都配备 128MB 或 256MB 的显示内存，有些显卡甚至配备 512MB 的显示内存。AGP 的设计方式，是将计算机的主存储器与显示适配卡直接相连，提供了数倍于 PCI 接口的数据传输速度，而且 AGP 在传递数据时并不需要经过 CPU，速度要快上许多。目前，AGP 已经成为显卡的标准配备了。

3. 什么是 VGA

显卡所处理的信息最终都要输出到显示器上，显卡的输出接口就是电脑与显示器之间的桥梁，它负责向显示器输出相应的图像信号。CRT 显示器因为设计制造上的原因，只能接受模拟信号输入，这就需要显卡能输入模拟信号。VGA 接口就是显卡上输出模拟信号的接口，VGA（Video Graphics Array）接口，也叫 D-Sub 接口（如图 1-15 所示）。虽然液晶显示器可以直接接收数字信号，但很多低端产品为了与 VGA 接口显卡相匹配，因而采用 VGA 接口。VGA 接口是一种 D 型接口，上面共有 15 针空，分成三排，每排五个。VGA 接口是显卡上应用最为广泛的接口类型，绝大多数的显卡都带有此种接口。

图 1-15

VGA 接口应用于 CRT 显示器无可厚非，但用于连接液晶之类的显示设备，则转换过程的图像损失会使显示效果略微下降。

4. 什么是 DVI

DVI 全称为 Digital Visual Interface，它是以 Silicon Image 公司的 PanalLink 接口技术为基础，基于 TMDS（Transition Minimized Differential Signaling，最小化传输差分信号）电子协议作为基本电气连接。TMDS 是一种微分信号机制，可以将像素数据编码，并通过串行连接传递。显卡产生的数字信号由发送器按照 TMDS 协议编码后通过 TMDS 通道发送给接收器，经过解码送给数字显示设备。一个 DVI 显示系统包括一个传送器和一个接收器。传送器是信号的来源，可以内建在显卡芯片中，也可以以附加芯片的形式出现在显卡 PCB 上；而接收器则是显示器上的一块电路，它可以接受数字信号，将其解码并传递到数字显示电路中，通过这两者，显卡发出的信号成为显示器上的图像。

目前的 DVI 接口分为两种，一种是 DVI-D 接口，只能接收数字信号，接口上只有 3 排 8 列共 24 个针脚，其中右上角的一个针脚为空。不兼容模拟信号。另外一种则是 DVI-I 接口，可同时兼容模拟和数字信号。兼容模拟并不意味着模拟信号的接口 D-Sub 接口可以连接在 DVI-I 接口上，而是必须通过一个转换接头才能使用，一般采用这种接口的显卡都会带有相关的转换接头。

5. 什么是 DirectX

DirectX 并不是一个单纯的图形 API，它是由微软公司开发的用途广泛的 API，它包含有 Direct Graphics（Direct 3D+Direct Draw）、Direct Input、Direct Play、Direct Sound、Direct Show、Direct Setup、Direct Media Objects 等多个组件，它提供了一整套的多媒体接口方案。只是其在 3D 图形方面的优秀表现，让它的其他方面显得暗淡无光。DirectX 开发之初是为了弥补 Windows 3.1 系统对图形、声音处理能力的不足，而今已发展成为对整个多媒体系统的各个方面都有决定性影响的接口。

6. 什么是 GraphicCard

Graphic Adapter 的中文叫做“图形适配卡”，也称为 Video card，就是我们一般常说的“显卡”。计算机的主板上必须安装显卡，屏幕才能够显示信息，所以可说是计算机主机和屏幕中间传送信息的接口。显卡的好坏，和屏幕显示的品质有密切的关系，如果屏幕可以显示全彩画面，但显卡不能支持到全彩，屏幕上还是无法显示全彩的画质。

7. 什么是 Turbo Cache

TurboCache 是 NVIDIA 一项整合硬件与软件的全新专利技术，它允许 GPU 直接使用系统内存进行着色，并非使用显示内存，增加图形处理速度。此技术降低了绘图卡内存门槛，协助系统集成商推出采用功能更丰富的 GPU 的 PC，以更经济实惠的价格，提供使用者原本专属于高价产品的优异图形效果与先进性能表现。

NVIDIA 针对搭载 TurboCache 技术的 GeForce 6200 GPU 重新改造 3D 管线，允许 GPU 能利用双向 PCI Express 带宽，直接运用系统内存进行着色。TurboCache Manager 机动分配内存使用量，以达到系统最大的效能，并搭配智能型软件演算功能，将应用系统效能最大化。

提示!!

> 在目前 Windows XP 环境下，搭配 TurboCache GeForce 6200 显卡系统建议最低系统内存容量为 512MB。

8. 什么是台式机显卡—普通显卡

普通显卡就是普通台式机内所采用的显卡产品，也就是 DIY 场内最为常见的显卡产品。之所以叫它普通显卡是相对于应用在图形工作站上的专业显卡产品而言的，普通显卡更多注重于民用级应用，更强调的是在用户能接受的价位下提供更强大的娱乐、办公、游戏、多媒体等方面的性能；专业显卡则强调的是强大的性能、稳定性、绘图的精确等方面。目前设计制造普通显卡显示芯片的厂家主要有 NVIDIA、ATI、SIS 等，主流的产品都是采用 NVIDIA、ATI 的显示芯片。

普通家用显卡主要针对 Direct 3D 加速。

9. 什么是工作站显卡—专业显示卡

专业显示卡是指应用于图形工作站上的显示卡，它是图形工作站的核心。从某种程度上来说，在图形工作站上它的重要性甚至超过了 CPU。与针对游戏、娱乐和办公市场为主的消费类显卡相比，专业显示卡主要针对的是三维动画软件（如 3DS Max、Maya、Softimage 3D 等）、渲染软件（如 LightScape、3DS VIZ 等）、CAD 软件（如 AutoCAD、Pro/Engineer、Unigraphics、SolidWorks 等）、模型设计（如 Rhino）以及部分科学应用等专业应用市场。专业显卡针对这些专业图形图像软件进行必要的优化，都有着极佳的兼容性。

专业显示卡是针对 OpenGL 来加速的。

10. 什么是 OpenGL

OpenGL（Open Graphics Library，开放图形库）是目前科学和工程绘图领域无可争辩的图形技术标准。OpenGL 最初由 SGI 公司提出，在 Windows 95、Windows 98 及 Windows NT/Windows 2000/Windows XP 中均得到支持。OpenGL 注重于快速绘制 2D 和 3D 物体用于 CAD、仿真、科学应用可视化和照片级真实感的游戏视景中。它是一个开放的三维图形软件包，它独立于窗口系统和操作系统，能十分方便地在各平台间移植，它具有开放性、独立性和兼容性三大特点。

11. 专业显卡与普通显卡有何区别

专业显示卡在多边形产生速度或是像素填充率等指标上都要优于普通显卡，同时在调整驱动程序以及提供绘图的精确性方面也要强很多。与普通显卡注重的生产成本不同，专业显卡更强调性能以及稳定性，而且受限于用户群体较少，产量很小，因此专业显卡的价格极为昂贵，不是普通用户所能承受的。

12. 什么是显卡的接口类型

接口类型是指显卡与主板连接所采用的接口种类。显卡的接口决定着显卡与系统之间数据传输的最大带宽，也就是瞬间所能传输的最大数据量。不同的接口决定着主板是否能够使用此显卡，只有在主板上有相应接口的情况下，显卡才能使用，并且不同的接口能为显卡带来不同的性能。

目前各种 3D 游戏和软件对显卡的要求越来越高，主板和显卡之间需要交换的数据量也越来越大，过去的显卡接口早已不能满足这样大量的数据交换，因此通常主板上都带有专门插显卡的插槽。假如显卡接口的传输速度不能满足显卡的需求，显卡的性能就会受到巨大的限制，再好的显卡也无法发挥作用。显卡发展至今主要出现过 ISA、PCI、AGP、PCI Express 等几种接口，所能提供的数据带宽依次增加。其中，PCI Express 接口已经成为主流，以解决显卡与系统数据传输的瓶颈问题，而 ISA、PCI 接口的显卡已经基本被淘汰。

13. 什么是 PCI 接口

PCI 是 Peripheral Component Interconnect（外设部件互连标准）的缩写，它是目前个人电脑中使用最为广泛的接口，几乎所有的主板产品上都带有这种插槽。PCI 插槽也是主板带有最多数量的插槽类型，在目前流行的台式机主板上，ATX 结构的主板一般带有 5～6 个 PCI 插槽，而小一点的 MATX 主板也都带有 2～3 个 PCI 插槽，可见其应用的广泛性。

PCI 是由 Intel 公司 1991 年推出的一种局部总线。从结构上看，PCI 是在 CPU 和原来的系统总线之间插入的一级总线，具体由一个桥接电路实现对这一层的管理，并实现上下之间的接口以协调数据的传送。管理器提供了信号缓冲，使之能支持 10 种外设，并能在高时钟频率下保持高性能，它为显卡、声卡、网卡、MODEM 等设备提供了连接接口，它的工作频率为 33MHz/66MHz。

最早提出的 PCI 总线工作在 33MHz 频率之下，传输带宽达到了 133MB/s（33MHz X 32bit/8），基本上满足了当时处理器的发展需要。随着对更高性能的要求，1993 年又提出了 64bit 的 PCI 总线，后来又提出把 PCI 总线的频率提升到 66MHz。目前广泛采用的是 32bit、33MHz 的 PCI 总线，64bit 的 PCI 插槽更多是应用于服务器产品。

目前 PCI 接口的显卡已经不多见了，只有较老的 PC 上才有，厂商也很少推出此类接口的产品。当然，很多服务器不需要显卡性能好，因此使用古老的 PCI 显卡。通常，只有一些完全不带有显卡专用插槽（例如 AGP 或者 PCI Express）的主板上才考虑使用 PCI 显卡。PCI 显卡性能受到极大限制，并且由于数量稀少，因此价格昂贵，只有在不得已的情况才考虑使用 PCI 显卡。

14. 什么是显卡的 AGP 接口

AGP（Accelerate Graphical Port），加速图形接口。随着显示芯片的发展，PCI 总线日益无法满足其需求。英特尔于 1996 年 7 月正式推出了 AGP 接口，它是一种显示卡专用的局部总线。严格地说，AGP 不能称为总线，它与 PCI 总线不同，因为它是点对点连接，即连接控制芯片和 AGP 显示卡，但在习惯上我们依然称其为 AGP 总线。AGP 接口是基于 PCI 2.1 版规范并进行扩充修改而成，工作频率为 66MHz。

AGP 标准在使用 32 位总线时，有 66MHz 和 133MHz 两种工作频率，最高数据传输率为 266Mbps 和 533Mbps，而 PCI 总线理论上的最大传输率仅为 133Mbps。目前最高规格的 AGP 8X 模式下，数据传输速度达到了 2.1GB/s。

AGP 接口的发展经历了 AGP1.0（AGP1X、AGP2X）、AGP2.0（AGP Pro、AGP4X）、AGP3.0（AGP8X）等阶段，其传输速度也从最早的 AGP1X 的 266MB/S 的带宽发展到了 AGP8X 的 2.1GB/S。

目前常用的 AGP 接口为 AGP4X、AGP PRO、AGP 通用及 AGP8X 接口。

提示!!

> 由于 AGP3.0 显卡的额定电压为 0.8V~1.5V，因此不能把 AGP8X 的显卡插接到 AGP1.0 规格的插槽中。这就是说，AGP8X 规格与旧有的 AGP1X/2X 模式不兼容。而对于 AGP4X 系统，AGP8X 显卡仍旧在其上工作，但仅会以 AGP4X 模式工作，无法发挥 AGP8X 的优势。

15. 什么是显卡的 PCI Express 接口

PCI Express（以下简称 PCI-E）采用了目前业内流行的点对点串行连接，比起 PCI 以及更早期的计算机总线的共享并行架构，每个设备都有自己的专用连接，不需要向整个总线请求带宽，而且可以把数据传输率提高到一个很高的频率，达到 PCI 所不能提供的高带宽。相对于传统 PCI 总线在单一时间周期内只能实现单向传输，PCI-E 的双单工连接能提供更高的传输速率和质量。

PCI-E 的接口根据总线位宽不同而有所差异，包括 X1、X4、X8 以及 X16，而 X2 模式将用于内部接口而非插槽模式。用于取代 AGP 接口的 PCI-E 接口位宽为 X16，能够提供 5GB/s 的带宽，即便有编码上的损耗，但仍能够提供约为 4GB/s 左右的实际带宽，远远超过 AGP8X 的 2.1GB/s 的带宽。

依目前形式，PCI-E X1 和 PCI-E X16 已成为 PCI-E 的主流规格。

目前 PCI-E 已经成为显卡的接口的主流，不过早期有些芯片组虽然提供了 PCI-E 作为显卡接口，但是其速度是 4X 的，而不是 16X 的，例如 VIA PT880 Pro 和 VIA PT880 Ultra，当然这种情况极为罕见。

16. 什么是显卡的最大分辨率

显卡的最大分辨率是指显卡在显示器上所能描绘的像素点的数量。显示器上显示的画面是由一个个的像素点构成的，而这些像素点的所有数据都是由显卡提供的，最大分辨率就是表示显卡输出给显示器，并能在显示器上描绘像素点的数量。比如说某显示分辨率为 800×600，就是说在水平方向上有 800 个像素点、垂直方向上有 600 个像素点。现在流行的显卡在保证刷新、色深等指标时的最大分辨率都能达到 1 600×1 200。

分辨率越大，所能显示的图像的像素点就越多，并且能显示更多的细节，当然也就越清晰。

17. 制约显卡的最大分辨率的因素是什么

（1）最大分辨率在一定程度上与显存有着直接关系，因为这些像素点的数据最初都要存储于显存内，因此显存容量会影响到最大分辨率。在早期显卡的显存容量只具有 512KB、1MB、2MB 等极小容量时，显存容量确实是最大分辨率的一个瓶颈；目前主流显卡的显存容量，就连 64MB 也已经被淘汰，主流的娱乐级显卡已经是 128MB、256MB 或 512MB，某些专业显卡甚至已经具有 1GB 的显存。在这样的情况下，显存容量早已经不再是影响最大分辨率的因素，之所以需要这么大容量的显存，不过就是因为现在的大型 3D 游戏和专业渲染需要临时存储更多的数据罢了。

（2）现在决定最大分辨率的其实是显卡的 RAMDAC 频率，目前所有主流显卡的 RAMDAC 都达到了 400MHz，至少都能达到 2 048×1 536 的最大分辨率，而最新一代显卡的最大分辨率更是高达 2 560×1 600 了。

（3）显卡能输出的最大显示分辨率并不代表自己的电脑就能达到这么高的分辨率，还必须有足够强大的显示器配套才可以实现，也就是说，还需要显示器的最大分辨率与显卡的最大分辨率相匹配才能实现。例如要实现 204

×1 536 的分辨率，除了显卡要支持之外，还需要显示器也要支持。而 CRT 显示器的最大分辨率主要是由其带宽所决定，而液晶显示器的最大分辨率则主要由其面板所决定。目前主流的显示器，17 英寸的 CRT 其最大分辨率一般只有 1 600×1 200，17 英寸和 19 英寸的液晶则只有 1 280×1 024，所以目前在普通电脑系统上最大分辨率的瓶颈不是显卡而是显示器。要实现 2 048×1 536 甚至 2 560×1 600 的最大分辨率，只有借助于专业级的大屏幕高档显示器才能实现，例如 DELL 的 30 英寸液晶显示器就能实现 2 560×1 600 的超高分辨率。

18. 什么是显卡的 GPU

显卡的 GPU 即 Graphic Processing Unit，也就是显示芯片，它是显卡的核心芯片，它的性能好坏直接决定了显卡性能的好坏，它的主要任务就是处理系统输入的视频信息并将其进行构建、渲染等工作。显示主芯片的性能直接决定了显示卡性能的高低。不同的显示芯片，不论是内部结构还是其性能，都存在着差异，而其价格差别也很大。GPU 在显卡中的地位，就相当于电脑中 CPU 的地位，是整个显卡的核心。因为 GPU 的复杂性，目前设计、制造显示芯片的厂家只有 NVIDIA、ATI、SIS、3DLabs 等公司。家用娱乐性显卡都采用单芯片设计的 GPU，而在部分专业的工作站显卡上有采用多个 GPU 组合的方式。

19. 什么是显示芯片制作工艺

显示芯片的制造工艺与 CPU 一样，也是用微米来衡量其加工精度的。制造工艺的提高，意味着显示芯片的体积将更小、集成度更高，可以容纳更多的晶体管，性能会更加强大，功耗也会降低。

和 CPU 一样，显示卡的核心芯片，也是在硅晶片上制成的。采用更高的制造工艺，对于显示核心频率和显示卡集成度的提高都是至关重要的。重要的是，制造工艺的提高可以有效地降低显卡芯片的生产成本。目前的显示芯片制造商中，NVIDIA 公司已全面采用了 0.13 微米的制造工艺，就是其 FX5900 显示核心之所以能集成一亿两千五百万个晶体管的根本原因。而 ATI 公司主要还是在使用 0.15 微米的制造工艺，比如其高端的镭 9800XT 和镭 9800Pro 显卡，部分产品采用更先进的 0.13 微米制造工艺，比如其镭 9600 显卡。

微电子技术的发展与进步，主要是靠工艺技术的不断改进，使得器件的特征尺寸不断缩小，从而集成度不断提高，功耗降低，器件性能得到提高。显示芯片制造工艺在 1995 年以后，从 0.5 微米、0.35 微米、0.25 微米、0.18 微米、0.15 微米、0.13 微米、0.11 微米一直发展到目前最新的 90 纳米，而未来会以 80 纳米作为一个过渡，进一步发展到 65 纳米。总的说来，显示芯片在制造工艺方面基本上总是要落后于 CPU 的制造工艺一个时代，例如 CPU 采用 0.13 微米工艺时显示芯片还在采用 0.18 微米工艺和 0.15 微米工艺，CPU 采用 90 纳米工艺时显示芯片还在使用 0.13 微米工艺和 0.11 微米工艺，而现在 CPU 已经采用 65 纳米工艺了而显示芯片刚进入 90 纳米工艺。

20. 显示芯片的制造工艺越低性能是否一定越好

采用更低制造工艺的显示芯片也不是一定代表有更高的性能，因为显示芯片设计思路也各不同相同，并不能单纯以制造工艺来衡量其性能。最明显的就是 NVDIVA 的 GeForce FX5950 和 ATI 的 Radeon 9800XT，9800XT 采用 0.15 微米制造工艺，而 FX5950 采用更为先进的 0.13 微米制造工艺，但在性能表现上，Radeon 9800XT 则要略胜一筹。

21. 什么是显示芯片位宽

显示芯片位宽是指显示芯片内部数据总线的带宽，也就是显示芯片内部所采用的数据传输位数。带宽越大，可以提供的计算能力和数据吞吐能力也越快，是决定显示芯片级别的重要数据之一。采用更大的位宽意味着在数据传输速度不变的情况下，瞬间所能传输的数据量越大。

目前市场中所有的主流显示芯片，包括 NVIDIA 公司的 GeForce 系列显卡，ATI 公司的 Radeon 系列等，全部采用 256 位的位宽。这两家目前世界上最大的显示芯片制造公司也将在未来几年内采用 512 位宽。

目前已推出最大显示芯片位宽是 512 位，是由 Matrox（幻日）公司推出的 Parhelia-512 显卡，这是世界上第一颗具有 512 位宽的显示芯片。

22. 什么是显存位宽

显存位宽是显存在一个时钟周期内所能传送数据的位数，位数越大则瞬间所能传输的数据量越大，这是显存的重要参数之一。目前市场上的显存位宽有 64 位、128 位和 256 位三种，人们习惯上叫的 64 位显卡、128 位显卡和 256 位显卡就是指其相应的显存位宽。显存位宽越高，性能越好价格也就越高，因此 256 位宽的显存更多应用于高端显卡，而主流显卡基本都采用 128 位显存。

大家知道，显存带宽 = 显存频率 × 显存位宽/8，那么在显存频率相当的情况下，显存位宽将决定显存带宽的大小。比如说同样显存频率为 500MHz 的 128 位和 256 位显存，那么它俩的显存带宽分别为：128 位的显存带宽 = 500MHz × 128 ÷ 8=8GB/s；而 256 位的显存带宽 = 500MHz × 256 ÷ 8=16GB/s，是 128 位的两倍，可见显存位宽在显存数据中的重要性。

23. 什么是显存时钟周期

显存时钟周期就是显存时钟脉冲的重复周期，它是作为衡量显存速度的重要指标。显存速度越快，单位时间交换的数据量也就越大，在同等情况下显卡性能将会得到明显提升。显存的时钟周期一般以 ns（纳秒）为单位，工作频率以 MHz 为单位。显存时钟周期跟工作频率一一对应，它们之间的关系为:工作频率 = 1 ÷ 时钟周期 × 1 000。那么显存频率为 166MHz，那么它的时钟周期为 1 ÷ 166 × 1 000 = 6ns。

对于 DDR SDRAM 或者 DDR2、DDR3 显存来说，描述其工作频率时用的是等效输出频率。因为能在时钟周期的上升沿和下降沿都能传送数据，所以在工作频率和数据位宽度相同的情况下，显存带宽是 SDRAM 的两倍。换句话说，在显存时钟周期相同的情况下，DDR SDRAM 显存的等效输出频率是 SDRAM 显存的两倍。例如，5ns 的 SDRAM 显存的工作频率为 200MHz，而 5ns 的 DDR SDRAM 或者 DDR2、DDR3 显存的等效工作频率就是 400MHz。常见显存时钟周期有 5ns、4ns、3.8ns、3.6ns、3.3ns、2.8ns、2.0ns、1.6ns、1.1ns，甚至更低。

24. 什么是显存频率

显存频率是指默认情况下，该显存在显卡上工作时的频率，它以 MHz（兆赫兹）为单位。显存频率在一定程度上反映着该显存的速度。

显存频率随着显存的类型、性能的不同而不同。

（1）SDRAM 显存一般都工作在较低的频率上，一般就是 133MHz 和 166MHz，此种频率早已无法满足现在显卡的需求。

（2）DDR SDRAM 显存能提供较高的显存频率，主要在中低端显卡上使用。

（3）DDR2 显存由于成本高并且性能一般，因此使用量不大。

（4）DDR3 显存是目前高端显卡采用最为广泛的显存类型。

（4）不同显存能提供的显存频率差异很大，主要有 400MHz、500MHz、600MHz、650MHz 等，高端产品中还有 800MHz、1 200MHz、1 600MHz，甚至更高。

25. 显存频率与显存时钟周期有什么关系

显存频率与显存时钟周期是相关的，二者成倒数关系，也就是显存频率 = 1 ÷ 显存时钟周期。对于 DDR SDRAM 或者 DDR2、DDR3，其时钟周期为 6ns，那么它的显存频率就为 1/6ns=166 MHz。

26. DDR 显存频率就是其实际工作频率吗

DDR 的显存频率并不是其实际工作频率。因为 DDR 在时钟上升期和下降期都进行数据传输，其一个周期传输两次数据，相当于 SDRAM 频率的两倍。习惯上称呼的 DDR 频率是其等效频率，是在其实际工作频率上乘以 2，就得到了等效频率。因此 6ns 的 DDR 显存，其显存频率为 1/6ns × 2=333 MHz。

但要明白的是显卡制造时，厂商设定了显存实际工作频率，而实际工作频率不一定等于显存最大频率。此类情况现在较为常见，如显存最高能工作在 650MHz，制造时显卡工作频率被设定为 550MHz，此时显存就存在一定的超频空间。

27. 什么是显存容量

显存容量是显卡上本地显存的容量数，这是选择显卡的关键参数之一。显存容量的大小决定着显存临时存储数据的能力，在一定程度上也会影响显卡的性能。显存容量也是随着显卡的发展而逐步增大的，并且有越来越增大的趋势。显存容量从早期的 512KB、1MB、2MB 等级小容量，发展到 8MB、12MB、16MB、32MB、64MB，一直到目前主流的 128MB、256MB 和高档显卡的 512MB，某些专业显卡甚至已经具有 1GB 的显存了。

28. 显存容量越大是否意味着显卡的性能就越高

显存容量越大并不一定意味着显卡的性能就越高。

因为决定显卡性能的三要素首先是其采用的显示芯片，其次是显存带宽（这取决于显存位宽和显存频率），最后才是显存容量。显示芯片性能越高，由于其处理能力越高，则所配备的显存容量也应该越大；而低性能的显示芯片配备大容量显存对其性能是没有任何帮助的。例如市售的某些配备了 512MB 大容量显存的 Radeon 9550 显卡在显卡性能方面与 128MB 显存的 Radeon 9550 显卡在核心频率和显存频率等参数都相同时是完全一样的，因为 Radeon 9550 显示核心相对低下的处理能力决定了其配备大容量显存其实是没有任何意义的，并且大容量的显存反而还提高了购买成本。

29. 什么是显卡的核心频率

显卡的核心频率是指显示核心的工作频率，其工作频率在一定程度上可以反映出显示核心的性能，但显卡的性能是由核心频率、显存、像素管线、像素填充率等等多方面的情况所决定的，因此在显示核心不同的情况下，核心频率高并不代表此显卡性能强劲。比如 9600PRO 的核心频率达到了 400MHz，要比 9800PRO 的 380MHz 高，但在性能上 9800PRO 绝对要强于 9600PRO。

在同样级别的芯片中，核心频率高的则性能要强一些，提高核心频率就是显卡超频的方法之一。

30. 什么是 3D API

API 是 Application Programming Interface 的缩写，是应用程序接口的意思，而 3D API 是指显卡与应用程序直接的接口。3D API 能让编程人员所设计的 3D 软件只要调用其 API 内的程序，从而让 API 自动和硬件的驱动程序沟通，启动 3D 芯片内强大的 3D 图形处理功能，从而大幅度地提高了 3D 程序的设计效率。

31. 什么是显卡 BIOS

BIOS（VGA BIOS）是指用于存放显示芯片与驱动程序之间的控制程序，另外还存有显卡的型号、规格、生产厂家及出厂时间等信息。打开计算机时，通过显示 BIOS 内的一段控制程序，将这些信息反馈到屏幕上。早期显示 BIOS 是固化在 ROM 中的，不可以修改，而现在的多数显卡采用了大容量的 EPROM，即所谓的“快闪 BIOS”（Flash – BIOS），可以通过专用的程序进行改写或升级。可别小看这一功能，很多显卡就是通过不断推出升级的驱动程序，修改原程序中的错误、适应新的规范来提升性能的。

32. 什么是显卡的 VGA 插座

电脑所处理的信息最终都要输出到显示器上，显卡的 VGA 插座就是电脑与显示器之间的桥梁，它负责向显示器输出相应的图像信号，也就是显卡与显示器相连的输出接口，通常是 15 针 CRT 显示器接口。不过有些显卡添加了用于接液晶显示器 LCD 的输出接口，用于接电视的视频输出，S 端子输出接口等插座。

33. 什么是显卡的 PCI/AGP 总线

显卡需要与主板进行数据交换才能正常工作，所以就必须有与之对应的总线接口。常见的有 PCI 接口和 AGP 接口两种。PCI 接口是一种总线接口，以 1/2 或 1/3 的系统总线频率工作，如果要在处理图像数据的同时处理其他数据，那么流经 PCI 总线的全部数据就必须分别进行处理，这样势必存在数据滞留现象，在数据量大时，PCI 总线就显得很紧张。AGP 接口就是为了解决这个问题而设计的，它是一种专用的显示接口，具有独占总线的特点，只有图像数据才能通过 AGP 端口。1997 年秋季，Intel 为应付 PC 处理 3D 图形中潜在的数据流瓶颈而提出 AGP 解决方案。当时三维图形技术发展正值方兴未艾之时，快速更新换代的图形处理器开始越来越多地需要多边形和纹理数据来填饱它，问题是数据的流量最终受制于 PCI 总线的上限。那时的 PCI 显卡被迫同系统内其他 PCI 设备一同分享 133MB/s 的带宽。而 AGP 总线的出现一下子解决了所有问题，它提供一个独占通道的方式来同系统芯片组打交道，完全脱离了 PCI 总线的束缚。AGP 技术又分为 AGP4X，AGP2X 和 AGP1X 等不同的标准。另外 AGP 使用了更高的总线频率，这样极大地提高了数据传输率。AGP4X 的最大理论数据传输率将达到 1056MB/s。区分 AGP 接口和 PCI 接口很容易，前者的引线上下宽度错开，俗称“金手指”，后者的引线上下一般齐。

34. 什么是显卡的刷新频率

刷新频率是指 RAMDAC 向显示器传送信号，使其每秒重绘屏幕的次数，它的标准单位是 Hertz （Hz）。如今 RAMDAC 所提供的刷新率最高可达到 250Hz，但是实现中影响刷新率有两个方面，一是显卡每秒可以产生的图像数目，二是显示器每秒能够接收并显示的图像数目。刷新率可以分为 56Hz、60Hz、65Hz、70Hz、72Hz、75Hz、80Hz、85Hz、90Hz、95Hz、100Hz、110Hz 和 120Hz 数个档次。过低的刷新率会使用户感到屏幕严重地闪烁，时间一长就会使眼睛疲劳，所以刷新率应该大于 72Hz。

35. 什么是显卡的色深

色深指的是每个像素可显示的颜色数，它的单位是“bit”（位）。每个像素可显示的颜色数取决于显示卡上给它分配的 DAC 位数，位数越高，每个像素可显示出的颜色数目就愈多。在显示分辨率一定的情况下，一块显卡所能显示的颜色数目还取决于其显示存储器的大小，比如一块两兆显存的显卡，在 1024×768 的分辨率下，就只能显示 16 位色（即 65536 种颜色），如果要显示 24 位彩色（16.8M），就必须要 4 兆显存。关于显存的计算方法较为复杂，并且专业性强，这里就不多讲。通常说一个 8 位显卡，就是说这个显卡的色深是 8 位，它可以将所有的颜色分为 2 的 8 次方，也就是 256 个数字表示出来。现在流行的显卡色深大多数达到了 32 位，你可以想象的颜色分为 2 的 32 次方所能表现的颜色细腻程度了。

36. 如何选购一款适合自己的显卡

如何选择一款适合自己的显卡呢?如今显卡市场产品种类众多，要想选择一款合适的显卡，首先要从自身的需求入手，量体裁衣。下面就针对各类用户需求和目前的市场状况，精选出11款“恰到好处”的显卡。

（1）威驰—丽台A7600GT TDH。该款显卡主要针对老机升级用户，其芯片nVIDIA 7600GT采用90nm新工艺，拥有12条渲染管线，核心频率为590MHz，拥有CineFX4.0着色架构，支持Intellsample4.0等技术。在硬件架构上支持DX9.0c，支持SM3.0特效技术与HDR动态渲染技术等。虽然作为中端主力显卡，它仅采用128bit显存带宽有点让人失望，由于其先进的参数以及超高默认频率，其性能还是远远超过了6600GT。参考价格约为1 600元。

A7600 GT TDH基于AGP插槽，采用G73核心和主流的GeForce7架构，DDR3 SDRAM 256MB显存（128bit），频率560MHz。对于想要提升性能却又不想升级主机的玩家们，丽台刚刚上市的GeForce7 AGP系列产品，可以使用户在AGP接口上体验前所未有的享受。

（2）七彩虹——镭风X800GTO CH版2。该款显卡主要针对低价入门用户，其芯片ATi RadeonX800GTO采用R423/R480图形芯片（RadeonX850XT所用的图形芯片），12管线设计，双256高端规格，400MHz/1000MHz的时钟频率。如果能通过刷新修改过的BIOS可以打开另外被屏蔽的4条管线，其性能还能得到进一步的提升。参考价格约为600元。

七彩虹镭风X800GTO拥有12条渲染管线与6个顶点着色引擎，可以改成16管。它拥有256bit的高位宽，显存带宽达到了22.4GB/s。显存采用FBGA封装的名牌2.8ns DDR显存，显存频率为700MHz，正反各4颗，再配合400MHz的核心频率，不但整体的3D处理性能和速度得到了提高，系统运行也非常稳定。七彩虹显卡作为全国销量最大的显卡品牌，购买方便，质量有保障。

（3）迪兰恒进镭姬杀手—X800GTO3超值版II。迪兰恒进镭姬杀手X800GTO3超值版II完全支持ATi特有的SmartShader HD、SmoothVision HD、HyperZ HD、3Dc、VideoShader HD等图形处理技术。默认频率达到400/700MHz。迪兰恒进镭姬杀手X800GTO3超值版II现今599元的价格，同样是很超值的选购对象。不错的用料和公版品质的做工方案，在性能和赏析角度来看，也是有品味的DIY玩家适宜的斟酌对象。

（4）雪佛兰乐风—铭瑄7600GS网吧特供版。该款显卡主要针对网吧业主用户，其芯片nVIDIA GeForce 7600GS和GeForce 7600GT一样，也是主攻中端显卡市场的一款芯片。二者的区别在于核心与显存频率。首批上市的GeForce 7600GS采用了GDDR2颗粒，典型频率值为800MHz。高端的产品将会采用GDDR3显存。nVIDIA官方公布的GeForce 7600GS的典型核心频率是400MHz，比GeForce 7600GT低一些，以此来拉开两者的性能距离以适应不同的市场需求。参考价格约为850元。

铭瑄7600GS网吧特供版使用了被动散热方案，散热片的规模巨大。非公版的电路设计，用料扎实，其中不乏红宝石等名厂电容。使用现代 DDR2 2.5ns 显存，有利于售价上的控制，符合欧洲无铅环保标准。静音设计，更加适合网吧环境使用。

（5）盈通剑龙——G7600GS-128GD3 龙翼。盈通的这款 7600GS 型号为剑龙 G7600GS-128GD3 龙翼，它与高端版本 GeForce 7600 GT 基于同样的 90 纳米制程 GPU-G73，拥有 12 条像素管线和 5 组顶点处理引擎。散热方面采用了造型美观、散热性能优异的龙翼散热器，大直径风扇和龙形散热片独具一格，虽然是风冷散热但工作噪音非常低。显卡采用核心及显存分开式独立供电设计，做工、用料都属不错。

（6）PRIUS 普锐斯——华硕 EN7300GT SILENT/HTD/256M。该款显卡主要针对商用办公用户。GeForce 7300GT 一经面市就备受追捧，因为它更好地衔接低中端市场空缺。GeForce 7300GT 核心频率为 350MHz，渲染管线 8 条，配备 256MB 容量的 DDR2 显存，频率 666MHz，位宽很有可能会是 128bit。这款芯片主要是抑制一直在市场上销售不错的 ATI 公司的 X1300 芯片。目前 nVIDIA 公司已经发布的 7 系列产品还有 GeForce 7300GS 和 GeForce 7300LE，组成了完整的 GeForce 7300 系列。参考价格约为 800 元。

华硕的这款显卡采用蓝色非公版 PCB 设计，基于 PCI-E 架构，做工精细，体现了华硕作为 IT 大厂的风范。这款显卡的独到之处在于它的散热系统的设计，可谓独具匠心，它采用了完全静音的被动散热解决方案。散热片依据显卡板型而设计增大了散热片的面，并且采用两面同时配备散热片的设计方案，利用机箱内部的整体循环过程进行散热。在不影响显卡整体性能的前提下实现了“零”噪音的理念，并且保持了很好的散热效果。可是称得上是一款真真正正的静音性显卡。

（7）影驰 7300GT 悟静版。影驰 7300GT 悟静版从预留的 SLi 扩展端来看，是没有选择 7300GT 刽子手的布线方案，独立 PCB 设计方案，用料上侧重于踏实。在硬件架构上支持 DX9.0C、SM3.0 特效技术与 HDR 动态渲染技术等。默认核心/显存频率分别为 400MHz/800MHz。悟静版散热器为瑞士 Arctic Cooling 品牌。Arctic Cooling 也是最早给出“悬吊式”风扇的 CPU 散热器厂商之一。参考价格约为 600 元。

（8）华晨宝马 3 系——蓝宝石 RX1900XT。该款显卡主要针对游戏玩家用户。ATI Radeon X1900XT 在目前的高端显卡市场上，除去了让极少数用户都可望而不可即的最顶级 Radeon X1900XTX、Geforce 7950GX2 显卡芯片外，在价格上更为容易让用户接受的 X1900XT 芯片一直也是广大用户关注的热门产品。因为 ATI 的 X1900XT 相对同门师兄有着 3D 性能之王美誉的 X1900XTX 来说仅仅在频率上有极小的差距，并且这个差距可以通过超频进行弥补，但价格却便宜不少，正是这一点吸引了广大的用户。参考价格约为 3 400 元。

蓝宝石 RX1900XT 采用 3D 性能最强的 R580 核心，它拥有 48 个像素渲染单元，内部采用了 3.8 亿个晶体管，在 12 层顶级 PCB 上这款蓝宝石 X1900XT 默认核心/显存频率达到了 625MHz/1.45GHz，以上这些将目前 3D 技术和视频处理效能发挥得淋漓尽致。并且配搭了高速的 512MB GDDR3 显存，保证在最高分辨率下游戏的强悍性能表现。它还提供 VIVO 功能，并且提供了双 DVI+TV-out 的输出接口，支持 HDTV 影音平台构建，以及多屏显示等功能。是一款不折不扣的游戏玩家级的显卡。

（9）雪铁龙凯旋——蓝宝石 RX1900XT。该款显卡主要针对家庭影音用户。ATI 公司所推出的新一代中端主力 X1600XT 芯片性能得到了广大用户的一致认可，并且与 NVIDIA 的 6600GT 竞争时取得了胜利，在价格方面有点偏高，尤其是在 NVIDIA 针锋相对地发布 6800GS 之后，对 X1600XT 产生了不少压力。所以 ATI 公司做出了明智之举，把基于 RV530 核心的 X1600XT 和 X1600Pro 的芯片进行大幅降价来对抗 6800GS 和 6600GT 的冲击。

蓝宝石 RX1900XT 显卡选用了 GDDR3 显存颗粒，默认频率达到了 590/1400MHz。显卡具备 ATITheater 芯片，能对 VIVO 功能进行支持。在显存方面，采用了 1.4ns GDDR3 显存颗粒，4 颗组成 256MB、128bit 新一代显存规格。接口上采用了顶级显卡上常见的双 DVI+多功能视频输出接口的组合。现在很多新型的超薄电视都是采用这种接口，但是现在 D-Sub 接口的设备仍是主流，在显卡的附件中提供了 DVI/D-Sub 转接头，方便了用户的使用。所以说这是一款十分符合家庭影院要求的显卡。

（10）专业 F1——艾尔莎 ATI FireGL V7350。该款显卡主要针对图形处理专业用户。ATI FireGL V7350 作为专业显卡，采用 90nm 制造工艺，拥有 8 个并行几何引擎和 16 个像素处理器，显存容量/位宽分别是 1GB/512bit，支持 Shader Model 3.0、64bit HDR 以及 Avivo 技术。同时，产品还提供双 Dual link 输出（DVI-I × 2），分辨率高达 3840 × 2400。参考价格约为 19000 元。

FireGL V7350 是目前市面上性能最为出众的专业级 GPU，当然价格也是相当高的，有需要的朋友不妨考虑艾尔莎 ATI FireGL V7350。0.09 微米制成，1GB 显存，显示为位宽 256bit，加上艾尔莎一贯的名品效应，一定能满足用户需求。这里要提醒大家的是，目前普通显卡与专业显卡的最大区别在于：一个注重提高 GPU 的像素着色单元的计算能力，一个注重图像渲染效果。专业显卡价格昂贵，这是毋庸置疑的，对于仅仅学习 3D 设计的用户来说，他们没有大量的图形、图像制作人物，所以完全没有必要花大价钱购买专业显卡，普通显卡已经够用。

（11）极品劳斯莱斯——XFX 讯景 7950GX2（SLI）。该款显卡主要针对超级白领游戏发烧友。2006 年 6 月 5 日，NVIDIA 正式推出其最新旗舰级产品 GeForce 7950GX2，这是 NVIDIA 正式推出的首款双 GPU 显示芯片，支持

NVIDIA 最新的 Quad SLi 技术，而该技术能够支持两张双 GPU 共计四 GPU 的显卡协同工作在一个系统上，目前能够使用这项技术的 NVIDIA 显卡仅有 GeForce 7900GX2 和 GeForce 7950GX2 了，其实 7950GX2 的设计从 7900GX2 改进而来。简单地说它由两个显卡通过 Quad SLI 组合成一个单卡，并且只是使用一个 PCI-E 接口，而这两个显卡的设计又是不同的。参考价格约为 16 000 元。

GeForce 7950GX2 采用两颗 G71 核心的频率为 500MHz，频率为 1 200MHz 1GB GDDR3 显存。48 条像素渲染管线、16 个顶点着色引擎、76.8Gbps 的内存带宽和每秒 240 亿个纹理像素填充率，32 个 PCI-E 通道的控制器，能够在任何 PCI-E X16 接口上使用；两个最高支持 2560×1600 的分辨率双路 DVI，适用于高清、宽屏液晶显示器，这给喜欢用计算机欣赏电影的朋友以完美感受。8 层 P502 公版设计，6 针的外接电源接口，满足显卡的高功耗的需要。

1-6 认识和选购声卡

1. 什么是声卡

虽然计算机本身有喇叭，但是它只能够发出难听的“哔”的声音。如果想要使计算机发出美妙的音效，就必须买一张声卡来安装。有了声卡，我们可以享受各种音乐与音效，例如听音乐，或者玩计算机游戏，享受震撼逼真的音效等。

声卡是组成多媒体电脑必不可少的一个硬件设备，其作用是当发出播放命令后，声卡将电脑中的声音数字信号转换成模拟信号送到音箱上发出声音。

2. 什么是 MIDI

MIDI（Music Instrument Digital Interface）为计算机与电子乐器之间沟通的通信协议，此协议制作出的 MIDI 合成器用以在计算机上仿真合成乐器的效果。

3. 什么是采样

模拟音乐的记录是以模拟量为形态的，比如普通卡式磁带上记录的就是模拟信息，它通过对磁带上磁信号强弱的记录来记录音乐，记录是连续的；而数码音乐是由 0、1 信号的组合来表达的，记录之间有空隙。具体来讲，把自然界的模拟音转变为数字音时，需要在模拟声音波形上每一个时间间隔取一个幅度值，这个过程就是采样。声音采样的描述有两个指标：“采样位数”和“采样频率”。

4. 什么是采样位数

采样位数是指声卡在采集和播放声音文件时所使用数字声音信号的二进制位数。采样位数客观地反映了数字声音信号对输入声音信号描述的准确程度。8 位代表 2 的 8 次方（256），16 位则代表 2 的 16 次方（65 536）。比较一下，一段相同的音乐信息，16 位声卡能把它分为 65 536 个精度单位进行处理，而 8 位声卡只能处理 256 个精度单位，造成了较大的信号损失，最终的采样效果自然是无法相提并论的。

如今，市面上的主流声卡都是 24 位的声卡（如：Sound Blaster Audigy 2 系列声卡），并非有些无知商家所鼓吹的 64 位乃至 128 位，他们将声卡的复音概念与采样位数概念混淆在一起。

5. 什么是采样频率

采样频率是指录音设备在一秒钟内对声音信号的采样次数，采样频率越高声音的还原就越真实越自然。在当今的主流声卡上，采样频率一般共分为 22.05kHz、44.1kHz、48kHz、96kHz 四个等级，22.05 只能达到 FM 广播的声音品质，44.1kHz 则是理论上的 CD 音质界限，48kHz 则更加精确一些。对于高于 48kHz 的采样频率人耳已无法辨别出来了，所以在电脑上没有多少使用价值。

6. 什么是三维音效

三维音效就是表现三维的音响效果。较流行的有 Direct Sound 3D、A3D 和 EAX 等，基本原理都是利用一定的函数算法欺骗耳朵，使人们产生相对真实的三维听觉效果。

PAI DS3D（DirectSound 3D）：DS3D 是 Microsoft DirectX 的一个组件，DS3D 的作用在于帮助开发者定义声音在 3D 空间中的定位和声响，然后交由 DS3D 兼容的声卡通过各种算法加以实现。声音的定位效果取决于声卡所采用的具体算法。

A3D（Aureal 3D）：A3D 由美国 Aureal 公司开发，A3D1.0 版包括 A3D Surround 和 A3D Interactive 两个重要应用领域，强调的是只需在立体声硬件环境下就可以得到真实的声场模拟。A3D 2.0 版则是在 1.0 基础上加入了声波追踪（Wave Tracing）技术，可以表现出非常强烈的空间感，目前主要应用在游戏中。

EAX（Environmental Audio）是创新公司开发的环境音效技术，它建立在 DS3D 之上，能在游戏中实现环境音效以及声音的准确定位，原理是通过调整各种声音频率的指数使 PC 模拟各种声场环境，比如空旷的大厅、高山、水下等，用户可自己确定各个音源实际位置，这一技术大大提高了游戏中的应用效果。不过创新公司认为凭两个音箱无法准确实现声音的 3D 定位，所以仍然建议用户使用 4 个以上的音箱。

7. 什么是 FR

频率响应，是对声卡 ADC 和 DAC 转换器频率相应能力的评价。一般来讲，在人听觉范围内频率响应曲线为 20Hz~20kHz，保持“平滑直线式”比较好，通常功率增益和衰减保持在 3~3dB 范围内。

另外，现在声卡大都带有各种功能，比如数码接口、AC-3 硬件解码功能等。当然功能越多，声卡应用也就越为灵活，数码接口的出现避免了模拟输出失真现象，另外也可以连接其他音频设备，比如 CD 唱机、家用功放等等设备。

8. 什么是 SB1394

SB1394 是创新公司为确保 IEEE 1394/FireWire 设备和 Sound Blaster Audigy 2 之间最大兼容和最佳性能而设计的兼容标准。有了 SB1394 ，您能够以比 USB 快 30 倍的速度迅速把数码音频转移入/移出设备，包括创新便携式数码音频播放机和外部 CDRW 刻录机，就和其他厂商的设备一样。您也能够用 SB1394 连接两个 Audigy 声霸卡，轻松为多人游戏建立极低迟延的 LAN-型环境。SB1394 不仅兼容 IEEE1394，也支持大多数 DV 可携式摄像机和 IEEE1394 用户设备。

9. 什么是 DVD-Audio

DVD-Audio 是一种高清晰度音乐格式，通过为用户提供立体声（双声道）/多声道（可多达六声道的环绕声）音乐，使音频质量获得极大的提升。

DVD-Audio 提供的立体声比 CD 的音频质量高得多，采样频率可高达 192 千赫（CD 的只有 44.1 千赫），其频响是 CD 的 4.4 倍。杰出的频率响应可以完全重现乐器演奏出的丰富的和声与泛音。DVD-Audio 还具有更为宽广的动态范围，相当于 CD 的 250 倍，因而在 DVD 上播放时能使音乐中蕴涵更多情感。

DVD-Audio 是 24 位数据精度（CD 标准是 16 位），因此声音重放与原音全然一致，同时保留了细微差别。DVD-Audio 格式的设计是为了提供高清晰度的音频。DVD-Audio 上的任何重要音频信息都没有经过有损音频的压缩。不过，未压缩的音频文件通常很大，传输时需要很高的带宽。由于这些限制，内容提供者选择了将 DVD-Audio 格式进行特殊形式的无损压缩，称作 Meridian 无损压缩（MLP）。有损压缩与 MLP 之类的无损压缩的主要区别在于：无损压缩不舍弃任何音频信息。MLP 文件对所有的音频信息进行了完全和精确的重组，从而达到极高的保真度。MLP 体现了最佳的高保真音频压缩，因为它是 DVD-Audio 支持的唯一压缩格式，能使原音中的每个细节得到精确、完整的再现。

10. 什么是 Dolby Digital（杜比数码）

Dolby Digital（Dolby Surround AC-3）是杜比实验室所发明的家庭影院多声道数字音频系统。AC-3 是 Audio Coding 3 的简称，直译为音频编码第三代，是一套音频压缩技术。Dolby Digital 是针对电影多声道环绕系统所研发的新技术，为了大幅降低编码后的文件大小，Dolby Digital 应用了有损压缩技术。所谓有损压缩，就是一旦压缩之后，就无法完全还原成原本的面貌，如果损失的是一些无关紧要的信号，则能达成大幅缩减文件大小的目的。Dolby Digital 一共有 5.1 个声道：分别是前左、前右、中央、后左环绕、后右环绕等五个声道，全都是全频段声道，再加上一个 3Hz~120Hz 的超低频声道，所以统称为 5.1 声道。

11. 什么是 Dolby DigitalEX

Dolby DigitalEX 是杜比实验室开发的一种音频格式，它提供了 7 声道、清晰的环绕声。是在原来的 Dolby Digital 5.1 的基础上增加了一个后置中央的声道。正对着音箱，在您前方的左、中、右声道为对白提供了精确定位。后部的独立左右环绕声道负责电影中的背景声，后置中央声道实现了后置左右声道间的自然过渡。额外的后置中央声道实现了更佳的后置左右声道间的穿梭效果，以及飞越头顶等音频感受。

12. 什么是环境反射

反射是一种在真实世界中声音从物体表面反射回到听者耳中的现象。环境反射不仅可以模拟出这种效果而且还能给声音反射加上三维空间定位。

13. 什么是环境移位

在虚拟世界中，有很多时候需要模拟不断接近或距离较远的音效环境，比如在行驶时不断接近隧道。环境移位通过三维空间定位来实现此效果。

14. 什么是环境过渡

在虚拟世界中，虚拟的“边界”使不同空间和地区分离。跨越“边界”会在音频中引起突然的变化，例如，从一个小房间进入一个大洞穴。环境过渡能用来慢速地把听众从一个环境过渡到另一个环境，就像现实生活中发生的情况那样。

15. 什么是多环境

在现实生活场景中，您所听到的声音不仅受到周围环境的影响，而且受到“实时”环境，也就是多环境的影响。例如，您在一个大厅里，当厅里的大钟敲响时您可以感受到回声带来的空间感，同时，大厅尽头走廊中传来的笑声听起来应具有较窄的回声音质。

16. 什么是全双工与半双工

全双工为在同一个时间点，声卡可同时作录音和放音的动作。

半双工为在同一个时间点，声卡只可单独做录音或放音的动作。

17. 什么是 SoundFont

SoundFont 音色库技术是由 Creative 的子公司 E-MU Systems 开发的。您可以“取样”一个声音，改变它，然后使用 Audigy 卡上的 SoundFont 合成器播放它。另外，您可以载入专业制作的 SoundFont 库（在捆绑的软件上有很多），让您以有力的方式自我表现。Sound Blaster Audigy 新的 SoundFont 2.1 格式和驱动程序软件能让您处理多达 4 GIGABYTES 的样本内存。

18. 什么是 ASIO（音频流输入/输出）

ASIO（Audio Stream Input Output）代表音频流输入/输出，是 Steinberg 开发的流动音频协议。ASIO 完全摆脱了 Windows 操作系统对硬件的集中控制，它能实现在音频处理软件与硬件之间进行多通道传输的同时，将系统对音频流的响应时间降至最短。根据 ASIO 规范中定义的细节，声卡厂商可以为其硬件产品编写出高效能的 ASIO 驱动程序，使用声卡硬件对音频流的响应时间降低到十几毫秒以内。

19. 什么是 CMSS3D

CMSS 3D 可以让您将任何立体声音乐转换成令人惊奇的 6.1 环绕声音。CMSS 3D 不但可以产生环绕音效，还可以智能地将主要的人声放置在中央音箱。而且，CMSS 3D 能够将立体声的电影转换成 5.1 或 6.1 环绕声音！ Sound Blaster Audigy 2 中 CMSS 3D 的算法也能够通过耳机或立体声音箱创造出真实的空间感。

20. 选购声卡时有什么原则

在购买声卡时应做到：

（1）充分分析自己的实际需要，切不要看到好的声卡就购买，同时，买声卡时不要盲目追求高档的攀比心理。

（2）如果平时使用的声卡只是用来从事文字工作或者是玩些 DOS 的游戏、看看影碟，那么就用不着购买太高档的声卡，只要购买 100 元左右的声卡就可以满足你的需要了。如果你现在玩的是比较高级的电脑游戏的话，花上 300 元左右的声卡已经是很好了。

（3）尽量还是购买那些大厂的声卡，因为他们的质量有保障，而且售后服务也比较完善。

如果我们平时对声卡市场多一点关注，相信还是能买到称心如意的产品。

21. 购买容易走进什么样的误区

声卡是如今电脑系统中必不可缺的部件，不过许多用户往往在声卡的选购中存在着一些模糊的认识和误区，下面就来说说这个问题。

（1）宁选低端声卡而放弃板载声卡。目前几乎所有的主板上都有板载的声卡，不过许多用户总是对板载的声卡不太信任，认为那是低档货，宁愿再去花上几十块钱买上一块声卡，觉得那要比板载的声卡要好，其实这是个偏见。目前市场上的板载硬声卡采用的最常见的芯片是 CMI8738。虽说它不自带 MIDI 音色库，不过这对于如今已基本上很少用到 MIDI 音效的游戏来说并不重要；同时 CMI8738 还可以通过软件模拟支持 AC-3 解码和模拟 5.1 声道输出，完全可以满足基本的环绕立体声效果要求。因此，在选购独立的声卡之前首先应该了解清楚自己的主板上采用的是何种板载声卡，如果你选购的是那种几十元的低端声卡的话，那么还不如就用原来的板载声卡，因为目前许多的板载声卡的性能远比这些低端声卡出色。

（2）认为越贵的声卡音质就一定会好。目前许多声卡的功能是多方面的，除了对音乐的播放以外，还有对游戏音效的支持，一些高端的设备还有对各种 MIDI 键盘及其他电子音乐设备的支持，因此它们的高价有时是因为它们功能较多的原因。有些声卡往往对游戏音效的支持和表现较为出色，而真正对于音乐的表现，音质上却是较为普通的。因此，如果用户的电脑对于游戏的要求不是非常高，却希望能够听到较为优质的音乐的话，那么在选择上就更要注意此点了，因为那些近千元的高端声卡、专业声卡未必适合你。相反一些价格在 200 元左右的产品往往能够给你意外的惊喜。尤其是目前几乎已在市场上绝迹的帝盟的产品，用来单纯欣赏音乐绝对是首选，而其中的帝盟 MX200 又是其中的佼佼者。遗憾的是，由于帝盟退出了声卡市场，它的产品几乎没有 Windows 2000 和 Windows XP 的驱动程序，选购时要有所考虑。

（3）认为“数码版”声卡一定能实现“数字化”。目前“数字化”的概念早已是深入人心，似乎什么都要“数字化”，“数字化”一定出色。在声卡中也出现了许多标称为“数码版”的声卡，价格当然也要贵上一些。一些用户在选用了这些“数码版”的产品后就自以为已经实现了音乐播放“数字化”。其实这也是一个误区。用电脑播放音乐 CD 不外乎两种方式：模拟方式和数字方式。前者大家都比较熟悉了。实现电脑音乐播放数字化的方式则是通过两芯的数字音频信号线分别连接光驱的数字音频接口和声卡的 CDS/P-DIF 输入接口，此时数字信号绕过了光驱的 DAC，直接由声卡进行数模转换。应该说通过这种方式播放出的音乐效果的确在一定程度上要优于前者，这也就是通常所说的“数码版”的“数字化”播放方式，而这也是非数码版声卡（其实就是没有 CDS/P-DIF 输入接口）不具备的。但是并不是简单地装上“数码版”就能实现“数字化”播放的，关键还是要通过 CDS/P-DIF 进行正确的连接，如果还是用四芯连线连接模拟音频接口的话，那么还是在用“数码版”声卡进行模拟播放。

（4）重视声卡而忽视音箱。许多的用户在选购声卡时不惜重金，然而在选购音箱时则马马虎虎，这也是一个误区。虽说声卡是决定电脑系统音效的关键，但是没有好的音箱来表现的话，再好的声卡也是无济于事的。电脑的音效的打造是一个完整的体系，包括声卡和音箱两部分。重声卡、轻音箱和重音箱、轻声卡都是不对的，只有两者合理地搭配才能够打造出优质的音效。

1-7 认识和选购光驱与软驱

光驱是用来读取光盘中的设备。光盘为只读外部存储设备，其容量为 650MB 左右。

1. 什么是 DVD-ROM

DVD-ROM 是 Digital Video Disk-Random Only Memory 的缩写，是用来读取 DVD 的机器，DVD-ROM 除了可以读取 DVD 的资料外，也可以读取一般的光盘片。而 DVD-ROM 和 CD-ROM 一样，也有读取速度的区别，目前市面上已经有 10 倍速的 DVD-ROM 了。

2. 什么是 CD-ROM

CD-ROM 是 Compact Disc Read Only Memory 的缩写。它是由金属和塑料所制成，直径 12cm、厚度 1.2mm 的圆形薄片，最早是由 Philips 和 Sony 两大

公司发展出来，可以储存 74 分钟的音乐，或是约 650MB 的资料。一般我们称 CD-ROM 为“光盘”，而读取光盘片的机器 CD-ROM drive 则是“光驱”。通常在光驱的正面，有一个 32.48 或 52 的数字，这就是光驱读取资料的速度。光驱刚问世时，速度只有单倍速，单倍速的速度是 150KB/Sec，也就是每秒 150KB 的速度，后来就以此为基准，例如，52 倍速光驱的速度就是 7800KB/Sec。

3. 什么是 DVD-RAM

DVD-RAM 是 Digital Video Disk-Random Access Memory 的缩写，中文是“数字激光视盘机”，是用来制作 DVD 光盘片内容的机器，就像我们使用 CD-RW 刻录机，来刻录和删除 CD-RW 空白片的内容一样。利用 DVD-RAM，我们可以在 DVD 光盘片上记录或是删除资料。通常 DVD-RAM 的光盘片可以分为单面及双面两种，目前单面容量为 2.6GB，双面则是为 5.2GB。由于容量大，所以非常适合储存需要大量文件的影音视频资料。

4. 什么是 DVD

DVD 全名 Digital Video Disc，外形与 CD 无异，其主要特色是可作双层双面使用，大大增加了储存量。DVD 最多可容纳四层播放时每层出 133 分钟，以单层单面为例，其容量为 4.7GB，而如以单层双面、双层单面及双面去储存资料的话，其储存量分别可达 9.4GB、8.5GB 及 17GB。DVD 具有 500-1000 线超高解像度 AC-3 杜比环回立体声最多可有 8 种不同国家的语言、32 种字幕供选择。DVD 主要分为：电脑用的 DVD 光驱（DVD-ROM Drive）和家用的 DVD 播放机（DVD Video Player）和音响专用的 AC-3 杜比环绕立体声（DVD Audio）。

5. 什么是 CD-R（可录式光盘片）

CD-R 是 Compact Disc-Recordable 的缩写，中文为“可录式光盘片”。这类光盘片可以使用 CD-RW 刻录机写入资料，但只能写入一次。若没有特别指明的话，CD-R 指的是可录式光盘片，而 CD-RW drive 才是指 CD-RW 刻录机。CD-R 除了可以使用 CD-RW 刻录机读取资料外，也可以使用一般光驱来读取资料。

光盘的刻录可分为单次写入（Single-session）和多次写入 Multi-session）两种，前者表示光盘仅能进行一次的写入操作，若在写入操作之后光盘片仍有剩余空间，则无法再进行写入的操作，后者则没有这个限制，可以再次写入，直到光盘没有空间为止。

在购买光盘刻录机时，通常会考虑 CD-RW 刻录机的速度，如“522452”

的意思是 CD-ROM 读取是 52 倍速，CD-RW 刻录是 24 倍速，CD-R 刻录是 52 倍速，速度越快，刻录的时间就越短。目前市面上已经有 8 倍速刻录资料的光盘刻录机了。

6. 什么是 CD–RW（可擦写式光盘片）

CD-RW 是 CD-ReWritable 的缩写。由于 CD-R 只能写入一次资料，后来改良 CD-R 之后，发展出可重复读写的光盘片 CD-RW。CD-RW 可以将记录过后的资料删除，再写入其他资料。CD-RW 必须使用 CD-RW 刻录机，才能进行重复写入的操作，CD-RW 刻录机也可以刻录 CD-R 空白片。但是 CD-RW 光盘片，必须使用具有 multi-read 功能的 CD-ROM 光驱才可以读取，现今 20 倍速以上的光驱，都具备这项功能。因为 CD-RW 的空白片价格比 CD-R 空白片贵，所以用 CD-RW 储存资料并不普遍，不过，随着 CR-RW 的价格逐渐下降，CD-RW 应该会逐渐取代 CD-R。

7. 什么是 Firmware

Firmware 也被称为韧体、分位、固件，是储存于光驱中的控制机台做读盘等动作的硬件与软件的结合，界于硬件与软件之间。通过刷新高版本的 Firmware，可以对之前版本的 Firmware 做一系列修正，同时提高光驱本身的盘片兼容性和读盘等性能。

8. 什么是 BufferUnderRun

缓冲区数据不足。一般 CD-RW 在刻录数据的时候，数据先由硬盘透过 IDE 接口传送到主机，再由 IDE 接口传送到 CD-RW 的缓冲存储器，也就是所谓的 Buffer memory。最后 CD-RW 把储存在 Buffer memory 里的数据，刻录到 CD-R 或 CD-RW 光盘片上。这一连串的动作，必须环环相扣、不能中断，只要其中任何一个环节稍有中断或是速度降低，就会造成 CD-RW 无法把数据写入光盘片，进而造成光盘片无法使用的状况。

9. 什么是 UltraDMA

Ultra DMA 也是数据传输模式的一种，大大减少了 CPU 占用率，有利于改善 CPU 的工作效率和系统响应时间。Ultra DMA/33 理论上突发数据传输率可达到 33MB/s，比普通 Mode 4 模式的 16.6MB/s 快了一倍。

10. 什么是 PIOMode

PIOMode 是数据传输模式的一种，以较慢的数据传输模式 PIOMode 0 为例，理论上每秒可传输 3.3Mb（3.3Mb/s）而以较快的数据传输模式 PIOMode 4 为例，理论上每秒可传输 16.6MB（16.6MB/s）。

11. 什么是 PCAV

PCAV 是 Partial CAV（区域恒定角速度）的简写，融合了 CLV 和 CAV 两者精华形成的一种技术。该技术的主要特点是：当激光头读盘片的内环数据时，旋转速度保持不变，数据传输率得以增加而；当激光头读取外环数据时，则提升旋转速度，使数据传输率不致下降。

目前，新型的高速光驱均采用 PCAV 技术。

12. 什么是软驱

软驱就是软盘驱动器，它是驱动软盘旋转并同时向软盘写入数据或从软盘读出数据的设备，是当今各种电脑不可缺少的输入输出（I/O）设备，它由机械结构和控制电路两部分组成。从功能上讲，软盘驱动器是由盘片驱动系统、磁头定位系统、数据读写电路系统和状态检测系统等四部分组成的。

虽然经历了很长的发展时间，但软驱的存储速度和容量并没有得到明显的改观，人们大多也只能用它临时来存储一些文本文件和很小的应用程序等。由于现在新的便携式存储设备的诞生，如 USB 硬盘、ZIP 软驱、CDR-CDRW 光驱等，软驱也面临着被淘汰的危险。

根据软盘的种类，软驱可分为 3.5 英寸和 5.25 英寸两种，但 5.25 英寸软驱目前在市面上已经难以找到了。

13. 什么是软盘（Floppy Disk）

软盘主要用来储存文件。软盘是一种圆形可弯曲的具有磁性的塑料片，外面以塑料套保护着，以避免损坏。软盘的优点是便于携带，但是容量不大。现在常见的 3.5 英寸磁盘，容量在 1.4MB 左右。容量是 1.2MB 的磁盘目前已经很少看到了，早期还有 5.25 英寸磁盘。

14. 什么是磁盘写保护装置（Write-protect Tab）

磁盘写保护装置是 3.5 英寸软盘上的写保护装置。在 3.5 英寸软盘的反面，有一个黑色的写保护按钮，将按钮向外搬动到写保护的位置，这个部分就会出现一个缺口，此时软盘就是在写保护的状态。如果担心软盘中的重要文件不小心被更改或删除，可将软盘设定在写保护的状态，软盘就无法写入任何资料了。

15. 你知道选购光驱考虑哪些因素吗

选购光驱时要考虑的因素主要有以下几个方面：

（1）数据传输率（Data Transfer Rate）。数据传输率是最基本的性能指标，它是光驱在 1 秒的时间内所读取的最大数据量，我们通常说一个光驱是“几速”指的是它的数据传输率。早期的光驱数据传输率并不高，每秒只能传输 150 千字节（即 150KB/s）这也是我们常说的单速光驱。我们平常说的多少光驱，便是以此称为基准。如传输率为 600KB/s 的光驱等等。目前，市面上主流光驱为 40 倍速和 48 倍速，而最高的达到 50 倍速。

（2）平均访问时间（Average access time）。平均访问又称“平均寻道时间”是指光驱的激光头从原来的位置移到要求的位置，光驱的读取时间要小于 250ms。

（3）CPU 占用时间（CPU Loading）。CPU 占用时间是指光驱在保持一定的转速和数据传输率时所占用的时间。这是衡量光驱性能的一个重要指标。光驱的 CPU 占用时间少，系统性能的发挥就越好。

（4）数据缓冲区（Buffer）。数据缓冲区是光驱内部的数据存储区，主要用于存放读出的数据。数据缓冲区的工作原理和作用与主板上的 Cache 相类似，可以有效地减少读取盘片的次数，提高数据传输率。

16. 你知道的光驱品牌有哪些

表 2-1 所示列出了 35 个光驱品牌。

表 2-1　光驱品牌

知名品牌	LG，三星，明基，先锋，索尼，摩西，台电和微星
其他	HP，NEC，阿帕奇，爱国者，昂达，奥美嘉，百事灵，飞利浦，宏碁，华硕，技嘉，建碁，建兴，理光，浦科特，清华紫光，松下，讯宜，映派，优百特和志美

17. 如何选购合适的刻录机

要选购一款合适的刻录机，不妨看看以下介绍：

（1）选择 IDE 接口的刻录机。光盘刻录机按接口分类，内置的有：SCSI 接口、IDE 接口，外置的有 SCSI、并口（打印口）、PC 卡接口以及流行的 USB 接口等。SCSI 接口的性能稳定，刻录的速度较快，CPU 占用率低，但是需要附加一块 SCSI 控制器，安装比较复杂，价格也相对较贵；IDE 接口规格的刻录机产品是目前的主流设计，虽然其CPU占用率等性能指标不及SCSI接口的产品，但其成本低、安装简单，因此受到了不少人的欢迎，可算是当今市场中的主流产品，建议选择IDE接口规格的刻录机。

（2）选取合适的刻录速度。读、刻光盘的速度，是刻录机性能的主要技术指标。从理论上讲，刻录机读、刻光盘的速度是越快越好。由于刻录机主要是用来刻录光盘的，用刻录机读光盘基本上可以说是“不务正业”。所以，相对于刻录速度来讲，刻录机读光盘速度的重要性，比刻光盘速度的重要性要次要一些。由于刻录机销售市场越来越激烈，厂家为了在竞争中立于不败之地，也会在提高刻录速度的同时，相应地增大读取速度。现在流行的是 8 倍速刻录、4 倍速复写、32 倍速读取的刻录机。在国外市场，甚至已是以 12~16 倍速刻录、10 倍速复写、40 倍速读取的刻录机，占据了主流地位。刻录机的刻录速度当然是越快越好，不过，与刻录速度提高相关联的，除了价格会随之提高之外，同时还要考虑盘片的问题，因为并不是所有盘片都支持高速刻录。就目前来看，12 倍速刻录机刚好处在一个平衡点上，支持这个速度的盘片种类也相当多，而且价格也不是很高，建议选购 12 倍速的刻录机比较合适。

（3）查看刻录机是否应用了防欠载技术。防欠载技术是针对高速刻录机而设计的，在高速刻录盘片时，如果出现缓存存储的容量跟不上刻录要求时就会出现死盘。防欠载技术的出现，杜绝了刻死盘的情况。目前，在低速刻录中，由于刻录速度很低，出现死盘的可能性比较小。在低速刻录时，如果出现死盘现象，一般是由计算机的配置跟不上、磁介质的质量太差或存在兼容性引起的。目前，国内市场上防欠栽技术应用较好的有理光、LG 等。如 LG 的 CED-8120B 刻录机支持“Just-Link”技术，并配备了 8 兆的超大容量缓存记忆体，有效地避免了因刻写过程中欠载（Buffer Under Run）而导致刻死盘的情形发生。

（4）注意售后服务。刻录机属于“易耗品”，需要非常妥善的售后服务。由于刻录机可能存在与刻录软件及某些硬件的兼容问题，所以即使是在商家那里测试无误，拿回家里也可能出现无法顺利使用的情况。因此，周到的服务和技术支持，对我们是非常重要的。所以，广大用户在购买刻录机的时候，一定要看厂商是否提供完善的售后服务。各知名品牌刻录机厂商的售后服务应该是可以让人放心的。

18. 如何选购刻录光盘

拥有刻录机的用户最关心的问题就是：如何选择合适的刻录光盘？下面就

来为你提供几点值得参考的“经验之谈”。

（1）看包装的一些特征。如何从包装上鉴别呢？最重要的就是选择原厂包装的产品。原厂包装很重要，因为只有在工厂的环境里面，才能尽可能保障刻录盘片不受污染。以明基 BenQ 的空白盘片为例，因为采用真空包装，无尘生产工艺，才能真正保证刻录前是干干净净的。并非所有品牌都能做到这一点，尤其是某些贴牌的产品，一次从上游 CD-R 工厂采购很多光面（就是没有印刷）的盘片，然后自行丝印、分装；这个过程很容易引入杂质污染。如果您发现桶装的包装内有泡沫、纸屑等杂质，基本上可以肯定这桶盘片不是在正规的无尘工厂中最终完成的。这种情况其实很常见，只要稍微留意一下就能发现，毕竟投资一座无尘工厂的成本昂贵，那些只想捞一票的品牌才不愿意破费呢。

（2）看盘片的物理特质。刻录光盘的品质好坏与所用材料、生产工艺有密切关系。

①盘基是很重要的，因为这是光盘的物理基础，如果盘基容易变形，那么上面的数据也就被损坏了。有种说法是好的盘片比较厚，不好的光盘会比较薄。这种说法有些道理，但又不完全对。因为盘基的厚度按照工业标准有个规定的范围，太厚与太薄的规格都是不好的。

②盘基采用的 PC 料的档次更重要。例如明基 BenQ 的盘片采用进口优质 PC 胶料，具有高张力特性，能在受到外力作用下——如长时间在光驱中高速旋转中，保持盘片稳定不变形。而且好的 PC 胶料，加上好的生产工艺，才能避免生产出的盘基没有气泡、斑纹、杂质等——这些是影响刻录成败的关键。如果能用肉眼看到刻录盘的数据面有波纹、杂质、气泡等问题，则务必不要购买。

（3）看盘片的编号及印刷特征。

①编号。每张刻录盘都会有几个不同的编号，用肉眼就能看到在盘片内圈有 1～2 个生产编号，这是厂商的生产批次编号。如果在同一桶盘片中，你遇到的这个编号各式各样，或者编号的差距跳跃性很大，则很可能说明这桶盘片是被挑拣出来的次品。以一桶明基 BenQ 的 CD-R 为例，里面的盘片全部都是“MAX80UG35068”编码的，说明是同一生产线同时下线的连续产品。

②盘面印刷。虽然盘面印刷的图案文字对性能并没有什么作用，但是也不能小视这个问题。除了文字图案之外，刻录光盘应该有一层妥帖的保护层，比如明基 BenQ 的光盘盘面有加强型的抗 UV 涂层以保护数据层不会被紫外线侵蚀，使得数据保存时间能更长久。另外，印刷光盘的油墨也很重要，只有好的油墨才能在日积月累的时间里不侵蚀数据层和反射层—这也就是为什么有些质量差一点的光盘在用了一段时间后，保存得也不错，却突然会丢失数据的原因了。所以，在挑选刻录光盘的时候，对盘面的印刷也应该留意一下。凡是印刷

粗糙、有掉色、着色不均匀、或者看上去很单薄的盘片，都要小心了。

③到厂商指定的经销商处购买。这很重要，因为这样既可避免购买到假货，而价格又最优惠。

1-8　认识和选购电源

1. 什么是电源供应器（Power Supply）

电源供应器简称电源。如同一般家用电器一样，计算机需要电源才能激活工作，而计算机的电源是由电源供应器所供应。电源供应器的主要功用，是将一般电源插座所提供的交流电，转换成计算机可以使用的直流电。此外，电源供应器还具有负载保护的功能，可避免突然短路而对计算机造成的损坏。在电脑的主机中，电源供应器通常位于不起眼的角落，即使计算机中各项硬件齐全，没有电源供应器还是无法激活的，所以电源供应器可说是计算机的能源。

电源性能的好坏，直接影响到其他设备工作的稳定性，进而会影响整机的稳定性。

2. 什么是电源的最大功率

最大功率是指电源在单位时间内，电路元件上能量的最大变化量，是具有大小及正负的物理量。在这里特指最大输出功率。最大功率越大，电源所能负载的设备也就越多。

3. 什么是电源的安装方式

电源的安装方式是指该电源相对于机箱的安装方式，一般分为内置和外置。其中，内置方式最常见。

4. 电源的适用范围是指什么

电源的适用范围是指该电源所支持的硬件类型，在这里主要是指所支持的 CPU 类型。

5. 电源的适用类型是指什么

电源的适用类型是指该电源所适用的电脑类型，例如台式机，服务器/工作站等等。不同类型的电脑对电源的需求是不同的，例如服务器/工作站，因为设备较多、高能耗设备多，而且要求工作稳定，所以耗电较台式机大些。

6. 什么是多国认证标记

优质的电源具有 FCC、美国 UR 和中国长城等认证标志，这些认证是认证机构根据行业内技术规范对电源制定的专业标准，包括生产流程、电磁干扰、安全保护等，凡是符合一定的指标的产品在申报认证后才能在包装和产品表面使用认证标记。应该说具有一定的权威性。

7. 什么是噪音和滤波

这项指标需要通过专业仪器才能直观量化判断，主要是 220V 交流电经过开关电源的滤波和稳压变换成各种低电压的直流电，噪音标志输出直流电的平滑程度，滤波品质的高低直接关系到输出直流电中交流分量的高低，也被称为波纹系数，这个系数越小越好。同时滤波电容的容量和品质也关系到电流有较大变动时电压的稳定程度。

8. 什么是瞬间反应能力

这项指标是指当输入电压在瞬间发生较大的变化（在允许范围之内），输出的稳定电压值恢复正常所用的时间，也是电源对异常情况的反应能力。

9. 什么是电压保持时间

在 PC 系统中后备式的 UPS 占有相当大的比例，当电网突然停电，后备式的 UPS 会切换供电，不过这一般需要 2ms~10ms 切换时间（依 UPS 的具体性能而定），所以在此期间需要电源自身能够靠储能元件中存储的电量维持短暂的供电，一般优质的电源的保持时间可以达 12~18ms，确保 UPS 切换期间的正常供电。

10. 什么是电磁干扰

开关电源的工作原理决定了内部具有较强的电磁振荡，具有类似无线电波的对外辐射特性。如果不加以屏蔽可能会对其他设备造成影响；如果将移动电话或无线通讯设备置于电脑附近，而发生通信质量的下降就说明受到电磁干扰。所以国内对这种有害的辐射量也有严格的限定，电源一般通过外面的铁盒和机箱加以屏蔽，但泄漏在所难免，只是量的问题。由于这种干扰看不见摸不着，而抗电磁干扰要花费较大的成本，所以劣质电源都忽略此项指标。在国际上有 FCC A 和 FCC B 的标准，在国内也有国标 A（工业级）和国标 B 级（家用电器级）标准，优质的电源都可以通过 B 级标准。

11. 什么是开机延时

这是一种新的概念，电源在接通之初到提供稳定的输出必然需要一定时间的稳定周期，在这个周期中电压的稳定度很难保证，所以电源设计者让电源延时 100~500ms，等电源稳定后再向电脑提供高质量的电源。

12. 什么是过压保护

ATX 电源较传统 AT 电源多了 3.3V 电压组，有的主板没有稳压组件，直接用 3.3V 为主板部分设备供电，即便是具有稳压装置的线路，对输入电压也有上限，一旦电压升高对被供电设备可能会造成严重的物理损伤。所以电源的过压保护十分重要，防患于未然。

13. 什么是电源效率

电源效率和电源设计线路有密切的关系，高效率的电源可以提高电能的使用效率，在一定程度上可以降低电源的自身功耗和发热量。

14. 电源的寿命有多长

一般电源寿命按照 3~5 年计算元件的可能失效周期，平均工作时间在 80 000~100 000h 之间。

15. 电脑电源应具备哪些特性

从电源的地位和作用等方面综合分析，可以认为主机性能优越与否，与电源的优劣也有很大的关系，质量好的电源应具备以下几方面的特性：

（1）保护性。具有良好的自我保护功能，在直流电流过大、电压过大、空载或负载发生短路时，能自动切断电源，保持截流状态，在故障消失后，也能自动恢复正常供电功能。

（2）稳定性。要求输出的直流电稳定，基本上没有波动，即 + 12V、– 12V、+ 5V、– 5V 四组电源电压、电流正常，否则会影响主机的工作。

（3）散热性。电源内置风扇风量大，能充分扩散电源工作时释放的大量热量，延长电源的使用年限。

（4）抗干扰性。质量好的电源不受其他电气设备开关机的影响。抗干扰能力低的电源，在其他电器开启时，微机可能会产生自行热启动等不正常现象。

（5）低噪音。构件坚固，电源风扇运转稳定，工作中不发出杂音。噪音高的电源多是由于构件震动，风扇扇叶不平衡、转轴偏心或润滑不良等原因造成，噪音高的电源使用中也很容易出现故障。

（6）兼容性。应具备标准的电源规格，必须符合标准开关电源的各项功能参数（外壳尺寸、固定螺丝位置一致，适合各种标准机箱），并提供标准的稳定的电压和电流。

16. 如何为电脑选购一款好电源

前面已经对电源的概念和性能参数作了详细介绍，相信消费者对电源应该有了一定的认识，怎么才能买到一款好电源呢?

由于消费者在购买的时候不可能去拆电源的外壳下来，查看里面的设计与用料，因此，下面就为大家介绍几招如何判别是否优质电源的方法。

（1）看外壳。一般电源是采用钢板或铝合金的材料，高端产品大多采用铝合金，与机箱一样，优质产品的外壳较厚、结实，而劣质产品则很轻薄，强度差。

（2）看铭牌。通过铭牌，可以看到电源的规格，版本以及是否通过 3C 认证等。另外，还可以辨别是主动式 PFC 还是被动 PFC 的产品，一般来说，主动 PFC 在节能方面更有效率。另外还要注意的就是一些商家会把最高输出功率当成额定输出功率，以此来欺骗消费者，用户购买时一定要看清这个标称值。

（3）看接口。24Pin 接口是主板的电源接口，15Pin 电源是 SATA 硬盘接口，4Pin 接口是 IDE 设备接口，6Pin 接口是为显卡设计的。一般来说，具备这些接口都足够满足日常的要求，当然了，如果用户的配件比较多，就要选一款接口比较多的电源或者采用双电源了。另外，用户要注意的还有这些输出线，一般来说，这些输出线当然是越粗越好，与我们家庭用的电线是一样的道理。

1-9 认识和选购机箱

1. 机箱的作用是什么

机箱的作用有三个方面：

（1）提供空间给电源、主机板、各种扩展板卡、软盘驱动器、光盘驱动器、硬盘驱动器等存储设备，并通过机箱内部的支撑、支架、各种螺丝或卡子、夹子等连接件将这些零配件牢固固定在机箱内部，形成一个集约型的整体。

（2）它坚实的外壳保护着板卡、电源及存储设备，能防压、防冲击、防尘，并且它还能发挥防电磁干扰、辐射的功能，起屏蔽电磁辐射的作用。

（3）提供了许多便于使用的面板开关指示灯等，让操作者更方便地操纵微机或观察微机的运行情况。

2. 机箱的种类有哪些

（1）从结构上分，机箱可分为 AT、ATX、MicroATX 三种。AT 机箱的全称是 BaBy AT，主要应用到只能支持安装 AT 主板的早期机器中。ATX 机箱是目前最常见的机箱，支持现在绝大部分类型的主板。Micro ATX 机箱是在 ATX 机箱的基础之上建立的，为了进一步地节省桌面空间，因而比 ATX 机箱体积要小一些。各个类型的机箱只能安装其支持的类型的主板，一般是不能混用的，而且电源也有所差别。

（2）从样式上分，机箱可分为立式和卧式两种，立式又有大立式与小立式之分，卧式有大、小、厚、扁（薄）的区别。这两种样式各有利弊：立式机箱内部空间相对较大，而且由于热空气上升、冷空气下降的原理，立式机箱的电源在上方，其散热较卧式机箱好，添加各种配件时也较为方便。但是其体积较大，不适合在较为狭窄的环境里使用。卧式机箱无论是在散热还是易用性方面都不如立式机箱，但是它可以放在显示器下面，能够节省不少桌面空间，多被商用电脑所采用。

（3）从尺寸上分，机箱可分为超薄、半高、3/4 高和全高几种，不同点主要在于 3in 以及 5in 驱动器架的数量。超薄机箱多数仅有 1~2 个 5in 驱动架和一个 3in 驱动器架，扩展性极差，不建议购买。半高机箱有两个、3/4 高机箱有 3 个、全高机箱有 4 个 5in 驱动器架。

3. 什么是台式机机箱

台式机机箱是最常见的机箱，其最基本的功能就是安装电脑主机中的各种配件。除此之外，还要求有良好的电磁兼容性，能有效屏蔽电磁辐射，保护用户的身体健康；扩展性能良好，有足够数量的驱动器扩展仓位和板卡扩展槽数，以满足日后升级扩充的需要；通风散热设计合理，能满足电脑主机内部众多配件的散热需求。在易用性方面，有足够数量的各种前置接口，例如前置 USB 接口、前置 IEEE1394 接口、前置音频接口、读卡器接口等等。现在许多机箱对驱动器、板卡等配件和机箱的自身紧固都采用了免螺丝设计以方便用户拆装；有些机箱还外置了 CPU、主板以及系统等等的温度显示功能，使用户对电脑的运行和散热情况一目了然。在外观方面，机箱也越来越美观新颖、色彩缤纷，以满足人们在审美和个性化方面的需求，今天的电脑机箱不仅仅是一个装载各种部件的铁盒子，更是一件点缀家居的装饰品。

4. 什么是服务器/工作站机箱

与台式机机箱相比，服务器/工作站机箱除了有上述台式机机箱的基本要求之外，还因为服务器/工作站的工作性质和用途而与台式机机箱有许多不同之处。具体是以下几个方面：

（1）安全性好。安全性是指物理上的安全。通常服务器/工作站机箱的前端面板都是带有折页的可活动形式，而且电源开关与光驱和硬盘等设备都被设计在面板内部。这样可以防止人为的误操作而造成服务器的停机与重启，或者在进行安装、拆卸硬盘或光驱时出现故障。

（2）材料散热性好。为了保证服务器稳定地工作，一般情况下服务器/工作站的工作环境要求干燥、凉爽。为了达到这个要求，服务器/工作站机箱的选料就马虎不得了。普通台式机机箱一般是采用钢板，而服务器/工作站机箱使用的材料一般有两种—全铝质和铝合金。也有用钢板、镁铝合金作为材料的机箱。

（3）预留风扇位多。由于服务器/工作站发出的热量通常很大，因此空气很快变热。能否尽快有效地排出这些热空气将是服务器稳定工作的前提条件。一般的普通台式机机箱中散热风扇口只有 2~3 个，分别在机箱的正面挡板的内部与背部挡板的内部。而服务器/工作站机箱需要更多的排风口，而且各个排风口针对系统不同的发热源进行散热。

（4）通风系统良好。为了达到散热的效果，服务器/工作站机箱除了要安装多个风扇外，机箱内的散热系统也是非同寻常的。一般情况下在服务器/工作站机箱背面有两个风扇位，可以供用户安装两个风扇。当然这两个风扇不是都是吹风的，而是一吹一抽形成一个良好的散热循环系统，将机箱内的热空气迅速抽出，以降低机箱内的温度。

（5）具有冗余性。为了保证服务器/工作站连续不间断的工作，冗余技术使用于机箱内的绝大部分配件上，当然风扇也不例外。为了确保机箱内良好的散热系统不因为某一个或几个风扇坏了而被破坏，现在很多的服务器/工作站机箱都采用了自动切换的冗余风扇。系统工作正常时，主风扇工作，备用风扇不工作，当主风扇出现故障或转速低于规定转速时，自动启动备用风扇。备用风扇平时处于停转状态，从而保证在工作风扇损坏时马上接替服务，不会造成由于系统风扇损坏而使系统内部温度升高产生工作不稳定或停机现象。

5. 电脑机箱应具备哪些特性

从机箱的地位和作用、机箱的内部空间构成等方面综合分析，可以看出主机性能优越与否，与机箱的设计有很大的关系，设计制作合理的机箱，应具备以下几方面的特性：

（1）坚固性。机箱框架牢固，外壳坚实，使用后不会因冷热变化、轻微撞击、搬运、局部受压而产生变形，特别是卧式箱可允许把显示器放在上面。易变形的机箱可能会导致箱内各种板卡、驱动器等的故障。另外，坚实的机箱，其支撑支架牢固，可减少振动，降低工作噪音。

（2）扩充性。有较宽阔的空间，易于安装各种板卡；托架多可随时增加驱动器。扩充性良好的机箱在升级电脑、更换扩充箱内配件时有充分的空间可利用。

（3）散热性。内部空间大，面板与背板通风性能好，能充分扩散配件工作中释放的大量热量，保持箱内温度不至于过高，避免配件过热而影响微机工作，减少因过热而死机的现象，降低配件经常受高温影响而提早老化的可能，延长机器的使用年限。

（4）屏蔽性。机箱一般采用薄铁板制成，能减少电磁波的对外辐射，也降低外界电磁波对主机的干扰，具备良好的屏蔽性。

（5）兼容性。也就是良好的通用性。应具备标准的机箱规格，各种装配孔、装配架应满足绝大部分配件的安装。特别是主板的安装不会出现错位，其他配件的安装位置也不能出现空间上的冲突。兼容性能良好的机箱也较实用，安装方便，拆卸也容易，一般装卸过程中不会出现卡阻或错位。

（6）美观性。好的机箱制作工艺精良，外形美观大方，线条流畅，颜色协调，无碰划痕迹。

6. 选购机箱时需要充分考虑材质吗

在选购机箱时，材质是我们应该考虑的重要因素。机箱的材质是指制造机箱所使用的主要材料。一个机箱的好与坏，在很大程度上是由它的材质所决定的。劣质和优质的主要区别就在其产品材质和用料好坏上。

机箱的主要用料就是钢板，一只品质优良的机箱，应该使用耐按压镀锌钢板制造。并且钢板的厚度会在 1mm 以上，更好的机箱甚至使用 1.3mm 以上的钢板制造，钢板的品质是衡量一只机箱优与劣的重要指标，直接决定着机箱质量的好坏。产品材质不好的劣质机箱因为其稳固性较差，使用时会产生摇晃等问题，这会损坏硬盘等主机配件，影响其使用寿命；而且电磁屏蔽性能也差，这对用户的身体健康有害。

选购机箱时只要做到一掂和三按（一掂：掂分量；三按：一按铁皮是否凹陷，二按铁皮是否留下按印，三按塑料面板是否坚硬），劣质和优质就自然见分晓。

7. 什么是仓位

仓位是指机箱内部的内置驱动器安装位置，分为 3.5 英寸驱动器仓位和 5.25 英寸驱动器仓位两种。其中，3.5 英寸仓位主要用于安装软驱、硬盘等驱动器，而 5.25 英寸仓位则主要用于安装各种光盘驱动器，例如 CD~ROM、DVD~ROM、CD~RW、COMBO 以及 DVD 刻录机等。不同的机箱在仓位数量方面的区别也是比较大的。一般机箱的仓位数量是和它的体积相关的，体积越大的机箱所能提供的仓位也就越多。仓位的多少是机箱扩展性能的一个重要指标，更多的仓位可以为日后的机器升级带来很大的方便，例如安装双硬盘或多硬盘，加装刻录机，加装 MO 磁光盘机、LS120 驱动器、ZIP 驱动器、硬盘抽取盒等等。而且，更多的仓位所带来的更多的机箱前面板数量，还可以用于安装特殊用途的前面板设备，例如读卡器等等。

8. 什么是前置音箱接口

前置音箱接口是位于机箱前面板上的各种类型的外接音频接口。前置音箱接口为用户使用音频设备（主要是耳机）提供了方便，用户可以方便地在机箱前面板上接插音频设备而不用钻到机箱后部。目前，前置音箱接口几乎已经成为机箱的标准配置，没有前置音箱接口的机箱已经非常少见了。

前置音箱接口要使用机箱所附带的音频连接线连接到主板上相应的前置音频输出接口才能使用。需要说明的是，大多数主板自带的板载音频输出接口并不能与前置音箱接口共同使用，前后两个接口不能同时使用。

9. 什么是扩展槽

扩展槽是指机箱后部与主板所对应的用于安装各种扩展板卡的插槽。不同的机箱在扩展槽数量方面的区别也是比较大的。一般机箱的扩展槽数量也是和它的体积相关的，体积越大的机箱所能提供的扩展槽也就越多。一般情况下，普通 ATX 机箱可提供多达 7 个扩展槽，而 Micro~ATX 机箱则最多只提供 4 个扩展槽。扩展槽数量的多少也是衡量机箱扩展性能的一个重要指标，更多的扩展槽可以为日后的机器升级带来很大的方便，可以安装更多的扩展板卡以实现更多的功能或增强性能，例如加装显卡、声卡、网卡、内置 Modem 卡、各种扩展接口卡（例如 PCI 转 USB 接口卡、IDE 硬盘加速卡、RAID 卡、SCSI 卡、PCI 转 PCMCIA 接口卡、PCI 转 IEEE1394 接口卡等）、电视卡、各种视频采集卡等等。

10. 什么是前置 IEEE1394 接口

前置 IEEE1394 接口是指该机箱前面板上是否具有 IEEE1394 扩展接口。随着数码家电产品的普及，横跨 PC 及家电产品平台的 IEEE1394 接口的使用也越来越多。前置 IEEE1394 接口为越来越多的 IEEE1394 外部设备提供了很好的易用性。例如 IEEE1394 高速外置式硬盘、数码相机、摄影机等等。目前，IEEE1394 接口在 PC 平台上的普及程度还远远不及 USB 接口，因此具有前置 IEEE1394 接口的机箱产品现在也并不是太多。

前置 IEEE1394 接口同样也要使用机箱所附带的连接线连接到主板上相应的前置 IEEE1394 接口才能使用。当然，前提是主板提供了 IEEE1394 接口功能。在连接前置 IEEE1394 接口时一定要事先仔细阅读主板说明书和机箱说明书中与其相关的内容，千万不可将连线接错，不然会造成 IEEE1394 设备或主板的损坏。

11. 什么是前置 USB 接口

前置 USB 接口是位于机箱前面板上的 USB 扩展接口。目前，使用 USB 接口的各种外部设备越来越多，例如移动硬盘、闪存盘、数码相机等等，但在使用这些设备（特别是经常使用的移动存储设备）时每次都要钻到机箱后面去使用主板板载 USB 接口显然是不方便的。前置 USB 接口在这方面就给用户提供了很好的易用性。目前，前置 USB 接口几乎已经成为机箱的标准配置，没有前置 USB 接口的机箱已经非常少见了。

> **提示!!** 使用前置 USB 接口时要注意前置 USB 接口供电不足的问题，在使用耗电较大的 USB 设备时，要使用外接电源或直接使用机箱后部的主板板载 USB 接口，以避免 USB 设备不能正常使用或被损坏。

12. 如何为你的电脑配置一款好的机箱

前面已经对机箱的概念和性能参数作了详细介绍，相信消费者对机箱应该有了一定的认识，如何才能买到一款好机箱呢？

（1）如果用户采用标准的 ATX 板型的主板，那最好要采用大机箱，一些小机箱是装不下的，另外用户也要考虑自己的配件的数量的问题，一般来说，如果配件较多，最好是采用大机箱，而且由于大机箱的内部较为宽畅，内部空气流通会比较好，有利于散热，小机箱则通常需要借助机箱风扇来帮助散热。价格方面，一般情况下，小机箱的价格反而要比大机箱贵。

（2）稳定性与防辐射—机箱的材料。机箱的材料也很重要，这是决定机箱价格的重要因素。

①目前大部分机箱箱体采用镀锌钢板，这种钢板的优点是抗腐蚀能力比较好，而且成本适中。不过需要注意的是，选购时一定要注意镀锌钢板的厚度。镀锌钢板的厚度就是一项很重要的指标，某些美其名曰“轻质机箱”的产品，由于钢板过薄而容易变形，而且电磁屏蔽性能较差，耐冲击腐蚀能力也不强，一定要避免选择这样的产品。

提示!! 试着用手指弹击镀锌钢板，此时较薄的钢板会发出清脆的声音，而厚度较大的钢板则声音低沉。

②机箱前面的塑料面板是用户经常接触的地方，这部分使用的材质最常见的为 ABS 工程塑料和普通塑料，ABS 工程塑料具有抗冲击、韧性强、无毒害、不易褪色可长久保持外观颜色的特点。而普通塑料使用时间一长就会泛黄、老化甚至开裂。价格方面当然是 ABS 工程塑料较贵。辨别这两种塑料的方法也比较简单，一般来说，经过认证的 ABS 材料会在塑料上印有“ABS”字样，用户暂时不用担心不法商家把普通塑料印上“ABS”字样当高档产品卖，市场上暂时还没有这种情况。而且这两种材料在手感，视觉上的感觉都比较明显，易于判断。

③有一些机箱是采用劣质材料制成的铁皮，根本不是冷镀锌工艺，仅仅在铁皮的内外喷上一层涂料，这样的产品在使用不久后就会出现被空气氧化的现象，最严重的是其根本没有防电磁辐射的功能。用户如果想测试机箱的防辐射功能，可以把机箱放到 CRT 显示器的旁边工作，如果 CRT 显示器出现严重抖动，则说明机箱的防辐射功能非常差。

（3）做工。除了选用的材质要好之外，没有好的做工也是不行的。不少用户经常有这样的体会，只是换块显卡而已，插卡槽始终对不上，一旦用暴力解决，不小心还把手给割破了。其实，这就是机箱的做工有问题了。做工优秀的机箱的钢板边缘一般不会有毛边、锐口、毛刺等痕迹，所有裸露的边角都有折边处理，别小看这一层折边，劣质机箱为了省料，这层折边就给省略掉了。另外，优质机箱的插卡槽位的定位也都相当精确，不会出现某个配件安装不上或者错位的情况，另外箱内还应有撑杠以增加箱体的坚固程度。如果用户装机的时候看到师傅要使劲才能把主板显卡的位对齐，那就说明这款机箱的做工肯定不怎么样。

（4）注意机箱的外观，毕竟机箱是摆在外面给人看的，商务型机箱可以考虑以稳重为主，网吧的机箱则要有防盗设计，家庭则追求轻灵实用，而且一些较好的机箱在设计方面就非常人性化，比如采用免工具拆卸机箱、免工具拆卸光驱卡位等。还有一点较为重要的就是机箱的散热，这个要看用户的配置而定，如果用户采用了高频率或者双核心的 CPU，再加上中高端的独立显卡之类，整机的发热会非常大，这类用户最好采用大机箱，而且要求机箱有散热风扇等散热设施。对于一些低端的集成平台而言，采用小巧的 MicroATX 机箱也是不错的选择。此外，一些诸如接口的设计也不可忽视，如 USB 接口，音频接口等，设计是否合理也会关系到机箱的可用性。

（5）散热功能新趋势——38 度机箱。按照 Intel 的说法，当扣好机箱盖后，CPU 散热片上方 2cm 处的温度就代表这个机箱的内部温度，也就是多少度的机箱。目前，一般普通 PC 机箱的机箱温度都在 42 度左右，所以就称之为 42 度机箱。从这里就不难理解，所谓 38 度机箱就是指可以将 CPU 散热器上方 2cm，处温度控制在 38 度的机箱。厂商在其 38 度机箱中大力宣传 CAG 1.1 规范与 TAC 1.1 认证，都仅仅标称符合 38 度规范，因为如果宣称通过 TAC 1.1 认证确需要更多的技术投入。至于另外一些宣称符合 CAG 1.1 规范的机箱，它们未必通过 TAC 1.1 认证，也未必符合 38 度标准。不过也应当认识到的是，部分机箱其实已经完全符合 TAC 1.1 标准，但是考虑到费用问题而未参与认证。

（6）不过分追求高价位产品。放眼市场，高低端产品之间的价格差距十分惊人。需要明确的是，由于品牌众多，目前机箱市场的价格比较混乱，因此盲目地追求高价位产品并不可取。对于一款机箱而言，最基本的功能便是固定各个 PC 部件，提供外部接口与信号指示，并且尽可能地防止电磁辐射。毫无疑问，本末倒置地追求高价位机箱实在没有必要。更为重要的是，少数高价位机箱在设计上并没有过人之处。

（7）可扩展性。由于目前刻录机和 DVD~ROM 的普及，那些只配备两三个 5 英寸驱动器架的机箱已有点捉襟见肘了。人们也开始追求 4 个甚至更多 5 英寸驱动器架的全高机箱。其实，一般半高或 3/4 高机箱，就完全可以满足你的升级扩展性，所以不必盲目求多。

（8）外观。人靠衣装，佛靠金装，电脑靠机箱。机箱的外观是非常重要的。如果你的电脑虽然性能超群，机箱却非常难看的话，这既不能让人相信这是一台高性能电脑，又会怀疑你的审美观。所以，首先必须满足“至少要能从外观上看得过去”。

1-10 认识和选购调制解调器

1. 什么是调制解调器（Modem）

调制解调器（Modem）是一种计算机硬件，它能把计算机的数字信号翻译成可沿普通电话线传送的脉冲信号，而这些脉冲信号又可被线路另一端的另一个调制解调器接收，并译成计算机可懂的语言。这一简单过程完成了两台计算机间的通信。

Fax/Modem 指传真调制解调器，Modem 指调制解调器，Fax 指传真，它拥有 Modem 和传真机的两个功能，市面上大部分的 Modem 产品都有这两个功能。一个好的 Fax/Modem 可以自动区分是语音电话、传真电话还是数据。

Zmodem 是调制解调器之间数据传输的一种协议，协议是定义数据流及其使用方式的一组规则。通信线路两端的调制解调器必须拥有相同的协议才能彼此通信，同时，两边的速率也必须相同。Zmodem 只是几种协议中的一种，它是最通用的，并且拥有速率与纠错能力的最佳组合，另外还有 Xmodem 和 Ymodem。

调制解调器是通过电话线上网时必不可少的设备之一。它的作用是将电脑上处理的数字信号转换成电话线传输的模拟信号。

2. 什么是内置 Modem 与外置 Modem

根据 Modem 的安装位置不同，Modem 分为内置 Modem 与外置 Modem 两大类。安装在机箱里主板扩展槽上的叫做内置 Modem；安置在机箱外，有外壳的叫做外置 Modem。

内置 Modem 安装在电脑机箱里主板扩展槽上，主要使用 PCI 接口。由主板供电，无需外接独立电源。因为没有外壳、外接电源等部件，所以内置 Modem 的价格往往要比外置 Modem 便宜许多。

内置硬 Modem 理论上速度与外置 Modem 相当，而且不占用宝贵的桌面空间。但因为没有状态指示灯，所以无法实时观察通讯状态，由于安装在机箱内，比较容易受到干扰。此外内 Modem 安装时需要打开机箱，并占用一个主板扩展槽。

外置 Modem 一般都通过附带的电缆与电脑主板上的串口相连，并由自带的独立外接电源供电，而且面板上都有通信状态指示灯，可以直观地观察 Modem 的工作状态。与内置 Modem 相比，外置 Modem 无需打开机箱就可非常方便地安装和拆卸。而且，外置 Modem 处于电脑机箱外，不容易受到干扰；由于它通过串口与计算机连接，无需占用宝贵的主板扩展槽。其实际速度比内置 Modem 快。

3. 什么是 ADSL Modem

ADSL（Asymmetrical Digital Subscriber Line）即非对称数字用户线路，是

xDSL 家族成员中的一员，被欧美等发达国家誉为“现代信息高速公路上的快车”。简单地说，ADSL 是利用分频的技术把普通电话线路所传输的低频信号和高频信号分离。3 400Hz 以下供电话使用；3 400Hz 以上的高频部分供上网使用，即在同一铜线上分别传送数据和语音信号，数据信号并不通过电话交换机设备。这样既可以提供高速传输：上行（从用户到网络）的低速传输可达 640KB/s，下行（从网络到用户）的高速传输可达 7MB/s；而且在上网的同时不影响电话的正常使用，这也意味着使用 ADSL 上网时，并不需要缴付另外的电话费。

ADSL 所用到的协议有 PPPoE、PPPOVER、RFC1483 BRIDGE、RFC1483 ROUTED，目前中国电信支持的是 PPPoE 协议。

ADSL 的用户端硬件设备一般包括过滤器（SPLITTER）和数模转换器（ANT，即 ADSL Modem）两部分。

4. 什么是 ADSL 虚拟拨号

在 ADSL 的数字线上进行拨号，不同于模拟电话线上用调制解调器的拨号，而采用专门的协议 PPP over Ethernet，拨号后直接由验证服务器进行检验，用户需输入用户名与密码，检验通过后就建立起一条高速的用户数字；并分配相应的动态 IP。虚拟拨号用户需要通过一个用户账号和密码来验证身份，这个用户账号和 163 账号一样，都是用户申请时自己选择的，并且这个账号是作了限制的，只能用于 ADSL 虚拟拨号，不能用于普通 Modem 拨号。

5. 什么是 ADSL 专线接入

ADSL 专线接入是 ADSL 接入方式中的另一种，不同于虚拟拨号方式，而是采用一种类似于专线的接入方式，用户连接和配置好 ADSL Modem 后，在自己的 PC 的网络设置里设置好相应的 TCP/IP 协议及网络参数（IP 和掩码、网关等都由服务器端事先分配好），开机后，用户端和服务器端会自动建立起一条链路。所以，ADSL 的专线接入方式是以有固定 IP、自动连接等特点的类似专线的方式，当然，它的速率比某些低速专线还快。

6. 什么是 PPP over Ethernet（PPPoE）协议

PPPoE 是在以太网络中转播 PPP 帧信息的技术。通常 PPP（Point-to-Point Protocol）是用来通过电话线路及 ISDN 拨号接到 ISP 时使用。该协议具有用户认证及通知 IP 地址的功能。在 ADSL 中，PPPoE 用来接 ADSL Modem 与家庭中的个人电脑或者路由器。

7. 什么是 PPP over ATM（PPPoA）协议

采用 PPPoA 的接入技术，由 PC 终端直接发起 PPP 呼叫，用户使用的 ATM25 网卡在收到上层的 PPP 包后，根据 RFC2364 封装标准对 PPP 包进行 AAL5 层封装处理形成 ATM 信元流。ATM 信元透过 ADSL Modem 传送到网络的宽带接入服务器上，完成授权、认证、分配 IP 地址和计费等一系列 PPP 接入过程。

8. 什么是 Splitter 分离器

ADSL Modem 用户分离电话线中普通电话语音信号和 ADSL 网络信号的前置设备，信号分离以后分别送往不同电话设备（电话机，传真机等）和 ADSL Modem synchronization 同步 ADSL 用户端与局端的 ADSL 网络信号连接过程，双方信号建立连接（同步）以后，ADSL 才能使用。

9. ADSL Modem 的主要特点

ADSL 具备的主要特点如下：

（1）可直接利用现有的用户电话线，无须另铺电缆，节省投资。

（2）提供上、下行不对称的传输带宽。

（3）采用点对点的拓扑结构，用户可独享高带宽，以超高速上网（比普通 Modem 高十倍到上百倍）。

（4）可广泛用于视频业务及高速 Internet 等数据的接入，它的网上视频实时播放（VOD、MTV 等），突破传统 Modem 网上视频播放差的限制。

（5）上网同时可以打电话，互不影响，而且上网时不需要另交电话费。

（6）目前，由于普通的 Internet 用户接入网络采用 Modem 拨号的方式，因此，Internet 用户的剧增可能会造成网络的拥塞（国外已经出现了这种情况），而使用 ADSL 则可以避免。

10. ADSL Modem 的接入模型是怎么组成的

ADSL 的接入模型主要有中央交换局端模块和远端模块组成，如图 1-16 所示。

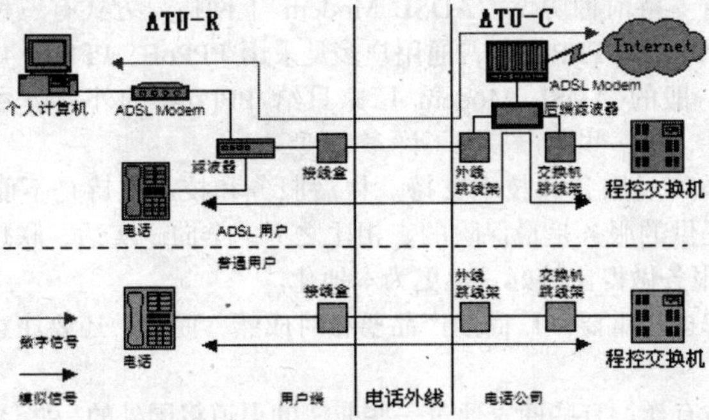

图 1–16

中央交换局端模块包括在中心位置的 ADSL Modem 和接入多路复合系统，处于中心位置的 ADSL Modem 被称为 ATU – C（ADSL Transmission Unit – Central）。接入多路复合系统中心 Modem 通常被组合成一个接入节点，也被称为“DSLAM”（DSL Access Multiplexer）。

远端模块由用户 ADSL Modem 和滤波器组成，用户端 ADSL Modem 通常被称为 ATU – R（ADSL Transmission Unit – Remote）。

11. 如何选购一款合适的 ADSL Modem

前面已经对 ADSL Modem 的概念和性能参数作了详细介绍，相信消费者对 ADSL Modem 应该有了一定的认识，那怎么才能买到一款好的 ADSL Modem 呢？

（1）要看选择的是哪一种接口。现在的接口方式有以太网、USB 和 PCI 三种。USB、PCI 适用于家庭用户，性价比较好，小巧、方便、实用；外置以太网口的产品只适用于企业和办公室的局域网，它可以带多台机器进行上网。有的以太网接口的 ADSL Modem 同时具有桥接和路由功能，这样就可以省掉一个路由器，外置以太网口、带路由功能的产品支持 DHCP、NAT、RIP 等路由功能，还有自己的 IP Pool 可以给局域网内的用户自动分配 IP，方便了网络的搭建。

（2）要看所提供安装软件的优劣。ADSL Modem 的设置比较复杂，厂商提供的安装软件的好坏将决定用户的安装是否能够顺利进行。

（3）要看是否附带了分离器。由于 ADSL 走的信道与普通 Modem 不同，利用电话介质但不占用电话线，因此需要一个分离器。有的厂家为了追求低价，就将分离器单独拿出来卖，这样 ADSL Modem 就会相对便宜，在用户购买时请一定注意。

（4）要看支持何种协议。ADSL Modem 上网拨号方式有三种：专线方式（静态 IP）、PPPoA、PPPoE。普通用户多是采用 PPPoE、PPPoA 虚拟拨号的方式来上网。一般的 ADSL Modem 厂家只给 PPPoA 的外置拨号软件，没有 PPPoE 的软件，给一些用户带来了许多麻烦。

（5）要看售后服务和技术支持。售后服务和技术支持是不能指望经销商的，由厂商提供的服务是最保险的。相比之下，全向、实达、联想这样的国内 Modem 厂商服务做得比较好，也更为本地化。

（6）品牌也很重要。厂商的产品要相对成熟，而且，还要注意该产品是否具有入网证。

（7）慎防有诈。有些商家通过一些非法的渠道将国外的一些 ADSL Modem（其实就是洋垃圾）拿到国内来卖，还美其名曰“原装进口”，但这些产品并不是针对中国的具体情况开发的，连包装和说明书上的字都是英文的，使用时经常出现掉线和不稳定的情况，甚至无法正常使用。

（8）仔细检查。商家拿来的货应保证没有被开启过，这就可以避免买到返修货或退货产品。一般来说，一款全新的 ADSL Modem 的外包装封条应完整，贴有代理商标志，标有生产厂商名、地址、型号、规格，在盒内的 ADSL Modem 上还应印有产品的规格及 PCB 厂商的名称、出厂日期及条形识别码等等。另外，在国内销售的产品肯定是采用中文包装盒，其说明书也应包含有中文，不含中文说明书的产品必为假冒品或水货无疑。包装盒内的驱动盘也是一个很重要的辨别手法，驱动盘应该是同一个厂家生产的与 ADSL Modem 相配套的原装盘。

（9）应该注意的其他细节。

①是否带有电源开关。有些外置的 ADSL Modem 提供了电源开关，用户在不上网时可以关掉大“猫”，能够节省电能。

②是否提供了 Reset 按钮。有些产品在机身提供了 Reset 按钮，可让你随时恢复出厂默认配置，没有的就只能通过软件恢复了。

③支持的速率。目前市场上大猫的下行速度极限值几乎都为 8Mbps，而上行速度却分成 640Kbps 与 1 024Kbps 两种。虽然目前电信只提供 640Kbps 的上行速率，但是 1 024Kbps 的大猫有更大的扩展潜力，可为将来电信扩容做准备。

1-11 认识和选购网卡

1. 什么是网卡

网卡也叫“网络适配器”，英文全称为“Network Interface Card”，简称

“NIC”，网卡是局域网中最基本的部件之一，它是连接计算机与网络的硬件设备。由于网络技术的不同，网卡的分类也有所不同，如大家所熟知的 ATM 网卡、令牌环网卡和以太网网卡等。据统计，目前约有 80%的局域网采用以太网技术。

网卡的主要工作原理是整理计算机上发往网线上的数据，并将数据分解为适当大小的数据包之后向网络上发送出去。对于网卡而言，每块网卡都有一个唯一的网络节点地址，它是网卡生产厂家在生产时烧入 ROM（只读存储芯片）中的，我们把它叫做 MAC 地址（物理地址），且保证绝对不会重复。

我们日常使用的网卡都是以太网网卡。目前网卡按其传输速度来分可分为 10M 网卡、10/100M 自适应网卡以及千兆（1000M）网卡。如果只是作为一般用途，如日常办公等，比较适合使用 10M 网卡和 10/100M 自适应网卡两种。如果应用于服务器等产品领域，就要选择千兆级的网卡。

2. 什么是网卡芯片

网卡的主控制芯片是网卡的核心元件，一块网卡性能的好坏，主要是看这块芯片的质量。网卡的主控制芯片一般采用 3.3V 的低耗能设计、0.35μm 的芯片工艺，这使得它能快速计算流经网卡的数据，从而减轻 CPU 的负担。

3. 常用的网卡控制芯片有哪些

常用的网卡控制芯片有如下这些类型：

（1）Realtek 8201BL。Realtek 8201BL 是一种常见的主板集成网络芯片（又称为 PHY 网络芯片）。PHY 芯片是指将网络控制芯片的运算部分交由处理器或南桥芯片处理，以简化线路设计，从而降低成本。

（2）Realtek 8139C/D。Realtek 8139C/D 是目前使用最多的网卡之一。8139D 主要增加了电源管理功能，其他则基本上与 8139C 芯片无异。该芯片支持 10M/100Mbps。

（3）lntel Pro/100VE。lntel 公司的入门级网络芯片。

（4）nForce MCP NVIDIA/3Com。nForce2 内置了两组网络芯片功能：Realtek 8210BL PHY 网络芯片和 Broabcom AC101L PHY 网络芯片。

（5）3Com 905C。3Com 905C 支持 10/100Mbps 速度。

（6）SiS900。SiS900 原本是单一的网络控制芯片，但现在已经集成到南桥芯片中。支持 100Mbps。

除了控制芯片，网卡的做工、总线结构、接口类型等都是在选购网卡是应该注意的参数。

4. 什么是 PCMCIA

通常，台式机和服务器等用的网卡均不支持 PCMCIA 标准，PCMCIA 是专门用在笔记本或 PDA、数码相机等便携设备上的一种接口规范（总线结构）。也就是笔记本网卡通常都支持 PCMCIA 规范，而台式机网卡则不支持此规范。

PCMCIA 是英文 Personal Computer Memory Card Inter National Association 的缩写，PCMCIA 定义了三种不同形的卡，它们的长宽都是 85.6×54mm，只是在厚度方面有所不同。TypeI 是最早的 PC 卡，厚 3.3mm，主要用于 RAM 和 ROM；TypeII 将厚度增至 5.5mm，适用范围也大大扩展包括了大多数的 Modem（调制解调器）和 Faxmodem（传真调制解调器），LAN 适配器和其他电气设备；TypeIII 则进一步增大厚度到 10.5mm，这种 PC 卡主要用于旋转式的存储设备（例如硬盘）。

PCMCIA 总线分为两类，一类为 16 位的 PCMCIA，另一类为 32 位的 CardBus。

CardBus 是一种用于笔记本计算机的新的高性能 PC 卡总线接口标准，就像广泛地应用在台式计算机中的 PCI 总线一样。该总线标准与原来的 PC 卡标准相比，具有以下的优势：第一，32 位数据传输和 33MHz 操作。CardBus 快速以太网 PC 卡的最大吞吐量接近 90Mbps，而 16 位快速以太网 PC 卡仅能达到 20~30Mbps。第二，总线自主。使 PC 卡可以独立于主 CPU，与计算机内存间直接交换数据，这样 CPU 就可以处理其他的任务。第三，3.3V 供电，低功耗。延长了电池的寿命，降低了计算机内部的热扩散，增强了系统的可靠性。第四，后向兼容 16 位的 PC 卡。老式以太网和 Modem 设备的 PC 卡仍然可以插在 CardBus 插槽上使用。

高版本的 PCMCIA 卡接口一般都可以很好地兼容低版本的卡。也就是说，一个 Type I 插槽只可以插入一张 Type I 卡；一个 Type II 插槽可以插入一张 Type II 卡或一张 Type I 的卡；一个 Type III 的插槽除了可以插入一张 Type III 卡外，还可以插入两张兼容的 Type I 或 Type II 卡。

5. 网卡的接口类型有哪些

网卡最终是要与网络进行连接，所以也就必须有一个接口使网线通过它与其他计算机网络设备连接起来。不同的网络接口适用于不同的网络类型，目前常见的接口主要有以太网的 RJ~45 接口、细同轴电缆的 BNC 接口和粗同轴电 AUI 接口、FDDI 接口、ATM 接口等。而且有的网卡为了适用于更广泛的应用环境，提供了两种或多种类型的接口，如有的网卡会同时提供 RJ~45、BNC 接口或 AUI 接口。

（1）RJ~45 接口。这是最为常见的一种网卡，也是应用最广的一种接口类型网卡，这主要得益于双绞线以太网应用的普及。因为这种 RJ~45 接口类型的网卡就是应用于以双绞线为传输介质的以太网中，它的接口类似于常见的电话接口 RJ~11，但 RJ~45 是 8 芯线，而电话线的接口是 4 芯的，通常只接 2 芯线（ISDN 的电话线接 4 芯线）。在网卡上还自带两个状态指示灯，通过这两个指示灯颜色可初步判断网卡的工作状态。

（2）BNC 接口。这种接口网卡对应用于用细同轴电缆为传输介质的以太网或令牌网中，目前这种接口类型的网卡较少见，主要因为用细同轴电缆作为传输介质的网络就比较少。

（3）AUI 接口。这种接口类型的网卡对应用于以粗同轴电缆为传输介质的以太网或令牌网中，这种接口类型的网卡目前更是很少见。

（4）FDDI 接口。这种接口的网卡是适应于 FDDI（光纤分布数据接口）网络中，这种网络具有 100Mbps 的带宽，但它所使用的传输介质是光纤，所以这种 FDDI 接口网卡的接口也是光纤接口的。随着快速以太网的出现，它的速度优越性已不复存在，但它须采用昂贵的光纤作为传输介质的缺点并没有改变，所以目前也非常少见。

（5）ATM 接口。这种接口类型的网卡是应用于 ATM（异步传输模式）光纤（或双绞线）网络中。它能提供物理的传输速度达 155Mbps。

6. 什么是网卡的全双工

网卡的全双工（Full Duplex）是指网卡在发送数据的同时也能够接收数据，两者同步进行，这好像我们平时打电话一样，说话的同时也能够听到对方的声音。目前的网卡一般都支持全双工。

7. 网卡有哪些总线类型

目前，网卡主要有 ISA、PCI、PCI~X、PCMCIA、USB 和 EXPRESS CARD 等几种总线类型。

（1）ISA 总线接口。这是早期网卡使用的一种总线接口，目前在市面上基本上看不到有 ISA 总线类型的网卡。ISA 网卡采用程序请求 I/O 方式与 CPU 进行通信，这种方式的网络传输速率低，CPU 资源占用大。这类网卡已不能满足现在不断增长的网络应用需求。建议选购时不必考虑此类网卡。

（2）PCI 总线接口。PCI 总线的英文全称为 Peripheral Component Interconnect。即外部设备互联总线，是于 1993 年推出的 PC 局部总线标准。PCI 总线的主要特点是传输速度高，目前可实现 66M 的工作频率，在 64 位总线宽度下可达到突发（Burst）传输速率 533MB/s。可以满足大吞吐量的外设的需求。采用 这种总线类型的网卡在当前的台式机上相当普遍，也是目前最主流的一种网卡接口类型。因为它的 I/O 速度远比 ISA 总线型的网卡快（ISA 最高仅为 33MB/s，目前的 PCI 2.2 标准 32 位的 PCI 接口数据传输速度最高可达 133MB/s），所以在这种总线技术出现后很快就替代了原来老式的 ISA 总线。它通过网卡所带的两个指示灯颜色初步判断网卡的工作状态。目前能在市面上买到的网卡基本上是这种总线类型的网卡，一般的 PC 机和服务器中也提供了好几个 PCI 总线插槽，基本上可以满足常见 PCI 适配器（包括显示卡、声卡等，不同的产品利用金手指的数量是不同的）安装。

（3）PCI-X 总线接口。这是目前服务器网卡经常采用的总线接口，它与原来的 PCI 相比在 I/O 速度方面提高了一倍，比 PCI 接口具有更快的数据传输速度（2.0 版本最高可达到 266MB/s 的传输速率）。PCI-X 总线接口的网卡一般 32 位总线宽度，也有的是用 64 位数据宽度的。

（4）PCMCIA 总线接口。采用这种总线类型的网卡是笔记本电脑专用的，它受笔记本电脑的空间限制，体积远不可能像 PCI 接口网卡那么大。随着笔记本电脑的日益普及，这种总线类型的网卡目前在市面上较为常见。PCMCIA 总线分为两类，一类为 16 位的 PCMCIA，另一类为 32 位的 CardBus。

（5）USB 总线接口。作为一种新型的总线技术，USB（Universal Serial Bus，通用串行总线）已经被广泛应用于鼠标、键盘、打印机、扫描仪、Modem、音箱等各种设备。USB 总线的网卡一般是外置式的，具有不占用计算机扩展槽和热插拔的优点，因而安装更为方便。这类网卡主要是为了满足没有内置网卡的笔记本电脑用户。USB 总线分为 USB2.0 和 USB1.1 标准。USB1.1 标准的传输速率的理论值是 12Mbps，而 USB2.0 标准的传输速率可以高达 480Mbps。

（6）EXPRESS CARD 总线接口。1989 年由 200 多家公司确立了 PCMCIA（Personal Computer Memory Card International Association）标准。

①Express Card 标准。Express Card 不仅体积细小，而且传输速度更快，适合于移动或者桌面平台系统，使用 USB 2.0 以及 PCI Express 通道。这种新一代的卡具有两种规格，但都小于目前 CARDBUS 卡规格，其中最小的卡是 ExpressCard/34 标准，它仅有目前 PC 卡的一半，这种尺寸更适合于移动设备的接入，比如 PDA 等。

②ExpressCard/54 标准。这种标准用来支持那些需要更大尺寸卡的技术，其中这些应用包括了 SMAERCARD 读卡器，CF 卡读卡器，以及 1.8 英寸的硬盘驱动器。不过所有 ExprssCard 标准都是 5mm 厚，但该标准同时允许卡的开发商开发属于他们自己的“扩展”标准。由于卡同时支持 USB2.0 规格和 PCI Express 界面规格，因此卡的生产商可以任意选用一种总线来支持它们的应用

程序。要么是性能强大的 PCI Express 界面规格，要么是应用广泛的 USB 2.0 规格。这种卡同时可以兼容以前的接口和总线，无需另外再增加芯片组来对其进行修正。

8. 什么是 CardBus

CardBus 是一种用于笔记本计算机的新的高性能 PC 卡总线接口标准，就像广泛地应用在台式计算机中的 PCI 总线一样。该总线标准与原来的 PC 卡标准相比，具有以下的优势：

（1）32 位数据传输和 33MHz 操作。CardBus 快速以太网 PC 卡的最大吞吐量接近 90 Mbps，而 16 位快速以太网 PC 卡仅能达到 20~30 Mbps。

（2）总线自主。使 PC 卡可以独立于主 CPU，与计算机内存间直接交换数据，这样 CPU 就可以处理其他的任务。

（3）3.3V 供电，低功耗。提高了电池的寿命，降低了计算机内部的热扩散，增强了系统的可靠性。

（4）后向兼容 16 位的 PC 卡。老式以太网和 Modem 设备的 PC 卡仍然可以插在 CardBus 插槽上使用。

9. 如何选购网卡

现重点以以太网网卡为例，介绍在选购网卡时应注意的问题。

（1）注意技术发展方向。目前，以太网网卡有 10MB、100MB、10MB/100MB 及千兆网卡。对于大数据量网络来说，服务器应该采用 1000MB 以太网网卡。对于通常的文件共享等应用来说，10MB 网卡就已经足够了，但对于将来可能出现的语音和视频等应用来说，100MB 网卡将更利于实时应用的传输。通常的变通方法是购买 10MB/100MB 网卡。就整体价格和技术发展而言，1000MB 以太网到桌面机尚需时日，但 10M 的时代已经逐渐远去，因而 10M/100M 网卡应该是采购时的首选。

（2）注意总线接口方式。目前市场上主要有 ISA 接口与 PCI 两种接口的网卡。PCI 以太网网卡的高性能、易用性和增强的可靠性使其被标准以太网网络所广泛采用，并得到了 PC 业界的支持。PCI 标准保证由一台机器的 BIOS 或操作系统进行配置工作，并为 PCI 部件建立配置注册表，从而消除了 PCI 设备与其他设备间的冲突。

（3）注意产品附加值。适用性好的网卡应通过各主流操作系统的认证，至少具备如下操作系统的驱动程序：Windows、NetWare、Unix 和 OS/2；智能网卡大都自带处理器或带有专门设计的 AISC 芯片，可承担使用非智能网卡时由计算机处理器承担的一部分任务。另外，有的网卡在 BootROM 上做文章，加入防病毒功能，有的网卡则与主机板配合，借助一定的软件，实现 Wake on LAN（远程唤醒）功能，可以通过网络远程启动计算机；还有的计算机干脆将网卡集成到了主机板上。

第 2 章

认识和选购电脑外部设备

电脑组装与 BIOS 设置速查 1 000——本章内容

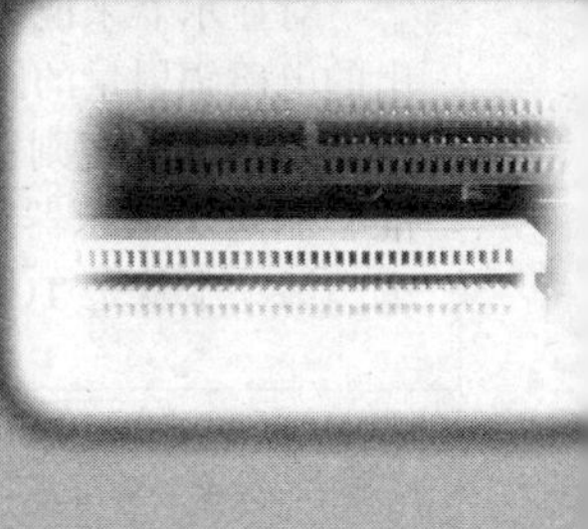

2-1 认识和选购 CRT 显示器

1. 什么是 CRT 显示器

CRT 显示器就是我们平时用的带显像管的显示器，它是一种使用阴极射线管（Cathode Ray Tube）的显示器，阴极射线管主要有五部分组成：电子枪（Electron Gun），偏转线圈（Defection coils），荫罩（Shadow mask），荧光粉层（Phosphor）及玻璃外壳。它是目前应用最广泛的显示器之一，CRT 纯平显示器具有可视角度大、无坏点、色彩还原度高、色度均匀、可调节的多分辨率模式、响应时间极短等 LCD 显示器难以超过的优点，而且现在的 CRT 显示器价格要比 LCD 显示器便宜不少。

CRT 的工作原理：CRT 显示器的核心部件是 CRT 显像管，其工作原理和家中电视机的显像管基本一样，可以把它看作是一个图像更加精细的电视机。经典的 CRT 显像管使用电子枪发射高速电子，经过垂直和水平的偏转线圈控制高速电子的偏转角度，最后高速电子击打屏幕上的磷光物质使其发光，通过电压来调节电子束的功率，就会在屏幕上形成明暗不同的光点形成各种图案和文字。

现在市面上主流纯平 CRT 显示器所采用的显像管主要包括 LG“未来窗”，三星“丹娜管”，索尼“特丽珑”，三菱“钻石珑”，台湾“中华管”和日立“锐利珑”等。各个厂商的纯平显像管在技术上均有其独到之处，在性能上也是各有特色。

2. 什么是 OSD

OSD 就是屏幕控制系统，早期的屏幕要调整设置，必须使用屏幕下方的旋转钮，可以调整的功能较少。随着技术的进步，厂商发展出一项新的 OSD 功能，可在屏幕上显示屏幕的相关设定，操作的功能也比较多。按 Menu 键后屏幕弹出的显示器各项调节项目信息的矩形菜单，可通过该菜单对显示器各项工作指标包括色彩、模式、几何形状等进行调整，从而达到最佳的使用状态。

3. 什么是安规认证

对显示器来说，最重要的安规认证是电磁辐射标准，即指限制显示器所发出的电磁辐射量的国际标准。目前有两项重要的标准是由下列两个瑞典权威机构所定出来的规则：第一个是 MPR-II，原先是一项由瑞典劳工部所提出的标准，制定了显示器所放出的电磁辐射量的最高范围，现在已被采用为世界标准。另一个就是 TCO，瑞典 TCO 组织于 1991 年制定了一个比 MPR-II 更严格的标准，特别是为交流电场（aef）而定。

（1）MPR 认证。MPR 标准是由 SWEDAC（Swedish National Board For Measurement And Testing 瑞典国家技术部）制订的电磁场辐射规范（包括电场、静电场强度）。包括有著名的 MPR I、MPR II。MPR I 诞生于 1987 年，是由瑞典国家测量测试局就电场和磁场对人体健康的影响而提出的一个标准，目前这个标准已经显得比较宽松了。1990 年，MPR I 进一步扩展变成了 MPR II，进一步详细列出了 21 项显示器标准，包括闪烁度、跳动、线性、光亮度、反光度及字体大小等，对 ELF（超低频）和 VLF（甚低频）辐射提出了最大限制，已经成了一种比较严格的电磁辐射标准。现在市场上被认为的低辐射显示器，一般都符合这一标准。

（2）TCO 认证。所谓的 TCO 标准保证，是由瑞典专业雇员联盟（Swedish Confederation of Professional Employees）推出的。随着不断扩充和改进，逐渐演变成了现在通用的世界性标准，引起了显示器生产厂商的广泛重视。TCO 认证自从 1991 年推出以后，主要面向质量和环境，对象则主要是办公室里常见的电子设备，如手提式计算机、显示器、键盘、系统机、打印机等，并且为移动电话也颁布了一个新的标准“TCO'01 Mobile Phones”。连同前段时间发布的 TCO'03 Displays 标准，面向计算机监视器及外设的 TCO 认证一共走过了四代不同的标准（面向移动电话的 TCO'01 标准不算在其中），从 TCO′92、TCO′95、TCO′99 到 TCO'03，随着时间的推移以及人们健康、环保意识的加强，加之科技进步所能带来的产品质量改观，TCO 认证标准也一代比一代更为严格。

4. 什么是亮度和高亮

亮度：是指画面的明亮程度。广义上的亮度，除了包括普通的亮度因素，同时还包括色彩的饱和度和艳丽度。亮度的单位是 cd/m2 。

高亮：“高亮”对于 CRT 显示器来说是近年才被提起的，目前 CRT 显示器高亮标准为：第一，最高亮度能达到 300cd/m2 以上。第二，亮度的提升并不单纯地通过显示器的亮度调节按钮、加大显示器驱动电路电流的输出，把屏幕弄得发白，而是在亮度提高的同时，对比度、色彩的饱和度等也随着亮度一起提高，从而给用户提供一个鲜明亮丽清晰的画面。

下面列举其中几个各显示器厂推出显示器高亮技术：

（1）三星 Magic Bright 高亮技术。三星 MB（Magic Bright）高亮技术是基于三星 Dyne Flat 视觉纯平技术，融合电路设计、集成化制造、纳米材料、表面涂覆等领域的结晶。在 CRT 显示器中，往往由于提高亮度而使聚焦表现下降，出现画面发虚的现象。三星 MB 系列通过改进的驱动电路和更精巧的偏转线圈设计，彻底解决这样的问题，在最高亮度模式下仍然保证原画面尺寸的精确显示。

（2）飞利浦显亮（Light Frame ）技术。飞利浦显亮技术由一组软件应用程序和一个在监视器中的集成电路所组成，软硬结合让用户所定义的窗口或屏幕区域内增强亮度与鲜明度。飞利浦的显亮有智能化，可以自动侦测网页上的图片及影像并对其进行优化，还可以通过随机赠送的软件设置，让用户需要进行高亮度优化的程序在开启的时候自动激活显亮功能。

（3）SONY 高亮技术。Sony 高亮技术有如下特性。

①精确细致的显示屏栅极和最细腻的萤光点距：显像管采用 SONY 专利的金属线荫栅屏，栅距达到 0.24mm，使电子束穿透障碍最小、发热量最小、变形度最小；同时同色源萤光点的点距同样为 0.24mm，故显示器的画面更细腻，文本更清晰。

②有最小的电子束射出罩门孔：SONY 高亮特丽珑显像管电子束射出罩门孔缩小为 0.32mm，它可以使电子束击打萤光粉的控制能力与准确度大大提升，图像逼真清晰。

③超精确聚焦控制：Sony 高亮运用 DQL 及 EFEAL 多重散光聚焦系统配合抗眩光黑晶涂层，使透光率提高 38%；此外还使用 4~6 层先进萤幕涂层，提高显像管的对比度与聚集准确度，色纯度、色彩鲜亮度以及影像传真度大幅提升。

（4）三菱 M2 高亮技术：三菱的 M2 高亮度显像管也是主要采用在那些定位中等偏高一些市场定位的产品上。作为荫栅式纯平显像管的代表者，Diamondtron 拥有优越的技术和图像文字显示效果，三菱 Diamondtron 显像管在单枪三束上做出改良，采用三支电子枪，分别同步射出 R（红）、G（绿）、B（蓝）三原色，因而得名为三枪三束，这样可免除由一支电子枪射出三原色时引起的信号相互干扰现象。再加上三组电子透镜的配合，能独立对三原色进行调整，使三原色电子束打击荧光粉更准确。另外与自然平面技术以及其他三菱独有的专利技术紧密配合，使显示图像自然平面，线条细腻，文字清晰，颜色生动。配以高稠密间隙隔栅（AG）,令透光率更为提升，显示效果突出。

5. 什么是分辨率

分辨率（resolution）就是屏幕图像的精密度，是指显示器所能显示的点数的多少。由于屏幕上的点、线和面都是由点组成的，显示器可显示的点数越多，画面就越精细，同样的屏幕区域内能显示的信息也越多，所以分辨率是个非常重要的性能指标之一。可以把整个图像想象成是一个大型的棋盘，而分辨率的表示方式就是所有经线和纬线交叉点的数目。

以分辨率为 1 024 × 768 的屏幕来说，即每一条水平线上包含有 1 024 个像素点，共有 768 条线，即扫描列数为 1 024 列，行数为 768 行。分辨率不仅与显示尺寸有关，还受显像管点距、视频带宽等因素的影响。其中，它和刷新频率的关系比较密切，严格地说，只有当刷新频率为“无闪烁刷新频率”，显示器能达到最高多少分辨率，才能称这个显示器的最高分辨率为多少。

分辨率按照水平和垂直像素数目来区分，则可以分:640×480，800×600，1 024×768，1 280×1 024，1 600×1 200 等几种。一般来讲，17 英寸 CRT 显示器的最佳分辨率还是 1 024×768，19 英寸 CRT 显示器则为 1 280×1 024。对于 CRT 显示器，它支持的分辨率越多和越大，它的应用范围也就越广，价格也要高一些。

6. 什么是显示尺寸和面积

显示尺寸指显像管的可见部分的对角线尺寸。

最大可视面积就是显示器可以显示图形的最大范围，显示面积都会小于显像管面积的大小。

显像管的大小通常以对角线的长度来衡量，以英寸单位（1 英寸=2.54cm），常见的有 15 英寸、17 英寸、19 英寸、20 英寸几种。15 英寸显示器的可视范围在 13.8 英寸左右，17 英寸显示器的可视区域大多在 15~16 英寸之间，19 英寸显示器可视区域达到 18 英寸左右。

7. 什么是带宽

带宽是显示器视频放大器通频带宽度的简称，指电子枪每秒钟在屏幕上扫过的最大总像素数，以 MHz（兆赫兹）为单位。从表面上看，只需用行频乘以水平分辨率就可以得到带宽。实际上，电子枪在扫描时扫过水平方向上的像素点数与垂直方向上的像素点数均高于理论值，这样才能避免信号在扫描边缘衰减，使图像四周同样清晰。

水平分辨率大约为实际扫描值的 80%，垂直分辨率大约为实际扫描值的 93%，所以带宽的计算公式为：

带宽=水平分辨率/0.8×垂直分辨率/0.93×场频。

或者带宽=水平分辨率×垂直分辨率×场频×1.344。

例如：在 1 024×768@85Hz 的模式下，带宽为 1 024×768×85×1.344=89.84199868MHz。

带宽的值越大，显示器性能越好。带宽越高，惯性越小，响应速度越快，允许通过的信号频率越高，信号失真越小，它反映了显示器的解像能力。与行频相比，带宽更具有综合性也更直接地反映显示器的性能。它造成显示器性能差异的一个比较重要的因素。

带宽决定着一台显示器可以处理的信息范围，就是指特定电子装置能处理的频率范围。工作频率范围早在电路设计时就已经被限定下来了，由于高频会产生辐射，因此高频处理电路的设计更为困难，成本也高得多。而增强高频处理能力可以使图像更清晰。所以，宽带宽能处理的频率更高，图像也更好。每种分辨率都对应着一个最小可接受的带宽。如果带宽小于该分辨率的可接受数值，显示出来的图像会因损失和失真而模糊不清。

表 2-1 列出了在几种常见分辨率和刷新频率下的可接受带宽。

表 2-1

分辨率	刷新频率（Hz）	可接受带宽（MHz）
800×600	75	54
800×600	85	61
1 024×768	75	88
1 024×768	85	100
1 280×1 024	60	118
1 280×1 024	70	138
1 280×1 024	75	147
1 280×1 024	85	167
1 600×1 200	85	230

8. 显像管类型有几种

大体上讲，现在显像管分球面显像管和纯平显像管两种。

（1）所谓球面是指显像管的断面就是一个球面，这种显像管在水平和垂直方向都是弯曲的。

（2）纯平显像管无论在水平还是垂直方向都是完全的平面，失真会比球面管小一点。

现在真正意义上的球面管显示器已经绝迹了，取而代之的是“平面直角”显像管，平面直角显像管其实并不是真正意义上的平面，只不过显像管的曲率比球面管小一点，接近平面，而且四个角都是直角而已。目前市场上除了纯平显示器和液晶显示器外，都是这种球面管显示器，由于价格大多比较便宜，因此在低档机型中被大量采用。

9. 显像管品牌有哪些品牌

现在市面上主流纯平 CRT 显示器所采用的是显像管主要包括 LG“未来窗”，三星“丹娜管”，索尼“特丽珑”，三菱“钻石珑”，台湾“中华管”和日立“锐利珑”等。各个厂商的纯平显像管在技术上均有其独到之处，在性能上也是各有特色。

（1）LG“未来窗”。是“物理纯平”的代表。LG 认为真正的纯平显示器就应是外表面平面、内表面平面和荫罩平面都是绝对的平面，画面没有任何扭曲变形。其独有的未来窗（Flatron）显像管使用了创新的拉伸式沟状荫罩，它比传统点状荫罩间隙更多，可得到更大的电子流通量，让更多的光线到达屏幕，从而获得更亮更清晰的画面；而沟状荫罩网面比起 Sony 特丽珑（Trinitron）栅状荫罩来，在栅条中间又多了许多细小的横格，这使得荫罩网面的受力及稳定情况更好。

在提高画面清晰度方面，未来窗还加入了动态电子枪技术，采取减少垂直长度，来防止屏幕四个角的水平分辨率降低和摩尔纹。不过物理纯平在强调100%完全平面的同时，却无法回避由于玻璃折射等造成的视觉上的实际图像显示向内凹陷的事实，这让很多用户在刚使用时会感到些许的不适应。

（2）三星“丹娜管”。三星生产的纯平“DynaFlat”是市场上常见的纯平管，拥有众多的用户。三星丹娜虽然推出的时间相对较迟，但其技术却很成熟，全部采用了三星电子独有的“内表面球形曲面补偿技术”，包括防静电无反光复合涂层、压缩荫罩、内部防尘/防辐射保护罩、它的水平点距达到0.20mm，垂直点距为 0.25mm，综合的实际点距 0.24mm。三星纯平最有特色的地方就是提供了 RGB 三原色输入，可十分方便地调节颜色的纯度，加强信号的稳定性。然而，三星纯平管也有它的弱点，就是显示屏四个角上的显示效果不如正中间的。

（3）SONY“特丽珑”。SONY（索尼）是绝对的显像管业界的龙头老大，其开发的显像管称之为“Trinitron”（特丽珑）。目前 SONY 面向普通市场的显像管称之为“短颈特丽珑”（FD Trinitron）。

（4）FD Trinitron。该显像管采用了先进的单枪三束电子枪和荫栅（Aperture Grille）技术，这也是特丽珑最明显的技术特征。采用同一根电子枪来发射三束电子束，可以获得非常优秀的色彩表现力、色彩鲜艳、细腻有丰润感，色纯度和色平衡更加容易调节。由于是单枪结构，对扫描和电子束的控制电路的要求也就更高了。

FD Trinitron 的另外一个特点就是不采用荫罩结构，而使用“荫栅”，荫栅的构造是将互相平行的垂直铁线阵列安装在一个张力非常大的铁框内。采用荫栅的好处有以下几点：

①拥有更加精细的栅距（点距），这使图像的效果更加细腻。

②图像更加光亮清晰。

③荫栅的结构避免了传统的荫罩在高亮度画面或长时间使用时容易发生的因电子束通过 Mask 障碍较大，过多的电子撞击荫罩，产生热量导致温度上升，造成荫罩变形而影响色纯度和亮度，致使画面发生色彩失真和明暗不均等

问题。不过，为了保证这么多垂直排列的铁丝不变形，FD Trinitron 显像管中需要用两根“阻尼线”来起固定作用，因此 FD Trinitron 显像管的屏幕上会有两根细小的线。

（5）三菱“钻石珑”。三菱在显像管业界也是属于元老级人物。当 SONY 推出特丽珑显像管时，三菱就迅速推出了同样有先进技术含量的钻石珑与之对抗。三菱钻石珑也是采用栅状荫罩的显像管，从技术上来看和 SONY 的 FD Trinitron 类似，区别在于钻石珑使用的不是单枪三束，而是三枪三束技术。因为配置了重新设计的 NX – NX DBF 电子枪，画质得到了进一步改善，特别是边角部分的聚焦及失真控制得很好。

如今三菱推出的“DiamondTRON M2”显像管，它不仅秉承了上一代的钻石珑显像技术的图像细腻、色彩逼真、清晰自然的传统优点，并且通过所在上一代的基础上进行了一系列的技术改良，使其发挥更为出色，而且在普通的电压下的亮度大幅度提升，实现了文本、图像等多方面综合显示的整体的清晰自然。

10. 显示器的接口类型有哪几种

显示器通常有 15 针 D-Sub 和 DVI 接口两种。

（1）15 针 D-Sub 输入接口。也叫 VGA 接口。CRT 彩显因为设计制造上的原因，只能接受模拟信号输入，最基本的包含 R\G\B\H\V（分别为红、绿、蓝、行、场）5 个分量，不管以何种类型的接口接入，其信号中至少包含以上这 5 个分量。大多数 PC 机显卡最普遍的接口为 D-15，即 D 形三排 15 针插口，其中有一些是无用的，连接使用的信号线上也是空缺的。除了这 5 个必不可少的分量外，最重要的是在 1996 年以后的彩显中还加入 DDC 数据分量，用于读取显示器 EPROM 中记载的有关彩显品牌、型号、生产日期、序列号、指标参数等信息内容，以实现 WINDOWS 所要求的 PnP（即插即用）功能。

（2）DVI 数字输入接口。DVI（Digital Visual Interface，数字视频接口）是近年来随着数字化显示设备的发展而发展起来的一种显示接口。普通的模拟 RGB 接口在显示过程中，首先要在计算机的显卡中经过数字/模拟转换，然后在数字化显示设备中再经过模拟/数字转换将模拟信号转换成数字信号，再显示。在经过两次转换后，不可避免地造成了一些信息的丢失，对图像质量也有一定影响。而在 DVI 接口中，计算机直接以数字信号的方式将显示信息传送到显示设备中，避免了两次转换过程。从理论上讲，采用 DVI 接口的显示设备的图像质量要更好。另外，DVI 接口实现了真正的即插即用和热插拔，免除了在连接过程中需关闭计算机和显示设备的麻烦。现在很多液晶显示器都采用该接口，而 CRT 显示器使用 DVI 接口的比例比较少。

11. 什么是点距

点距是指屏幕上相邻两个同色像素单元之间的距离，即两个红色（或绿、蓝）像素单元之间的距离。

从原理上讲，普通显像管的荧光屏里有一个网罩，上面有许多细密的小孔，所以被称为“荫罩式显像管”。电子枪发出的射线穿过这些小孔，照射到指定的位置并激发荧光粉，然后就显示出了一个点。许多不同颜色的点排列在一起就组成了五彩缤纷的画面。

由此可见，荫罩上有多少小孔是至关重要的，孔越多组成画面的点也越多，画面就越精细。荫罩上一共有多少个点，一方面是由显像管的尺寸所决定的，在不考虑其他因素的情况下，17 英寸比 15 英寸的显像管多 30%的孔，也就提高了 30%的画面精度。只要缩小荫罩上两个小孔之间的距离，也就是提高单位面积的小孔数量，同样能提高画面的精度。

点距的单位为毫米（mm）。点距有许多种不同的测量方法，有实际点距、垂直点距和水平点距的差别。

（1）垂直点距等于三个同色荧光点组成三角形斜线距离的一半，等同于点距（边长）的一半。

（2）水平点距实际上是三个同色荧光点组成三角形的高。我们知道，等边三角形的高小于边长，因此，水平点距小于实际点距。这也就是一些显示器厂商把水平点点距说成实际点距，以提高产品档次的原因了，大家在购买的时候需要清楚厂商资料中指出的是水平点距还是实际点距。

12. 什么是栅距

由于 SONY 推出的特丽珑显像管采用了栅状荫罩，因此引入了栅距的概念。栅距是指荫栅式像管平行的光栅之间的距离（单位：mm）。它的代表就是“特丽珑”和“钻石珑”等高档次显示器，采用阴栅式显像管，它的好处在于其栅距在长时间里使用也不会变形，显示器使用多年也不会出现画质的下降；而荫罩式正好相反，其网点会产生变形，所以长时间使用就会造成亮度下降，颜色转变的问题。另一方面，由于荫栅式可以透过更多的光线，从而可以达到更高的亮度和对比度，令图像色彩更加鲜艳、逼真、自然。

13. 什么是扫描频率

扫描频率是场频和行频的统称。

（1）场频。场频又称为“垂直扫描频率”或“刷新率”，是指单位时间（以秒计）之内电子枪对整个屏幕进行扫描的次数，通常以赫兹（Hz）表示。

以 85Hz 刷新率为例，它表示显示器的内容每秒钟刷新 85 次。

从理论上来讲，只要刷新率达到 85Hz，也就是每秒刷新 85 次，人眼就感觉不到屏幕的闪烁了，实际使用中往往有人能看出 85Hz 刷新率和 100Hz 刷新率之间的区别，所以从保护眼睛的角度出发，刷新率仍然是越高越好。

（2）行频。行频又称为“水平扫描频率”，指电子枪每秒在荧光屏上扫过的水平线的数量。行频=场频 × 垂直分辨率 × 1.04，单位为 kHz（千赫兹）。行频是一个综合分辨率和场频的参数，该值越大，显示器可以提供的分辨率越高，稳定性越好。以 800×600 的分辨率、85Hz 的场频为例，显示器的行频至少应为 600 × 85=51kHz。目前，CRT 显示器比较主流的行频系列是：70kHz，85（86）kHz，96kHz 等。

和扫描频率密切相关的参数是显示器的带宽。场频和行频越高，带宽就越大，扫描频率和带宽是显示器的一个综合指标，一定程度上反映了显示器的定位。

14. 你知道有哪些 CRT 显示器品牌吗

表 2-2 所示列出了 35 个 CRT 显示器品牌。

表 2-2　35 个 CRT 显示器品牌

推荐品牌	LG，飞利浦，三星，优派，冠捷，美格，明基，三菱，索尼，NESO，梦想家和爱国者
其他	nvision，iiyama，NEC，TCL，诚洲，大水牛，方正，海尔，好福，恒威，宏碁，建碁，金长城，玛雅，美齐，摩托罗拉，普罗威，神州数码，田浦，唯冠科技，现代，雅美达和艺卓

15. 如何选购一款合适的 CRT 显示器

前面已经对 CRT 显示器概念和性能参数作了详细介绍，相信消费者对 CRT 显示器应该有了一定的认识，那怎么才能买到一款好 CRT 显示器呢？

（1）显像管已经不重要。目前的市场来看，显像管主要有三菱钻石珑、三星丹娜管、LG 未来窗、中华管和美格所采用的日立管（美格珑）五类，另外还有 SONY 的特丽珑显像管，属于高端产品，在千元以下的产品中几乎不会出现。通常我们都认为采用珑管的显示器显示效果要比三星丹娜管好，进口的显像管又比国产的要好，但对于低价显示器，我们往往忽略了一点，就是显像管的外围电路。一个优秀的显像管，需要有同样优秀的外围电路配合。低价显示器由于受到成本的制约，外围电路尤其是在屏蔽和抗干扰元件方面往往是能省则省。在较低的带宽下，“贵族”显像管也难以完全发挥性能。因此对于不足千元的 CRT 显示器来说，大可不必考虑它是采用什么管，这时候品牌的选择比显像管的种类更有意义一些。

（2）识破认证里的猫腻。有些销售商会在认证上弄虚作假，显示器面板上私自贴上认证 LOGO 标签。识别的方法是看显示器背面的铭牌标识有没有认证的标志，或直接查询 TCO 认证的官方网站 http://tco.networks.nu/index- publicsearch. htm。

（3）现场开箱检查。买显示器一定要现场开箱检查。首先是开箱，这一环非常重要，看箱体有没有破损，水迹、封条是否完整，有没有二次封箱的痕迹，开过箱的机器最好不要买，因为很可能是样机甚至返修货；其次是参数的检查，有些商家故意在宣传单张上把显示器的性能夸大，例如把各项技术参数，如视频带宽、最高分辨率、刷新率等指标都提高一个档次。只要我们实际测试一下它就知道了。最后是运行一些不同的应用程序（如 Photoshop、Word、游戏等）来测试显示器在不同环境（图像、文本）下的显示效果。

（4）选择物理纯平的显示器。在 CRT 显示器市场上，从纯平技术上看，主要有视觉纯平和物理纯平，视觉纯平是根据人的肉眼（视网膜，水晶体）结构和光学失真（影像画面弯曲）引起的物理感光凹陷量，再利用 snell 法则计算的物理凹陷量，经过特殊的曲率设计，达到视觉上的完全平面。视觉纯平显示器采用了视觉补偿技术，所以在显示的时候人们会感觉它是平面的。物理纯平显示器的显像管内、外部实现了真正的完全平面，和视觉纯平显示器相比，物理纯平的显示屏是绝对平面的，生产技术上更为先进，显示更加清晰真实，即使从侧面来看，也不会出现图像显示变形的问题，同时较好地解决了眩光问题，长时间使用也不会感到眼睛疲劳。所以开始的时候会觉得显示器是“凹”面，但隔段时间就习惯了。

（5）选择较高的显示带宽。对于一款性能优良的显示器来说，应具有较高的显示带宽，这样可以在高分辨率下拥有较高的刷新率。分辨率越高，显示器可显示的点数越多，画面就越精细，同样的屏幕区域内能显示的信息也越多，这样我们看起来就比较舒服，对保护眼睛有很大的好处。当然了，如果是游戏玩家，对带宽要求是越高越好，普通用户就不必太过强求带宽。事实上，刷新率 85Hz，分辨率为 1 024×768 是众多用户的普遍使用环境。对于普通用户来说，质量的过硬，售后服务的优劣或者比起性能来说来得更加实用。

（6）选品牌。尽管目前市面上的 CRT 纯平显示器非常便宜，有的甚至在 700 元以下，但我们依然不可忽视质量和售后服务问题，如果是质量不好的显示器，甚至给我们的健康带来伤害，比如电波辐射严重等。所以，选购时挑选一款通过了 TCO03 或 TCO99 认证、是否有防辐射钢罩和防静电干扰等技术的产品很重要。这里依然推荐各位选购大厂的品牌产品，因为成本的控制和技术的提升，大厂品牌产品不仅质量和售后服务可靠，而且其价格与中小品牌产品也只有两百元以内的差距而已。

2-2 认识和选购液晶显示器

1. 什么是液晶显示器（LCD）

液晶显示器（LCD）英文全称为 Liquid Crystal Display，它是一种采用了液晶控制透光度技术来实现色彩的显示器。

（1）和 CRT 显示器相比，LCD 的优点是很明显的。

① LCD 由于通过控制是否透光来控制亮和暗，当色彩不变时，液晶也保持不变，这样就无须考虑刷新率的问题。对于画面稳定、无闪烁感的液晶显示器，刷新率不高但图像很稳定。

② LCD 显示器还通过液晶控制透光度的技术原理让底板整体发光，所以它做到了真正的完全平面。

③ 一些高档的数字 LCD 显示器采用了数字方式传输数据、显示图像，这样就不会产生由于显卡造成的色彩偏差或损失。

④ 完全没有辐射。即使长时间观看，LCD 显示器屏幕也不会对眼睛造成很大伤害。

⑤ 体积小、能耗低也是 CRT 显示器无法比拟的，一般一台 15 寸 LCD 显示器的耗电量也就相当于 17 寸纯平 CRT 显示器的 1/3。

（2）LCD 显示器也有如下不足：

① 目前相比 CRT 显示器，LCD 显示器图像质量仍不够完善。色彩表现和饱和度 LCD 显示器都在不同程度上输给了 CRT 显示器，而且液晶显示器的响应时间也比 CRT 显示器长，当画面静止的时候还可以，一旦用于玩游戏、看影碟这些画面更新速度快而剧烈的显示时，液晶显示器的弱点就暴露出来了，画面延迟会产生重影、脱尾等现象，严重影响显示质量。

② 液晶显示技术也存在弱点和技术瓶颈，与 CRT 显示器相比，亮度、画面均匀度、可视角度和反应时间上都存在明显的差距。其中反应时间和可视角度均取决于液晶面板的质量，画面均匀度和辅助光学模块有很大关系。

③ 对于液晶显示器来说，亮度往往和他的背板光源有关。背板光源越亮，整个液晶显示器的亮度也会随之提高。而在早期的液晶显示器中，因为只使用两个冷光源灯管，往往会造成亮度不均匀等现象，同时明亮度也不尽如人意。一直到后来使用 4 个冷光源灯管产品的推出，才有很大的改善。

由上便可看出，液晶面板的质量并不能完全代表液晶显示器的品质，没有出色的显示电路配合，再好的面板也不能做出性能优异的液晶显示器。

随着 LCD 产品产量的增加、成本的下降，液晶显示器会大量普及。

2. 什么是信号反应时间

信号反应时间也就是液晶显示器的液晶单元响应延迟。实际上就是指液晶单元从一种分子排列状态转变成另外一种分子排列状态所需要的时间，响应时间愈小愈好，它反应了液晶显示器各像素点对输入信号反应的速度，即屏幕由暗转亮或由亮转暗的速度。响应时间越小，则使用者在看运动画面时不会出现尾影拖拽的感觉。

（1）有些厂商会通过将液晶体内的导电离子浓度降低来实现信号的快速响应，其色彩饱和度、亮度、对比度就会产生相应的降低，甚至产生偏色的现象。这样信号反应时间上去了，却牺牲了液晶显示器的显示效果。

（2）有些厂商采用的是在显示电路中加入了一片 IC 图像输出控制芯片，专门对显示信号进行处理的方法来实现的。IC 芯片可以根据 VGA 输出显卡信号频率，调整信号响应时间。由于没有改变液晶体的物理性质，因此对其亮度、对比度、色彩饱和度都没有影响，但这种方法的制造成本也相对较高。

3. 什么是液晶显示器的分辨率

LCD 液晶显示器和传统的 CRT 显示器，分辨率都是重要的参数之一。传统 CRT 显示器所支持的分辨率较有弹性，而 LCD 的像素间距已经固定，所以支持的显示模式不像 CRT 那么多。LCD 的最佳分辨率，也叫最大分辨率，在该分辨率下，液晶显示器才能显现最佳影像。

目前，15 英寸 LCD 的最佳分辨率为 1 024 × 768，17~19 英寸的最佳分辨率通常为 1 280 × 1 024，更大尺寸拥有更大的最佳分辨率。

LCD 显示器呈现分辨率较低的显示模式时，有两种方式进行显示。第一种为居中显示：例如在 XGA 1 024 × 768 的屏幕上显示 SVGA 800 × 600 的画面时，只有屏幕居中的 800 × 600 个像素被呈现出来，其他没有被呈现出来的像素则维持黑暗，目前该方法较少采用。另一种称为扩展显示：在显示低于最佳分辨率的画面时，各像素点通过差动算法扩充到相邻像素点显示，从而使整个画面被充满。这样也使画面失去原来的清晰度和真实的色彩。

由于现在相同尺寸的液晶显示器的最大分辨率通常是一致的，所以对于同尺寸的 LCD 的价格一般与分辨率基本没有关系。

4. 液晶板类型有哪些

一个液晶显示器的好坏首先要看它的面板，因为面板的好坏直接影响到画面的观看效果，并且液晶电视面板占到了整机成本的一半以上，是影响液晶电视的造价的主要因素，所以要选一款好的液晶显示器，首先要选好它的面板。液晶面板可以在很大程度上决定液晶显示器的亮度、对比度、色彩、可视角度等非常重要的参数。

那么液晶面板有几种类型呢？

常见的液晶面板有 TN 面板、MVA 和 PVA 等 VA 类面板、IPS 面板以及 CPA 面板。

（1）TN 面板。TN 全称为 Twisted Nematic（扭曲向列型）面板，低廉的生产成本使 TN 成为应用最广泛的入门级液晶面板，在目前市面上主流的中低端液晶显示器中被广泛使用。目前我们看到的 TN 面板多是改良型的 TN+film，f ilm 即补偿膜，用于弥补 TN 面板可视角度的不足，目前改良的 TN 面板的可视角度都达到 160°，当然这是厂商在对比度为 10∶1 的情况下测得的极限值，实际上在对比度下降到 100:1 时图像已经出现失真甚至偏色。

（2）VA 类面板。VA 类面板是现在高端液晶应用较多的面板类型，属于广视角面板。和 TN 面板相比，8bit 的面板可以提供 16.7M 色彩和大可视角度是该类面板定位高端的资本，但是价格也相对 TN 面板要昂贵一些。VA 类面板又可分为由富士通主导的 MVA 面板和由三星开发的 PVA 面板，其中后者是前者的继承和改良。VA 类面板的正面（正视）对比度最高，但是屏幕的均匀度不够好，往往会发生颜色漂移。锐利的文本是它的杀手锏，黑白对比度相当高。

（3）IPS 面板。IPS（In-Plane Switching，平面转换）技术是日立公司于 2001 推出的液晶面板技术，俗称“Super TFT”。IPS 面板最大的特点就是它的两极都在同一个面上，而不像其他液晶模式的电极是在上下两面，立体排列。由于电极在同一平面上，不管在何种状态下液晶分子始终都与屏幕平行，会使开口率降低，减少透光率，所以 IPS 应用在 LCD TV 上会需要更多的背光灯。此外还有一种 S-IPS 面板属于 IPS 的改良型。

IPS 面板的优势是可视角度高、响应速度快，色彩还原准确，价格便宜。缺点是漏光问题比较严重，黑色纯度不够，要比 PVA 稍差，因此需要依靠光学膜的补偿来实现更好的黑色。

目前，IPS 面板主要由 LG-飞利浦生产。和其他类型的面板相比，IPS 面板的屏幕较为“硬”，用手轻轻划一下不容易出现水纹样变形，因此又有硬屏之称。仔细看屏幕时，如果看到是方向朝左的鱼鳞状像素，加上硬屏的话，那么就可以确定是 IPS 面板了。

（4）CPA 面板（ASV 面板）。CPA 的英文全称是 Continuous Pinwheel Alignment（连续焰火状排列）模式广视角技术。CPA 模式广视角技术严格来说也属于 VA 阵营的一员，其各液晶分子朝着中心电极呈放射的焰火状排列。由于像素电极上的电场是连续变化的，所以这种广视角模式被称为“连续焰火状排列”模式。

此外，还有一些其他厂商也有自己的液晶面板技术，比如 NEC 的 ExtraView 技术、松下的 OCB 技术、现代的 FFS 技术等，这些技术都是对旧的 TFT 面板的改进，提供了可视角度和响应时间，通常只用在自有品牌的液晶显示器或者液晶电视上使用。其实以上这些面板都属于 TFT 类面板，只不过现在各种面板有自己的技术和名称，所以 TFT 这个名字反而不常使用了。

5. 什么是屏幕尺寸

屏幕尺寸是指液晶显示器屏幕对角线的长度，单位为英寸。与 CRT 显示器不同的是，由于液晶显示器标称的屏幕尺寸就是实际屏幕显示的尺寸，所以 17 英寸的液晶显示器的可视面积接近 19 英寸的 CRT 纯平显示器。目前，主流产品的屏幕尺寸主要以 17 英寸和 19 英寸为主。

目前，宽屏液晶显示器的屏幕比例还没有统一的标准，常见的有 16:9 和 16:10 两种。由于宽屏液晶显示器相对于普通液晶显示器具有有效可视范围更大等优势，或许会成为液晶显示器的发展方向，未来可能会成为主流。

提示!!

在相同屏幕尺寸下，无论是 16:9 还是 16:10 的宽屏液晶显示器，其实际屏幕面积其实都要比普通的 4:3 液晶显示器要小。

6. 什么是宽屏

我们一般把屏幕宽度和高度的比例称为长宽比（Aspect Ratio，也称为纵横比或者就叫做屏幕比例），宽屏的特点就是屏幕的宽度明显超过高度。目前标准的屏幕比例一般有 4：3 和 16：9 两种，不过 16：9 也有几个“变种”，比如 15：9 和 16：10，由于其比例和 16：9 比较接近，因此这三种屏幕比例的液晶显示器都可以称为宽屏。此外，还有比较特殊的比例，例如 24：9，当然也算宽屏。

液晶显示器的屏幕比例目前以 4：3 为主。

此外，宽屏的液晶显示器在生产时主要变化就是改变了切割比例，但并不会增加成本，因此售价也不会更高。

7. 什么是黑白响应时间

所谓黑白响应时间，是指液晶显示器各像素点对输入信号反应的速度，即像素由暗转亮或由亮转暗所需要的时间。常说的 25ms、16ms 就是指的这个响应时间，响应时间越短则使用者在看动态画面时越不会有尾影拖曳的感觉。一般将黑白响应时间分为两个部分：上升时间（Rise time）和下降时间（Fall time）。

8. 什么是亮度

亮度是指画面的明亮程度，单位是堪德拉每平方米（cd/m^2）或称 nits，也就是每平方公尺分之烛光。目前提高亮度的方法有两种，一种是提高 LCD 面板的光通过率；另一种就是增加背景灯光的亮度，即增加灯管数量。

现在 LCD 亮度的技术研究方面，目前已经达到 800 甚至更高，已经接近 CRT 显示器水准。此外，液晶显示器的亮度有不同标称方式，例如，典型亮度为 350，最大亮度可能是 400，具体是哪种，厂商一般不做说明。因此会出现在一定范围内不能仅通过参数区分显示器好坏的情况，购买液晶显示器时还要综合考虑对比度等因素，最好实际观看显示效果。

9. 亮度高的液晶显示器品质也好吗

较亮的产品不见得就是较好的产品，显示器画面过亮常常会令人感觉不适，一方面容易引起视觉疲劳，同时也使纯黑与纯白的对比降低，影响色阶和灰阶的表现。因此提高显示器亮度的同时，也要提高其对比度，否则就会出现整个显示屏发白的现象。

此外，亮度的均匀性也非常重要，但在液晶显示器产品规格说明书里通常不做标注。亮度均匀与否，和背光源与反光镜的数量与配置方式息息相关，品质较佳的显示器，画面亮度均匀，柔和不刺目，无明显的暗区。

10. 什么是对比度

液晶显示器的对比度实际上就是亮度的比值。其定义是：在暗室中，白色画面（最亮时）下的亮度除以黑色画面（最暗时）下的亮度。更精准地说，对比度就是把白色信号在 100%和 0%的饱和度相减，再除以用 Lux（光照度，即勒克斯，每平方米的流明值）为计量单位下 0%的白色值（0%的白色信号实际上就是黑色），所得到的数值。

对比度是最黑与最白亮度单位的相除值。因此白色越亮、黑色越暗，对比度就越高。对比度是液晶显示器的一个重要参数，在合理的亮度值下，对比度越高，其所能显示的色彩层次越丰富。

11. 什么是动态对比度

有些厂商所标注的对比度是所谓的“动态对比度”。所谓动态对比度，指的是液晶显示器在某些特定情况下测得的对比度数值，例如逐一测试屏幕的每一个区域，将对比度最大的区域的对比度值，作为该产品的对比度参数。不同厂商对于动态对比度的测量方法可能也不尽相同，但万变不离其宗。

动态对比度与真正的对比度是两个不同的概念，一般同一台液晶显示器的动态对比度是实际对比度的 3～5 倍。所以，动态对比度就是厂商所玩的数字游戏，并没有实际意义。

目前主流液晶显示器的对比度大多集中在 400:1 至 600:1 的水平上。

12. 什么是色彩数

色彩数就是屏幕上最多显示多少种颜色的总数。对屏幕上的每一个像素来说，256 种颜色要用 8 位二进制数表示，即 2 的 8 次方，因此我们也把 256 色图形叫做 8 位图；如果每个像素的颜色用 16 位二进制数表示，我们就叫它 16 位图，它可以表达 2 的 16 次方即 65 536 种颜色；还有 24 位彩色图，可以表达 16 777 216 种颜色。

目前液晶显示器常见的颜色种类有两种，24 位色和 6bit。

（1）24 位色，也叫 24 位真彩。这 24 位真彩是由红绿蓝三原色每种颜色 8 位色彩组成，所以这种液晶板也叫 8bit 液晶板。每种颜色 8 位，红绿蓝三原色组合起来就是 24 位真彩，这种液晶显示器的颜色一般标称为 16.7M 或者 16.77M。

（2）另一种液晶显示器三原色每种只有 6bit，也叫 6bit 液晶板，这种液晶板通过“抖动”的技术，通过局部快速切换相近颜色，利用人眼的残留效应获得缺失色彩。这种抖动的技术不能获得完整的 8bit（256 色）效果，通常是 253 种颜色，那么三个 253 相乘就基本是 16.2M 色。也就是说我们通常用 16.7M 表示真正的 24 位真彩（8bit 板），而用 16.2M 表示 6bit 板。

24 位色和 6bit 的实际视觉效果差别不算太大，目前高端液晶显示器以 24 位色占主流。

13. 什么是点距

LCD 显示器的像素间距（pixel pitch）的意义类似于 CRT 的点距（dot pitch）。点距一般是指显示屏相邻两个像素点之间的距离。我们看到的画面是由许多的点所形成的，而画质的细腻度就是由点距来决定的，点距的计算方式是以面板尺寸除以解析度所得的数值，不过 LCD 的点距对于产品性能的重要性远没有对后者那么高。

CRT 的点距会因为荫罩或光栅的设计、视频卡的种类、垂直或水平扫描频率的不同而有所改变，而 LCD 显示器的像素数量是固定的，因此在尺寸与分辨率都相同的情况下，大多数液晶显示器的像素间距基本相同。分辨率为

1 024×768 的 15 英寸 LCD 显示器，其像素间距均为 0.297mm（亦有某些产品标示为 0.30mm），而 17 寸的基本都为 0.264mm。所以对于同尺寸的 LCD 的价格一般与点距基本没有关系。

14. 什么是可视角度

可视角度是指用户可以从不同的方向清晰地观察屏幕上所有内容的角度。由于提供 LCD 显示器显示的光源经折射和反射后输出时已有一定的方向性，在超出这一范围观看就会产生色彩失真现象，CRT 显示器不会有这个问题。

目前市场上出售的 LCD 显示器的可视角度都是左右对称的，但上下就不一定对称了，常常是上下角度小于左右角度。当我们说可视角是左右80° 时，表示站在始于屏幕法线（就是显示器正中间的假想线）80° 的位置时仍可清晰看见屏幕图像。视角越大，观看的角度越好，LCD 显示器也就更具有适用性。

在不同测量方式下，可视角度的标称值也不同，由于显示器厂商通常没有说明具体的测量方式，因此说，可视角度是一个参考值。

15. 什么是水平扫描频率

水平扫描频率也称为水平刷新率，或称为行频。水平扫描频率是指显示器每秒钟的扫描线数，单位为 kHz。

水平扫描频率=行数×场频，例如在 800×600 的分辨率下，当刷新率为 85Hz 时（通常表述为 800×600@85Hz），行频=600×85Hz=51kHz。

16. 什么是垂直扫描频率

垂直扫描频率也称刷新率或场频，它是指显示器每秒刷新屏幕的次数，单位为 Hz。

垂直扫描频率越低，图像的闪烁、抖动越厉害，但 LCD 显示器画面扫描频率的意义有别于 CRT，指显示器单位时间内接收信号并对画面进行更新的次数。由于 LCD 显示器像素的亮灭状态只有在画面内容改变时才有变化，因此即使扫描频率很低，也能保证稳定的显示，一般有 60Hz 就足够了。在部分行业应用如医疗、监控中，要求液晶的刷新率能够达到 70Hz 甚至 85Hz，主要是要求能够以较快的频率读取数据进行显示。

17. 你知道有哪些 LCD 显示器品牌吗

表 2-3 所示列出了 48 个 LCD 显示器品牌。

表 2-3 48 个 LCD 显示器品牌

推荐品牌	LG，三星，飞利浦，优派，明基，戴尔，冠捷，玛雅，索尼，宏碁，美格和美齐
其他	ADI，CTX，Envision，e-yama，iiyama，NEC，NESO，SVA，爱者，宝丽，诚洲，纯净界，大水牛，方正，华硕，建碁，金长城，康冠，康码，丽台，梦想家，摩托罗拉，南方高科，苹果，普罗威，七喜，奇美-奇丽，赛普特，神州数码，唯冠科技，夏普，现代，小影霸，馨泰，艺卓和佐尼

18. 如何选购一款合适的 LCD 显示器

前面已经对 LCD 显示器概念和性能参数作了详细介绍，相信消费者对 LCD 显示器应该有了一定的认识，那怎么才能买到一款好 LCD 显示器呢?

（1）响应速度。目前市场上的主流 LCD 显示器的响应速度通常为 16ms，也有部分厂商推出了 12ms 甚至 8ms 的产品，但价格比较昂贵。响应速度对游戏玩家来说是最重要的，应当尽量选择响应速度快的。

（2）可视角度。一般主流 LCD 的可视角度为 100° ~160° 。当然，可视角度越大，用户使用起来就更方便。

（3）亮度。LCD 显示器采用的亮度单位是 cd/m^2，目前市场上几乎所有显示器的亮度都在 $200cd/m^2$ 以上，主流产品的亮度大多达到或超过了 $300cd/m^2$。LCD 的亮度较高一方面可以在较亮的工作环境下达到比较好的显示效果，另一方面也可以让 LCD 显示的色彩看起来比较鲜亮一些。

（4）对比度。目前市场上主流 LCD 显示器的对比度达到或超过 300∶1，有些型号的对比度甚至在 350∶1 以上。高对比度可以让影像看起来更具层次感，同时也可以让文字更容易阅读。

（5）最佳分辨率。由于 LCD 的面板是由一个个细小的颗粒组成的，所以 LCD 有最佳分辨率。只有在使用最佳分辨率的时候才能达到最佳的效果。目前市场上大多数 15 英寸的 LCD 显示器最佳分辨率为 1024×768，而 17 英寸 LCD 显示器最佳分辨率为 1028×1024。不过也有部分机型的分辨率高于这个指标，用户如何选择应该根据自己最常使用的分辨率来决定。

（6）还需要注意 LCD 显示器是否有亮点或坏点，亮度和色彩是否均匀等等。另外，对于 LCD 的选择，同样建议选择名牌大厂的产品。因为一部分小厂商在标注产品规格的时候，为了吸引消费者，往往会刻意提高规格。

2-3 认识和选购键盘

1. 什么是人体工程学键盘

人体工程学又叫人类工学或人类工程学，是第二次世界大战后发展起来的一门新学科。它以人-机关系为研究的对象，以实测、统计、分析为基本的研究方法。具体到产品上来，也就是在产品的设计和制造方面完全按照人体的生理解剖功能量身定做，更加有益于人体的身心健康。人体工程学键盘是把普通键盘分成两部分，并呈一定角度展开，以适应人手的角度，输入者不必弯曲手腕，同样可以有效地减少腕部疲劳。中间分离的键盘可以让使用者的手部及腕部较为放松，处于一种自然的状态。这样可以防止并有效减轻腕部肌肉的劳损。这种键盘的键处于一种对使用者而言舒适的角度。

2. 什么是键盘接口类型

接口类型是指键盘与电脑主机之间相连接的接口方式或类型。目前市面上常见的键盘接口有三种：老式 AT 接口、PS/2 接口以及 USB 接口。老式 AT 接口，俗称大口，目前已经基本淘汰，因此不作介绍。

（1）PS/2 接口（如图 2-1 所示）。最早出现在 IBM 的 PS/2 的机子上，因而得此名称。这是一种鼠标和键盘的专用接口，是一种 6 针的圆形接口，但键盘只使用其中的 4 针传输数据和供电，其余两个为空脚。PS/2 接口的传输速率比 COM 接口稍快一些，而且是 ATX 主板的标准接口，是目前应用最为广泛的键盘接口之一。

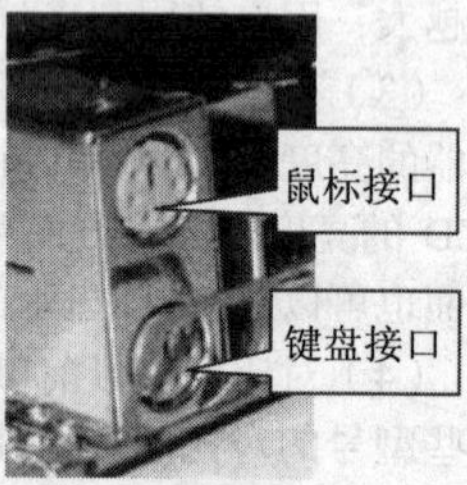

图 2–1

键盘和鼠标都可以使用 PS/2 接口，但是按照 PC'99 颜色规范，鼠标通常占用浅绿色接口，键盘占用紫色接口。虽然从上面的针脚定义看来二者的工作原理相同，但这两个接口还是不能混插，这是由它们在电脑内部不同的信号定义所决定的。

（2）USB 接口。USB 的全称是 Universal Serial Bus，USB 支持热插拔，即插即用的优点，所以 USB 接口已经成为 MP3 的最主要的接口方式。USB 有两个规范，即 USB1.1 和 USB2.0。

3. PS/2 接口和 USB 接口有什么差别

PS/2 接口和 USB 接口的键盘在使用方面差别不大，由于 USB 接口支持热插拔，因此 USB 接口键盘在使用中可能略方便一些。但是计算机底层硬件对 PS/2 接口支持的更完善一些，如果电脑遇到某些故障，使用 PS/2 接口的键盘兼容性更好一些。

主流的键盘既有使用 PS/2 接口的也有使用 USB 接口的，购买时要根据需要选择。

各种键盘接口之间也能通过特定的转接头或转接线实现转换，例如 USB 转 PS/2 转接头等。

4. 什么是即插即用

支持即插即用是一种使您可以快速简易安装某硬件设备而无需安装设备驱动程序或重新配置系统的标准。即插即用需要硬件和软件两方面支持，Windows 98、ME、2000、XP 都支持即插即用，因此，主要是看计算机配件是否支持即插即用。如具备即插即用功能，安装硬件就更为简易。

5. 什么是适用类型

适用类型是指键盘所适用的电脑类型，例如台式机，笔记本等等。不同类型的键盘其外形尺寸不相同，一般不能混用。

6. 什么是多媒体功能键

近几年内出现了多媒体键盘，它在传统的键盘基础上又增加了不少常用快捷键或音量调节装置。这些多媒体按键（快捷键）使 PC 操作进一步简化，对于收发电子邮件、打开浏览器软件、启动多媒体播放器等都只需要按一个特定按键即可。起初这类键盘多用于品牌机，如 HP、联想等品牌机都率先采用了这类键盘，受到广泛的好评，曾一度被视为品牌机的特色。随着时间的推移，市场上出现独立的具有各种快捷功能的产品单独出售，并带有专用的驱动和设定软件，在兼容机上也能实现个性化的操作。

多媒体键盘的多数功能键需要在安装了键盘驱动程序后才能使用，没有正确安装驱动的多媒体键盘和普通键盘基本一样。多数多媒体键盘都可以让用户自己设定多媒体按键的作用。

7. 选购键盘是否应该考虑工作电源问题

随着电脑的发展技术越来越先进，目前有许多类型的电脑把开机功能集成在键盘上，这样就可以更方便地启动电脑。要想让这样的开机方式保持有效，最好在使用电脑时选用工作电流大的电源和工作电流小的键盘，否则容易导致故障。

8. 如何选购一款合适的键盘

前面已经对键盘的概念和性能参数作了详细介绍，相信消费者对键盘应该有了一定的认识，那怎么才能买到一款好键盘呢?

（1）键位布局要适合自己的使用习惯。不同厂家的 PC 键盘，按键的布局有时会不完全相同。目前的标准键盘主要有 104 键和 107 键，104 键盘又称 Windows 95 键盘；107 键盘又称为 Windows 98 键盘，在右上方多出了睡眠、唤醒、开机三个电源管理键，多出的那三个键的位置替代了原有的键位，有些人可能会觉得不方便，一般来说 104 键也就够了（这个应根据个人习惯，不可一概而论）。标准键盘的\键、BackSpace 键、Enter 键和 Windows 功能键的布局不同，有的 Enter 键为大回车键，有的却是小回车键；有的“\”键在回车键上面，有的又在其下面，因此购买时要注意选购符合自己习惯的键盘。

（2）键盘的类型。键盘的类型按照结构可分为机械式和电容式两大类。机械式键盘目前已经很少使用了，其缺点是敲击时需要较大的力度，使用者的手指容易疲劳，且键盘磨损较快，不过手感挺好。目前市场上的键盘绝大多数都是电容式的，选购时要实际使用一下，找到适合自己手感的产品。

（3）选择合适的接口类型。目前市面上常见的键盘接口有三种：老式 AT 接口（俗称大口）、PS/2 接口（俗称小口）、USB 接口（俗称方口）。老式 AT 接口已经被淘汰，在市场上很难找到这样的产品，如果想使用在新的只支持 PS/2 的主板上，可以使用转接口连接。PS/2 接口的键盘是现在市场占有率最大的，如果主板比较老，只有老式的 AT 接口，也可以买一条转接线来在 AT 接口上使用 PS/2 键盘，但失去了除 104 键以外的功能键的作用。USB 键盘算是新产品，其键盘结构与 AT 和 PS/2 键盘是基本一样的，只不过改成了 USB 接口而已。此种键盘需要主板支持才能在 BIOS 和 DOS 下使用，所以目前还不宜购买。如图 2-2、图 2-3 所示为 PS/2 接口和 AT 接口。

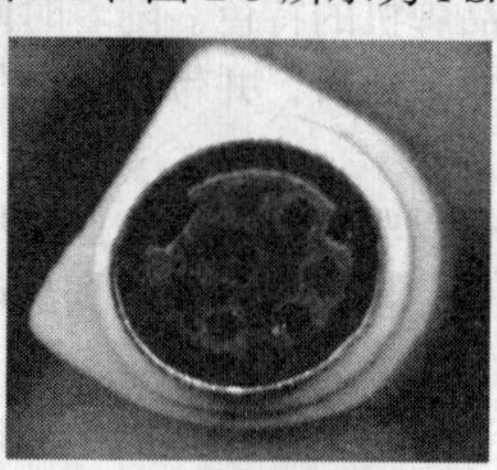

图 2–2

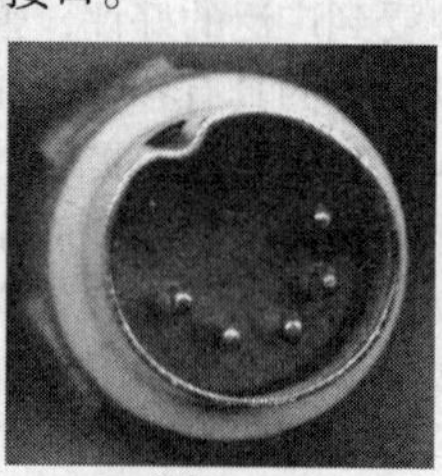

图 2–3

（4）仔细察看键盘做工。这是键盘的一个重要指标，因为键盘的做工直接影响到键盘的质量。购买时要注意观察键盘材料的质感，边缘有无毛刺、异常突起、粗糙不平，颜色是否均匀，键盘按钮是否整齐合理，是否有松动。键帽印刷是否清晰，好的键盘采用激光蚀刻键帽文字，这样的键盘文字清晰且不容易褪色。还要注意反面的底板材料及铭牌标志。某些优质键盘还采用排水槽技术来减少进水造成损害的可能。

（5）注重操作手感。键盘按键的手感是键盘对于使用者的最直观体验，也是键盘是否“好用”的主要标准。按键的结构分为机械式和电容式两种，这两种结构的按键手感不同，要根据自己的习惯选择。好的键盘按键应该平滑轻柔，弹性适中而灵敏，按键且无水平方向的晃动，松开后立刻弹起。好的静音键盘在按下弹起的过程中应该是接近无声的。

（6）考虑按键的排列习惯。挑选计算机键盘，应该考虑键盘上的按键排列是否符合使用习惯。一般说来，不同厂家生产的计算机键盘，按键的排列方式雷同但不是完全相同的。

（7）体验舒适度。这个要求是针对人体工程学键盘而要求的，由微软发明的人体工程学键盘，将键盘分成两部分，两部分呈一定角度，以适应人手的角度，使输入者不必弯曲手腕。另有一个手腕托盘，可以托住手腕，将其抬起，避免手腕上下弯曲。这种键盘主要适用那些需要大量进行键盘输入的用户，价格较高，且要求使用者采用正确的指法，消费者应视自身情况选购。目前很多标准键盘也增加了手腕托盘，也能一定程度地保护手腕。这些键盘也往往自称人体工程学键盘。另外，双飞燕还推出了一种斜键盘，上面的按键设计都不是正规的矩形，是否适合自己使用，还需要购买时实际使用一下。

（8）关注键盘品牌。不同厂家生产的计算机键盘品质有很大差异，因此购买键盘时，可以关注一下键盘的品牌。著名键盘品牌有 ACER、罗技、爱国者、LG、Genius 等。在购买时还要注意产品是不是假货，因为口碑好的品牌总有人仿冒，买到假货可得不到好的质量保证。目前市场上的 Benq、罗技、LG、微软等品牌很受用户欢迎。

2-4　认识和选购鼠标

在操作计算机时鼠标是使用最频繁的设备之一。鼠标是利用自身的移动，把移动距离及方向的信息变成脉冲传给计算机，再由计算机把脉冲转换成鼠标光标的坐标数据，从而达到指示位置的目的。

1. 鼠标有哪几种类型

现在市面上鼠标种类很多，按其结构分可分为机械式、半光电式、光电式、轨迹球式、网鼠等，平时我们用得最多的是机械式和半光电式两种。

（1）机械式鼠标。机械式鼠标是最早期的鼠标类型，现在已经很难在市面上见到。它的译码轮上没有小孔，而是一圈金属片，译码轮插在两组电刷对之间，当它旋转时电刷接触到金属片就自动连接开关，从而产生脉冲。机械式鼠标虽然售价很便宜，但是技术含量比较少，准确性与精确度较差，传输速度慢、使用寿命短。

（2）光电鼠标。光电式鼠标是利用发光二极管（LED）与光敏三极管的组合来测量位移的，二者之间的夹角使 LED 发出的光照到光电板后，正好反射给光敏三极管，鼠标中的电路将检测到的光的强弱转变成表示位移的脉冲。它精确度高，可靠性好。由于光的折射，平板必须配合滑鼠的光源的照射角度来精确设计，否则就无法动作。

（3）轨迹球鼠标。轨迹球鼠标从外观上看就像是翻转过来的机械鼠标，用手拨动轨迹球来控制光标的移动。有时在笔记本电脑上可以看到这种鼠标，它夹在笔记本的一侧，用起来十分贴手。

（4）网鼠。网鼠相对于普通鼠标多了一个或两个滚轮按键，在浏览网页或处理文档的时候只需拨动滚轮即可实现翻页功能，不必再拖动滚动条，十分方便。

2. 什么是鼠标的适用类型

适用类型是指鼠标产品所适用的电脑主机类型，例如台式机，笔记本，工作站，服务器等等。其实鼠标并不像其他配件那样对此有严格的区别，基本上什么类型的电脑主机都能使用相同的鼠标实现最基本的鼠标功能。

但是，各种电脑主机因为其用途不同，对鼠标也就有着不同方面的基本要求，例如笔记本主要要求鼠标外形小巧，方便携带；工作站要求鼠标具有高性能，也就是要有比较高的分辨率和刷新率，并且要有良好的人体工学设计以满足长时间使用的需求；而玩 FPS 之类游戏的台式机也同样要求高性能，在游戏中快速或加速移动鼠标时的准确定位，并且要求有良好的手感和人体工学设计等等。

鼠标属于易耗配件，如果产品质量有缺陷或者使用频繁或使用不当等情况可能经常都需要更换，用户在选购鼠标产品时，可以根据自己的实际用途和经济情况具体决定。

3. 什么是鼠标的滚轴数

滚轴数是指鼠标滚轴的数量，滚轴也称为滚轮，是 3D 以上的鼠标必配的功能键。其作用是实现各种扩展功能以及附加功能，其数量的多寡也就决定了其功能的丰富程度。鼠标滚轴分为水平滚轴，倾斜滚轴，垂直滚轴等形式。

4. 鼠标滚轴的主要作用是什么

鼠标滚轴的主要作用如下：

（1）实现翻页功能。在浏览网页时，用手指滚动滚轮，网页即可上下翻动，免去了移动鼠标和点击滚动条之苦，非常直观易用，因而滚轮鼠标又有 Internet 鼠标之美誉。而且，在包括 Microsoft Office 在内等众多编辑窗口和浏览窗口中进行编辑和浏览时，滚轮键也可以方便地取代滚动条实现上下翻动功能，特别是对大文档的浏览编辑。

（2）实现图片翻帧。在 ACDSee 中，当打开多个图像文件时，大家通常是使用“工具”栏中的“Previous”和“Next”按钮前翻或后翻图片。其实，此时使用鼠标滚轮键便可以方便地翻动图片，而且还包括打开的图片所在文件夹中所有未打开的其他图片。

（3）让屏幕自动滚动。在许多的编辑窗口，比如在 Word 中，按下鼠标滚轮键，会在编辑窗口出现一个黑色的上下双向箭头，把鼠标指针移动到该双向箭头的下面，则屏幕自动向上滚动，鼠标指针离开双向箭头越远，屏幕滚动越快。要向上滚动屏幕，只需把鼠标指针移动到双向箭头上面即可。

（4）快速取得最佳视图。除上述翻动功能外，滚轮鼠标的另一个显著功能就是在按下 Ctrl 键时，滚动滚轮可以方便地对许多窗口的显示内容进行自由的缩放，从而得到最佳的视图。配合鼠标驱动程序，鼠标滚轴还能实现更多的功能。

5. 什么是鼠标的接口类型

接口类型是指鼠标与电脑主机之间相连接的接口方式或类型。目前常见的鼠标接口有串口，PS/2 和 USB 三种类型。

（1）串口。串口就是串行接口，即 COM 接口。这是最古老的鼠标接口，是一种 9 针或 25 针的 D 型接口，将鼠标接到电脑主机串口上就能使用。其优点是适用范围和机型最多，从古老的没有 PS/2 接口和 USB 接口的电脑到现在最新的电脑都能使用，缺点是串口通信的数据传输率太低，中高档鼠标不能发挥其高性能优势，而且不支持热插拔。在最新的 BTX 主板规范中已经取消了串口，随着 BTX 规范的普及，串口鼠标也必将逐渐被淘汰。

（2）PS/2 接口。PS/2 接口是目前最常见的鼠标接口，最初是 IBM 公司的专利，俗称“小口”。这是一种鼠标和键盘的专用接口，是一种 6 针的圆形接口。但鼠标只使用其中的 4 针传输数据和供电，其余两个为空脚。PS/2 接口的传输速率比 COM 接口稍快一些，而且是 ATX 主板的标准接口，是目前应用最为广泛的鼠标接口之一，仍然不能使高档鼠标完全发挥其性能，而且不支持热插拔。在 BTX 主板规范中，这也是即将被淘汰掉的接口。

提示!!

在连接 PS/2 接口鼠标时不能错误地插入键盘 PS/2 接口（当然，也不能把 PS/2 键盘插入鼠标 PS/2 接口）。一般情况下，符合 PC′99 规范的主板，其鼠标的接口为绿色、键盘的接口为紫色，另外也可以从 PS/2 接口的相对位置来判断：靠近主板 PCB 的是键盘接口，其上方的是鼠标接口。

（3）USB 接口。USB 是英文 Universal Serial Bus 的缩写，中文含义是“通用串行总线”。目前常见的 USB 接口按照版本可分为 USB1.1 及 USB2.0，其最大数据传输率分别是 12Mbps 和 480Mbps，是一种高速的通用接口。这是一种新型的鼠标接口，目前许多新的鼠标产品都采用了 USB 接口，与前两种接口相比，其优点是非常高的数据传输率，完全能够满足各种鼠标在刷新率和分辨率方面的要求，能够使各种中高档鼠标完全发挥其性能，而且支持热插拔。而且随着 BTX 规范的普及，这将是今后唯一的鼠标接口。

如同键盘一样，各种鼠标接口之间也能通过特定的转接头或转接线实现转换，例如 USB 转 PS/2 转接头等等。

6. 鼠标与电脑的连接方式有哪几种

同键盘一样，鼠标与电脑连接方式是指鼠标与电脑之间的连接方式是有线连接还是无线连接。

（1）有线连接。有线连接是最普遍，最常见的连接方式。其优点是价格相对较低，由电脑主机供电不需要额外的电源，而且信号传输稳定，不容易受到干扰；缺点是使用范围要受到鼠标连线长度的制约，在某些场合应用不方便，而且使用不当（例如拖曳力度过大），会造成鼠标连线内部线路断裂或与鼠标内部接点短路。

（2）无线连接。无线连接方式没有鼠标连线的束缚，可在离电脑主机较远距离的较大范围使用，特别适用于某些特殊场合；其缺点是价格相对较高，需要额外的电源，必须定期更换电池或充电，而且信号传输相对易受干扰。无线连接的具体方式可分为红外，蓝牙，无线电等等。

7. 鼠标的工作方式是指什么

工作方式是指鼠标采用什么工作原理或方式进行工作。常见的鼠标工作方式有滚轮式和光电式等类型。

（1）滚轮式。滚轮式是最常见的鼠标，其在外观方面的最大特点是在底部的凹槽中有一个起定位作用从而使光标移动的滚轮。滚轮式鼠标按照工作原理又可分为第一代的纯机械式和第二代的光电机械式（简称光机式）。

①纯机械式。纯机械式鼠标现在市面上很少见到了，在它的底部有一个滚球，当推动鼠标时，滚球就会不断触动旁边的小滚轮，产生不同强度的脉波，通过这种连锁效应，电脑才能运算出游标的正确位置。

②光机式。这就是平常所说的机械式鼠标，它是一种光电和机械相结合的鼠标。它的原理是紧贴着滚动橡胶球有两个互相垂直的传动轴，轴上有一个光栅轮，光栅轮的两边对应着有发光二极管和光敏三极管。当鼠标移动时，橡胶球带动两个传动轴旋转，而这时光栅轮也在旋转，光敏三极管在接收发光二极管发出的光时被光栅轮间断地阻挡，从而产生脉冲信号，通过鼠标内部的芯片处理之后被 CPU 接收，信号的数量和频率对应着屏幕上的距离和速度。

（2）光电式。光电鼠标产品按照其年代和使用的技术可以分为两代产品，其共同的特点是没有机械鼠标必须使用的鼠标滚球。

① 第一代光电鼠标由光断续器来判断信号，最显著特点就是需要使用一块特殊的反光板作为鼠标移动时的垫。这块垫的主要特点是其中那微细的一黑一白相间的点。原因是在光电鼠标的底部，有一个发光的二极管和两个相互垂直的光敏管，当发光的二极管照射到白点与黑点时，会产生折射和不折射两种状态，而光敏管对这两种状态进行处理后便会产生相应的信号。从而使电脑做出反应，一旦离开那块垫，光电鼠标就不能使用了。

② 第二代光电鼠标的原理其实很简单：其使用的是光眼技术，这是一种数字光电技术，较之以往机械鼠标完全是一种全新的技术突破。目前市场上的光电鼠标产品都是第二代光电鼠标。

一般来说，光电鼠标的起步是很高的。也就是说，大部分光电鼠标均是人体工程学设计，这样可以让消费者拥有一个更合适的消费理由。

③ 鼠标。指纹鼠标是一种特殊功能鼠标，是具有指纹采集、识别功能的鼠标，适用于对安全性要求较高的个人、办公、企事业等各类行业企业。因其价格较高，并不适合普通个人用户。

8. 什么是光电感应度

光电感应度即鼠标的分辨率，是选择一款鼠标的主要依据之一，单位是 DPI 或者 CPI，其意思是指鼠标移动中，每移动一英寸能准确定位的最大信息数。显然，鼠标在每英寸中能定位的信息数量越大，鼠标就越精确，人们定义这个参数的本意，就是用来描述鼠标的精度和准确度。

（1）DPI 是 Dots Per Inch 的缩写，意思是每英寸的像素数，这是最常见的分辨率单位。当光电鼠标出现后，发现用 DPI 描述鼠标精确度已经不太合适，因为 DIP 反映的是静态指标，用在打印机或扫描仪上显得更为合适。

（2）CPI 是 Count Per Inch 的缩写，这是由鼠标核心芯片生产厂商安捷伦定义的标准，意思是每英寸的采样率。由于鼠标移动是个动态的过程，用 CPI 来表示鼠标的分辨率更为恰当。

现在大多数鼠标采用了 400CPI，少数罗技高端鼠标采用了 800CPI。800CPI 和 400CPI 的鼠标只是在显示器分辨率高的情况下性能差异才会表现得明显一点。800CPI 的鼠标虽然定位比较精确，但是价格比较昂贵，除非是专业图形用户或游戏专业玩家，400CPI 分辨率的光电鼠标已经足够用了。

9. 什么是鼠标的按键数

按键数是指鼠标按键的数量，按键是鼠标最基本的功能键。对 PC 平台而言，至少要有两个按键，鼠标才能正常使用。而某些 Apple MAC 平台则采用单键鼠标。

现在的按键数已经从两键，三键，发展到了四键甚至八键乃至更多键。按键数越多，所能实现的附加功能和扩展功能也就越多，能自已定义的按键数量也就越多，对用户而言使用也就越方便。

一般来说，按键数越多的鼠标自然价格也就越高。目前主流的鼠标是三键或者两键的，三键的鼠标中间有个滚轮，除了可以用于浏览页面时的翻页外，还可以单独定义按键的功能。

10. 什么是鼠标的定位技术

定位技术是指鼠标定位的方式，和鼠标的工作方式密切相关，常见的定位方式有光栅定位、轨迹球定位、发光二极管定位、激光定位等。

（1）光栅定位主要是机械鼠标所使用的方式，由于纯粹的机械鼠标现在已经基本消失，这里的机械鼠标实际是指光机式鼠标。鼠标移动时带动胶球滚动，胶球的滚动又摩擦鼠标内的分管水平和垂直两个方向的栅轮滚轴，驱动栅轮转动。栅轮转动时，栅轮的轮齿周期性遮挡红外发光管发出的红外线照射到水平和垂直两个红外接收组件，产生脉冲。鼠标内控制芯片通过两个脉冲的相位差判知水平或垂直栅轮的转动方向，通过脉冲的频率判知栅轮的转动速度，并不断通过数据线向主机传送鼠标移动信息，主机通过处理使屏幕上的光标同鼠标同步移动。

（2）轨迹球定位的工作原理其实与光栅类似，只是改变了滚轮的运动方式，其球座固定不动，直接用手拨动轨迹球来控制鼠标箭头的移动。此外，现在也有使用光电方式的轨迹球，其工作原理和发光二极管定位类似。

（3）发光二极管定位是大多数光电鼠标的定位方式，这是一种电眼的工作方式。在光电鼠标内部有一个发光二极管，通过该发光二极管发出的光线，照亮光电鼠标底部表面。然后将光电鼠标底部表面反射回的一部分光线，经过一组光学透镜，传输到一个光感应器件内成像。这样，当光电鼠标移动时，其移动轨迹便会被记录为一组高速拍摄的连贯图像，最后利用光电鼠标内部的一块专用图像分析芯片（DSP，即数字微处理器）对移动轨迹上摄取的一系列图像进行分析处理，通过对这些图像上特征点位置的变化进行分析，来判断鼠标的移动方向和移动距离，从而完成光标的定位。

（4）激光定位也是光电鼠标的一种定位方式，其特点是使用了激光来代替发光二极管发出的普通光。激光是电子受激发出的光，与普通光相比具有极高的单色性和直线性，目前用于定位的激光主要是不可见光。普通光在不同颜色表面上的反射率并不一致，这就导致光电鼠标在某些颜色表面上由于光线反射率低，使 DSP 不能识别的“色盲”问题。此外，普通光在透明等物质表面无法使用，或者产生跳动。由于激光近乎单一的波长能够更好地识别表面情况，灵敏度大大提高，因此使用激光定位的鼠标可以有效解决这些问题。

11. 如何选购一款合适的鼠标

前面已经对鼠标的概念和性能参数作了详细介绍，相信消费者对鼠标应该有了一定的认识，那怎么才能买到一款好鼠标呢?

（1）明确自己的需求和用途。如果只是用于文本输入、网上浏览等方面的操作，选择一款价低实用的光电机械鼠标就足够了；如果是采用鼠标绘制高精度的 CAD 制图，应该选用精密度高、可靠性更好一些的鼠标，多以光电鼠标为主。

（2）考虑财力状况。尽量选择那些性价比高、功能较全、灵活顺手、可靠性强的鼠标。

（3）根据主板接口配备情况，决定选择 RS-232 串口、PS/2 接口还是 USB 接口。

（4）注意分辨率。分辨率即 DPI（Dots Per Inch），是指鼠标器内的解码装置所能辨认每英寸长度内的点数。分辨率越高，就表示光标在显示器屏幕上移动定位更加准确，而且移动速度更快。

（5）留意硬件上的扩展功能。比如微软的 IntelliMouse 只要拨动中央滚轮，就可以自选速度，来阅读文件或网页，免去了不断翻页的烦恼，尤其适合长篇阅读。拨动中央滚轮，同时点击鼠标，就能随意地缩放页面，使一切变得更加简便。

（6）选择品牌产品。罗技、微软、Benq 和双飞燕都是很不错的品牌。

（7）从设计、样式、手感等方面进一步挑选。挑选出样式新奇靓丽、采用人体工程学设计、手感光滑舒适、操作灵活自如的鼠标就更无遗憾了。

2-5 认识和选购激光打印机

1. 打印机有哪些类型

从打印机原理上来说，市面上较常见的打印机大致分为喷墨打印机、激光打印机和针式打印机。与其他类型的打印机相比，激光打印机有着较为显著的几个优点，包括打印速度快、打印品质好、工作噪声小等。随着价格的不断下调，现在已经广泛应用于办公自动化（OA）和各种计算机辅助设计（CAD）系统领域。

激光打印机又可以分为黑白激光打印机和彩色激光打印机两大类。

（1）针式打印机从商务办公领域的淡出，为黑白激光打印机成为企业信息化建设的首选创造了很好的机会，然而，它又处在了喷墨打印机和多功能一体机的两面夹击中。精美的打印质量、低廉的打印成本、优异的工作效率以及极高的打印负荷是黑白激光打印机最为突出的特点，这也决定了它依然是当今办公打印市场的主流。尽管黑白激光打印机的价格相对喷墨打印机要高，功能也比多功能一体机少，可是从单页打印成本以及打印速度等方面来看，它具有绝对的优势，仍然会是追求效率的商务办公人士的首选。随着 Internet 的发展，未来的黑白激光打印机将不再是一种简单的具有打印功能的独立外设产品,而将逐步发展成一种游在网络中的智能化、自动化的文件处理输出终端设备。

（2）过去，彩色激光打印机由于一直是面对专业领域，成本方面彩色激光打印机的整机和耗材价格也均不菲。到目前为止，彩色激光打印机其主机与耗材都是很多用户最终舍激光而求喷墨的主要原因。但其打印色彩表现逼真、安全稳定、打印速度快、寿命长、总体拥有成本较低等特点，相信随着彩色激光打印机技术的发展和价格的下降，会有更多的企业用户选择彩色激光打印机。

2. 国内激光打印机市场主要有哪些品牌

随着打印机的发展，国内激光打印机市场占据份额较多的有：惠普（HP）、爱普生（EPSON）、佳能（CANON）、利盟（LEXMARK）、柯尼卡美能达（MINOLTA）、富士施乐（XEROX）、联想（LENOVO）、方正（FOUNDER）等品牌。

3. 什么是打印机分辨率

打印机分辨率又称为输出分辨率，是指在打印输出时横向和纵向两个方向上每英寸最多能够打印的点数，通常以“点/英寸”即 dpi（dot per inch）表示。

4. 什么是打印机的最高分辨率

所谓最高分辨率就是指打印机所能打印的最大分辨率，也就是所说的打印输出的极限分辨率。平时所说的打印机分辨率一般指打印机的最大分辨率，目前一般激光打印机的分辨率均在 600×600dpi 以上。

打印分辨率是衡量打印机打印质量的重要指标，它决定了打印机打印图像时所能表现的精细程度，它的高低对输出质量有重要的影响，因此在一定程度上来说，打印分辨率也就决定了该打印机的输出质量。分辨率越高，其反映出来可显示的像素个数也就越多，可呈现出更多的信息和更好更清晰的图像。

5. 是否应该选择高分辨率的打印机

毋庸置疑，打印机分辨率越高，输出的效果就越精密。但是，并不是每种打印需求都需要最高精度的打印。

对于文本打印而言，600dpi 已经达到相当出色的线条质量。但在现代的办公中，打印文档的类型日益多样化，图像、照片、CAD、GIS 等等需要高精度打印的内容越来越多，在这个时候，除了打印负荷量和打印速度外，用户必须仔细考虑打印机的打印质量能否满足自己的需求。对于照片打印而言，更高的分辨率意味着更加丰富的色彩层次和更平滑的中间色调过渡，经常需要 1200dpi 以上的分辨率才可以实现。

6. 什么是打印速度

打印速度是指打印机每分钟打印输出的纸张页数，单位用 PPM（Pages Per Minute）表示。目前所有打印机厂商为用户所提供的标识速度都以打印速度作为标准衡量单位。

PPM 标准通常用来衡量非击打式打印机输出速度的重要标准，而该标准可以分为两种类型，一种类型是指打印机可以达到的最高打印速度，另外一种类型就是打印机在持续工作时的平均输出速度。不同款式的打印机在其相应的说明书上所标明的 PPM 值可能所表示的含义不一样，所以我们在挑选打印机时，一定要向销售商确认一下，操作说明书上所标明的 PPM 值到底指的是什么含义。需要提醒的是，PPM 值若仅指只打印一页，还需要加上首页预热时间。

目前激光打印机市场上，普通产品的打印速度可以达到 35ppm，那些高价格、好品牌的激光打印机打印速度可以更高一些。

7. 什么是最大打印幅面

打印幅面顾名思义也就是打印机可打印输出的面积。所谓的最大打印幅面就是指激光打印机所能打印的最大纸张幅面。目前，激光打印机的打印幅面主要有为 A3、A4、A5 等幅面。打印机的打印幅面越大，打印的范围越大。打印幅面的大小也是衡量打印机的重要性能指标，目前适合工作组用户和部门级用户的打印机大都是 A4 幅面或 A3 幅面产品，在选购时可以根据自己的打印需求选择相应的打印幅面。

不同用途的打印机所能处理的打印幅面是不尽相同的，正常情况下，打印机可以处理的打印幅面主要包括 A4 幅面以及 A3 幅面这两种。也有一些特殊幅面，比方说在处理条幅打印或者是数码影像处理打印任务时，都有可能使用到 A0 幅面的打印机。特别是那些有着专业输出要求的打印用户，例如工程晒图、广告设计等，都需要考虑使用 A2 或者更大幅面的打印机了。

8. 什么是预热时间

受激光打印机工作原理的限制，每一台打印机都需要有预热时间，并且每个厂商都会将预热时间标称在说明书中。如 HP 采用瞬时热熔技术，缩短预热时间，将加热辊的厚度减少一半，采用高效加热灯管，大大缩短了预热时间，达到加快首页输出的目的。

9. 什么是接口传输速度

打印机接口数据传输率的高低、容量传递的多少对打印速度的影响也较明显，目前低端激光打印机最常使用的接口主要有 EPP 并口和 USB 两种，而 USB 接口以其更高的传输速度和更为方便的使用已经成为今后的趋势。

电脑和打印机有一段物理距离，不同线路在传递数据时的速度是不一样的。并口传递的数据量只有 1Mbps 左右的传输率，而 USB1.1 接口则可以提供 12Mbps 的数据带宽。数据传输率的高低、容量传递的多少无疑会影响打印机的速度。打印机与计算机的通讯口多种多样，支持哪种通讯口当然也由打印机驱动程序所决定。目前最常见的有 EPP、USB 两种接口方式，目前越来越多的打印机生产厂商都为喷墨打印机同时提供了这两种接口。

10. 什么是打印机的内存大小和速度

打印机内存的速度和大小，也是决定打印机打印速度的重要指标，特别是在处理大的（如 20MB）打印文档时，更能体现内存的作用。内存大，则可以为 CPU 提供足够运算空间和储存临时数据的空间，即缓存空间；内存小，在打印一些复杂文档时，则需要重新输入这些复杂文档的数据，相对来讲就减慢了打印速度。

11. 打印的处理器速度对打印有什么影响

打印机处理器速度的高低直接影响打印快慢。打印机的 CPU 管理打印机内部数据交换，打印语言编写出的打印代码转换为实际打印文字的速度直接取决于 CPU 的运行速度。比如 Lexmark 面向高端用户的 Z52 喷墨打印机采用了 40MHz、32bit 的高速处理器，它可以为 Z52 带来每分钟 15 页的高速打印；而面向低端的 Z12 其处理器只有 24MHz，速度也就只有 6ppm。

12. 什么是硒鼓

一台好的激光打印机最关键的部件是硒鼓，也称为感光鼓。它不仅决定了打印质量的好坏，还决定了使用者在使用过程中需要花费的金钱多少。在激光打印机中，70%以上的成像部件集中在硒鼓中，打印质量的好坏实际上在很大程度上是由硒鼓决定的。硒鼓型号就是指该款打印机可以使用的硒鼓的型号，一般情况下，都会使用厂商推荐的与打印机相匹配的硒鼓型号，不同的型号除非二次填充利用，否则也无法使用。

硒鼓一般由铝管和感光材料组成，其表面一般由三层物质组成，而一些特别硒鼓，其表面会有 4~5 层物质。除了普通硒鼓的前三层外，第四、第五层设计用来保护感光层，以此来保障硒鼓的超长寿命。

13. 硒鼓有哪几种类型

硒鼓有整体式（或称一体式）和分离式两种。一体化硒鼓在设计上主要是把碳粉暗盒及感光鼓等装在同一装置上，当碳粉被用尽或感光鼓被损坏时整个硒鼓就得报废。用这类硒鼓的机型主要是 HP（惠普）及 Canon（佳能）机型，这种独特的设计加大了用户的打印成本，且对环境污染的危害很大，但给生产商带来了丰厚的利润。分离式硒鼓碳粉和感光鼓等各置在不同的装置上，而感光鼓一般的寿命都很长，一般能打印达到两万张的寿命。只需换上被耗掉的碳粉就行了，这样用户的打印成本就大大地降低了。

14. 应该选择什么方式更换硒鼓

对于激光打印机的用户来说，在更换硒鼓时有三种选择：原装硒鼓、通用硒鼓（或称为兼容硒鼓）、重新灌装的硒鼓。

（1）原装硒鼓。打印质量肯定是客户首先需要考虑的因素，毋庸置疑，原装硒鼓显然是最佳选择。原装硒鼓由于在设计过程中精心考虑了与打印机其他部件的整合，制造过程一丝不苟，因此可以创造理想的打印效果，大大好于其他兼容产品。注重打印质量的用户会毫不犹豫地选择原装硒鼓。

（2）重新灌装的硒鼓。重新灌装的硒鼓由于制造过程中采用手工方式，打印质量更是良莠不齐，难以得到保证。

（3）通用硒鼓。一般的通用硒鼓在打印质量上可以说基本能够达到打印机的输出要求，但有可能在某种特别的情况下有所区别，如在打印 2 磅的细小字时有些模糊不清。

15. 什么是双面打印

所谓双面打印，就是指当打印机在纸张的一面完成打印后，再将纸张送至双面打印单元内，在其内部完成一次翻转重新送回进纸通道以完成另一面的打印工作。简单地讲，打印双面文档的过程就是将用户本来需要手工完成的翻转工作自动完成了。

就结构而言，不同型号的打印机所使用的双面打印单元完全不同，有的型号的打印机其双面打印单元是安装在打印机主机的底部，而有的型号则是安装在打印机主机内部。

对于打印量较大的用户，在不增加任何投入的情况下，双面打印可以将纸张成本降低为原来的一半，而且对打印速度丝毫不会有影响。由于一切过程都是自动完成的，基本上制止了人工翻转纸张时可能出现的方向性错误，不过双面打印单元价格不菲，因此双面打印主要还是针对于有特殊用途的专业用户。

16. 用于激光打印机的介质类型有哪些

介质类型即激光打印机可以打印处理的纸张类型。可以分为：普通打印纸（包括普通信封）、光面相片纸（包括明信片）等。

（1）普通打印纸。最简单也是最常见的打印介质，是我们平时专门用于打印各类文本文件的打印纸。

（2）光面相片纸。这种光面相片纸，主要是用来打印彩色图片，同时制作贺卡也十分合适。这种纸有一面有光泽、比较白，打印时应该选择这一面打印，效果十分出色。

（3）纤维纸。纤维纸是一种纯棉织品，可以在上面进行刺绣。首先在打印机上打印出刺绣的小样，然后就可以根据小样进行刺绣工作了。纤维纸目前可以在佳能公司出品的多种类型打印机上使用。

（4）T 恤转印介质。在 T 恤衫上印上自己喜欢的图案其实并不难，只要拥有佳能公司的 T 恤转印介质。我们可以先在 T 恤转印介质上打印出图案，然后把它平放在 T 恤上，用足够高的温度熨烫数秒钟后，趁热撕下介质，这种个性化的 DIY T 恤就此完成。由于 T 恤转印介质对墨水有特殊的要求，因此目前能使用此种墨盒的常见打印机主要有 BJC-265SP、BJC-6000、BJC-4310SP、BJC-4650 等等。

（5）透明不干胶贴纸。这种不干胶贴纸的图案是打印在贴面上，不会因为时间长了或者摩擦等外因而褪色、掉色，因此最适合贴在经常拿放的铅笔盒、光盘盒等等物品上。

（6）立体不干胶贴纸。佳能公司新推出的立体不干胶贴纸，在经过熨斗的熨烫以后，会呈现出特殊的立体效果。如果通过灌满水的透明器皿观看，因为光学放大作用的不均衡，使得观看这种立体不干胶贴纸更有一种滑稽有趣的另样感觉。因此，这种介质也比较适合贴在玻璃器皿等透明的物体上。

17. 什么是网络打印

网络打印是指通过打印服务器（内置或者外置）将打印机作为独立的设备接入局域网或者 internet，从而使打印机摆脱一直以来作为电脑外设的附属地位，使之成为网络中的独立成员，成为一个可与其并驾齐驱的网络节点和信息管理与输出终端，其他成员可以直接访问使用该打印机。

18. 如何选购网络打印机

网络打印机本身应具有高速、高效的特点。因此，除去网络部分的传统打印部分应具有较高的打印速度。网络打印机多为企业、单位办公所采用，因此它还必须具有较好的打印效果。出于环保和打印成本的考虑，它还应具有较低的打印噪声和较低的打印成本。于是，这些特性决定了网络打印机的传统打印部分只能是激光打印方式。虽然有极少数喷墨打印方式的机型曾经面世，但占据主流的网络打印机几乎全部是激光打印方式。

网络打印机的硬件构成分为打印部分和网络部分，用户在选购时考虑性能不妨也从这两个方面出发，这两方面的性能共同决定了整机的性能。我们选购时有几个重要指标是值得关注的：打印质量、打印速度、处理能力、其他附属功能。

（1）打印质量。网络打印机的打印质量是一个重要的指标，网络打印机的素质往往通过它来体现。特别是对这个方面有特殊需求的用户，比如广告公司、图形设计师等。不同的用户对打印质量有不同的需求，建议用户根据自己的切身需要来决定打印质量。

现在 600dpi 的分辨率已是激光打印机的最低标准，推荐用户选购时选择高于 600dpi 的机型。1 200dpi 的机型无疑是一般用户的最好选择。

（2）打印速度。网络打印机不应该把重点放在打印质量上，网络打印机一般工作量比较大。如果打印速度较低将影响办公效率，这无疑是用户不希望看到的结果。因此，选购网络打印机考虑打印速度更为重要些。

打印机内置的高主频的处理器，大容量的内存和硬盘对进行多用户打印作业速度的提升有极大的好处，这是选购的时候需要注意的。

（3）处理打印介质的能力。可以说，介质处理能力也是衡量打印机性能的一个重要方面，首先就是打印机可以打印的纸张幅面。市面上的中低档网络打印机的幅面有 A4 和 A3 两种，企业可以根据自己日常处理文档的幅面自行选择。但要说明的是一般 A3 幅面的机器价格要高出 A4 幅面的机器很多，企业在选购时应本着够用的原则。否则不仅造成资源的浪费，更会造成 TCO 的增加。

（4）辅助功能及技术。网络打印机内置的网卡一般是自适应 10M/100M 的，可以直接连接到企业内部局域网上，包括以太网（Ethernet）连接和令牌网（TokenRing）连接，并且支持 AppleTalk、IPX/SPX、TCP/IP 等网络协议。兼容多种网络系统平台，包括 Windows、Macintosh、UNIX 等操作系统。在其他的各项辅助功能上，各个厂商大都有自己的“独门密技”，在应用中也是各具特色。比如 EPSON 的“作业平衡”，HP 的“ColorSmart II”等，大家在选择的时候应该多了解所选择的网络打印机的功能指标。

（5）网络打印的方式。实现网络打印目前主要有：外置打印服务器+网络打印机方式，我们称之为“外置式”，另外还有带内置打印服务器的网络打印机，称之为“内置式”的两种方式。

①外置式由于是通过并口进行与网络通讯，所以它的打印速度受并口传输速度的限制，不可能太快，同类产品速度方面也不会相差太大，所以选择的余地不大，但这种网络打印方案实现起来比较容易，价格较便宜。

②内置式的由于直接与网络相连，数据传输速度大大快于并口，随着网络速度的提高，它的传输速度还可能跟着提高，所以内置式的网络打印在档次上拉得比较宽，选择余地相当大。

（6）根据实际应用需求来选择。网络打印机最终要接在网络上，也就是说要与网线相连，这就在选择网络打印服务器的网络接口上要与公司实际网络接口类型保持一致，否则所购买的打印服务器乃至打印机都不能在自己的网络上使用，浪费公司资源。一般在一台打印服务器上都会有几种网络连接接口供选择（也有的仅一种，如 J2550B），如 RJ-45 的“以太网接口”和“令牌网”接口；BNC 的同轴电缆接口；DB“D”型九针串联通讯接口；Mini-Din 8 八芯接口等。选购打印服务器时一定要注意打印服务器所适应的网络接口类型，更要注意的是不要仅看接口外观，因为有的接口外观一样，但所连接的网络类型可能相差很远。

（7）所选打印服务器要与所配网络打印机生产厂家一致。因为目前生产网络打印机的几个主要生产厂家，如惠普、佳能、利盟等，在打印服务器标准上并没有达成一致，也就是说彼此还不能互相兼容，且多数生产厂家把打印服务器内置在打印机主板上，但也有少许型号的网络打印机的打印服务器是可选配的，所以这时首先就得看清楚你所选购的打印服务器是用在什么型号的网络打印机上。

（8）内置打印服务器的外观尺寸要与打印机“输入/输出”模块接口一致。因为不同的打印机“输入/输出”模块接口大小可能不一样，这主要是 HP 公司在开发新的打印机时为了升级打印服务器而重新设计的接口标准，这些新的接口或许能加快打印服务器与主机之间的通信速度，不仅仅是外观大小不一样，不同版本的打印机服务器也有它适用的打印机范围，不能随便选购，其实在说明书中有明确说明适用打印机的范围，要仔细阅读。在选购打印服务器时一定要注意这一点，否则虽然网络类型可以满足公司网络类型，却不一定在你的网络打印机接口上插得上。

（9）网络连接的带宽与公司网络带宽一致。带宽越宽也就能提供更快的网络速度，内置式打印服务器是直接与网线相连，也就相当于一个网络产品，是网络产品也就有带宽的选择，它与其他网络产品一样有 10Mbps 和 100Mbps 之分。如果您的网络都只是 10Mbps 的以太网，而你却选择了 100Mbps 带宽的打印服务器，就会浪费资金。

（10）网络打印机的管理软件要符合公司的实际需要。网络打印机与其他普通打印机的一个主要区别就在于，网络打印机不仅需要打印机的驱动程序，而且还需要一个网络打印机管理软件来在服务器上安装、管理网络打印机。

19. 什么是打印机的工作噪音

噪音是指非自然固有的并且超出了一定限度的声音。噪音对于人的健康会造成一定的影响。噪音的单位是 dB，根据《中华人民共和国环境噪声污染防治法》的规定，以居住、文教机关为主的区域，昼间 55dB、夜间 45dB；居住、商业、工业混杂区，昼间 60dB、夜间 50dB。根据这个规定，在办公室中，声音超过 60dB 就可以算是噪声了。

打印机在工作时，由于部件需要进行机械运动，不可避免地会产生摩擦，从而产生一定的声音。如果声音过大的话，会对办公环境造成影响，甚至对人体健康造成危害。因此声音的大小也就成了一个技术指标。

20. 如何选购一款合适的激光打印机

前面已经对激光打印机的概念和性能参数作了详细介绍，相信消费者对激光打印机应该有了一定的认识，那怎么才能买到一款好激光打印机呢？

（1）查看精度。反映激光打印机精度的指标是 DPI（Dots Per Inch），即每英寸上有几个点。跟喷墨打印机一样，DPI 的值越大，说明打印的效果越好，打印的图像越细致，当然价格也越贵，现在的激光打印机一般为 600dpi、1 200dpi。需要注意的是，即使在同一精度下，激光打印机的打印效果要比喷墨打印机的好。

（2）查看打印速度。反映激光打印机的速度参数是 PPM（Page Per Minute），即每分钟打印的页数，PPM 值越大，说明打印机打印速度越快，当然价格也越贵。

（3）查看 RET 功能 。RET（Resolution Enhancement Technology）是分辨率增强技术的意思。有 RET 功能的打印机，可以使打印出来的图形几乎没有锯齿，一台 400×400dpi 的激光打印机，如果有 RET 功能，其打印效果可以与 600×600dpi 的激光打印机相媲美。

（4）选择打印接口。

① 并行接口的打印机是最常用的一种，传输速率最快，大约是 2MB/s。

② USB 即通用串行接口的打印机通用易用：统一的标准，不用对应微机的哪个接口，使用方便；数据传输速度较快，大约在 12MB/s 左右；同时随着 USB 的技术飞速发展，在 USB 2.0 的新版本中，其传输速度可以达到上百兆。

（5）纸张大小 。现在窄行激光打印机可以打印 A4、B5 型复印纸大小的文稿，而宽行激光打印机可以打印 A3、B4 型复印纸大小的文稿。如果你需要打印机较宽的图像、表格的话，就需要购买宽行的激光打印机，反之，则可以购买窄行激光打印机。当然宽行激光打印机的价格要比窄行激光打印机贵许多。

（6）慎重选择硒鼓。激光打印机的核心部件是硒鼓，硒鼓直接影响着打印的质量。

2-6 认识和选购喷墨打印机

1. 喷墨打印机有哪几种类型

喷墨打印机根据产品的主要用途可以分为三类：普通型喷墨打印机，数码照片型喷墨打印机和便携式喷墨打印机。

（1）普通型喷墨打印机是目前最为常见的打印机，它的用途广泛，可以用来打印文稿、打印图形图像，也可以使用照片纸打印照片。普通型喷墨打印机从 300 多元的低端经济型产品，到价格三四千元的高端产品都有。用户可以根据自己的需要进行选择。

（2）数码照片型喷墨打印机在用途上和普通型喷墨打印机的用户实际上是基本相似的，无论是普通的文稿还是照片都能够进行打印。但是它之所以被划分为数码照片型产品就在于和普通型产品相比，它具有数码读卡器，在内置软件的支持下，它可以直接地接驳数码照相机的数码存储卡（能够支持几种数码存储卡需要视打印机的数码读卡器情况而定）和直接接驳数码相机，可以在没有电脑支持的情况下直接进行数码照片的打印，一部分数码照片型打印机还配有液晶屏，通过液晶屏用户可以对数码存储卡中的照片进行一定的编辑和设置，从而使打印任务能够更加出色地完成。目前此类产品价格从千元到四五千元的都有。

（3）便携式喷墨打印机指的是那些体积小巧，一般重量在 1 000 克以下，可以比较方便地携带，并且可以使用电池供电，在没有外接交流电的情况下也能够使用的产品。这类产品一般多与笔记本电脑配合使用。目前在便携式喷墨打印机中还有一种便携式的数码照片型喷墨打印机。它具有两种打印机的特点。体积小巧，便于携带，可以在没有电脑的情况下直接接驳数码相机进行打印。

2. 什么是墨盒类型

墨盒类型指的是产品墨盒配置的基本情况，主要包括采用的颜色的数量，墨盒的容量和是否采用独立的墨盒三个方面。

颜色的数。如今，喷墨打印机早已经淘汰了三色墨盒的产品，黑、青、洋红、黄四色墨盒成为最基本的要求。现在为了进一步提高打印的效果，中高端的产品已经普遍采用了黑、青、洋红、黄、淡青、淡洋红的六色墨盒。目前有的产品再增加了一种淡黑色，达到了七色，有的增加了深灰和浅灰或是把黑色分为粗面黑和照片黑，再增加红色和蓝色，最后配以亮光墨从而达到了八色。墨盒的颜色数量越多对于色彩的还原性也就越好，尤其是在一些黑白作品的打印上灰度平衡淡的表现力接近了完美。但是墨盒颜色的增加，产品的价格自然也会增加。

和大幅面打印机相比，普通喷墨打印机对于墨盒容量没有太大的要求，独立调换颜色分体式墨盒也没有普遍的采用。

3. 什么是纸盒容量

纸盒容量换句话说就是打印机支持多少输入纸盒，每个纸盒可以容纳多少打印纸张。与激光打印机不同的是，喷墨打印机一般只有一个输入纸盒，该指标是打印机纸张处理能力大小的一个评价标准，同时还可以间接说明打印机的自动化程度的高低。如果打印机同时支持多种不同类型的输入，并且打印纸张存储总容量很大，除此之外还能附加一定数量的标准信封，那么就说明该打印机的实际纸张处理能力就很强，使用这种类型的打印机，可以在不需要频繁更换托盘的情况下，就能支持各种不同尺寸的打印工作，因此这样就能大大减少更换、填充打印纸张的次数，从而有效提高打印机的工作效率。

4. 纸盒容量是否重要

与打印机其他指标相比，纸盒容量显得有些无足轻重，其实对于工作组或大型办公打印来说，纸盒容量是个不容忽视的问题。纸盒容量大、数量多的喷墨打印机可以减少更换、填充纸张的次数，从而直接提高工作效率。因此，打印机的进纸仓容量在选购时不妨认真考虑。就目前来看，现在的喷墨打印机纸张存储容量大多在 150 页左右。

5. 如何选购一款合适的喷墨打印机

前面已经对喷墨打印机的概念和性能参数作了详细介绍，相信消费者对喷墨打印机应该有了一定的认识，那怎么才能买到一款好喷墨打印机呢？

（1）确认实际需要。选购一台喷墨打印机时，首先就是要根据自己的实际需要，这样才能真正挑到合适的机型。如果普通家庭购买打印机只是为了一般文字图片打印与娱乐打印，那么普通的喷墨打印机就足矣应付。如果是用来打印高品质的图像，则应购买相片级喷墨打印机。

（2）打印速度。打印机通常用 PPM（Papers Per Minute）来衡量打印速度，它是每分钟打印的页数，是指连续打印时的平均速度。PPM 数值越高，代表打印速度越快，当然它的价格可能也越贵。

（3）分辨率。分辨率通常以每英寸能够打印出多少个墨点（DPI），以此来判断打印机打印的品质。高分辨率可以打印出更平滑的边缘，以及更锐利的品质。所以高分辨率也是各打印机厂商追求的目标，尤其针对一些高端的专业打印市场。目前市场上的机型，可分为入门级在 600dpi 左右，办公级大约为 600~1 200dpi，而专业级则在 1 200dpi 以上。但是分辨率并不是绝对的标准，因为市售的机种可以发现到 A 牌的 1 200dpi 机型可能比 B 牌的 600dpi 机型还要便宜，所以消费者还要从其他方面进行全面考虑。

（4）颜色数目。颜色数目也就是常说的色阶数，它所代表的意义，就是打印机能够产生的颜色数目。大家都希望自己的打印机能够印出相片品质，这就不是单纯的分辨率能够解决的。如果是单纯地提高分辨率，而打印机本身可打印的颜色数目却不能达到，这也是徒劳无功的。一般的彩色喷墨打印机可分成基本色四色（洋红、青蓝、黄色、黑色）与六色（洋红、淡红、青蓝、淡蓝、黄色、黑色）两种，打印机经由基本色混合调色成全部的色彩。所以基本色六色可以显现出更宽广的色彩范围。

（5）墨盒成本。喷墨打印机的打印成本基本上集中在墨盒中，所以我们还是先来认识一下墨盒吧。根据墨盒的不同设计，可分为以下三种：

①合一式。合一式也就是说喷墨头和墨盒是结合在一起的，喷墨头和墨盒都是每次必换的耗材。优点是打印品质较好，缺点是墨盒单价较高（但不代表平均单张打印成本较高，因为平均打印成本会随着使用方式与打印文件的改变而改变的），代表厂商为惠普。

②分离式。分离式也就是说喷墨头内建在打印机上，墨盒只是充当墨水容器。它的优点是墨盒单价较低，缺点是万一喷墨头堵塞，就得送修或换个昂贵的喷墨头，代表厂商为爱普生。

③混合式。混合式也就是说喷墨头和墨盒都是可单独更换的，喷墨头视使用者的需要才更换。它结合了合一式和分离式的优点，代表厂商为佳能。墨盒的设计除了以上三种类型外，又可分成防水与不防水、单墨盒与双墨盒、黑白墨盒与彩色墨盒等等，这要视机型与使用者需要而定的。具体的打印成本请照打印机的宣传材料，不过一般它只标示“以 XX 模式打印时，大约可以打印 1000 页 A4 纸”之类的语句，如果这个墨盒市值 200 元，则以这种模式打印时，它的打印成本为 0.2 元。

（6）打印幅面。低端的喷墨打印机的打印幅面一般是 A4 纸大小，中、高端的打印机则可能为 A3，甚至 A2 大小。需要注意的是，正常打印机标示 A4 尺寸并不代表可以打印至纸张满版，因为机器的进退纸需要左右以及上下的咬口，故一般只能打印到离边缘约 2~5mm 处，这要视不同的机型而定。如果要打印满版纸张的话，就要选择标示 A4+或 A3+的机型才可以。而且现在也有一些新机型可以打印整卷的滚筒纸，对于需要制作长条海报或是连续打印的使用者是很便利的选择。

（7）打印机接口。喷墨打印机的接口基本上是以 EPP 接口居多，不过有些喷墨打印机还配备了网络扩展接口，以方便一些用户进行网络连接。如果你想实现网络办公，这类打印机就是一个很好的选择。

（8）兼容性。喷墨打印机的兼容性是用户应该关心的。在购买新的机型时，应尽量注意与现有应用软件的兼容性。

（9）购买彩色打印机时，应注意其是否经过 Pantone 认证，看其打印出的彩色是否明亮，是否逼真。

（10）购买比较高档的喷墨打印机时，应注意其扩充性，是否有更多的内存扩充 SIMM 槽、是否支持 Jet-direct 卡，是否可增加 Postscript 语言解释器等等。一般打印机都支持并行接口。如果用户想共享打印机，可使用 Jet-direct 卡使其连接到网络上，供更多用户共享使用，从而大大提高使用效率。

（11）苹果机用户如果购买喷墨打印机，应该选用专为苹果用户提供的打印机，如惠普 Desk Writer、惠普 Des Wer550C、惠普 Deskjet1200/ps 或 惠普 Pain Jet Writer XL 等。

（12）购买喷墨打印机要注意耗材如墨水、纸张等是否容易买到。此外，有的打印机要求使用高质量的纸张如复印纸等，这样一来成本就比较高。

（13）注意测试。彩色喷墨打印机用户一般都喜欢打印机的色彩鲜艳，而目前很多厂商的彩色喷墨打印机都是采用标准调色板，这样在打印彩色文字时某些色彩不完整，因此在选购时要注意测试。

（14）售后服务。正确使用以及保养打印机，是延长打印机寿命的关键。而厂商能否提供完善的售后服务（保修服务、维修服务、技术支持服务）也是节省成本的重点。所以大家在购买打印机时，不妨比较一下各产品的保修期限，以及保修内容，一般来说喷墨头与墨盒属于易耗品，不在保修范围之内。

（15）货比三家。都走几家问讯查看，以最低的价格购买最合适的打印机。

2-7 认识和选购针式打印机

1. 什么是针式打印机的最高分辨率

最高分辨率是打印机最基本的一个技术指标。分辨率的单位是 dpi（dot per inch），即指在每一个平方英寸可以表现出多少个点，它直接关系到产品输出的文字和图像的质量好坏。最高分辨率指的是产品可以最高能够实现的分辨率。一个产品可以以低于最高分辨率的状态进行工作，但绝不能以高于最高分辨率的状态进行工作。

针式打印机最高分辨率（分辨率）的垂直分辨率和水平分辨率一般都是相同的，而不像喷墨打印机、激光打印机那样可能是不同的。因此针式打印机在标识时一般就用一个数字来标识，但实际的意义表示的是垂直分辨率和水平分辨率都是这个数字。

和喷墨打印机、激光打印机相比，针式打印机的最高分辨率要低得多，目前较为主流的针式打印机的最高分辨率一般在 180dpi~360dpi。但是也有一些产品的最高分辨率可以达到 600dpi，如 OKI 5630SC，也就是意味着该款产品在一平方英寸的区域的表现力为水平 600 个点，垂直 600 个点，总共 36 000 个点。

2. 什么是打印针数

针式打印机的打印原理是通过打印针对色带的机械撞击，在打印介质上产生小点，最终由小点组成所需打印的对象。而打印针数就是指针式打印机的打印头上的打印针数量。而打印针的数量直接决定了产品打印的效果和打印的速度。

目前最常见的产品的打印针数为 24 针，早期的针式打印机也有采用 9 针的，但是打印的效果和速度都要逊色很多。而一些高端的产品则有采用双打印头的，不过每一个打印头的针数也是 24 针的，但是打印的速度会大大提高。

3. 什么是色带类型

色带类型指的是针式打印机可以使用的色带的种类。虽然在日常的应用中，用户大多数只使用一种色带——普通的黑色色带，实际上许多产品是可以根据打印质量的不同使用不同形式的打印色带的。比如需要进行高分辨率可以使用高对比色带，对于多色彩的打印任务可以使用彩色色带。

4. 什么是色带寿命

色带寿命是指打印机的色带能够支持正常的打印出的标准字符数（指 48 点/字符，如果是大字的话数量自然会少许多），一般用“万/字符数”表示。

虽说和喷墨、激光打印机的耗材用完就完全无法使用了不同。针式打印机的色带过了使用寿命，也可以打印，就是淡一些而已，但实际上超过使用寿命的色带由于摩擦过度的原因，表面会非常的起毛，会造成打印机的挂针和折断，严重影响到打印针的寿命，这就得不偿失了。因此，色带到达使用期限后一定要及时更换。

5. 什么是打印速度

针式打印机的打印速度标示和喷墨打印机、激光打印机不同，不是用 ppm，而是使用的“字/秒”，而一些高端产品（多为 IBM 的产品）则往往会用“行/分”来标示。这样的标示同样是一目了然的，在单位时间内能够打印的“字符数”或者是“行数”越多，那么打印机的速度也就越快。

目前应用的最为广泛的两款针式打印机产品的就是爱普生 LQ-670K+T 和 LQ-1600K4+，他们的打印速度分别是 167 字/秒和 400 字/秒。而一款 IBM 6400-D3P 的打印速度为 336 行/分。

6. 什么是打印针寿命

由于针式打印机是通过打印针对色带进行撞击产生小点，从而最终成像的，因此打印针不可避免的会产生磨损，到了一定程度之后，便无法再使用了。打印针寿命便是指打印针可以进行多少次撞击后才会报废的数值，它的单位是“次击打/针”。目前的针式打印机产品的打印针寿命多能够达到 2 亿次击打/针，有的甚至更多，可以达到 5 亿次击打/针。

由于打印头上的每一根打印针使用的频度是不可能完全一样的，因此肯定有些针会先报废，有些则会报废得晚一些。还有就是，“亿次击打/针”是一个约数，要知道这么大的数字，用户是无法实际进行检测和计算的。因此在购买时关注打印头的免费保修时间也是很重要的。

7. 如何选购一款合适的针式打印机

前面已经对针式打印机的概念和性能参数作了详细介绍，相信消费者对针式打印机应该有了一定的认识，那怎么才能买到一款好针式打印机呢?

（1）考虑应用领域。不同的应用领域需要选购不同的针式打印机。针式打印机已经分为通用针式打印机和专用针式打印机两大类。通用针式打印机就是最为常见的滚筒式打印机，而专用打印机则是指有专门用途的平推式打印机，如：存折打印机、票据打印机等。

（2）可靠性。这里关系到两个重要指标：打印头寿命和平均无故障时间。在打印头寿命方面，好的针打一般采用全新高密度、高耐磨打印头，这种打印头结构设计紧凑，并加强了散热功能，能造就高拷贝能力和长寿命，好的打印头的使用寿命可高达 4 亿次/针，而整机平均无故障时间高，也代表着打印机的可靠性高，好的针打的整机平均无故障时间一般可达 10 000h。

（3）查看打印速度、拷贝能力、适应纸宽纸厚等具体的性能指标。一般在打印票据或报表的时候，票据或报表往往需要一式数份，同时要打印多联，需要拷贝能力强的针式打印机。在一些窗口行业，打印业务高强度、高负荷，打印速度高的打印机就能提升工作效率，用户应根据实际的应用情况进行选择。

（4）考虑经济性。针式打印机的使用寿命是所有用户都非常关心的问题，色带的寿命也是用户应考虑的因素，大容量、长寿命色带能够大为降低耗材费用。影响色带寿命的原因有色带芯的质量、色带盒的大小、色带的长短等。打印头的长寿命可以避免更多的再投资，从而能降低总体运营成本。

（5）功能是否优异。打印字符是影响用户工作效率的一个主要因素，不安装大字库的产品是根本无法在税控项目中正常使用的，用户使用过程中就会出现很多的问题。比如一些字打不出来，或是经常有乱码，这样势必会造成大量的浪费，所以安装字库与否，直接影响工作效率、输出效果等多方面。

（6）服务至上。服务是一个老生常谈的问题，在趋于同质化的时代，服务就成了商家另一个制胜法宝。除去产品的品质和价格问题，厂家的售前、售中、售后服务质量，往往关系到设备能否长期良好地运行，因此这也是选购时应着重考虑的一项指标。

（7）电话咨询。另外，用户在选购前，可以根据本身的使用情况，电话咨询供货商或厂商的技术部门，这样可以选择最适合的产品。

① 将要打印的业务。例如纸张大小、厚度等，这一点将决定用户应选择的打印机种类。

② 速度高低和打印负荷多少。这将决定用户在同类产品中选择的档次。

③ 是否有专业的打印软件。行业用户很多都有自己的打印软件，这些软件在开发时多数针对特定的打印机。当打印机产品换型后，可能软件与打印机出现不兼容的情况，而厂商一般都会提供打印机软件服务，来协助用户解决问题。

④ 产品稳定性与保修期限。

2-8　认识和选购扫描仪

1. 什么是扫描仪（Scanner）

扫描仪（Scanner）可扫描图片或文字，直接于计算机中读取应用，产品的选择以分辨率区分，以 dpi（每一英寸所包含的点数）为单位，分辨率越高，精细度也越高，扫描出来的图像就越清晰。扫描仪的分辨率较高时，计算机内存的容量也要相对提高，同时扫描仪必须搭配图像处理软件使用，因为扫描仪只是将图像输入计算机，需要靠相关软件才能做后续的图像处理。扫描仪的种类及扫描方式可分为平台式、馈纸式及掌上型（分辨率更低、但易于携带）。

2. 扫描仪是如何分类的

扫描仪的种类繁多，根据扫描仪扫描介质和用途的不同，目前市面上的扫描仪大体上分为：平板式扫描仪、名片扫描仪、底片扫描仪、馈纸式扫描仪、文件扫描仪。除此之外还有手持式扫描仪、鼓式扫描仪、笔式扫描仪、实物扫描仪和 3D 扫描仪。

3. 什么是对比度

对比度指的是一幅图像中明暗区域最亮的白和最暗的黑之间不同亮度层级的测量，差异范围越大代表对比越大，差异范围越小代表对比越小，好的对比率 120:1 就可容易地显示生动、丰富的色彩，当对比率高达 300:1 时，便可支持各阶的颜色。但对比率遭受和亮度相同的困境，现今尚无一套有效又公正的标准来衡量对比率，所以最好的辨识方式还是依靠使用者眼睛。

4. 什么是 TWAIN

TWAIN（Technology Without An Interesting Name）接口是一个软件工业的标准，主要功能是在做软件与硬件之间的沟通桥梁，让软件应用程序和硬件扫描设备之间能够直接传输资料。如果用户的周边系统的驱动程序有支持 TWAIN 的功能，比如 Photoshop、PhotoImpact 等与 TWAIN 兼容的图像处理程序，即可直接获取资料，而不需要担心软、硬件之间的沟通问题。

5. 什么是 CCD

CCD（Charge-Coupled Device，电子耦合设备）是对光线敏感的电路装置，扫描仪是利用残留在 CCD 上的信息，将每个图点组件对光的敏感度转换成数字信号图像资料储存。CCD 的构造是一列感光体，经滤光镜过滤后能个别感应三原色的图像，图像的来源来自一个在扫描仪玻璃底下走过的光管和镜子，将一行一行的图像送进 CCD，再经 ADC（Analogto Digital Converter）转化为三个（RGB 三色）0 至 1 023（10bit 色彩）的电压信号。

6. 什么是光学分辨率

光学分辨率（Optical Resolution）指的是扫描仪上的感光组件（CCD）每英寸能捕捉到的图像点数。

7. 什么是机械分辨率

机械分辨率（Mechanical Resolution）指的是带动感光组件的步进马达在机构设计上每英寸可移动的步数。一个完整的扫描过程是由感光组件扫描完原稿的第一条水平线后，再由步进马达带动感光组件进行第二条水平扫描。如此周而复始直到整个原稿都被扫描完毕。因此，一台具有 300×600dpi 分辨率的扫描仪表示其光学分辨率及机械分辨率分别以 300dpi 为横轴及 600dpi 为直轴。设计不良的机械结构会使 CCD 不稳定地移动而导致图像的模糊。

8. 什么是最大分辨率

最大分辨率（Maximum Resolution）指通过数学演算手法所得到的每英寸的图像点数。做法是将感光组件所扫描到的图像资料再通过数学方式如内差法计算出的额外的像素。因此会造成其光学分辨率可能仅有 300dpi，但最大分辨率却有 4800dpi 的情况发生。适度地利用数学演算手法将分辨率提高，能多少增进由不佳的原稿所扫描到的图像品质。但过度地利用数学演算手法将分辨率提高，并不会带给使用者实质的好处，只是徒然增加扫描时间和浪费储存图像所需的硬盘空间。

9. 插值分辨率

插值分辨率（Interpolated Resolution）跟光学分辨率（Optical Resolution）不同，光学分辨率是指硬件感光体在 CCD 或 CIS 上的密度和精细度。而插值分辨率则以数学平均值的方法，将感应器（如 CCD）上每两个感光体所接收到的颜色平均化，而这些运算都是经由一特定的硬件芯片所做。所以一个 X 轴只有 300dpi 的 CCD，配以垂直 Y 轴每吋可以分成 1200 级的马达，再加上 CCD 辅助硬件所造的运算，就可以制作出一个 600×1 200 或 1 200×1 200 的插值分辨率的图像。

10. 什么是 OCR（光学字符辨识）

OCR（Opticl Character Recognition）称为光学字符辨识，通过扫描文件，然后将其中所含的字体、图形数码化，也就是先将图像中文字切割出来，再利用现有文字图像数据库做比对，以辨识出图像中的文字，并且将其图形档案转换为文本文件，优点是可以达到快速输入文件的目的，缺点是有时会将文件上的灰尘或污渍判断为文字中的某一点或某一划，因此转换为文字文件后，往往需加以修改。

11. 什么是扫描速度

扫描速度是扫描仪的一个重要指标，一般所谓的扫描速度是指扫描仪从预览开始到图像扫描完成后，光头移动的时间。这段时间并不足以准确地衡量扫描的速度，有的时候，把扫描图像送到 Word 文档中所花费的时间，往往比单纯的扫描过程还要长。而作业任务从打开扫描仪完成预热，到把从原稿放置在扫描平台上开始，到最终完成图像处理的整个过程都计算在内，更全面地体现了扫描仪的速度性能。

扫描速度可分为预扫速度和扫描速度。对于这两个速度，我们应该倾向于注重预扫速度而不是实际的扫描速度。这是因为，扫描仪受接口（目前绝大多数扫描仪为 USB 接口）带宽的影响，通常速度差别并不是很大。而扫描仪在开始扫描稿件时必须通过预扫的步骤确定稿件在扫描平台上的位置，因此预扫速度反而是很影响实际扫描效率的。因此在选择扫描仪时，应尽量选择预扫速度快的产品。

12. 扫描的过程是怎样的

扫描的过程一般是这样的，当透镜把光线投射在 CCD 元件上后，CCD 就输出模拟信号，然后经过 A/D 转换形成 RGB 三路独立的数字信号，并把这三种信号转换成 Twain 接口标准。要注意的是，最后转换时需要一个很长的计算过程，该过程是制约扫描速度的瓶颈，对该步骤采取不同的处理方法会产生不同的扫描速度。

13. 如何选购一款合适的扫描仪

前面已经对扫描仪的概念和性能参数作了详细介绍，相信消费者对扫描仪应该有了一定的认识，那怎么才能买到一款好扫描仪呢？

（1）对大多数的用户来说，平台式扫描仪比较合适，即能简单地使用，又能顺利完成大部分的任务。手持式扫描仪也有市场。如果你经常要扫描小文章，那么价格在 100～200 美元的手持扫描仪也很合适。

> **提示!!** 如果不得不经常在图书馆里出钱复印那些不能出借的图书的话，以长期的眼光来看，手持式扫描仪会省下很多钱。

（2）购买光学分辨率在 1 200dpi 之上的扫描仪。即使这些扫描仪价格上会贵一点，但是它们值得你花这个钱。使用分辨率和色深在这个档次的扫描仪扫描，通过艺术级的照片打印机打印出的照片与照相店（Photo outlets）制作出的照片几乎没什么区别。即使你现在不需要这样的性能，但是当你需要更佳的分辨率时，与其再买一个新的扫描仪，还不如现在就买一个性能高一点的。

（3）注意检查电脑是否具有 USB 接口。几乎所有的扫描仪是通过 USB 接口接到电脑的。近两年生产的电脑至少应该有一个这样的有用的接口，但是老型号的电脑就可能没有了。如果电脑没有 USB 接口，那就要确定所买的扫描仪能接到电脑的平行接口（或打印机接口），虽然比 USB 连接慢但至少能用。

（4）传送速度更快的 USB2.0 扫描仪已经出现在市场上。要想以最适宜的传送速度使用 USB2.0 扫描仪，要么买一台新的带有 USB2.0 接口的电脑，要么在电脑安装一个 USB2.0 卡。

（5）选择具有一触式按钮（One-touch buttons）功能的扫描仪。一触式按钮很有用，寻找一个装有为扫描照片、发送电子邮件以及处理其他任务而事先设计好的按钮的扫描仪。如果你要扫描一大堆东西的话，一触式按钮能节省你的时间和精力。

（6）选择具有先进功能的扫描仪。先进的功能选择能完成重要的工作。对企业用户以及那些专业扫描用户而言，先进的功能如自动送纸器、光罩、扫描足够大的文件的扫描背（Scan bed）很重要。大尺寸扫描背对于扫描大型的插图、图表、绘画、商标（如在产品包装上的）以及报页来说是一个巨大的帮助。

第 3 章

组装电脑硬部件

电脑组装与 BIOS 设置速查 1 000——本章内容

3-1 安装 CPU 处理器

当前市场中，英特尔处理器主要有 32 位与 64 位的赛扬与奔腾两种。32 位的处理器采用了 478 针脚结构，而 64 位的则全部统一到 LGA775 平台。由于两者价格差距已不再明显，因此在这里以安装 64 位的 LGA775 平台的 CPU 为例，讲解 CPU 的安装方法。

图 3-1 中我们可以看到，LGA 775 接口的英特尔处理器全部采用了触点式设计，与 478 针管式设计相比，最大的优势是不用再去担心针脚折断的问题，但对处理器的插座要求则更高。

图 3–1

1. 如何安装 CPU

图 3-2 中是主板上的 LGA 775 处理器的插座，大家可以看到，与针管设计的插座区别相当大。在安装 CPU 之前，我们要先打开插座，方法是：用适当的力向下微压固定 CPU 的压杆，同时用力往外推压杆，使其脱离固定卡扣。

压杆脱离卡扣后，我们便可以顺利地将压杆拉起，如图 3-3 所示。

图 3–2

图 3–3

接下来，我们将固定处理器的盖子与压杆反方向提起，如图 3-4 所示。

现在，LGA 775 插座就展现在了我们眼前，如图 3-5 所示。

图 3–4

图 3–5

将 CPU 安放到位，如图 3-6 所示。

盖好扣盖，如图 3-7 所示。

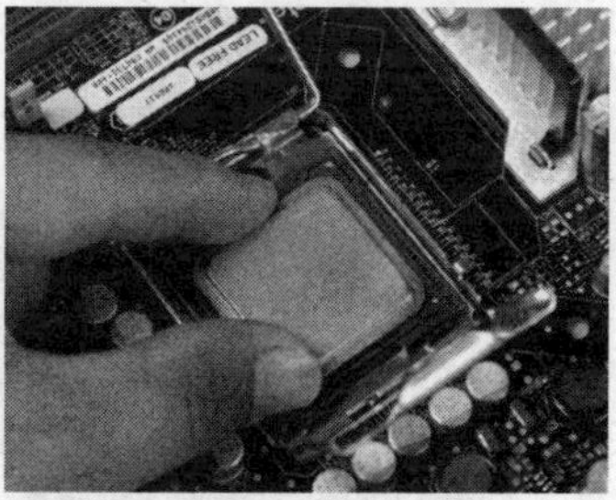

图 3–6

图 3–7

反方向微用力扣下处理器的压杆，如图 3-8 所示。

至此 CPU 便被稳稳的安装到主板上，安装过程结束，如图 3-9 所示。

图 3–8

图 3–9

2. 安装 CPU 时要注意什么

在安装处理器时，需要特别注意。在 CPU 处理器的一角上有一个三角形的标识，另外仔细观察主板上的 CPU 插座，同样会发现一个三角形的标识。在安装时，处理器上印有三角标识的那个角要与主板上印有三角标识的那个角对齐，然后慢慢地将处理器轻压到位。这不仅适用于英特尔的处理器，而且适用于目前所有的处理器，特别是对于采用针脚设计的处理器而言，如果方向不对则无法将 CPU 安装到全部位，大家在安装时要特别注意。

3-2 安装散热器

由于 CPU 发热量较大，选择一款散热性能出色的散热器特别关键，如果散热器安装不当，对散热的效果也会大打折扣。图 3-10 是 Intel LGA775 针接口处理器的原装散热器，我们可以看到较之前的 478 针接口散热器相比，做了很大的改进：由以前的扣具设计改成了如今的四角固定设计，散热效果也得到了很大的提高。

图 3-10

安装散热器前，我们先要在 CPU 表面均匀地涂上一层导热硅脂。如果散热器在购买时已经在底部与 CPU 接触的部分涂上了导热硅脂，这时就没有必要再在处理器上涂一层了。

图 3-11

安装时，将散热器的四角对准主板相应的位置，然后用力压下四角扣具即可，如图 3-11 所示。

固定好散热器后，我们还要将散热风扇接到主板的供电接口上。找到主板上安装风扇的接口（主板上的标识字符为 CPU-FAN），将风扇插头对准接口，如图 3-12 所示，然后稍微用力插进即可，如图 3-13 所示。

图 3–12

图 3–13

3-3　安装内存条

主板上的内存插槽一般都采用两种不同的颜色来区分双通道与单通道。如图　3-14 所示，将两条规格相同的内存条插入相同颜色的插槽中，即打开了双通道功能。

图 3–14

安装内存时，先用手将内存插槽两端的扣具打开，然后将内存平行放入内存插槽中（内存插槽也使用了防呆式设计，反方向无法插入，大家在安装时可以对应内存与插槽上的缺口），用两拇指按住内存两端轻微向下压，如图 3-15 所示，听到“啪”的一声响后，即说明内存安装到位。

在相同颜色的内存插槽中插入两条规格相同的内存条，打开双通道功能，就能大大提高系统性能。到此为止，CPU 和内存的安装过程就完成了。

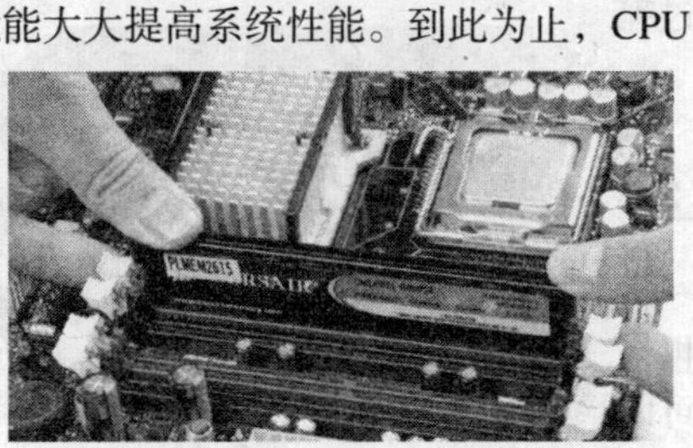

图 3–15

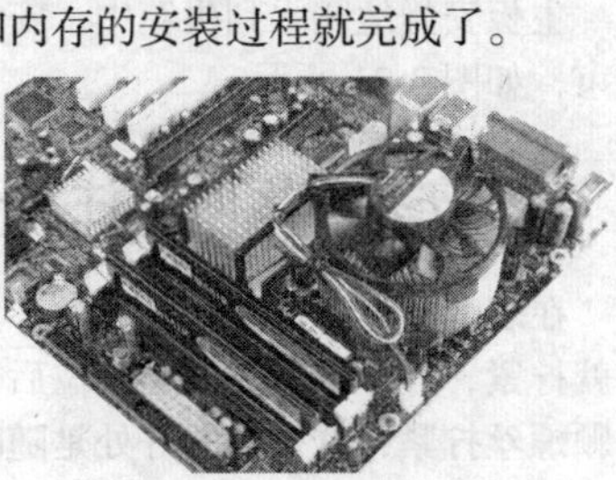

图 3–16

3-4 将主板安装固定到机箱中

目前，大部分主板板型为 ATX 或 MATX 结构，因此机箱的设计一般都符合这种标准。

1. 如何安装主板

在安装主板之前，先将机箱提供的主板垫脚螺母安放到机箱主板托架的对应位置，如图 3-17 所示。

双手平行托住主板，将主板放入机箱中，如图 3-18 所示。

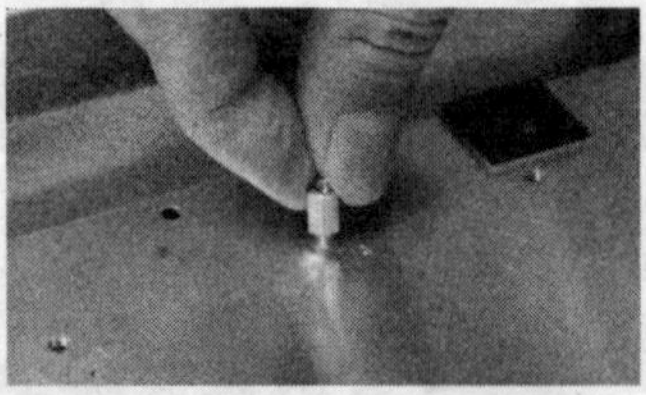

图 3–17

图 3–18

确定机箱安放到位后，就可以通过机箱背部的主板挡板来确定主板。

拧紧螺丝，固定好主板，如图 3-20 所示。

图 3–19

图 3–20

主板安静地躺入到机箱中，安装过程结束，如图 3-21 所示。

图 3–21

2. 安装主板时要注意什么

在装螺丝时，注意每颗螺丝不要一次性就拧紧，等全部螺丝安装到位后，再将每颗螺丝拧紧，这样做的好处是随时可以对主板的位置进行调整。

3-5　安装硬盘

在安装好 CPU、内存之后，我们需要将硬盘固定在机箱的 3.5 寸硬盘托架上。对于普通的机箱，只需要将硬盘放入机箱的硬盘托架上，拧紧螺丝使其固定即可。很多用户使用了可拆卸的 3.5 寸机箱托架，这样安装起硬盘来就更加简单。

图 3-22 是机箱中固定 3.5 寸托架的扳手。拉动此扳手即可固定或取下 3.5 寸硬盘托架，如图 3-23 所示。

图 3–22

图 3–23

图 3-24 为取出后的 3.5 寸硬盘托架。

将硬盘装入托架中，如图 3-25 所示。

图 3–24

图 3–25

拧紧螺丝，如图 3-26 所示。

将托架重新装入机箱，并将固定扳手拉回原位固定好硬盘托架，如图 3-27 所示。

图 3–26

图 3–27

3-6 安装光驱

安装光驱的方法与安装硬盘的方法大致相同。对于普通的机箱，我们只需要将机箱 4.25 寸的托架前的面板拆除，并将光驱放入对应的位置，拧紧螺丝即可。但还有一种抽拉式设计的光驱托架（图 3-28），下面简单介绍其安装方法。

这种光驱设计比较方便，在安装前要将类似于抽屉设计的托架安装到光驱上。

图 3-28

首先像推拉抽屉一样，将光驱推入机箱托架中，如图 3-29 所示。

机箱安装到位，需要取下时，用两手按们将两边的卡片（图 3-30），即可以拉出。

图 3-29

图 3-30

3-7 安装电源

目前，市场上有相当一部分机箱厂商是搭配了电源出售的，也就是说已经将电源安装在机箱的相应位置了，但是我们这里向用户介绍的机箱和电源是分离的。

（1）将电源放进机箱上的电源位。

（2）电源的一面通常有四个螺丝孔。把有四个螺丝孔的一面对准机箱上的电源固定位，将四个螺丝孔对齐，并将四个螺丝拧上但无须紧固。

（3）依次按对角方式拧紧四个螺丝，这样安装保证电源绝对稳固。

图 3-31

装好后的电源如图 3-31 所示。

3-8 安装显卡

目前，PCI-E 显卡已经成为市场主力军，AGP 基本上见不到了，因此在选择显卡时 PCI-E 绝对是必选产品。

如图 3-32 为主板上的 PCI-E 显卡插槽。

用手轻握显卡两端，垂直对准主板上的显卡插槽，向下轻压，如图 3-33 所示。

图 3-32

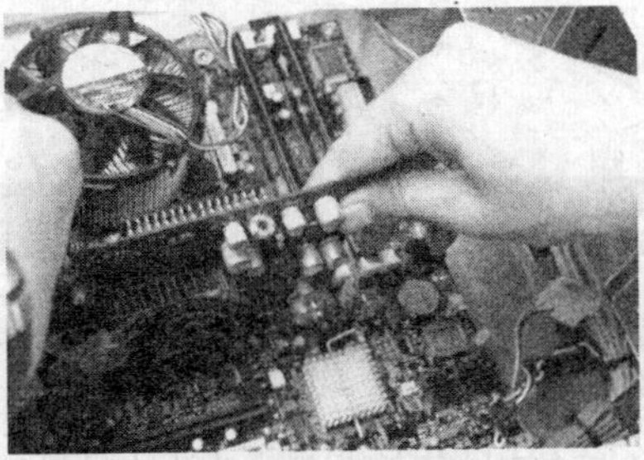

图 3-33

压到位后，再用螺丝固定，就完成了显卡的安装过程。

3-9 安装硬盘电源与数据线接口

安装完显卡之后，剩下的工作就是安装所有的线缆接口了，下面先简单介绍安装硬盘电源与数据线接口的方法。

图 3-34 中的硬盘是一块 SATA 硬盘，右边红色的为数据线，黑黄红交叉的是电源线，安装时将其按入即可。接口全部采用防呆式设计，反方向无法插入。

图 3-34

3-10 安装光驱数据线

光驱数据线均采用防呆式设计，安装数据线时可以看到 IDE 数据线的一侧有一条蓝色或红色的线，这条线位于电源接口一侧，如图 3-35 所示。

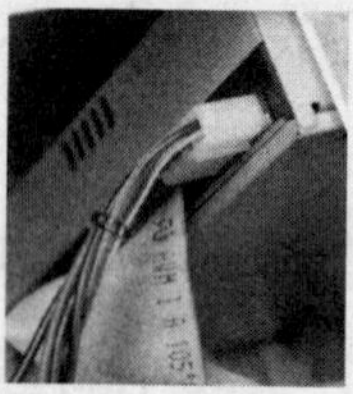

图 3–35

3-11 安装主板上的 IDE 数据线

IDE 口如图 3-36 所示，是用来连接 IDE 设备的，一般是硬盘和光驱。主板上的两个 IDE 口，一个是主接口，一个是副接口。每个 IDE 口可以连接两个 IDE 设备，所以，一台电脑最多可连接四个 IDE 设备。连接的时候要注意，不仅两个 IDE 口之间有主次关系；主硬盘，也就是启动硬盘必须作为主设备接到主 IDE 口上。比较新的主板没有这样的要求。

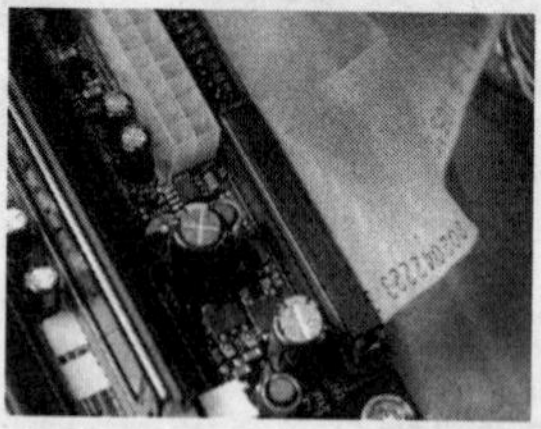

图 3–36

在主板上，主 IDE 口一般用“Primary IDE”或“IDE 1”来表示。另一个用“Secondary IDE”或“IDE 2”表示。在主板的各个接口附近都标明了第一根针的位置，在接线之前先要弄清楚。

3-12 安装主板供电电源接口

在主板上，我们可以看到一个长方形的插槽，这个插槽就是电源为主板提供供电的插槽如图 3-37（a）所示。目前主板供电的接口主要有 24 针如图 3-37（b）所示与 20 针如图 3-37（c）所示两种，在中高端的主板上，一般都采用 24PIN 的主板供电接口设计，低端的产品一般为 20PIN。不论采用 24PIN 和 20PIN，其插法都是一样的 。

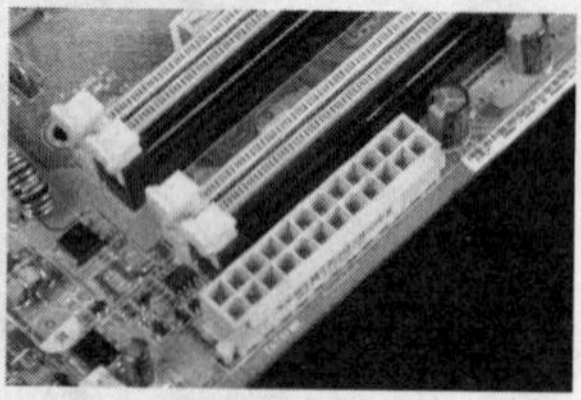

图 3–37（a）

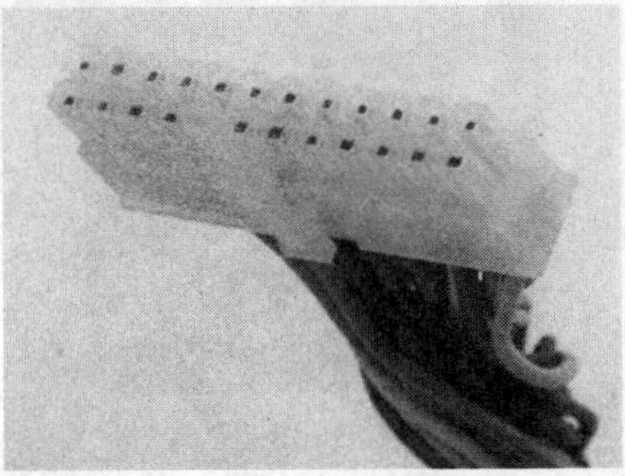

图 3–37（b）

图 3–37（c）

主板供电的接口采用了防呆式的设计，安装时对准直接按进去就可以了，安装好的样子如图 3-37（d）所示。通过仔细观察也会发现在主板供电的接口上的一面有一个凸起的槽，而在电源的供电接口上的一面也采用了卡扣式的设计，这样设计的好处一是为防止用户反插，另一方面也可以使两个接口更加牢固地安装在一起。

图 3–37（d）

3-13　安装 CPU 供电接口

为了给 CPU 提供更强更稳定的电压，目前主板上均提供一个给 CPU 单独供电的接口，有 4 针、6 针和 8 针三种。如图 3-38（a）所示为主板上提供给 CPU 单独供电的 12V 四针供电接口。

图 3–38（a）

如图 3-38（b）所示为电源上提供给 CPU 供电的 4 针、6 针与 8 针的接口。

安装的方法也相当地简单，接口与给主板供电的插槽相同，同样使用了防呆式的设计，让我们安装起来得心应手。安装好的样子如图 3-38（c）所示。

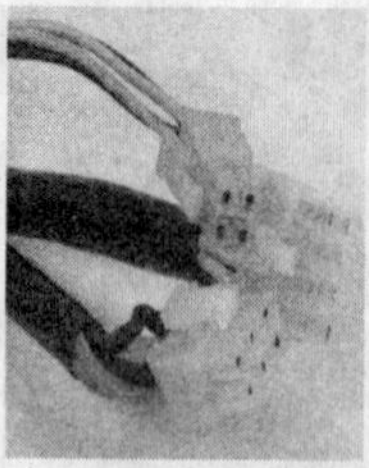

图 3–38（b）

图 3–38（c）

3-14 安装 SATA 设备

SATA 串口由于具备更高的传输速度渐渐替代 PATA 并口成为当前的主流，目前大部分的硬盘都采用了串口设计，由于 SATA 的数据线设计更加合理，给我们的安装提供了更多的方便。接下来认识一下主板上的 SATA 接口。

如图 3-39（a）、图 3-39（b）所示便是主板上提供的 SATA 接口。两块主板上的 SATA 口"模样"不太相同，大家仔细观察会发现，在图 3-39（b）中的 SATA 接口的四周设计了一圈保护层，这样对接口起到了很好的保护作用，在一些知名品牌的主板上一般会采用这样的设计。

图 3–39（a）

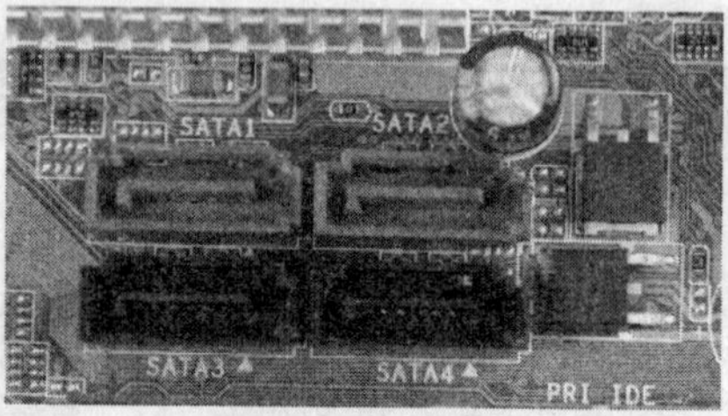

图 3–39（b）

SATA 接口的安装也相当的简单，接口采用防呆式的设计，方向反了根本无法插入，细心的用户仔细观察接口的设计，就能够看出如何连接。连接好后的样子如图 3-39（c）所示。

另外需要说明的是，SATA 硬盘的供电接口也与普通的 4 针梯形供电接口有所不同，图 3-39（d）和图 3-39（e）分别是 SATA 供电接口与普通四针梯形供电接口对比。

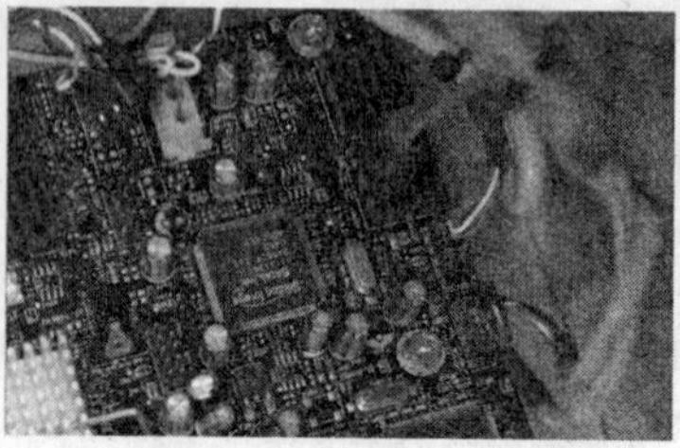

图 3–39 （c）

图 3–39（d）

图 3–39（e）

3-15　安装并口 PATA 设备

图　3–40（a）

PATA 并口目前并没有在主板上消失，即便是在不支持并口 Intel 965 芯片组中，主板厂家也额外提供一块芯片来支持 PATA 并口，这是因为目前大部分光驱依旧采用 PATA 接口。图 3-40（a）中右侧部分标有 IDE1、IDE2 字样的便是 PATA 并口。

PATA 并口设备的安装方法同样简单，看到上图 PATA 接口外侧中部的一个缺口了吗？同样，在 PATA 数据线上一侧的中部也有一个凸出来的部分。安装时将这两个部位对齐，然后稍微用力按进去就可以了，方向反了无法安装，同样是防呆式的设计。

我们在一些主板上还会看到一个图 3-40（b）中这样的接口，样子与并口 PATA 接口相同，但略短，这便是软驱的数据线接口，虽然目前软驱已没有多少人使用，但在某些主板上依旧能够见到。

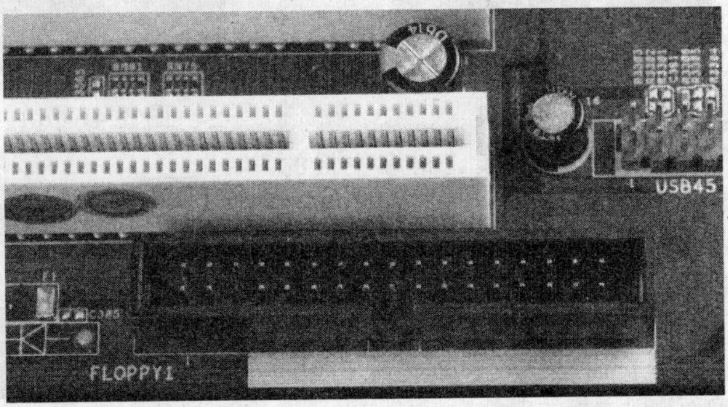

图 3–40（b）

3-16　安装扩展前置 USB 接口

目前，USB 成为日常使用范围最多的接口，大部分主板提供了 8 个 USB 接口，但一般在背部的面板中仅提供 4 个，剩余的 4 个需要我们安装到机箱前置的 USB 接口上，以方便使用。目前主板上均提供前置的 USB 接口，如图 3-41（a）所示。

如图 3-41（b）所示便是主板上提供的前置 USB 接口。这里共有两组 USB 接口，每一组可以外接两个 USB 接口，分别是 USB4、5 与 USB6、7 接口，总共可以在机箱的前面板上扩展 4 个 USB 接口，一般情况下机箱仅接供两组前置的 USB 接口，因此我们只要接好一组即可。

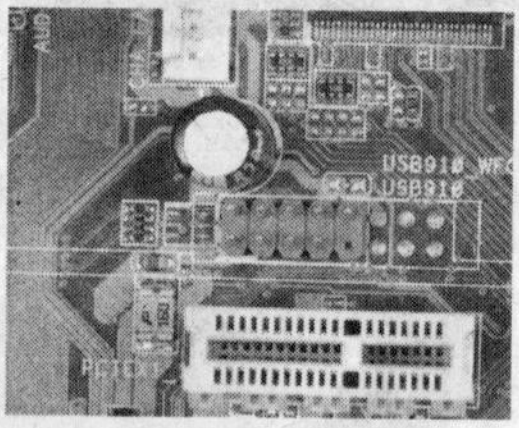

图 3-41（a）

图 3-41（b）

如图 3-41（c）所示是机箱前面板前置 USB 的连接线，其中 VCC 用来供电，USB2-与 USB+分别是 USB 的负正极接口，GND 为接地线。在连接 USB 接口时大家一定要参见主板的说明书，仔细对照，如果连接不当，很容易造成主板的烧毁。图 3-41（d）是主板与 USB 接口的详细连接方法。

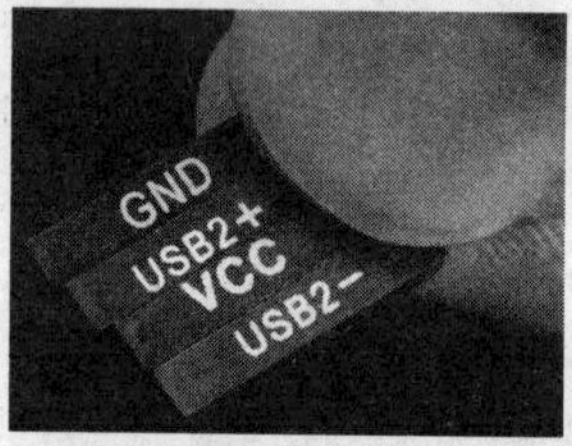

图 3-41（c）

图 3-41（d）

为了方便用户的安装，很多主板的 USB 接口的设置相当的人性化，如图 3-41（e）所示。图中的 USB 接口类似于 PATA 接口的设计，采用了防呆式的设计方法，大家只有以正确的方向才能够插入 USB 接口，大大提高了工作效率，同时也避免因接法不正确而烧毁主板的现象。

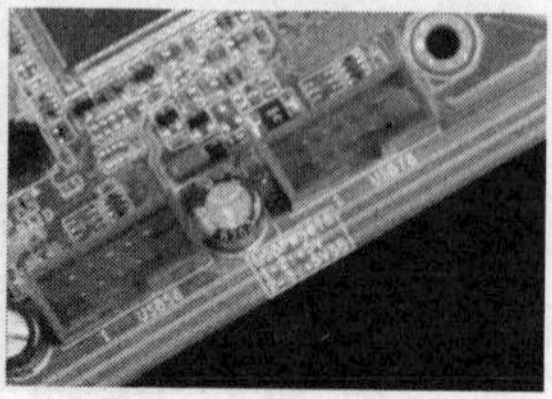

图 3-41（e）

3-17　安装扩展前置音频接口

如今的主板上均提供了集成的音频芯片，并且性能上完全能够满足绝大部分用户的需求，因此我们便没有再去单独购买声卡的必要。为了方便用户的使用，目前大部分机箱除了具备前置的 USB 接口外，音频接口也被移植到了机箱的前面板上，为使机箱前面板上的耳机和话筒能够正常使用，我们还应该将前置的音频线与主板正确地进行连接。

如图 3-42（a）所示便是扩展的音频接口。其中 AAFP 为符合 AC97 音效的前置音频接口，ADH 为符合 ADA 音效的扩展音频接口，SPDIF-OUT 是同轴音频接口。

在这里重点介绍前置音频接口的安装方法，连接示意图如图 3-42（b）所示。

图 3–42（a）

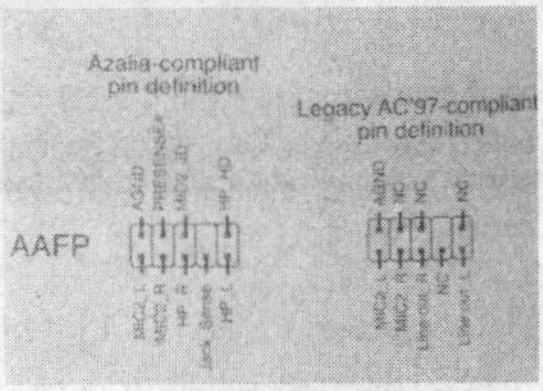

图 3–42（b）

图 3-42（c）所示为连接机箱前置音频插孔与主板扩展插口的音频线。前置的音频接口一般为双声道，L 表示左声道，R 表示右声道。其中 MIC 为前置的话筒接口，对应主板上的 MIC，HPOUT-L 为左声道输出，对应主板上的 HP-L 或 Line out-L（视采用的音频规范不同，如采用的是 ADA 音效规范，则接 HP-L，下同），HPOUT-R 为右声道输出，对应主板上的 HP-R 或 Line out-R，按照分别对应的接口依次接入即可。

另外，在主板上我们还会发现图 3-42（d）中这样的接口，这也是音频接口，不过对应的是光驱背部的音频接口。在某些支持不开机听音乐的电源，我们连接此音频线后即可以利用光驱的前面板上的耳机来听音乐，不过目前这一功能并不常用，大部分机器并不支持这一功能，因此可以不用连接。

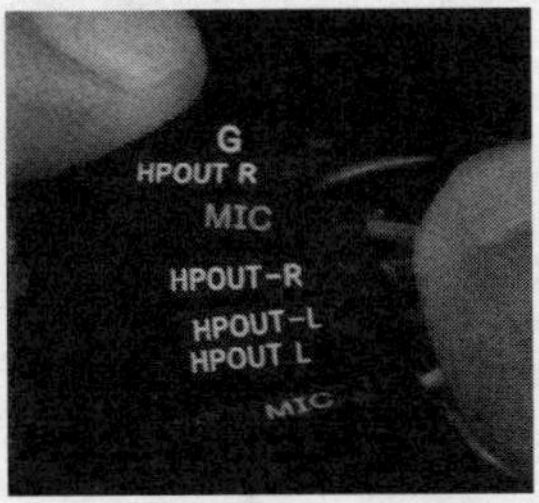

图 3–42（c）

图 3–42（d）

3-18 安装主板上的机箱电源、重启按钮

连接机箱上的电源键、重启键等是装电脑的最后一步，很多朋友对电源线的安装感到丰常头痛，接下来以两款主板为例，详细介绍电源键、重启键等的安装方法。

如图 3-43（a）、图 3-43（b）所示的一组插槽，便是机箱电源、重启等键的插槽。

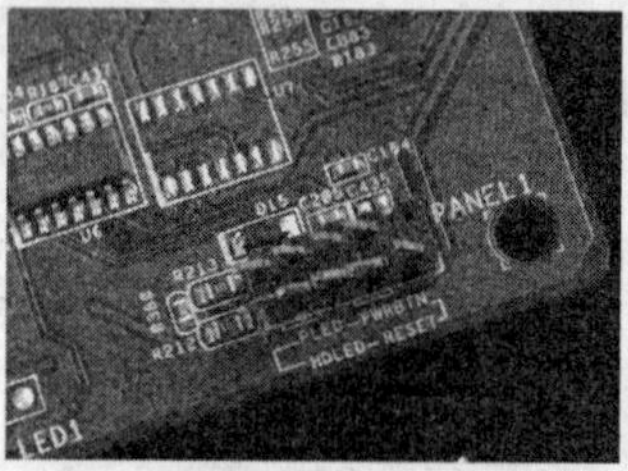

图 3–43（a）

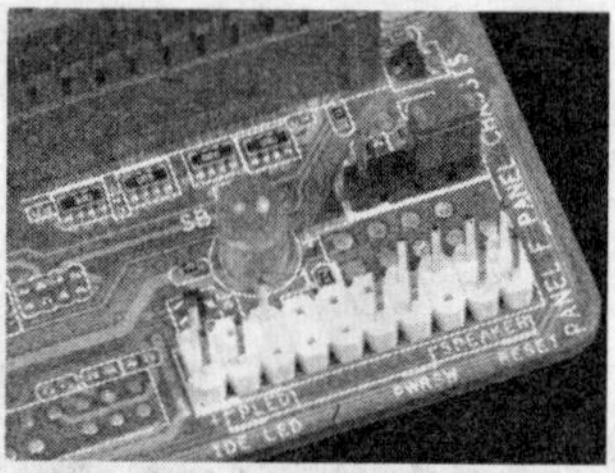

图 3–43（b）

如图 3-43（c）、图 3-43（d）所示分别是机箱中硬盘指示灯、电源、重启、和机箱前置报警喇叭的接口。

图 3–43（c）

图 3–43（d）

硬盘指示灯、电源、重启、和机箱前置报警喇叭的接口与主板插槽的连接示意图如图 3-43（e）所示。其中，PWR SW 是电源接口，对应主板上的 PWR SW 接口，RESET 为重启键的接口，对应主板上的 RESET 插孔，上面的 SPEAKER 为机箱的前置报警喇叭接口，我们可以看到是四针的结构，其中红线的那条线为+5V 供电线，与主板上的+5V 接口相对应，其他的三针也就很容易的插入了。IDE-LED 为机箱面板上硬盘工作指示灯，对应主板上的 IDE-LED，剩下的 PLED 为电脑工作的指示灯，对应插入主板即可。

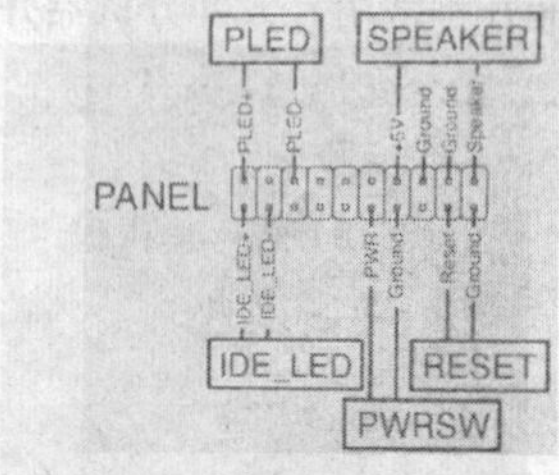

图 3–43（e）

提示!!

硬盘工作指示灯与电源指示灯分为正负极，在安装时需要注意，一般情况下红色代表正极。

3-19　安装主板上的散热器接口

图 3-44（a）、图 3-44（b）和图 3-44（c）中的 CPU-FAM 是 CPU 散热器的电源接口，清楚地看到，目前 CPU 的散热器接口采用了四针设计，与其他散热器相比明显多出一针，这是因为主板提供了 CPU 温度监测功能，风扇可以根据 CPU 的温度自动调整转速。

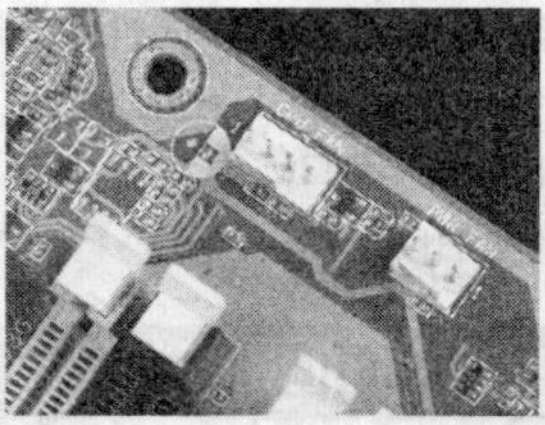

图 3–44（a）

图 3–44（b）

图 3–44（c）

如图 3-44（d）、图 3-44（e）所示，主板上还有一些 CHA-FAM 的插座，这些都是用来给散热器供电的，如果添加了散热器，可以通过这些接口来为风扇供电。

散热器接口均采用了防呆式的设计方法，反方向根本就无法插入。因此，在安装散热器时，只要将散热器与主板上的散热器接口对准，稍微用力，就能安装好。

图 3–44（d）

图 3–44（e）

3-20 如何连接硬盘指示灯连线

硬盘指示灯可以标明硬盘的工作状态，此灯在闪烁，说明硬盘正在存取。连接硬盘指示灯连线时，先从机箱面板连线上找到标有 H.D.D. LED 的两针插头，分别是白红两种颜色（如图 3-45 所示），然后插在主板上标示有 HDD LED 或 IDE LED 字样的插针上。硬盘指示灯的连接也是有方向性的。有些主板上会标示“HDD LED+”和“HDD LED-”，我们需要将红色一端对应连接在 HDD LED+插针上，白线连接在 HDD LED-插针上即可。

图 3–45

3-21 如何连接电源指示灯连线

电源指示灯可以表示目前主板是否加电工作。连接电源指示灯连线时，先从机箱面板连线上找到标有 005ower LED 的三针插头，中间一根线空缺，两端分别是白绿两种颜色（如图 3-46 所示），然后插在主板上标示有 PWR LED 或 P LED 字样的插针上。由于电源指示灯是采用发光二极管，所以连接是有方向性的。有些主板上会标示“P LED+”和“P LED-”，我们需要将绿色一端对应连接在 P LED+插针上，白线连接在 P LED-插针上即可。

图 3–46

3-22 如何连接复位开关连线

复位开关是用于重新启动计算机的。连接复位开关连线时，先从机箱面板连线上找到标有 Reset SW 的两针插头，分别是白蓝两种颜色（如图 3-47 所示），然后插在主板上标示有 Reset 或 RST 字样的插针上就可以，不需要注意插接的正反。

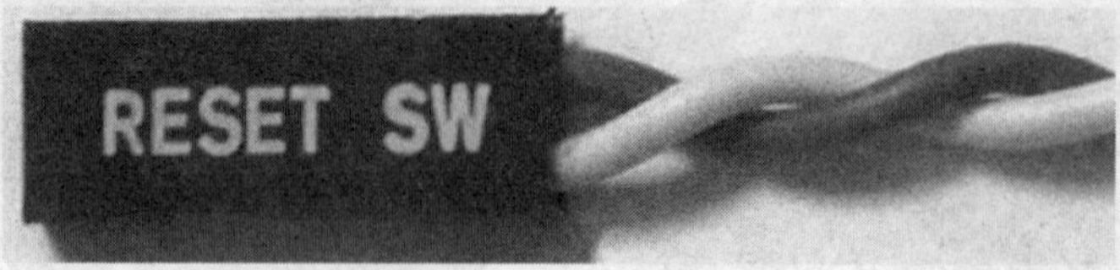

图 3–47

3-23　如何连接电源开关连线

电源开关是激发 ATX 电源向主板及其他各设备供电的信号，机箱面板上的电源开关用于开启/关闭电源（软关机）。连接电源开关连线时，先从机箱面板连线上找到标有 Power SW 的两针插头，分别是白棕两种颜色（如图 3-48 所示），然后插在主板上标示有 PWR SW 或 PWR 字样的插针上就可以，不需要注意插接的正反。

图 3–48

3-24　如何连接扬声器连线

扬声器是主机箱上的一个小喇叭，可以提供一些开机自检错误信号的响铃工作。连接硬盘指示灯连线时，先从机箱内部找到标有 Speaker 的四针插头，中间两根线空缺，两端分别是红黑两种颜色（如图 3-49 所示），然后插在主板上标示有 Speaker 或 SPK 字样的插针上。扬声器从理论上是区分正负极的，红色插正级，黑色插负极，但实际上接反也可以发声。

图 3–49

> 提示!! 一些 AT 主板上，还可能需要连接 CPU 速度切换开关（TB SW）、CPU 工作状态指示灯（TB LED）、键盘锁（Keylock）等连线，但是没有电源开关连线。

3-25　为什么要整理机箱内部连线

至此，一台电脑的内部硬件安装就此完毕，但是机箱内部的连线比较乱，不像品牌电脑的内部连线井然有序。所以，我们还需要将机箱内的各种连线整理好。各种数据线和电源线不要相互搅在一起，减少线与线之间的电磁干扰有利于机器工作。

3-26 如何测试电脑

如果所有设备连接都正确的话，打开电脑开关后，机器中的设备就开始加电运转，其中 CPU 风扇、机箱风扇、电源风扇会开始旋转，并可以听到硬盘电机加电旋转的声音，而光驱也于此时开始进行预检。

经过上述的操作之后，如果电脑可以正确启动，那么就标志着装机任务圆满完成，后续的工作当然还有很多，例如设定 BIOS、安装系统软件等等，这些内容在后面的章节中都会逐一介绍。

当开机测试后，没有发现电脑有什么故障，此时我就可以闭合机箱的挡板了。到此，电脑也就组装完毕了。

通过以上几个简单的步骤后，一台电脑在我们的努力下就组装完成了。

3-27 安装打印机

购买打印机时，首先要注意包装内所附带的配件是否齐全。以下的清单是安装打印机前所要准备的物件：打印机一台，打印机使用说明书一份，彩色墨盒（可能是一组或一个），黑色墨盒一个（可能与彩色墨盒组合成一个），打印机连接线一条，打印机电源线一条，测试打印纸一张，打印机驱动程序（光盘或软盘）。

1. 如何安装针式打印机

针式打印机的接口一般是并行口，只需在断电的情况下用随机配送的信号线将打印机与电脑的并口连接起来，将打印机的电源插头插在电源插座中就完成了硬件的安装。

将打印机的电源打开，再启动电脑，按照操作系统的提示一步一步进行确认即可完成驱动程序的安装。安装完成之后就可以使用打印机了。

2. 如何安装激光打印机

下面以 LJ4000N 打印机的安装为例，说明激光打印机的安装过程及方法。

（1）拆开打印机包装，小心地将打印机和其他配件从包装箱中取出，并检查有无遗失任何配件。

（2）放置打印机，确保放置打印机的地方符合以下的要求：确保打印机周围有足够的空间。在空间不足的情况下长时间使用打印机可能会使热量积聚在打印机内而导致失火。安装墨粉盒。在第一次使用打印机之前，必须先安装墨粉盒、废粉收集盒并设置与计算机连接的接口。将打印机的顶盖完全打开将墨粉盒从包装袋中取出。

（3）使贴有标签的一面向下，用力摇晃墨粉盒（按箭头所示的方向）至少 10 次，以使里面的墨粉松动并混合均匀。

（4）将保护封带小心的撕下。

（5）将墨粉盒装进打印机。

（6）两侧均匀用力地按压墨粉盒顶部印有“PUSH HERE（按此处）”标记的地方如图 3-50 所示，当墨粉盒就位时，会发出“咔嗒”声表明已被锁住。

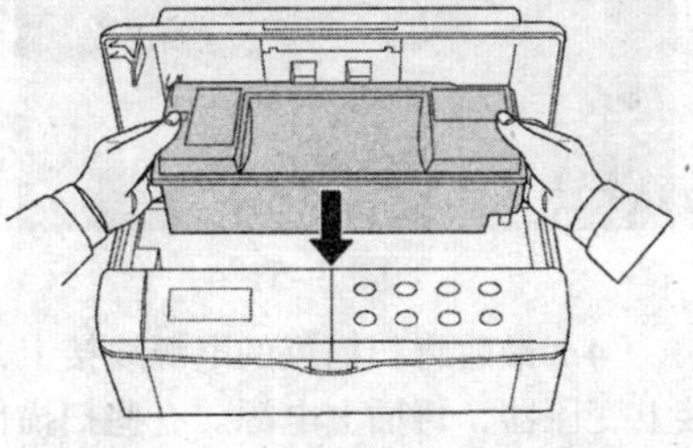

图 3–50

（7）合上顶盖，安装完成。

3. 如何安装喷墨打印机

（1）关闭电脑电源，打印机也不要插上电源，将 USB 连接线的扁接口插到主机后方的 USB 接口。

（2）将 USB 连接线的方接口插到打印机上的 USB 接口。

（3）将打印机的电源连上，再安装相应的驱动程序就可以了，这些会在后面的章节中加以讲解。

3-28　安装扫描仪

早期推出的扫描仪是以 SCSI 及并行接口为标准，那时候买一台扫描仪可能需要另外再购买一张 SCSI 卡，而这两项配备所需的费用可不少，如果使用并行接口来连接扫描仪，那扫图到电脑上所需要的时间就很长。

现在推出的扫描仪比以往的便宜许多，并且安装界面也相当简单，不需要再花钱去购买接口卡，因为现在的机种上都配备了 USB，不用担心并行接口被打印机使用的问题，而且你可以任意即插即用，在传输效率上也更加快速稳定。

同打印机一样，扫描仪的硬件安装相当简单。安装步骤如下：

（1）首先将扫描仪从包装箱中取出，安装前先记得将电脑正常关机，并且不要插上电源。

（2）然后将 USB 连线连接至电脑主机后方，USB 孔在 PS/2 孔下面，如图 3-51 所示。

（3）如图 3-52 所示，接着将 USB 的另一端连接到扫描仪后方。

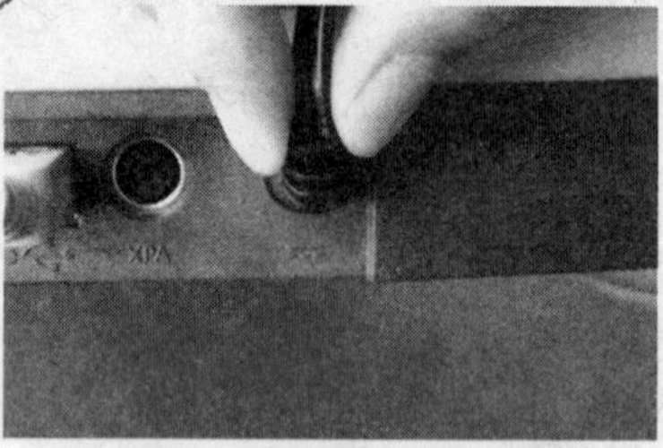

图 3-51

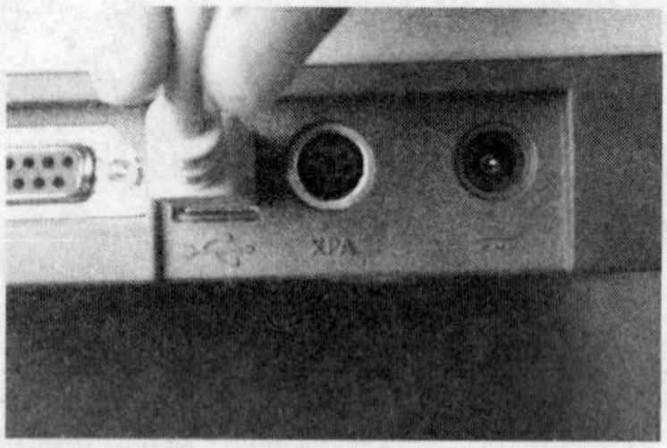

图 3-52

（4）最后将扫描仪的电源线接上，有些机种采用外接变压器，所以需要先接上变压器，再插上电源。有些扫描仪则是内建变压器，所以只需一条电源线即可。将插头接到插座上，然后启动扫描仪电源，准备安装驱动程序就可以了，这些会在后面的章节中继续讲解。

3-29 安装 ADSL MODEM

ADSL 安装包括局端线路调整和用户端设备安装。在局端方面，由服务商将用户原有的电话线中串接入 ADSL 局端设备，只需两三分钟；用户端的 ADSL 安装也非常简易方便，只要将电话线连上滤波器，滤波器与 ADSL MODEM 之间用一条两芯电话线连上，ADSL MODEM 与计算机的网卡之间用一条交叉网线连通即可完成硬件安装 FF0C，再将 TCP/IP 协议中的 IP、DNS 和网关参数项设置好，便完成了安装工作。ADSL 的使用就更加简易了，在家庭环境中，由于 ADSL 不需要拨号，一直在线，用户只需接上 ADSL 电源便可以享受高速网上冲浪的服务了，而且可以同时打电话。

提示!!

读者也可以将 ADSL 设置成需要的使用才使用它，即拨号连接方式。

用户端的 ADSL 的安装分硬件安装和软件安装两部分，下面就来详细的讲述。

1. 如何安装网卡

由于 ADSL 调制解调器是通过网卡和计算机相连的，所以在安装 ADSL Modem 前要先安装网卡，一般选用的是 10/100M 自适应网卡。

在 Windows XP 操作系统环境下，网卡接上主板插槽后，系统会自动安装驱动程序。

2. 如何安装 ADSL MODEM

以家庭用户为对象，以阿尔卡特 ADSL 猫 SpeedTouch Home Plus 511 为例，介绍一下外置 ADSL MODEM 的安装。

图 3–54

阿尔卡特 ADSL 猫 SpeedTouch Home Plus 511 设备包括一个 ADSL MODEM（自带电源）和一个体积较小的滤波分离器，如图 3-54 所示。

安装步骤如下：

（1）安装好网卡（10M，100M 均可），并准备好两条 100M 标准的局域网双绞线（即交叉网线）。

（2）把 ISP 提供的含 ADSL 功能的电话线接入滤波分离器的 LINE 接口，把普通电话接入 PHONE 接口，电话部分完全和普通电话一样使用就行了，并且不需要像大部分 ISDN 设备要通电才能使用电话。

（3）用准备好的 100M 网线从滤波分离器的 MODEM 接口连接到 ADSL MODEM 的 ADSL 接口，再用另一根网线把网卡和 ADSL MODEM 的 10BaseT 接口连接起来，最后接上电源，如图 3-55 所示。

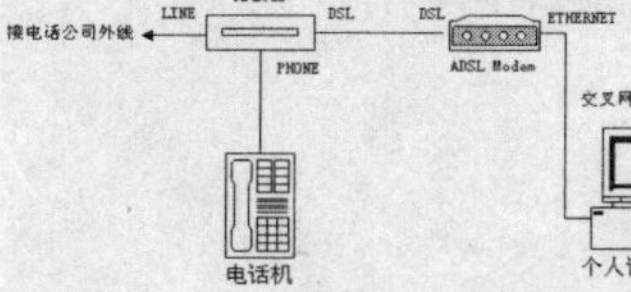

图 3–55

如果需要接入局域网提供共享上网服务，有两种办法：

（1）在电脑上加装一块网卡，然后用一根网线将该网卡和网络交换机或者集线器的一个接口相连即可。

（2）换一个有 10BaseT 接口的 ADSL MODEM，然后将 10BaseT 接口直接连接到网络交换机或者集线器的一个接口就可以了。

至此硬件部分的安装就完成了。

提示!!

① 当 ADSL MODEM 与 10/100M 网卡连接的时候使用 100M 标准制作网线（交叉网线）。
② 当 ADSL MODEM 与 100M 网卡连接的时候将不能工作。
③ 当 ADSL MODEM 与 10M 集线器/交换机连接的时候使用 10M 标准制作网线（直连网线）。
④ 当 ADSL MODEM 与 100M 的集线器/交换机连接用于局域网共享上网大部分将不能工作，而且部分 10/100M 自适应的集线器/交换机也不能正常切换使用 10M 速度，不能工作。

3-30 安装摄像头与耳脉

1. 如何安装摄像头

目前一般的摄像头都是 USB 接口的，而且多数摄像头并不需要外部电源，只要连接到计算机上的 USB 端口上就可以正常使用了。

在 Windows XP 环境下，则将摄像头附带光盘放入光驱中，将摄像头 USB 线头插到 PC 机上，然后系统就会自动识别摄像头，无需手动设置。

2. 如何安装耳脉

耳脉的安装很简单，只需要按照如图 3-56 所示，将话筒、耳机/音箱插头分别插入红色和绿色端口中即可。

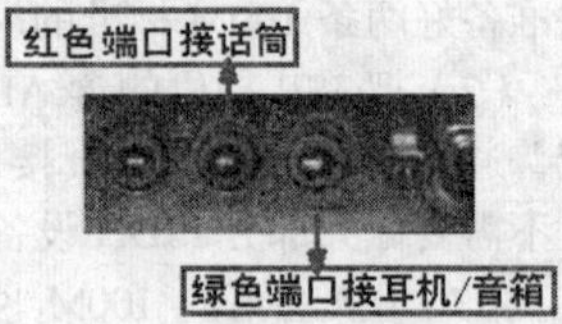

图 3-56

第 4 章

安装电脑操作系统

电脑组装与 BIOS 设置速查 1 000——本章内容

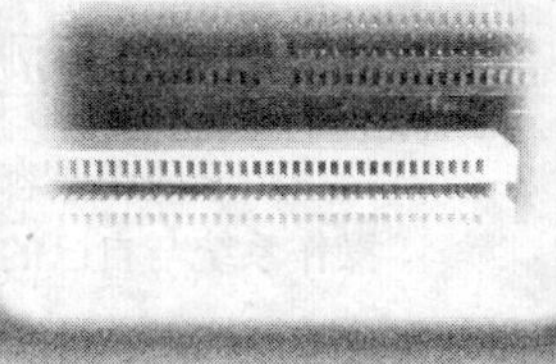

4-1 安装 Windows XP

1. 什么是 FAT

FAT 是一种供 MS-DOS 及其他 Windows 操作系统对文件进行组织与管理的文件系统。文件分配表（FAT）是当您使用 FAT 或 FAT32 文件系统对特定卷进行格式化时，由 Windows 所创建的一种数据结构。Windows 将与文件相关的信息存储在 FAT 中，以供日后获取文件时使用。

2. 什么是 FAT32

FAT32 是一种从文件分配表（FAT）派生而来的文件系统。与 FAT 相比，FAT32 能够支持更小的簇以及更大的容量，从而能够在 FAT32 卷上更为高效地分配磁盘空间。

3. 什么是 NTFS

NTFS 是一种能够提供各种 FAT 版本所不具备的性能、安全性、可靠性与先进特性的高级文件系统。举例来说，NTFS 通过标准事务日志功能与恢复技术确保卷的一致性。如果系统出现故障，NTFS 能够使用日志文件与检查点信息来恢复文件系统的一致性。在 Windows 2000 和 Windows XP 中，NTFS 还能提供诸如文件与文件夹权限、加密、磁盘配额以及压缩之类的高级特性。

4. 如何快速安装 Windows XP

如果要快速安装 Windows XP 操作系统，则可以按照如下方法进行操作。

（1）首先制作一张 Windows 98 系统启动盘，然后将 Windows 98 系统安装目录下 Windows 目录中的 Smartdrv.exe 文件直接拷贝到 Windows 98 系统启动盘里面，再将 Windows 98 等 MS-DOS 启动软盘放入软驱。

（2）在光驱中放入 Windows XP 安装光盘，然后进入电脑 BIOS，把启动的顺序改为由软盘启动，保存后退出 BIOS，系统重新启动进入 DOS 状态。

（3）运行 Smartdrv.exe，然后进入 Windows XP 安装光盘所在驱动器，进入到 I386 目录下，运行 Windows NT 即可开始安装 Windows XP 系统了。

5. 如何测试 Windows XP 与所要安装的电脑是否兼容

由于使用兼容机，在安装新的 Windows XP 系统之前，如何测试这个新的操作系统与自己的机器是不是兼容?

（1）首先访问微软的 Windows XP 硬件支持网站 http://www. Microsoft. Com/hcl，在此可以找到 Windows XP 可以支持的所有主流设备。

（2）根据使用情况来看，新的 Windows XP 可以很好地支持目前流行的各种硬件设备，如果所用电脑与 Windows 2000 兼容，那么运行 Windows XP 将不会有问题。另外，一些 Windows 2000 的设备驱动程序也可以与 Windows XP 有很好的兼容性。至于软件，相关的问题可能更小一些，出现兼容性问题的机会更小一些。但一些运行时需要调用系统底层文件的程序将不能运行，如杀毒程序、磁盘管理工具等。

6. 如何制作 Windows XP 自动安装光盘

Windows XP 使用起来虽然简单，安装 Windows XP 过程却相当漫长，众多的选项需要选择，而且要频繁地重新启动，让人等得有些不耐烦。尤其要在多台机器上安装时，那就更麻烦了。其实，我们可以制作出一张真正自动安装的光盘，只要把光盘放入光驱，并利用它来启动系统就可以真正无人干预完成系统的安装。方法为：

（1）拷贝安装文件。把 Windows XP 上的所有文件及文件夹拷贝到 C:XPSETUP 文件夹下。

（2）制作自动应答文件。先找到 Windows XP 安装光盘，并把它放入光盘驱动器中；启动“资源管理器”，定位到安装光盘的 Support Tools 文件夹下，选择其中的 Deploy. cab 文件，双击后用 WinZip 把其中的所有文件都解压到一个临时文件夹（如 C:XPSETUP 文件夹）下，然后双击该文件夹下的 Setupmgr.exe 文件，运行“Windows 安装管理器”，通过这个工具生成 Unattend.txt 文件，在选择保存 Unattend.txt 文件的路径时，把它保存到 C:XPSETUPI386 文件夹下。

（3）制作启动盘。先在 Windows 98 中单击“开始”/“控制面板”/“添加/删除程序”，然后在出现的窗口中选择“启动盘”选项卡，在软驱中插入软盘，同时在光驱中放入 Windows 98 安装光盘，然后单击“创建启动盘”按钮生成 Windows 98 启动软盘。

（4）修改自启动文件。把 Windows 98 中的 Himem.sys 和 Smartdrv.exe 两个文件拷贝到启动软盘上，同时删除原先启动盘上的 Ebd.cab 文件。用记事本打开启动软盘上的 Config.sys 文件，把文件里所有的内容都删除掉，而后加入如下语句：

```
device=himem.sys
device=oakcdrom.sys /D：mscd001
Lastdrive=Z
```

再用记事本打开启动软盘中的 Autoexec.bat 文件，删除里面的所有内容，然后在其中加入如下语句：

```
@echo off
smartdrv.exe
mscdex.exe /D:mscd001 /L:Z
Z:
cd I386
winnt32 /unattend:unattend.txt
```

（5）刻录自启动光盘。把自启动软盘放入软驱，运行 Nero-Burning "Rom 刻录"软件，会出现"新建专辑"窗口，在"新建专辑"对话框中选择"CD-ROM（可启动）"，并选中"启动"标签下的"启用专家设置（仅适用于高级用户）"选项，其余的保留默认值，然后把 C:XPSETUP 下的所有文件拖放到光盘根目录下，然后刻录即可。

（6）用光盘自动安装。把光盘插入光驱，重新启动电脑，按下 Del 键，进入 BIOS，设置优先从光盘启动系统，然后光盘就会自动引导电脑，并按照 Unattend.txt 中的设置自动安装 Windows XP。

提示!!

①以上对于 Windows 98/2000，其操作方法大同小异。

②在 Windows XP 拷贝完文件到硬盘，第一次重新启动电脑前，必须把光盘从光驱中取出，否则系统仍会从光盘启动并会循环执行安装程序。

③与 Windows 光盘引导安装系统相比，省去了繁琐的选择选项过程，令安装过程更加轻松。

④这里只是从技术角度讨论自动安装 Windows 的可行性，读者不要随意复制 Windows XP 安装光盘。

7. 如何制作 Windows XP 启动盘

方法为：

（1）插入软盘。

（2）在软盘驱动器的图标上右击，在弹出的菜单中选择"格式化"。

（3）选中弹出的"格式化"窗口里的"格式化选项"下的"创建一个 MS-DOS 启动盘"复选框，然后单击"开始"按钮，系统就会开始创建启动盘。

8. 如何在 DOS 下快速安装 Windows XP

Smartdrv.exe 文件能将内存的一部分模拟成磁盘缓冲以加快文件的存取，所以在 DOS 下安装 Windows XP 时，先运行 Smartdrv.exe 文件能够大大地提高文件的复制速度。但这个程序要使用扩展内存，所以运行时必须事先加载 Himem.sys。

方法为：

（1）利用 Windows 98 控制面板中的“添加/删除程序”创建一张启动盘。

（2）在 C 盘下查找 Himem.sys，然后将它拷贝到启动盘上。

（3）在启动盘上新建文本文件，加入这样一句：device=himem.sys，保存并将该文件重命名为 Config.sys。

（4）在 Windows 98 安装目录中找到 Smartdrv.exe 文件，将它也拷贝到启动盘中。

（5）用创建的这张启动盘启动电脑，在提示符后输入“Smartdrv C+20480”，然后按 Enter 键回车。

提示!!

其中参数“C+”表示把虚拟的缓冲区指定给硬盘 C 盘，用户可以根据自己的要求来设置 Windows XP 的安装位置；“20480”指虚拟缓冲区的大小，单位为 KB，一般为物理内存大小的 1/3 左右。

（6）现在就可以安装了，将 Windows XP 的安装光盘放入光驱中。如果光驱的盘符是 F 盘，那么改变驱动器到 F 盘的 I386 目录中，输入 Winnt 并按 Enter 键，安装 Windows XP 开始了。

9. 安装 Windows XP 前有哪些准备事项

在安装 Windows XP 前，请先确定做好以下工作。

（1）不论使用的是台式 PC 或笔记本电脑，请先与 PC 厂商确定是否有其安装或升级应注意事项，或安装后的搭配问题，有些厂商会利用此机会推出新的 BIOS 来支持 Windows XP 新的功能规格。

（2）事先确认外设是否有更新的驱动程序或是否兼容 Windows XP。

（3）建议不要超频 CPU。

（4）关闭 BIOS 之病毒侦测功能以及电源管理系统。关闭病毒侦测方法：在 BIOS FEATURES SETUP 里的 Virus Warning 设定成 Disabled。

（5）关闭电源管理系统：请在 POWER MANAGEMENT SETUP 里的 Power Management 设定成 Disables。

（6）如有装设 KeyPro（保护卡）也请卸下，等安装完毕后再装回。

（7）在运行安装程序之前最好进行病毒扫描。

（8）在运行安装程序之前先运行 ScanDisk 或 Chkdsk，检查有无坏扇区或坏轨。

（9）如果有任何有关硬件或软件的问题，请在安装 Windows XP 中文版之前先行修复。

（10）备份 Autoexec.bat 及 Config.sys 到软盘上 。

（11）删除 Config.sys 及 Autoexec.bat 文件中所有不必要的程序。这些程序包括 Undelete 程序、防毒软件、启动组态程序或任何磁盘公用程序等。

（12）将 BIOS 设成 Load setup default 或 Load BIOS default。

（13）删除安装时不需要的硬件装置（如：声卡、MPEG 卡，或其他特殊的适配卡）

10. 如何更改 Windows XP 序列号

在 Windows XP 安装完毕以后，可能由于某些原因用户想在已经安装完毕的 Windows XP 上更改序列号，使用激活向导可以完成这样的功能。建议用户在修改之前作一个系统还原点，以免误操作引起不必要的麻烦。

要更改 Windows XP 序列号，方法为：

（1）单击“开始”/“运行”，在打开的对话框中输入 regedit 后按 Enter 键，打开注册表编辑器。

（2）找到如下子项分支：

HKEY-LOCAL-MACHINE\Software\Microsoft\WindowsNT\CurrentVersion\WPAEvents

（3）在编辑器窗口的右边窗口中右击值项 OOBETimer，然后选择“修改”，至少修改一个字节。

（4）单击“确定”按钮，然后依次单击“开始”/“运行”，在打开的对话框中输入%systemroot%\system32\oobe\msoobe.exe /a 后按 Enter 键。

（5）在出现的对话框中选择“通过电话激活”，然后单击“下一步”按钮。

（6）在出现的对话框中单击修改序列号，输入新的序列号以后选择“更新”，如果退回到前一个画面，那么选择“稍后激活”，并重新启动。

（7）重复前面的操作，直到修改成功为止，重新激活。

（8）单击“确定”按钮，安装 SP1。

11. 怎样安装 Windows XP 不用输入序列号

要做到安装 Windows XP 不用输序号（是不用输，不是不用序号）要有一个前提，就是 Windows XP 原文件已经拷到了硬盘上或者光盘是可读写的。方法如下。

在 I386 的文件夹下放一个叫 WINNT.SIF 的文件，内容如下：

UserData ProductKey=XP 的注册码

//注意，这个是 Windows XP 的注册码，要写在这里

Data AutoPartition=0
MSDosInitiated=0

```
UnattendedInstall=Yes
Unattended
UnattendMode=GuiAttended
TargetPath=WINNT
Hibernation=1
OemPreinstall=No
OemSkipEula=Yes
CrashDumpSetting=0
DisableDynamicUpdates=Yes
UnattendSwitch=Yes
```

12. 如何辨认真假中文版 Windows XP

下面这个方法是用来查看 Windows XP 是否为真正的中文版。

（1）执行“开始”/“所有程序”/“附件”/“通信”/“超级终端”，看看是否为中文界面及中文名称。如果 Windows XP 是英文汉化的，那么在这里肯定会露出马脚。

（2）运行 dxdiag.exe（在 system32 文件夹中，注意要显示所有系统文件后才能找到），然后看看 DirectX 诊断程序中的系统信息，看看系统信息中的操作系统版本是否为 5.1.2600，看看系统信息中的语言及区域设定是否都为中文。

对于主板 IDE 驱动程序的安装，现提供几点参考建议：

（1）在各种驱动程序之中，最重要的首推主板识别和管理硬盘的 IDE 驱动程序或补丁，强烈建议先安装 IDE 驱动或补丁，再安装 AGP 的驱动或补丁。因为现在流行的显示卡都是 AGP 接口的，AGP 有个很大的特点就是在本身的显存不足的时候，会借用系统的物理内存对视频任务进行补充。在视频任务结束后，AGP 显示卡要释放所占用的物理内存，这样就得要求系统首先记录 AGP 显示卡所占用的内存，在 Windows 后台内部协调其他程序不再调用这部分的内存；然后在释放物理内存后，又通知系统重新把这部分释放的内存标记为可用。这些步骤都必须通过硬盘中 Windows 目录下的相关文件作协调和记录状态，所以 AGP 显示卡除了靠主板上的 AGP 插槽外，和硬盘的关系也是很密切的。如果硬盘的 IDE 驱动程序没装好，可能会严重影响到 AGP 的显示卡的使用。

（2）其次，IDE 驱动没装好的话，硬盘厂家及型号就可能无法被 Windows 识别，从而不能使用 ULTRA DMA 功能；装好了 IDE 驱动以后，Windows 使用了其 DMA 的功能工作，安装其他的驱动程序和 DIRECTX 等也会更快。所以应该优先处理好主板的 IDE 驱动，仔细阅读厂家配套的 README 文件，及安装光盘中驱动程序的对应性——因为一张光盘中往往包含了这个厂家其他主板类型的 IDE 驱动，如果装错了的话，很可能会造成 Windows 一进入图形界面就死机（连安全模式都不能进入），其他的任何任务都无法再进行。所以，安装 IDE 驱动应该优先考虑，而且要小心谨慎。发现主板 IDE 程序和你的配件确实不兼容的话，也能及时更换。

13. 如何安装 AGP 显卡的补丁

关于 AGP 显卡补丁的安装，现提供几点参考建议：

（1）显示卡的驱动因为影响到其他任务的状态显示，搞得不好也是死机和黑屏频繁，所以应该放在声卡、网卡等板卡之前安装。

（2）有些主板光装上显示卡的 AGP 驱动还是不能完全使用显示卡的某些功能，要安装其补丁。建议你在装机前下载最新的补丁做好准备，而且应该在 IDE 驱动程序后再安装 AGP 显示卡的补丁等。虽然这个问题并不普遍，但也小心为是，还是先装 IDE 驱动为好，免得因死机问题要重装 Windows 系统和重新设置桌面、用户习惯的麻烦。

14. 如何使重装 Windows XP 不需再激活

如果需要重装 Windows XP，通常必须重新激活。要使得重装 Windows XP 不需再激活，方法为：

（1）在第一次激活时，备份好 Windows\System32 目录中的 Wpa.dbl 文件，就不用再进行激活的工作了。

（2）在重装 Windows XP 后，只需要复制备份下来的 Wpa.dbl 文件到 Windows\System32 目录下即可。

15. 如何使用 Internet 激活 Windows XP

要使用 Internet 激活 Windows XP，方法为：

（1）单击“开始”/“所有程序”/“附件”/“系统工具”。

（2）单击激活 Windows，或单击任务栏状态区域的 Windows 激活图标。

（3）单击“是，现在通过 Internet 激活 Windows”。

（4）单击“阅读 Windows 产品激活隐私声明”，单击“返回”按钮，然后单击“下一步”按钮。

（5）使用以下步骤之一：

①如果想要同时注册并激活 Windows，单击“是，我想同时注册并激活 Windows”，单击“阅读 Windows 产品激活隐私声明”，单击“返回”按钮，然后单击“下一步”按钮。

②在注册表的相应信息框中键入你的联系信息，然后单击“下一步”按钮。

③旁边带星号（*）的信息是必填信息，或如果您只想激活 Windows，则单击“否，我现在不想注册，只想激活 Windows”，然后单击“下一步”按

钮。向导将与激活服务器建立连接，然后处理激活请求。

（6）完成激活并显示以下信息时，单击“确定”按钮，完成操作。

16. 如何使用电话激活 Windows XP

要使用电话与 Microsoft 顾客服务代表联系并激活 Windows，方法为：

（1）单击“开始”/“所有程序”/“附件”/“系统工具”。

（2）单击“激活 Windows”，或单击任务栏状态区域的 Windows 激活图标。

（3）在出现的对话框中单击“是，我想打电话给顾客服务代表来激活 Windows”。

（4）单击“阅读 Windows 产品激活隐私声明”，单击“返回”，然后单击“下一步”。

（5）执行使用电话激活 Windows 对话框中列出的步骤，然后单击“下一步”。

（6）当完成激活并收到以下信息时，单击“确定”，完成操作。

17. 怎样检测 Windows XP 是否被激活

要想确认 Windows XP 是否已经被激活，方法为：

单击“开始”/“运行”，在打开的“运行”对话框中输入 oobe/msoobe /a（注意：/a 前有一个空格），按 Enter 键，在出现的“激活 Windows”窗口中单击“确定”按钮就将该窗口关闭。

18. 怎样备份激活信息

众所周知，在 Windows XP 和 Office XP 中加入一种新的防盗版激活技术。一般产品安装完成后都要激活，但如果重新安装系统或者更换新硬件后，又得重新激活，非常麻烦。

其实，对于 Windows XP，只要把 Windows\System32\wpa.dbl 备份一下，重新安装系统后再把这个文件覆盖一下即可。

而对于 Office XP，则只要备份 C:\Program Files\Common Files\Microsoft Shared\Office10\ mso.dll 即可。用这种方法就再也不用去找微软解释为什么换机器硬件或其他原因了，省了一份心。

19. 如何添加 Windows XP 组件

要添加 Windows XP 组件，方法为：

（1）以 Administrator 或 Administrators 组的成员身份登录。

（2）单击“开始”、/控制面板”，在打开的“控制面板”窗口中双击“添加或删除程序”图标。

（3）在打开的“添加或删除程序”对话框中单击“添加/删除 Windows 组件”，“Windows 组件向导”将启动。

（4）在出现的组件列表中，单击选中要添加的组件旁边的复选框。如果某个组件的复选框被灰显，则说明只选择了它的一些子组件进行安装。若要查看子组件的列表，请单击“详细信息”按钮。单击选中要添加的子组件旁边的复选框，然后单击“确定”。如果“详细信息”按钮不可用，则说明该组件不包含子组件。

（5）单击“下一步”按钮。

（6）如果出现插入磁盘对话框，请使用以下方法之一：

①将 Windows XP 光盘插到 CD-ROM 或 DVD-ROM 驱动器中，然后单击“确定”按钮。

②单击“确定”按钮以查找 Windows XP 安装文件。在所需文件对话框中，单击“浏览”，查找 Windows XP 安装文件，然后单击“打开”。

（7）在“完成‘Windows 组件向导’”对话框中单击“完成”按钮。

20. 如何从 FAT 32 格式转换 NTSF 格式

Windows XP 本身支持 NTFS 分区，使用 NTFS 分区的安全程度和磁盘管理比其他分区格式要好。在安装 Windows XP 时，系统会自动让你选择是否将现有分区转化为 NTFS 分区。

如果当时没有选择，而现在又想将硬盘从 FAT32 转为 NTFS，除了使用 Partition Magic 等工具软件外，还有一个更为简单实用的方法：

（1）单击“开始”/“所有程序”/“附件”/“命令提示符”。

提示!! “命令提示符”是 Windows XP 内置的一个类似于 DOS 的界面，内部所有的指令语句和 DOS 下的基本相同。

（2）打开“命令提示符”窗口以后，在光标的提示符下输入“covert c:/FS:NTFS”，然后按 Enter 键。

提示!! 在 covert 后面有一个空格。

（3）系统要求输入 C 盘的卷标，然后按 Enter 键。

提示!! ①上面的操作只用于 FAT32 转为 NTFS，而不能将 NTFS 转为 FAT32。

②如何才能磁盘卷标呢？在“我的电脑”窗口中右击 C 盘盘符，在出现的菜单中选择“属性”，在打开的对话框中就可以找到。

21. 如何安装或更改程序

要更改程序，方法为：

（1）单击“开始”/“控制面板”，在打开的窗口中双击“添加或删除程序”图标。

（2）在打开的“添加或删除程序”对话框的“当前安装的程序”列表框中，单击要更改的程序，然后单击“更改/删除”按钮。

（3）接下来按照说明进行更改即可。

22. 如何制作密码重设盘

密码在 Windows XP 里面是很重要的，如果忘记了密码就无法登录。如果创建一张“密码重设盘”，该问题就可以解决。

要制作密码重设盘，方法为：

（1）在“控制面板”窗口中打开用户账户，单击你的账户名。

（2）在位于窗口左侧的“相关任务”下面，选中“防止忘记密码”，然后选择“下一步”按钮。

（3）系统提示需要一张磁盘，准备一张空白的磁盘插入软驱里面，然后单击“下一步”按钮。

（4）输入当前账户的密码以后，单击“下一步”按钮，开始创建密码重设盘。

（5）如果以后忘记了密码，在出现欢迎屏幕时，单击“用户名”，然后键入密码。如果忘记了密码，则会显示“您是否忘记了自己的密码？”单击“使用密码重设盘”可启动“密码重设向导”，按照“密码重设向导”中的指示，创建新密码，使用新密码登录，然后将密码重设盘收藏到安全地方，以备将来需要重设密码时使用，不必制作新的密码重设盘。

23. 如何利用光盘检测系统兼容性

Windows XP 作为目前个人安装使用的最新操作系统，在一些老的电脑上经常会碰到安装过程出现不兼容的情况，使得安装过程到了一半就被迫结束。为了避免这种情况的发生，可以在安装 Windows XP 之前，借助其安装光盘来对系统的兼容性进行一些检测。

要利用光盘检测系统兼容性，方法为：

（1）将安装光盘放入光驱，一般都会自动打开欢迎使用界面。

> 提示!! 如果禁止光盘自动运行，可以执行光盘中的 SETUP.EXE 命令，同样可以打开。

（2）单击界面上的最后一项“检查系统兼容性”，然后单击“自动检查我的系统”。过一会儿就会显示检查结果，汇报不兼容的项目。

> 提示!! 要想安装使用 Windows XP 就得先解决好这些不兼容的项目才行，免得中途被迫停止。

24. 如何在升级系统时保留配置文件

将 Windows 98 或 Windows ME 配置文件升级到 Windows XP 域用户配置文件。

保留配置文件的最好方法是在升级安装过程中加入到域中。否则，必须使用变通办法将配置文件信息转移到 Windows XP 配置文件中。

在升级安装过程中的网络部分，管理员可以选择加入域或工作组。如果此时加入到域中，可确保将现有的所有配置文件成功地迁移到 Windows XP 安装中。

如果在升级期间没有将电脑加入到域中，则必须采取下面的措施：

（1）将升级后的电脑加入到目标域中。

（2）所有相关用户都必须登录并注销一次（以生成配置文件）。

（3）将相应的 Application Data 文件夹从 Windows 98 和 Windows Me 配置文件复制到新创建的用户配置文件中。

25. 如何修改环境变量解决应用程序安装错误

用户在 Windows XP 系统中安装某些应用程序时，会出现系统找不到路径的错误，从而导致安装失败。造成这种情况的主要原因在于，Windows XP 系统支持多用户操作，并且支持中文方式的用户名称，不同用户的用户变量默认方式为系统安装目录：Documents and Settings 用户名 Local settings temp，比如用户名为“黄忠”，那么所用的用户变量就是：d:documents and settings 黄忠 Local settings temp。

一般情况下，当运行应用软件的安装程序时，安装程序会将文件解压缩到这个目录中，但是由于部分安装程序对包含中文名称的路径方式不支持或支持不好，如果用户在 Windows XP 系统中建立了中文方式的用户名称，那么安装程序就会出现找不到路径的错误。

将用户的用户变量方式修改为不包括中文方式的目录，就可以避免此问题的发生。方法为：

（1）单击“开始”菜单，在“我的电脑”图标上单击鼠标右键，然后选择“属性”命令，打开“系统属性”对话窗口。

（2）单击“高级”选项卡，在“高级”设置页面中单击“环境变量”按钮，进入“环境变量”设置窗口。

（3）此时可以看到窗口上方的“用户的用户变量”列表框中显示了用户变量 temp 和 tmp 的设置情况，用户可在此单击“编辑”按钮对 temp 和 tmp 的变量值进行修改，将变量值由“%userprofile%Local settings temp”改为“d:temp”。

（4）修改完成后单击“确定”按钮退出。重新启动 Windows XP 系统即可应用修改后的环境变量，此时当再次运行安装程序时就不会出现找不到路径的错误了。

26. 重装操作系统需要备份些什么

由于各种天灾人祸及一些不可抗拒的因素，系统垮掉是经常会遇到的问题，这时候就需要重装操作系统，那么重装操作系统需要备份些什么呢？

（1）备份用户数据。自己的东西，如“我的文档”文件夹里的文件，软件设置，游戏的存档、下载的好东东等。这些用户数据是非常重要的，可把这些文件压缩后放到绝对安全的地方——硬盘非系统分区，光盘或者 Internet 上。

（2）及时备份注册表。注册表中存放着有关电脑所有设置和各种软硬件的注册信息，所以它的重要性是可想而知了。备份的方法很简单：只需打开“开始”/“运行”，在其中输入 Regedit 后按 Enter 键，打开“注册表编辑器”；单击“文件”/“导出”菜单命令，在出现的对话框的“导出范围”中选择“全部”，然后输入导出的注册表文件名，按“确定”按钮就可以了，别忘记把这个注册表文件也要存放在 C 盘以外的分区上。

（3）备份 IE 收藏夹。IE 收藏夹中的内容实际上是存在 C:\Documents and Settings\用户名\收藏夹\目录下的一个个 URL 链接，把它们复制到一个备份文件夹，重新安装完操作系统后再将其复制到原来的目录下，完成后恢复即可。

（4）备份“收件箱”与“已发送邮件”。它们通常位于 C:\Documents and Settings\用户名\Local Settings\Application Data\Identities，可以看到形如{********-****-****-****-************}的一长串数字文件夹，进入后，再依

次进入 Microsoft\Outlook Express 目录下，拷贝“收件箱.dbx”和“已发送邮件.dbx”进行备份。重装系统后再将所备份的文件粘贴覆盖已有文件即可。

（5）备份邮件账号。多个邮件账号对网民来说并不是件新鲜事。若需备份邮件账号，方法为：单击“开始”/“运行”，在打开的对话框中输入 Regedit 后按 Enter 键，打开“注册表编辑器”；然后找到如下子项分支：HKEY_ CURRENT_ USER\ Software\Microsoft\InternetAccountManager\Accounts。

单击 Accounts，在菜单中单击“文件”/“导出”命令，在“导出范围”中选择“所选分支”，输入注册表文件名（.reg），然后单击“确定”按钮即可。

以后恢复时只需双击备份的注册表文件即可将其加入注册表。

（6）备份邮件地址簿。若需备份地址簿，只需将 C:\ Documents and Settings \用户名\Application Data\Microsoft\Address Book 中的文件保存即可，其中 xxx.wab 中的 xxx 为安装 Windows 时定义的用户名。

（7）使用 Ghost 备份系统。Ghost 是著名的硬盘复制备份工具，它不仅具有硬盘克隆功能，还附带有硬盘分区、硬盘备份、系统安装、网络安装、升级系统等功能。

27. 如何查看 Windows XP 版本号

如果要查看自己 Windows XP 的版本号等信息，可以通过找到 Windows/system32/NTOSKRNL.EXE 文件，单击鼠标右键，选择“属性”命令，然后选择“版本”选项卡即可查看，如图 4-1 所示。

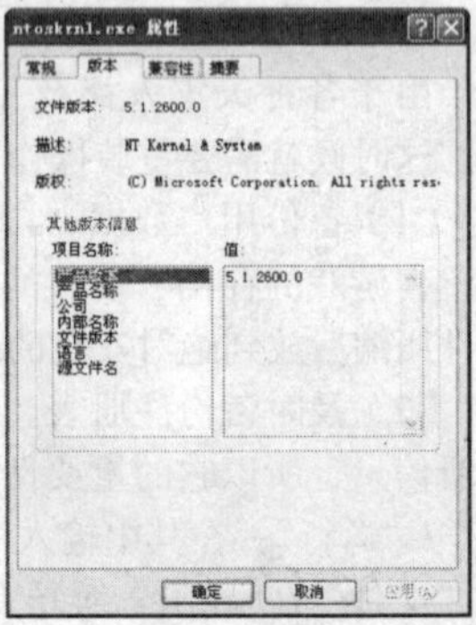

图 4-1

28. 如何判断 Windows XP 是否为正式版

遇到这样的事情了吗？虽然安装了 Windows XP，但是心里并不清楚自己安装的是否为正式版，因为光盘来源有些“问题”，比方说 D 版，封面上虽然写着是正式版，但心里还是犯嘀咕，此时可以用下面的方法来判断 Windows XP 是否是正式版：

在光碟的 I386 文件夹里有一个 EULA.TXT 文件，打开它，在其中的最后有一行带有 EULAID 字样的，这就是版本：

（1）如果是 WX 开头就是正式版，如果是 WB 开头就是测试版。

（2）如果有-PRE 字样就是家庭版，有-PRO 字样就是专业版。

（3）在 OEM 版的有关说明中，如果是中文版，有关说明应是一半中文一半英文，如果全是英文，那就是来自英文的 Corporate 版（破解）。

（4）EVAL（RVL）版的说明全是中文。

好了，赶快检查一下你的 Windows XP，看看到底是否是真正的正式版，没准会有新发现！

4-2　安装 Windows 2000

1. 如何选择文件系统是用 NTFS 还是 FAT、FAT32

（1）如果只安装 Windows 2000，建议选择 NTFS 文件系统，NTFS 是 Windows 2000 推荐使用的文件系统，NTFS 具有 FAT 的所有基本功能，并提供了下列优于 FAT 和 FAT 32 文件系统的特点：更好的文件安全性；更大的磁盘压缩；支持大磁盘，最大可达 2TB（NTFS 的最大驱动器容量远远大于 FAT 的最大驱动器容量，并且随着驱动器容量的增加，NTFS 的性能并不下降，这与 FAT 有很大不同）；可以在安装过程中，将现有的分区转换为 NTFS。也可以在安装后的任何时候，通过在命令提示符下使用 Convert.exe 程序，将文件系统从 FAT 转换为 NTFS。

（2）如果安装分区小于 2GB，那么应使用 FAT 格式分区。

（3）对于容量为 2GB 或更大的分区，则使用 FAT32 文件系统。如果在运行 Windows 2000 安装程序过程中用 FAT 格式分区，且分区大于 2GB，那么安装程序会自动使用 FAT32 格式分区。

（4）大于 32GB 的分区推荐使用 NTFS 而不是 FAT32 文件系统格式。

2. NTFS 文件系统适合于双操作系统吗

NTFS 文件系统存在一个明显的不足，就是如果使用 NTFS 格式化分区，那么只有 Windows 2000 可以访问在该分区上创建的文件（除了 Windows NT 4.0 Service Pack 4（SP4）及其后续版本外），其他操作系统不能使用 Windows 2000 NTFS 分区。因此如果计划安装双重引导系统，就不能使用 NTFS 文件系统，应使用 FAT32 或 FAT 文件系统。对于 Windows 2000 同 Windows 95 或 MS-DOS 之间的双重配置，主分区必须使用 FAT 格式化；而对于 Windows

2000 同 Windows 95 OSR2 或 Windows 98 的双重配置，主分区必须使用 FAT 或 FAT32 格式，而不是使用 NTFS。

3. 如何创建安装启动盘

当无法从硬盘上启动安装程序时，可用安装启动盘来启动安装程序。如果没有安装启动盘，可以自行创建。

提示!! 安装启动盘与紧急修复磁盘包含的信息并不相同。

创建安装启动盘的方法为：

（1）将一个已格式化的磁盘插入软驱中，并在 CD-ROM 驱动器中放入 Windows 2000 Professional 光盘。

（2）准备好 4 张 1.44MB 空白并已格式化的 3.5 英寸磁盘，并将它们标记为“安装磁盘 1”、“安装磁盘 2”、“安装磁盘 3”和“安装磁盘 4”。

（3）单击“开始”/“运行”，在出现的运行对话框中键入下列命令：

D：BOOTDISKMAKEBOOT.EXE A:

提示!! D 为 CD-ROM 驱动器的盘符，A 为软驱的盘符。

接下来按照提示进行操作即可。

4. 是否有必要创建安装启动盘

建议你创建安装启动盘，因为日后当 Windows 2000 出错而无法引导时，启动盘可以修复出错从而重新引导系统。建议创建的另一个原因，当安装完成 Windows 2000 后，无法找到创建启动盘的程序。要想补创，需要从安装光盘中运行程序 Makeboot，比较麻烦。

5. 你的电脑安装 Windows 2000 是否适合

为了保证安装的顺利，在安装 Windows 2000 之前，必须保证电脑的硬件配置满足 Windows 2000 的要求，特别是内存与硬盘空间，Windows 2000 Professional 推荐最小为 64MB，硬件要求至少有 850MB 的可用空间。此外，另一个需要考虑的是硬件兼容问题，在 Windows 2000 的安装光盘中可以查到 HCL 文件，即硬件兼容列表文件，看看你的配置是否在清单之列。

6. 如何实现无人值守全自动安装 Windows 2000

Windows 2000 安装光盘中提供了安装管理程序，通过该程序配置一个无人应答文件，然后再利用该文件同样可以完成实现无人值守自动安装。方法如下：

（1）将 Windows 2000 安装光盘中 Support\Tools 文件夹中的 Deploy.cab 文件复制到本地硬盘，并将其解压，运行其中的 setupmgr.exe 打开配置向导。

（2）在向导的欢迎界面上单击“下一步”按钮，选择“创建新的应答文件”选项后单击“下一步”按钮。

（3）接下来会要求选择应答文件应用的类型，在这里选择“Windows 2000 无人参予安装”选项。随后会要求选择应用的平台，对于网络中的客户端来说，一般都是选择“Windows 2000 Professional”选项。

（4）在“用户相互作用级别”中，选择哪一个交互等级将决定自动安装的程度。如果希望所有的过程都不需要用户参与，彻底将自己解放出来，则应该选择“全部自动”选项，这样安装程序不提示用户做出任何选择。

（5）要想全自动安装 Windows 2000，必须接受许可协议，选中“我接受许可协议”选项，然后单击“下一步”继续。在接下来的配置中主要是选择自定义的内容。首先填写使用的默认名称和单位，以及电脑名称、管理员密码、显示设置、网络设置、时区等。

（6）在完成基本项目的配置后，我们还可以指定其他信息，在“其他设置”窗口中选中“是，编辑其他设置”选项，然后单击“下一步”按钮。

（7）向导会继续进行电话服务、默认语言、浏览器、安装文件夹、安装的打印机、第一次登录时自动运行的命令等，网络管理员只需要根据自己网络中的实际情况进行配置即可。

（8）在完成上述内容配置后，则会进入“分发文件夹”设置窗口，在这里我们先选择“否，这个应答文件将用来从 CD 安装”，表示我们安装时所需要的内容都是从光盘上进行复制。

（9）接下来会提示配置文件的保存位置和保存路径，单击“浏览”按钮可以做出修改，配置完毕单击“下一步”，则会提示完成 Windows 安装管理器向导。

（10）由于配置向导并没有涉及序列号，因此这还不能真正全部自动安装，所以还要对生成的配置文件做一点小小的改动。用记事本打开生成的配置文件，然后找到[UserData]段，在其中加入一行“ProductID=*****-*****-*****-*****-*****”，不包括外面的引号，将其中的*号换成实际的序列号即可。另外，如果需要在安装时对硬盘分区格式做出改动的话，只要对[Unattended]字段进行适当的修改。例如加入“Repartition=Yes”会将原所有分区内容删除统一转换成 NTFS 分区；如果加入“FileSystem=ConvertNTFS”则只将安装分区转换为 NTFS 格式。

（11）应用配置文件无人值守安装。现在就可以使用应答文件来进行自动化安装了。具体方法是在 DOS 下执行“Winnt /u:d:\unattend.txt /s:f:\i386”，该段命令表示执行 F:\i386 中的 Winnt.exe 程序，并调用 d:\unattend.txt 文件完成安装过程中相应的参数。如果是将 unattend.txt 文件保存在软盘中，并且是从光盘执行安装程序，那么可以将该文件改为 Winnt.sif，然后执行光盘上的安装程序，这样安装光盘会自动搜索软盘并应用 Winnt.sif 文件。

7. 如何全新安装 Windows 2000

建议您在重新安装操作系统前，备份硬盘上重要的数据到移动存储介质（如软盘，磁带机），以避免由于不可预见的误操作带来的数据丢失。同时我们也提醒您，在重新安装操作系统后，可能需要重新安装驱动程序以及应用程序，以使您的电脑能正常地运行。

具体的安装方法：

（1）关闭电脑，切断电源。然后断开与电脑连接的外设如打印机，扫描仪，外置 MODEM，ZIP 设备，数码相机等。如果您使用的是笔记本电脑，我们建议您从 PCMCIA 插槽中取出 PCMCIA 卡；如果不断开这些外设，安装过程中可能会出现资源冲突，造成安装程序死锁。

（2）接通电源，开机，配置您的电脑，使其能从光驱启动。

（3）将 Windows 2000 安装光盘放入光驱，然后重新启动电脑，电脑将从光驱引导，屏幕上显示“Press any key to boot from CD…”，按任意键继续，安装程序将检测电脑的硬件配置，重新安装光盘提取必要的安装文件，之后出现欢迎使用安装程序菜单，如图 4-2 所示。

（4）按 Enter 键，出现 Windows2000 许可协议，如图 4-3 所示。

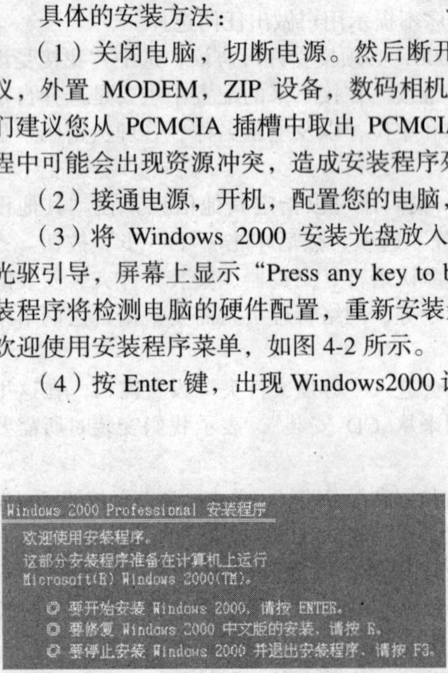

图 4-2

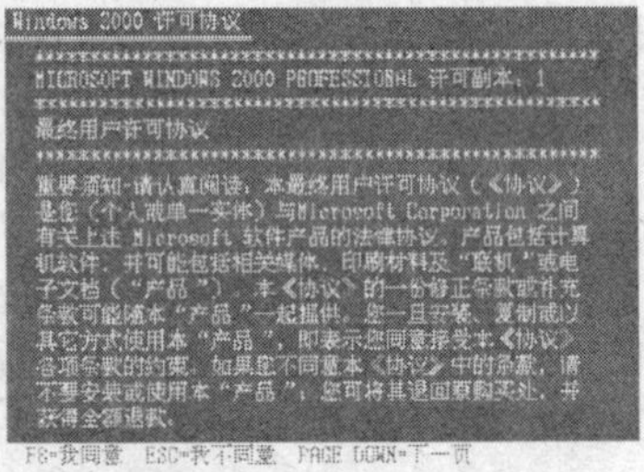

图 4-3

（5）按 F8 键继续，出现显示硬盘分区信息的界面，如图 4-4 所示。

（6）按上移或下移箭头键选择一个现有的磁盘分区，按回车键继续，出现四个选项，依次是：

①用 NTFS 文件系统格式化磁盘分区。

②用 FAT 文件系统格式化磁盘分区。

③将磁盘分区转换为 NFTS。

④保持现有文件系统（无变化）。

按上移或下移箭头键选择一个选项，并按回车键继续。

> **提示!!** 未经分区的空间将显示为“未划分的空间”，如果想对这些空间进行分区，则选择未划分的空间，按 C 键继续，并选择用 NTFS 文件系统格式化磁盘分区或用 FAT 文件系统格式化磁盘分区，按回车键继续。

（7）安装程序将检测硬盘，如果硬盘通过检测，安装程序将重新安装光盘复制文件到硬盘上，如图 4-5 所示。此过程大概持续 10 ~20 分钟。

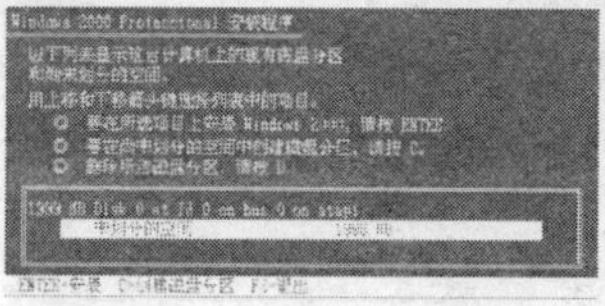

图 4–4

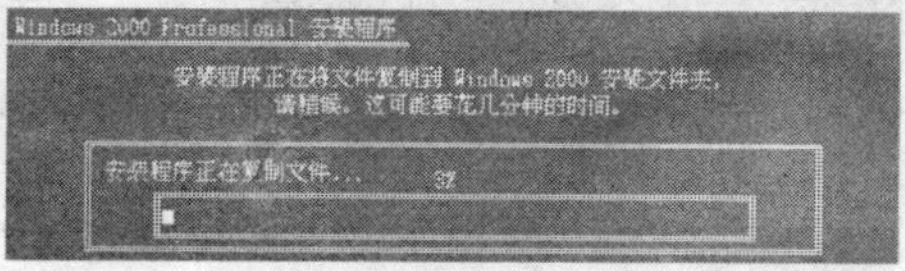

图 4–5

（8）复制完文件后出现“重新启动电脑”的提示，如图 4-6 所示。

（9）重新启动电脑后，按 Del 键进入 BIOS 设置菜单，将系统引导顺序更改为从硬盘启动。然后保存设置，退出 BIOS，重新启动电脑，出现“欢迎使用 Windows2000 安装向导”窗口，如图 4-7 所示。

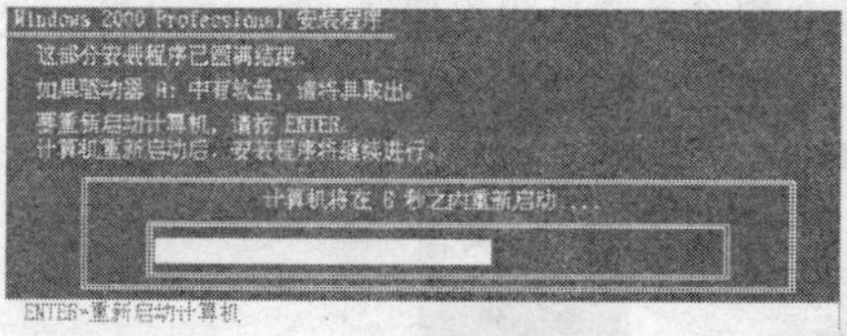

图 4–6

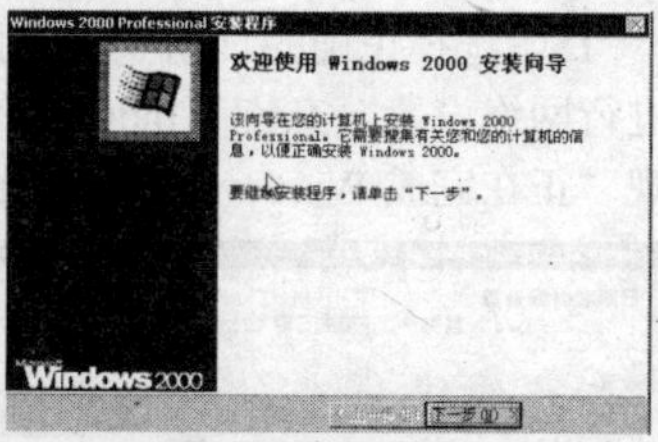

图 4–7

（10）单击“下一步”按钮继续，安装程序将检测和安装设备，之后出现“区域设置”窗口，如图 4-8 所示。

（11）建议使用默认的区域设置，单击“下一步”按钮继续，出现“自定义软件”窗口，如图 4-9 所示。

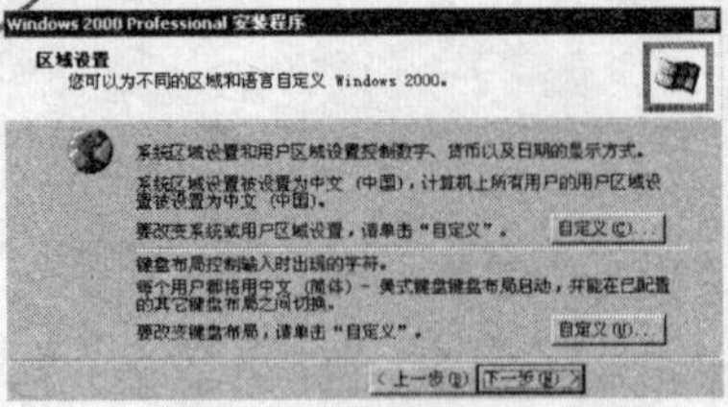

图 4-8

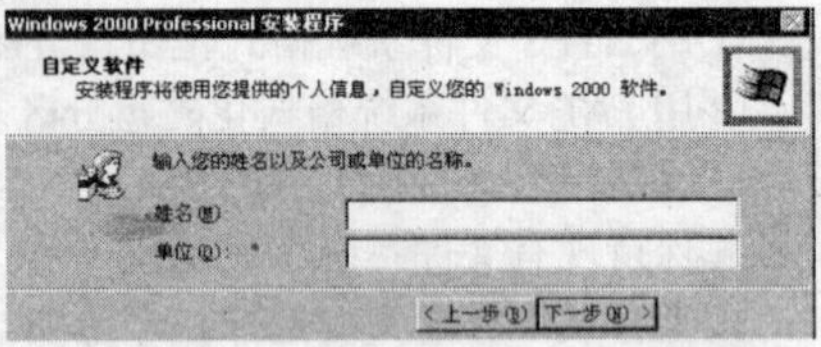

图 4-9

（12）输入您的姓名和单位后，单击“下一步”按钮继续，出现“您的产品密钥”窗口，如图 4-10 所示。

（13）输入产品密钥后，单击“下一步”按钮继续，出现“电脑名和系统管理员密码”窗口，如图 4-11 所示。

图 4-10

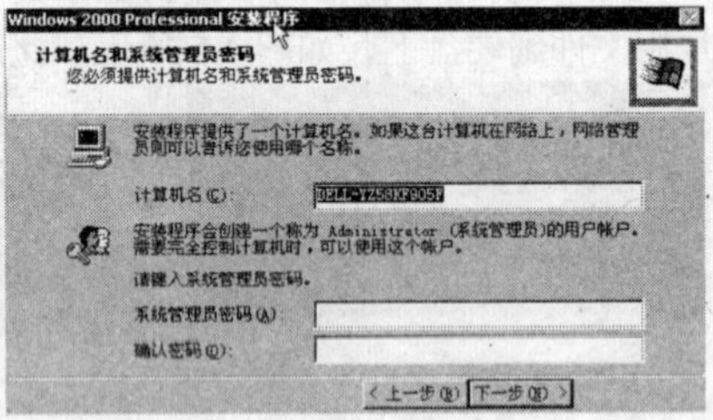

图 4-11

（14）输入电脑名和系统管理员密码（如果您在此输入了密码，请您一定妥善保管好密码）后，单击“下一步”按钮继续，出现“日期和时间设置”窗口，如图 4-12 所示。

（15）选择正确的日期/时间/时区后，单击“下一步”按钮继续，安装程序将进行网络设置，安装 Windows 2000 组件，此过程将持续 10 ~ 30 分钟，之后出现“正在完成 Windows 2000 安装向导”窗口，如图 4-13 所示。

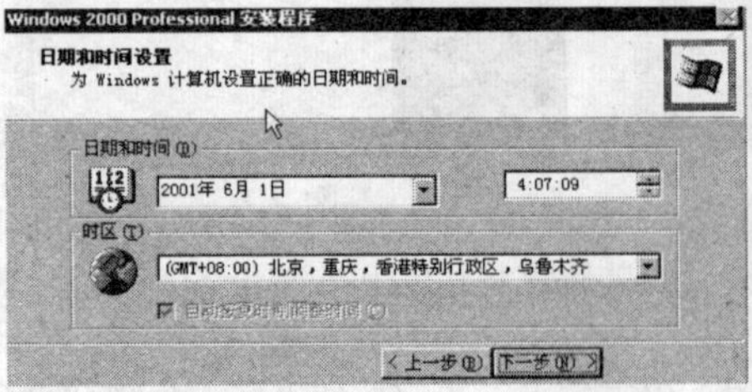

图 4-12

图 4-13

（16）从光驱中取出光盘，单击“完成”按钮。电脑将重新启动，出现“欢迎使用网络标示向导”窗口。单击“下一步”按钮，出现“本机用户”窗口，如图 4-14 所示。

（17）如果选择“要使用本机，用户必须输入用户名和密码”，则每次启动 Windows 2000 时必须输入用户名和密码才能登录，如图 4-15 所示；如果选择“Windows 始终假设下列用户已登录到本机上”，并选择用户名，输入相应的密码，则每次 Windows 启动时将使用默认的用户名和密码登录。

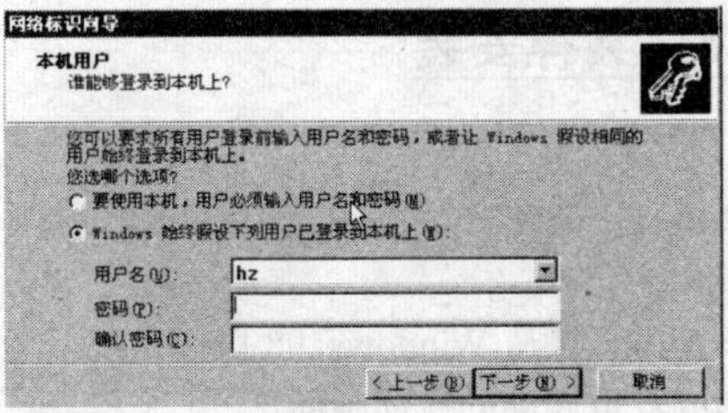

图 4-14

图 4-15

（18）选择完毕，单击“下一步”按钮，出现“网络访问标示完成”窗口，单击“完成”按钮。

至此，Windows 2000 安装完毕。

4-3 安装多系统

1. 怎样在双系统中直接进入 Windows XP 而不显示启动菜单

如果电脑中安装了两个版本的 Windows 操作系统，如 WindowsXP 和 Windows 98。在系统启动时就会出现启动选择项，要求用户选择要进入的操作系统。如果启动时不想出现选择项要直接进入 Windows XP，可以用以下的方法将启动选择项去掉，直接进入操作系统。

（1）单击“开始”/“控制面板”，在打开的“控制面板”窗口中双击“系统”图标。

（2）在打开的对话框中单击“高级”选项卡，然后单击“启动和恢复故障”下的“设置”按钮。

（3）在出现的“启动和故障恢复”对话框中，将默认操作系统选为 Microsoft Windows XP Professional，并设置显示启动菜单的时间。如果暂时不用或隐藏另一个操作系统，可取消“显示操作系统列表时间”前的复选框来关闭启动菜单。

（4）单击“确定”按钮，然后重新启动进入 Windows XP。

> **提示!!** 上面的方法将默认启动系统改为 Windows XP 和等待时间改为 0，从而忽略了 Windows 98 的存在，并不是说 Windows 98 就不存在了（即启动时按 F8 键还会出现选择启动何种系统菜单）。

2. 如何让 Windows 98/XP 共存安装

方法为：

（1）硬盘分区格式必须为 FAT16 或 FAT32，不可为 NTFS，原因是 Windows 98 不支持 NTFS 的档案格式。

（2）安装顺序为先装 Windows 98，再直接从 Windows 98 操作系统下运行 Windows XP 的安装程序，则自动会形成双重启动的启动画面。

3. 如何让 Windows 98/ 2000/ XP 同时存在

方法为：

（1）硬盘分区格式必须为 FAT16 或 FAT32，不得为 NTFS，因为 Windows 98 不支持 NTFS。

（2）安装顺序为先装 Windows 98，再直接从 Windows 98 操作系统下运行 Windows 2000 安装程序，再到 Windows 2000 的操作系统下运行 Windows XP 的安装程序，则自动会形成三重启动的启动画面。

4. 如何让 Windows 2000 与 Windows XP 共存安装

方法为：

（1）硬盘分区格式可以为 FAT16，NTFS 或 FAT32。

（2）安装顺序为先装 Windows 2000，再直接从 Windows 2000 操作系统下运行 Windows XP 的安装程序，则自动会形成双重启动画面。

5. 如何快速修复 Windows 98/XP 双系统引导菜单

某电脑安装的是 Windows 98/XP 双系统，Windows 98 装在 C 盘，Windows XP 装在 D 盘。重装了 Windows 98 后，发现双系统启动菜单丢失。

要修复 Windows 98/XP 双系统引导菜单，简便的方法为：

（1）修复前，在 BIOS 中设置从光驱启动。用 Windows XP 安装盘启动电脑，在加载必要的驱动后，出现 Windows XP 的安装界面。有三个选项：

①要现在开始安装 Windows XP，请按 Enter 键。

②要用“恢复控制台”修复 Windows XP 安装，按 R 键。

③要退出安装程序，不安装 Windows XP，按 F3 键。

（2）按 R 键，进入“Microsoft Windows XP （TM） 故障恢复控制台”界面；故障恢复控制台提供系统修复和故障恢复功能。

（3）系统会搜寻已安装的 Windows XP 系统文件，然后显示搜寻结果，并询问“要登录到哪个 Windows XP 安装（要取消，请按 Enter 键）”。

选择 1. D:\Windows，回车，系统会再询问“管理员密码”，再键入安装 Windows XP 时设置的管理员密码，回车。出现如下信息：

D:\Windows〉

这时需要输入修复命令 Fixboot，后面的参数为启动扇区要写入的磁盘盘符，这里填入 C:，然后按 Enter 键。

（4）修复完成，键入 Exit 后按 Enter 键退出。

重新启动电脑后，就会看到双重启动菜单了。并且，这样修复后基本不产生垃圾文件。

6. 如何在 Windows XP 下安装 Windows 2000

如果先安装了 Windows XP 操作系统，希望再安装 Windows 2000，形成 Windows XP/2000 双系统。

方法为：

（1）使用 Windows 2000 的光盘启动盘进行安装。

（2）安装完毕，先将 Windows XP 光盘中的 I386 目录的 ntldr 和 ntdetect.com 覆盖 C:盘下的相同文件，再将 Bootfont.bin 覆盖 C:盘下的相同文件。

> 提示!! 这里的 C:盘是指 Windows XP 操作系统所在的安装盘符。

4-4 卸载 Windows 系统

1. 如何在双操作系统里卸载 Windows XP

某电脑，安装有 Windows XP 和 Windows 98 双系统。现在要卸载 Windows XP，方法为：

（1）先用启动盘启动电脑，然后在 DOS 命令行输入如下命令后，再从硬盘重新启动：

A:\sys C: （按 Enter 键）

（2）进入 C：盘根目录后，删去 boot.ini，bootsect.dos 和 ntdetect.com，ntldr 这三个文件。

（3）把 Windows XP 的 windows, program files, Documents and Settings 等目录直接删去。如果 Windows XP 和 Windows 98 不在一个分区上，就可以直接格式化 Windows XP 安装目录所在的硬盘。

2. 如何删除孤立的安装登记条目

有的程序被删除之后，它的名称仍旧留在“添加或删除程序”对话框的清单中，成为孤立的登记条目，如果单击“更改”或“删除”按钮，只能得到一个错误提示说程序已经被删除。如果频繁地安装和试验许多不同的程序，越来越多的孤立登记条目将带来不便。

要删除孤立登记条目，方法为：

（1）单击“开始”/“运行”，在出现的对话框中输入 regedit 后按 Enter 键，打开注册表编辑器。

（2）找到如下子项分支：

HKEY-LOCAL-MACHINE\SOFTWARE\Microsoft\Windows\CurrentVersion\Uninstall

（3）单击“+”显示出子项列表，找到包含孤立登记条目的子项，然后选中该子项，按 Delete 键删除。

（4）关闭注册表编辑器，再次打开“添加或删除程序”对话框，发现清单中的孤立登记条目已经消失了。

3. 如何彻底删除 Windows XP

如果是在 Windows 98/Me/Windows 2000 下安装的 Windows XP，现在想要完全卸载 Windows XP，方法为：

（1）在 Windows 98/Me/Windows 2000 下，打开“我的电脑”，然后单击菜单命令“工具”/“文件夹选项”，在打开的对话框中单击“查看”选项卡，然后去掉“隐藏受保护的操作系统文件”前的复选框。

（2）选中“显示所有的文件和文件夹”，然后单击“确定”按钮。

（3）在 C：盘下找到 boot.ini 文件，打开它，内容如下：

```
[boot loader]
timeout=30
default=multi（0）disk（0）rdisk（0）partition（2）\WINNT
[operating systems]
```

multi（0）disk（0）rdisk（0）partition（1）\WINNT="Microsoft Wistler Professional" /fastdetect ▲

multi（0）disk（0）rdisk（0）partition（2）\WINNT="Microsoft Windows 2000 Professional"/ fastdetect

C:\="Microsoft Windows 2000"

（4）将以上有"▲"标记的那一行删除，保存文件后退出。

（5）右键单击"我的电脑"，在出现的菜单中选择"属性"。然后在出现的对话框中依次单击"高级"/"启动和故障恢复"，再将"默认的操作系统"改为所需要的。

（6）单击"确定"按钮重新启动电脑，最后在 Windows 98/Me/Windows 2000 下，将 Windows XP 分区格式化，完成操作。

4. 如何删除 Windows XP 组件

要删除 Windows XP 组件，方法为：

（1）以 Administrator 或 Administrators 组的成员身份登录，然后单击"开始"/"控制面板"，在打开的窗口中双击"添加或删除程序"图标。

（2）单击"添加/删除 Windows 组件"，启动"Windows 组件向导"。然后在组件列表中，单击清除要删除的组件旁边的复选框。

> 提示!! 组件旁边的复选框被灰显表示只安装了它的一些子组件。若要删除子组件，请单击"详细信息"，然后单击清除要删除的子组件旁边的复选框，然后单击"确定"。

（3）单击"下一步"按钮，在"完成'Windows 组件向导'"对话框中单击"完成"按钮即可。

5. 如何删除安装的程序

要删除电脑上安装的程序，方法为：

（1）单击"开始"/"控制面板"，在打开的窗口中双击"添加或删除程序"图标。

（2）在出现的"当前安装的程序"对话框中，单击要删除的程序，然后单击"更改/删除"按钮。

（3）如果提示确认是否删除程序，单击"是"按钮，完成操作。

6. 如何卸载 NTFS 分区上的 Windows XP

如果是安装单独的 Windows XP 系统，为了安全起见，一般都推荐将

Windows XP 所在的分区格式化成 NTFS 格式。在多系统的情况下，如果用户选择了转换分区到 NTFS 格式，当想卸载 Windows XP 时，会比较麻烦。

要卸载 NTFS 分区上的 Windows XP，方法为：

（1）启动电脑，进入 Windows 98，把 Windows XP 安装光盘放入 CD-ROM，运行 Windows XP 的安装程序，选择“修复安装”。

（2）在安装的过程中选择把系统分区转换为 FAT32 格式，然后重新启动电脑。

（3）再次进入 Windows 98，将 Windows XP 所在的分区格式化，然后用 Windows 98 的启动盘启动电脑，在 DOS 下执行如下 DOS 命令，Windows XP 才能真正卸载：SYS C:（按 Enter 键）。

第 5 章

设置 CMOS 与 BIOS

电脑组装与 BIOS 设置速查 1000——→本章内容

5-1 BIOS 与 CMOS 基础

1. BIOS 是什么

BIOS 全名为 Basic Input Output System，即基本输入/输出系统，是电脑中最基础的又是最重要的程序。我们把这一段程序存放在一个不需要电源的记忆体（芯片）中，这就是平时所说的 BIOS。它为计算机提供最低级、最直接的硬件控制，计算机的原始操作都是依照固化在 BIOS 里的内容来完成的。准确地说，BIOS 是硬件与软件程序之间的一个“转换器”或者说是接口（虽然它本身也只是一个程序），负责解决硬件的即时需求，并按软件对硬件的操作要求具体执行。计算机用户在使用计算机的过程中，都会接触到 BIOS，它在计算机系统中起着非常重要的作用。

2. BIOS 的功能

BIOS ROM 芯片不但可以在主板上看到，而且 BIOS 管理功能如何在很大程度上决定了主板性能是否优越。BIOS 管理功能包括：

（1）BIOS 中断服务程序实质上是微机系统中软件与硬件之间的一个可编程接口。例如 Windows 98 对软驱，光驱，硬盘等管理，中断的设置等服务、程序。

（2）BIOS 系统设置程序：微机部件配置记录是放在一块可写的 CMOS RAM 芯片中的，主要保存着系统的基本情况，CPU 特性，软硬盘驱动器等部件的信息。在 BIOS ROM 芯片中装有“系统设置程序”，主要用来设置 CMOS RAM 中的各项参数。这个程序在开机时按某个键便可进入设置状态，并提供良好的界面。

（3）POST 上电自检：微机接通电源后，系统首先由（Power On Self Test，上电自检）程序来对内部各个设备进行检查。通常完整的 POST 自检将包括对 CPU，640K 基本内存，1M 以上的扩展内存，ROM，主板，CMOS 存储器，串并口，显示卡，软硬盘子系统及键盘进行测试，一旦在自检中发现问题，系统将给出提示信息或鸣笛警告。

（4）BIOS 系统启动自举程序：系统完成 POST 自检后，ROM BIOS 首先按照系统 CMOS 设置中保存的启动顺序搜索软硬盘驱动器及 CD-ROM，网络服务器等有效地启动驱动器，读入操作系统引导记录，然后将系统控制权交给引导记录，并由引导记录来完成系统的顺序启动。

3. BIOS 的作用

BIOS 的主要作用有三点：

（1）自检及初始化：开机后 BIOS 最先被启动，然后它会对电脑的硬件设备进行完全彻底的检验和测试。如果发现问题，分两种情况处理：严重故障停机，不给出任何提示或信号；非严重故障则给出屏幕提示或声音报警信号，等待用户处理。如果未发现问题，则将硬件设置为备用状态，然后启动操作系统，把对电脑的控制权交给用户。

（2）程序服务：BIOS 直接与计算机的 I/O（Input/Output，即输入/输出）设备打交道，通过特定的数据端口发出命令，传送或接收各种外部设备的数据，实现软件程序对硬件的直接操作。

（3）设定中断：开机时，BIOS 会告诉 CPU 各硬件设备的中断号，当用户发出使用某个设备的指令后，CPU 就根据中断号使用相应的硬件完成工作，再根据中断号跳回原来的工作。

4. 什么是 CMOS

CMOS（本意是指互补金属氧化物半导体，一种大规模应用于集成电路芯片制造的原料是微机主板上的一块可擦写的 RAM 芯片，用来保存当前系统的硬件配置和用户对某些参数的设定。

CMOS 可由主板的电池供电，即使系统掉电，信息也不会丢失。

CMOS RAM 本身只是一块内存，只有数据保存功能，而对 CMOS 中各项参数的设定要通过专门的程序。早期的 CMOS 设置程序驻留在软盘上的（如 IBM 的 PC/AT 机型），使用很不方便。现在多数厂家将 CMOS 设置程序做到了 BIOS 芯片中，在开机时通过特定的按键就可进入 CMOS 设置程序，方便地对系统进行设置，因此 CMOS 设置又被叫做 BIOS 设置。

5. 什么是 CMOS 放电

常常听到计算机高手或者非高手说“口令忘啦？给 CMOS 放电吧”。这到底是什么意思呢？

如果你在计算机中设置了进入口令，而你又碰巧忘记了这个口令，你将无法进入计算机。不过还好，口令是存储在 CMOS 中的，而 CMOS 必须有电才能保持其中的数据。所以，可以通过对 CMOS 的放电操作使计算机“放弃”对口令的要求。

具体操作如下：

打开机箱，找到主板上的电池，将其与主板的连接断开（就是取下电池），此时 CMOS 将因断电而失去内部储存的一切信息。再将电池接通，合上机箱开机，由于 CMOS 已是一片空白，它将不再要求你输入密码，此时进入 BIOS 设置程序，选择主菜单中的“LOAD BIOS DEFAULT”（装入 BIOS 缺省值）或

"LOAD SETUP DEFAULT"（装入设置程序缺省值）即可，前者以最安全的方式启动计算机，后者能使计算机发挥出较高的性能。

6. 什么是 POST 上电自检

接通微机的电源，系统将执行一个自我检查的例行程序。这是 BIOS 功能的一部分，通常称为 POST——上电自检（Power On Self Test）。

7. POST 是如何进行自检测的

完整的 POST 自检包括对 CPU、系统主板、基本的 640KB 内存、1MB 以上的扩展内存、系统 ROM BIOS 的测试；CMOS 中系统配置的校验；初始化视频控制器，测试视频内存、检验视频信号和同步信号，对 CRT 接口进行测试；对键盘、软驱、硬盘及 CD-ROM 子系统作检查；对并行口（打印机）和串行口（RS232）进行检查。自检中如发现有错误，将按两种情况处理：对于严重故障（致命性故障）则停机，此时由于各种初始化操作还没完成，不能给出任何提示或信号；对于非严重故障则给出提示或声音报警信号，等待用户处理。

当自检完成后，系统转入 BIOS 的下一步骤：从 A 驱、C 驱或 CD-ROM 以及网络服务器上寻找操作系统进行启动，然后将控制权交给操作系统。

8. POST 自检是按什么顺序进行检测的

POST 自检测过程大致为：加电-CPU-ROM-BIOS-SystemClock-DMA-64KB RAM-IRQ-显卡等。检测显卡以前的过程称过关键部件测试，如果关键部件有问题，计算机会处于挂起状态，习惯上称为核心故障。另一类故障称为非关键性故障，检测完显卡后，计算机将对 64KB 以上内存、I/O 口、软硬盘驱动器、键盘、即插即用设备、CMOS 设置等进行检测，并在屏幕上显示各种信息和出错报告。在正常情况下，POST 过程进行得非常快，我们几乎无法感觉到这个过程。

9. POST 自检测代码含义是什么

当系统检测到相应的错误时，会以两种方式进行报告，即在屏幕上显示出错信息或以报警声响次数的方式来指出检测到的故障。

10. POST 自检响铃次数是如何定义的

POST 上电自检还会通过报警声响次数的方式来指出检测到的故障。但需要注意：由于目前主板 BIOS 类型大致可分为 AWARD 公司、AMI 公司、PHOENIX 公司（AWARD 已与 PHOENIX 合并），因此不同类型的 BIOS，其自检响铃次数所定义的自检错误是不一致的，因此一定要分清。

11. POST 自检发现错误后如何提示

POST 自检如发现有错误，将按两种情况处理：对于严重故障（致命性故障）则停机，此时由于各种初始化操作还没完成，不能给出任何提示或信号；对于非严重故障则给出提示或声音报警信号（以上介绍），等待用户处理。通过 BIOS 自检功能（POST 自检），我们就可以方便地侦测出主板的故障所在，以便正确地解决。

如我们按下电源键后，只有电源指示灯亮，电脑屏幕没有任何反映，也没有报警声；那么针对这种情况，我们又应如何解决呢？

屏幕没有显示，也没有报警声，我们就无法从 POST 自检功能得到相应的信息；大家都知道，计算机是一个复杂而且精密的产品组合，因此一个环节出现问题，可能都无法启动机器（我们主要谈硬件方面）。因此，如出现黑屏，无报警声响的故障现象，我们就应根据电脑的启动过程来分析问题所在了。

12. 电脑的启动过程是怎样的

我们在按下启动键时，首先启动的应是电源（因为如果没有电源供电，那么主板上所有的配件都是无法工作的）。但是为了保证安全使用，电源部分采取了一系列安全保护措施；因此开关电源从起振到稳定之间会有一段时间的延迟，等待各组电压都稳定下来后，电源各部分会输出一个检测信号，这个信号为高电平时表示该部分电压正常，这些部分包括输入电压和各组输出电压。这些信号总和的结果就是一个 POWER GOOD 信号（也称为 POWER OK 或 PWR OK 信号）；如果主板接受不到这个信号，那么时钟芯片会持续向 CPU 发送复位（RESET）信号（与我们按下 RESER 键相当），CPU 就不会工作。

当 CPU 接受到正常的 POWER GOOD 信号，主板和 CPU 就启动了吗？其实，主板此时还要根据 CPU 的 VID0-VID3 引脚的定义组合，将 CPU 所提供的 VID0-VID3 信号送到电源管理模块的相应的端口；如果主板 BIOS 具有可设定 CPU 电压的功能，主板会按时将设定的电压与 VID 的对应关系产生新的 VID 信号并送到电源管理模块芯片，电源管理模块将根据设定并通过 DAC 电压将其转换为基准电压，再经过场效应管轮流导通和关闭，将能量通过电感线圈送到 CPU，最后再经过调节电路使输出电压与设定电压值相当。

由于 CPU 还要根据自己所需要的频率，通过 IC 总线来检测主板频率发生器所设置的频率是否支持；因为电脑要进行正确的数据传送以及正常的运行，没有时钟信号是不行的，时钟信号在电路中的主要作用就是同步；因为在数据传送过程中，对时序都有着严格的要求，只有这样才能保证数据在传输过程不出差错。时钟信号首先设定了一个基准，我们可以用它来确定其他信号的宽度，另外时钟信号能够保证收发数据双方的同步。对于 CPU 而言，时钟信号作为基准，CPU 内部的所有信号处理都要以它作为标尺，这样它就确定 CPU 指令的执行速度；如 CPU 本身的频率无法适应频率发生器所提供的高频率，也是无法正常工作的。因此只有当接受到 POWER GOOD 信号，和相应的得到 CPU 工作的电压时以及相应的时钟频率后，CPU 才能正常的工作，也就是开始执行 BIOS 程序。

13. 如何判断、解决故障所在

如果接受不到 POWER GOOD 信号，系统就一直处理 RESET（复位）循环中，因此主板也就无法启动，相应的其他硬件，如显卡也无法工作，显示器由于接受不到显卡传出的信号，因此也就没有显示，一直处于待机状态。此时，我们应检测电源，不要以为电源灯亮，就表明电正常，因为只要有一路信号有故障（该部分电路不正常或还未稳定），输入输出的 POWER GOOD 信号都为低电平，即表示电源部分有故障或还未进入稳定状状；虽然电源指示灯亮，但主板接受不到正常的 POWER GOOD 信号，也无法启动。我们检测电源的方法是，使用可正常工作的电源测试。如电源为 ATX 型我们可用导线将 13 与 14 脚短接，如电源风扇能正常运行，则表明电源是完好的，则故障应在主板上。

更换正常电源后，如系统还是没有工作的现象，应按以上主板启动过程，测试 CPU 的电源管理模块和频率发生器。由于我们不可能有完善的设备来测试主板上的电源和频率模块（大多数电脑爱好者不可能有此类设置，也不具有相应的检测能力）。因此我们对此还要采用排除法，即在其他正常主板上测试 CPU。测试排除 CPU 的故障外，还应检测主板频率设置问题。电脑爱好者为使用或测试 CPU 的超频能力，会通过调整主板外频的方式（目前 CPU 已经锁频，只能设置外频，而无法设置倍频）来调高 CPU 的工作频率。如果 CPU 无法适应高工作频率，虽然电源供电正常，主板也是无法启动的。

14. 如何判断 BIOS 已经损坏

判断 BIOS 是否正常比较困难，因为如没有编程器等测试工具，是无法通过感官来判断 BIOS 文件或芯片是否正常的，对于普通用户而言，只有寻找维修商来解决了。

如果屏幕显示 BIOS ROM checksum error-System halted（BIOS 程序代码在进行总和检查时发现错误）的提示时，应是在读取 BIOS 时，校验总和出错，因此无法启动机器。这种问题通常是因为 BIOS 程序代码更新不完全所造成的，解决办法是重新刷写烧坏的主板 BIOS。

15. 什么是 BIOS checksum 校验总和

Checksum（校验总和）是在数据处理和数据通信领域中一个简单易行的完整性控制方法。通过一系列算术或逻辑操作将数据的所有字节组合起来，得到一个校验和值。以后可以通过相同的方法计算出校验和值并与上次计算出的值进行比较。若相等，说明数据没有改变；若不等，说明数据已经被修改了。

16. 其他使系统无法启动的原因

通常情况下在调入 BIOS 后，对电脑开启时的检测、初始化系统设备、装入操作系统并调度操作系统向硬件发出的指令都是由 BIOS 来完成的，而且一些硬件检测也可通过 POST 自检来显示工作是否正常，一些开机前的问题是否都可解决了。其实不然，因为在 CPU 调入 BIOS 后，还需要检测 640K 基本内存以及各插槽的中断。如果内存错误 POST 可以通过报警声来提示我们，但内存内部损坏或短路，会造成主板局部短路，还是不能启动机器的。因此对于系统无显示、无报警声的处理，除了基本排除方式外，还需要平时的经验积累。

17. 超频导致机器无法启动该怎么办

对于超频无法启动机器，清除频率设置有两种方式：一种是清除 CMOS 设置（针对可在 CMOS 中设置 CPU 工作频率的方式）；只要在主板上找到 CMOS 清除跳线（一般情况下在主板电池旁边，为一三针跳线），将 CMOS 清除后，重新恢复跳线位置，即可解决。另外一种方式是重新设置频率跳线（针对通过主板频率跳线设置 CPU 频率的方式），只要按说明书重新设置正常的频率即可。

18. 主板侦错卡是什么

主板侦错卡是一种专业硬件故障检测设备，利用其自身的硬件电路读取 80H 地址内的 POST CODE，并经译码器译码，最后由数码 LED 指示灯将代码一一显示出来，其原理与 POST 自检是一致的。这样就可以通过 DEBUG 卡上显示的 16 进制代码判断问题出在硬件的哪一部分，而不用仅依靠计算机主板那几声单调的警告声来粗略判断硬件错误了。而且侦错卡是利用自身的 BIOS

POST 程序，来读取诊断端口的 POST 代码，因此不受主板 BIOS 芯片限制，可以在主板 BIOS 损坏的情况下，正常诊断；并且利用侦错卡自身的发光二极管，来显示各组电压工作状态。通过它可知道硬件检测没有通过的是内存还是 CPU，或者是其他硬件，方便直观地解决棘手的主板问题。

目前的主板侦错卡通常带有 ISA 和 PCI 两种接口，可以方便地使用在任何一种主板，而且插反后不会烧毁主板或侦错卡（非常适合于初级用户）；卡上有两位数字 LDE 提示灯；倘若电脑无法启动时将其插入故障主板的相应插槽中，接通电源后，根据 LED 指示灯最后停滞的数字，参照随卡附带的故障列表手册，就能知道主板故障所在。而且最新的侦错卡，可以通过侦错卡的主板运行检测灯，方便地检测出是主板本身的故障，还是主板上其他硬件的故障。

19. 如何使用主板侦错卡

首先把 DEBUG 卡插到故障主板上，CPU、内存、扩充卡都不插，只插上主板的电源，此时，主振灯应亮，否则主板不起振；复位信号灯应亮半秒钟后熄灭，若不亮，则主板无复位信号而不能用，如果常亮，则主板总处于复位状态，无法向下进行，初学者常把加速开关线当成复位线插到了复位插针上，导致复位灯常亮，复位电路损坏也会导致此故障；分频信号灯应亮，否则说明分频部分有故障；+5V、-5V、+12V、-12V（新式卡多了+3V、-3V）四个（六个）电源指示灯应足够亮，不亮或亮度不够，说明开关电源输出不正常，或者是主板对电源短路或开路；BIOS 信号灯因无 CPU 不亮是正常的，但若插上完好的 CPU 后，BIOS 灯应无规则的闪亮，否则说明 CPU 坏或跳线不正确或主板损坏。DEBUG 2000 的这一功能相当有效，像 –5V、–12V 的电压值在 PC 组件中极少用到，新攒的或使用已久的 PC 电源，其 –5V 和 –12V 可能已经损坏，平时虽相安无事，出了问题却会让你头疼，现在，通过 DEBUG 卡上的指示灯就可方便地解决这个问题。排除了以上简单的故障后，把有关的扩展卡插上（一般是只组成最小系统），根据开机后显示的代码，就可以直接找到有问题的配件，从而方便地解决装机时出现的硬件错误，比如内存、显卡、CPU 等硬件的接触错误，BIOS，CPU 缓存的功能错误等。

20. 怎样使用 USB 移动硬盘启动计算机

要用 USB 硬盘启动计算机，必须要主板本身支持 USB 设置启动；现在的 USB 启动主要有 USP-DD、USB-IP、USB-DD 和 USB-DROM 等。如要使用 USB 移动硬盘作为启动盘，必须在 CMOS 设置中，将系统启动顺序设置为 USB-DD。

21. Award BIOS 启动报警声对应哪些故障

Award BIOS 启动报警声对应如下电脑故障：

1 短：系统正常启动。

2 短：常规错误。解决方法：重设 BIOS。

1 长 1 短：RAM 或主板出错。

1 长 2 短：显示器或显示卡错误。

1 长 3 短：键盘控制器错误。

1 长 9 短：主板 Flash RAM 或 EPROM 错误，BIOS 损坏。

不断地响（长声）：内存条未插紧或损坏。

不停地响：电源、显示器未和显卡连接好。

重复短响：电源有问题。

无声音无显示：电源有问题。

22. AMI BIOS 启动报警声对应哪些故障

AMI BIOS 启动报警声对应如下电脑故障：

1 短：内存刷新失败。解决方法，更换内存条。

2 短：内存 ECC 校验错误。解决方法：进入 CMOS 设置，将 ECC 校验关闭。

3 短：系统基本内存（第 1 个 64KB）检查失败。

4 短：系统时钟出错。

5 短：CPU 错误。

6 短：键盘控制器错误。

7 短：系统实模式错误，不能切换到保护模式。

8 短：显卡内存错误。注：显卡内存简称显存。

9 短：ROM BIOS 检验和错误。

1 长 3 短：内存错误。

1 长 8 短：显示测试错误。

23. Phoenix BIOS 启动报警声对应哪些故障

Phoenix BIOS 启动报警声对应如下电脑故障：

1 短：系统启动正常。

1 短 1 短 1 短：系统加电自检初始化失败。

1 短 1 短 2 短：主板错误。

1 短 1 短 3 短：CMOS 或电池错误。

1 短 1 短 4 短：ROM BIOS 校验失败。

1 短 2 短 1 短：系统时钟错误。

1 短 2 短 2 短：DMA 初始化失败。

1 短 2 短 3 短：DMA 页寄存器错误。

1 短 3 短 1 短：RMA 刷新错误。

1 短 3 短 2 短：基本内存错误。

1 短 3 短 3 短：基本内存错误。

1 短 4 短 1 短：基本内存地址线错误。

1 短 4 短 2 短：基本内存校验错误。

1 短 4 短 3 短：EISA 时序器错误。

1 短 4 短 4 短：EASA NMI 口错误。

2 短 1 短 2 短到 2 短 4 短 4 短（即所有开始为 2 短的声音的组合）：基本内存错误。

3 短 1 短 1 短：从 DMA 寄存器错误。

3 短 1 短 2 短：主 DMA 寄存器错误。

3 短 1 短 3 短：主中断处理寄存器错误。

3 短 1 短 4 短：从中断处理寄存器错误。

3 短 2 短 4 短：键盘控制器错误。

3 短 3 短 4 短：显示卡内存错误。

3 短 4 短 2 短：显示错误。

3 短 4 短 3 短：未发现显示只读存储器。

4 短 2 短 1 短：时钟错误。

4 短 2 短 2 短：关机错误。

4 短 2 短 3 短：A20 门错误。

4 短 2 短 4 短：保护模式中断错误。

4 短 3 短 1 短：内存错误。

4 短 3 短 3 短：时钟 2 错误。

4 短 3 短 4 短：实时钟错误。

4 短 4 短 1 短：串行口错误。

4 短 4 短 2 短：并行口错误。

4 短 4 短 3 短：数字协处理器错误。

24. 兼容 BIOS:启动报警声对应哪些故障

兼容 BIOS:启动报警声对应如下电脑故障：

1 短：系统正常。

2 短：系统加电自检（POST）失败。

1 长：电源错误，如果无显示，则为显示卡错误。

1 长 1 短：主板错误。

1 长 2 短：显卡错误。

1 短 1 短 1 短：电源错误。

3 长 1 短：键盘错误。

5-2　Award BIOS 的设置

1. Award BIOS 中的基本按键有哪些

BIOS 设置程序中的基本按键及其功能如表 5-1 所示。

表 5-1　BIOS 的基本按键及其功能

控制键位	功　能
↑	向前移一项
↓	向后移一项
←	向左移一项
→	向右移一项
Enter	选定此选项
Esc	跳到退出菜单或者从子菜单回到主菜单
+/PageUp	增加数值或改变选择项
+/PageDown	减少数值或改变选择项
F1	主题帮助，仅在状态显示菜单和选择设定菜单有
F5	从 CMOS 中恢复前次的 CMOS 设定值，仅在选择设定菜单有效
F6	从故障保护缺省值表加载 CMOS 值，仅在选择设定菜单有效
F7	加载优化缺省值
F10	保存改变后的 CMOS 设定值并退出

2. 如何进入 Award BIOS 设置菜单

开启电源后，当 BIOS 开始进行 POST（Power On Self Test 开机自检）时，按下“Del”键便可进入 Award BIOS 的 CMOS Setup 主菜单，如图 5-1 所示。

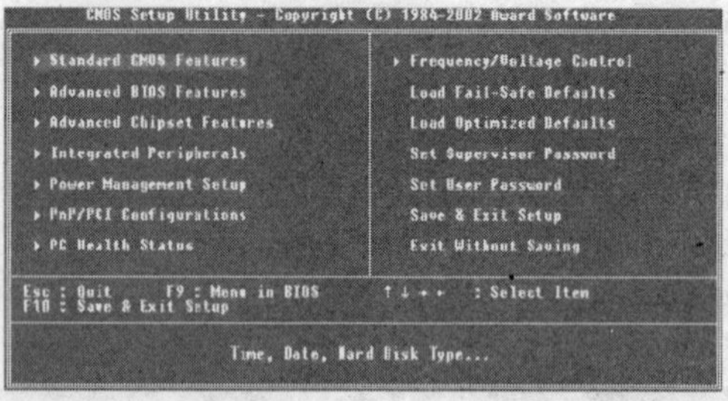

图 5-1

3. Award BIOS 设置菜单中有哪些功能项

以 Award BIOS 6.0 为例，一般来说有如下几项：

（1）Standard CMOS Features（标准 CMOS 特征）：可对基本的系统配置进行设定，例如时间，日期。

（2）Advanced BIOS Features（高级 BIOS 特征）：可对系统的高级特性进行设定。

（3）Advanced Chipset Features（高级芯片组特征）：可以修改芯片组寄存器的值，优化系统的性能表现。

（4）Integrated Peripherals（整合周边）：可对周边设备进行特别的设定。

（5）Power Management Setup（电源管理设定）：可对系统电源管理进行特别的设定。

（6）PNP/PCI Configurations（PNP/PCI 配置）：仅在系统支持 PnP/PCI 时才有效。

（7）PC Health Status（PC 当前状态）：显示了 PC 的当前状态。

（8）Frequency/Voltage Control（频率/电压控制）：可以规定频率和电压设置。

（9）Load Fail-Safe Defaults（载入故障安全缺省值）：载入工厂默认值作为稳定的系统使用。

（10）Load Optimized Defaults（载入高性能缺省值）：载入最好的性能但有可能影响稳定的默认值。

（11）Set Supervisor Password（设置管理员密码）：设置管理员的密码。

（12）Set User Password（设置用户密码）：设置用户密码。

（13）Save & Exit Setup（保存后退出）：保存对 CMOS 的修改，然后退出 Setup 程序。

（14）Exit Without Saving（不保存退出）：放弃对 CMOS 的修改，然后退出 Setup 程序。

4. BIOS 设置都是一样的吗

不是这样的。BIOS 版本不同，主板生产厂家不同，具体的设置可能会有一些差异。

5. 如何修改年月日

用方向键选择 Date 或 Time 设置项，然后用+/－修改系统日期和时间即可。

日期的格式为<星期><月><日><年>。

（1）星期：从 Sun（星期日）到 Sat（星期六），由 BIOS 定义。只读。

（2）month ：月份，从 Jan（一月）到 Dec（十二月）。

（3）Date：日期，从 1～31，可用数字键修改。

（4）Year：年，用户设定年份。

Time（时间）的格式为<时><分><秒>。

其中，日期的格式为月、日、年；时间的格式为小时、分、秒。按 Enter 键，可以在月、日和年之间或在小时、分和秒之间切换。

6. 电脑上有两个硬盘时该如何设置

当两个硬盘同时连接到一组 IDE 插槽时，必须将其中一个硬盘设为 Master（主硬盘），将另外一个硬盘设为 Slave（从硬盘）。硬盘的主从关系一般通过硬盘上的跳线来设置。关于硬盘跳线设置的方法在硬盘的背面都有提示。

7. 如何自动侦测硬盘参数

方法为：

（1）在 Award BIOS 的 CMOS Setup 主菜单中移动方向键到 Standard CMOS Setup 项上，然后按 Enter 键进入 Standard CMOS Setup 菜单。

（2）用方向键选择 IDE Primary Master 项，按 Enter 键进入次级菜单进行设置，如图 5-2 所示为 IDE Primary Master 项的次级菜单。

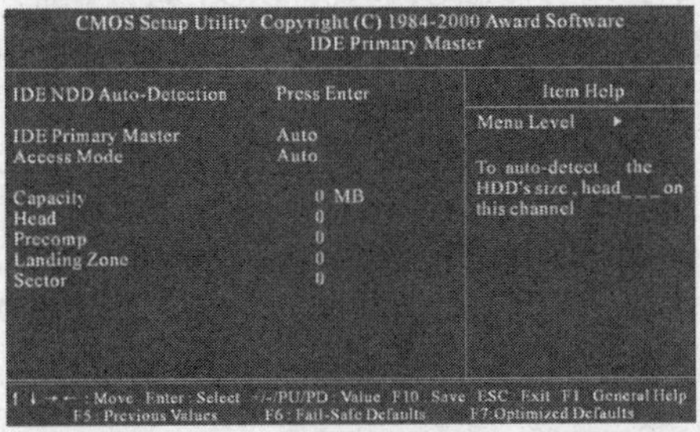

图 5-2

（3）选择 IDE HDD Auto-Detection（自动侦测硬盘参数）选项后，按 Enter 键，系统将自动侦测所用硬盘的相关参数，并将侦测到的参数显示在下面的相应项中。

8. 如何设置主硬盘参数

在 Standard CMOS Setup 菜单中，用方向键选择 IDE Primary Master 项，按 Enter 键进入次级菜单后，用方向键选择 IDE Primary Master 项，按 Page Down、Page Up 键或+/－键可以修改设置值。该项的设置值有：Auto（自动侦测主硬盘的各项的参数，并将其显示在下面相应的项中）、None（该接口上没有连接硬盘）和 Manual（手动设定硬盘的规格）。

9. 如何设置硬盘的访问模式

在 Standard CMOS Setup 菜单中，用方向键选择 IDE Primary Master 项，按 Enter 键进入次级菜单后，用方向键选择 Access Mode（访问模式）项。

硬盘的访问模式有四种，分别为 Normal，LBA，Large Mode 和 Auto。

10. 什么是硬盘的 Normal 访问模式

如果系统使用的是低容量（528MB 以下）硬盘，则选择这种模式。该模式对当前流行的新式硬盘已经不再适用。

11. 什么是硬盘的 LBA 访问模式

LBA 是英文 Logical Block Address 的首字母缩写，意思是逻辑区域地址。通过逻辑区域地址模式，BIOS 可以寻址所有高容量的硬盘，通常在使用高容量硬盘的时间，都选择该模式。LBA 模式可支持的硬盘最大容量为 8.4GB。

12. 什么是硬盘的 Large Mode 访问模式

这是另外一种支持大容量硬盘的模式，如果用户的操作系统不支持 LBA 模式，则可尝试选择 Large Mode 模式。LARGE 模式支持硬盘的最大容量仅为 1GB，超过此容量，应设为 LBA 模式。

13. 什么是硬盘的 Auto 访问模式

选择 Auto 后，BIOS 会自动侦测相关的参数。如果用户不太清楚硬盘使用的是哪种模式，则可以使用这个设置。

14. 如何设置软驱类型

（1）在 Award BIOS 的 CMOS Setup 主菜单中移动方向键到 Standard CMOS Setup 项上，然后按 Enter 键进入 Standard CMOS Setup 菜单。

（2）用方向键选择 Drive A/B 项，便可以设置软驱也就是设置系统使用的软盘驱动器的类型。

①None：没有安装软驱。

②360KB 5.25 in. :使用容量为 360KB，5.25 英寸的低密度软盘。

③1.2MB 5.25 in. :使用容量为 1.2MB，5.52 英寸的高密度软盘。

④720KB 3.5 in. :使用容量为 1.44MB，3.5 英寸的低密度软盘。

⑤1.44MB 3.5 in.：使用容量为 1.44MB，3.5 英寸高密度软盘。

⑥2.88MB 3.5 in.：使用容量为 2.88MB，3.5 英寸的高密度软盘。

目前大多数计算机上使用的都是容量为 1.44MB、3.5 英寸的高密度软盘，因此选择 1.44MB 3.5 in. 即可。

提示!!

如果系统安装了双软驱，则在 Drive A/B 都需要设置；如果安装了一个软驱，则须将软驱在 Drive B 设为 None。

15. 如何选择 BIOS 上电自检时的错误暂停方式

错误暂停方式是指在启动过程中如果 BIOS 上电自检发现错误，如何进行处理。方法为：

在 Award BIOS 的 CMOS Setup 主菜单中移动方向键到 Standard CMOS Setup 项上，然后按 Enter 键进入 Standard CMOS Setup 菜单，然后移动方向键到 Halt On 项上选择错误暂停方式。在标准功能设置菜单中用方向键选择设置项，即可用+/－键选择错误暂停的方式。

（1）No Errors：检测到任何错误都不要停止 BIOS 的工作，继续检测下去。

（2）All Errors：检测到任何错误都立即停止工作。

（3）All，But Keyboard：除了检测到键盘错误外，检测到任何错误都停止工作。

（4）All，But Diskette：除了检测到硬盘错误外，检测到任何错误都停止工作。

（5）All，But Disk/Key：除了检测到硬盘和键盘出错外，检测到任何错误都立即停止工作。例如有些时候系统没有安装键盘，却需要开启系统查看某些资料，就需要将此项设置为 All，But Keyboard。

16. 如何进行系统防病毒设置

方法为：

在 Award BIOS 设置程序主菜单中选择 Advance BIOS Features 项，然后按 Enter 键进入扩展功能设置菜单，如图 5-3 所示。

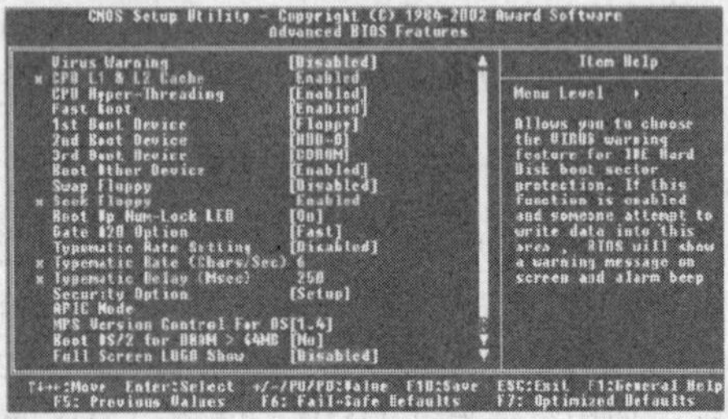

图 5–3

用方向键选择 Virus Warning 设置项，然后用 Page Up/Page Down 键或+/－键修改该项的设置，选择是否启用防病毒功能。

（1）Enabled：启用 BIOS 中的防病毒设置。在系统启动的过程中或启动以后，发现有任何病毒程序企图写入硬盘的引导扇区或分区表，BIOS 就会使系统暂时停止工作，并且给出屏幕警告信息，提醒用户有病毒入侵，同时自动激活防病毒功能。

（2）Disabled：禁止启用防病毒功能。

> 设置了防病毒功能可以防止某些病毒程序入侵计算机硬盘的引导扇区和分区表，但是该功能会将某些安装程序或磁盘诊断程序误认为是病毒，从而导致无法安装或运行这类程序，因此在安装或运行这类程序前可以先将该项设为 Disabled，然后再进行操作。

17. 如何设置系统所使用的显示器的类型

在 Award BIOS 的 CMOS Setup 主菜单中移动方向键到 Standard CMOS Setup 项上，然后按 Enter 键进入 Standard CMOS Setup 菜单，然后移动方向键到 Video 项上，便可以用+/－键选择显示器的类型。

（1）MONO：单色屏幕，包括高分辨率单显卡。

（2）CGA/40：CGA 屏幕（40 行）。

（3）CGA/80：CGA 屏幕（80 行）。

（4）EGA/VGA：EGA/VGA 屏幕。

目前计算机所用的显示器都是 VGA 规格的，故此项应设为 EGA/VGA。

18. 什么是 CPU 内部缓存

CPU 内部缓存即 CPU Internal Cache，它是内建在 CPU 内部的高速缓冲存储器，通常也将其称为 L1 高速缓冲存储器。这项设置控制着中央处理器内部矛盾缓存的状态。选择 Enabled，将启用处理器内部的高速缓冲存储器，使其处于激活状态，这样能够加快 CPU 的运算速度；反之，选择 Disabled，则会禁止使用 CPU 的内部缓存，从而降低 CPU 的速度。

19. 什么是 CPU 外部缓存

CPU 外部缓存也称为 L2（L2 cache）高速缓冲存储器。在 External Cache 设置项可以设置启用外部缓冲存储器的功能，该项设置控制着 CPU 外部缓冲存储器的状态。选择 Enabled，则激活（即启用）CPU 外部的高速缓冲存储器，可以提高 CPU 的运算速度；反之，选择 Disabled，则会禁止使用 CPU 外部缓存，降低 CPU 的速度。

20. 如何设置 CPU 超线程

CPU 超线程即 CPU Hyper-Threading，是 845PE/GE/GV/G 芯片组特有的功能。允许控制超线程功能。设置为 Enabled 将提高系统性能。可选项有：Enabled，Disabled。

在 Award BIOS 设置程序主菜单中选择 Advance BIOS Features 项，然后按 Enter 键进入扩展功能设置菜单，用方向键选择 CPU Hyper-Threading，便可以进行设置了。

> 提示!!
> 为了使计算机系统运行超线程技术的功能，需要以下的平台：
> （1）CPU：一个带有 HT 技术的 Intel Pentium 4 处理器；
> （2）芯片组：一个带有支持 HT 技术的 Intel 芯片组；
> （3）BIOS：支持 HT 技术的 BIOS 并且设为 Enabled；
> （4）操作系统：支持 HT 技术的操作系统。

21. 如何设置 CPU 一级和二级缓存

在 Award BIOS 设置程序主菜单中选择 Advance BIOS Features 项，然后按 Enter 键进入扩展功能设置菜单，用方向键选择 CPU L1 & L2 Cache（CPU 一级和二级缓存），以设置允许打开或关闭 CPU 内部缓存（L1）和外部缓存（L2）。

（1）Enabled：打开 CPU 内部缓存（L1）和外部缓存（L2）。

（2）Disabled：关闭 CPU 内部缓存（L1）和外部缓存（L2）。

22. 如何使系统进行快速引导

在 Award BIOS 设置程序主菜单中选择 Advance BIOS Features 项，然后按 Enter 键进入扩展功能设置菜单，用方向键选择 Fast Boot（快速引导）。

（1）Enabled：在上电自检过程中 BIOS 会缩短或忽略对某些项的检验，这样系统会在 5 秒钟内启动。

（2）Disabled：开机后进行正常的上电自检过程。

23. 如何设置系统引导设备启动顺序

在 Award BIOS 设置程序主菜单中选择 Advance BIOS Features 项，然后按 Enter 键进入扩展功能设置菜单，用方向键选择 1st/2nd/3rd Boot Device（第一/第二/第三启动设备），便可设定 AMIBIOS 载入操作系统的引导设备启动顺序：

（1）Floppy：系统首先尝试从软盘驱动器引导。

（2）LS120：系统首先尝试从 LS120 引导。

（3）HDD-0：系统首先尝试从第一硬盘引导。

（4）SCSI：系统首先尝试从 SCSI 引导。

（5）CDROM：系统首先尝试从 CD-ROM 驱动器引导。

（6）HDD-1：系统首先尝试从第二硬盘引导。

（7）HDD-2：系统首先尝试从第三硬盘引导。

（8）HDD-3：系统首先尝试从第四硬盘引导。

（9）ZIP：系统首先尝试从 ATAPI ZIP 引导。

（10）LAN：系统首先尝试从网络引导。

（11）Disabled：禁用此次序。

24. 如何设置启动时数字键的状态

在 Award BIOS 设置程序主菜单中选择 Advance BIOS Features 项，然后按 Enter 键进入扩展功能设置菜单，用方向键选择 Boot Up NumLock Status（启动时 Numberlock 状态），便可以设置启动时数字键状态。

（1）On：计算机启动后，小键盘作为数字键使用。

（2）Off：启动方向键功能，将小键盘作为方向键使用。

25. 什么是小键盘

在键盘的右侧有一组数字键，通常称其为小键盘。小键盘有两种功能，即可以作为数字键使用，也可以作为方向键使用。

26. 如何确定扩展内存的地址

在 Award BIOS 设置程序主菜单中选择 Advance BIOS Features 项，然后按 Enter 键进入扩展功能设置菜单，用方向键选择 Gate A20 Option，便可以 A20 信号线定址 1MB 以上内存的方式。

① Normal：由键盘控制器中的一个管脚来控制 A20 信号线。

② Fast：由主板上的芯片组控制 A20 信号线。

27. 如何控制字元输入速率

在 Award BIOS 设置程序主菜单中选择 Advance BIOS Features 项，然后按 Enter 键进入扩展功能设置菜单，用方向键选择 Typematic Rate Setting（键入速率设定）。此项是用来控制字元输入速率的。设置包括 Typematic Rate（字元输入速率）和 Typematic Delay（字元输入延迟）。

（1）Typematic Rate（Chars/Sec）（字元输入速率，字元/秒）。Typematic Rate Setting 选项启用后，可以设置键盘加速度的速率（字元/秒）。可选项有：6，8，10，12，15，20，24 和 30。

（2）Typematic Delay（Msec）（字元输入延迟，毫秒）。此项允许选择键盘第一次按下去和加速开始间的延迟。可选项有：250，500，750 和 1000。

28. 如何选择所设置的密码的种类和功能

（1）在 Award BIOS 设置程序主菜单中选择 Advance BIOS Features 项，然后按 Enter 键进入扩展功能设置菜单，用方向键选择 Security Option（安全选项），再用+ / – 键选择 System 或 Setup；

（2）再在 Award BIOS6.0 的主菜单中选择 Set Supervisor Password 或 Set User Password 选项，设置相应的密码。

Security Option、Set Supervisor Password 和 Set User Password 三者的设置关系如表 5-2 所示。

表 5-2　BIOS 密码设置的关系

设置项	所选设置	设置情况	结果
Security Option	设为 Setup	只设置 Set upervisor Password	可以进入 BIOS 设置程序，修改全部内容
		只设置 Set User Password	可以进入 BIOS 设置程序，修改全部内容
		Set Supervisor Password 和 Set User Password 同时设置	使用 Set Supervisor Password 密码进入 BIOS 后可以修改全部 BIOS 设置；使用 Set User Password 密码进入 BIOS，则只能修改 User Password
	设置为 System	只设置 Setsuper visorPassword	使用该密码即可进入 BIOS 设置，也可以进入计算机系统
		只设置 Set User Password	使用该密码即可进入 BIOS 设置，也可以进入计算机系统
		Set Supervisor Password 和 Set User Password 同时设置	使用 Supervisor Passwrod 进入 BIOS 设置后，可以修改 BIOS 设置的全部内容。而使用 User Password 进入 BIOS 设置后，只能修改 BIOS 设置中的 UserPassword。但是使用哪个密码都可以进入计算机

① Setup：当用户尝试运行设置时，出现密码提示。
② System：每次机器开机或用户运行设置后，出现密码提示。

29. 如何启用或禁止高级程序中断控制器

在 Award BIOS 设置程序主菜单中选择 Advance BIOS Features 项，然后按 Enter 键进入扩展功能设置菜单，用方向键选择 APIC Mode（APIC 模式），便可以设置启用或禁用 APIC（高级程序中断控制器）。启用 APIC 模式将会扩展可选用的中断请求 IRQ 系统资源。

30. 如何使用大于 64MB 内存引导 OS/2

在 Award BIOS 设置程序主菜单中选择 Advance BIOS Features 项，然后按 Enter 键进入扩展功能设置菜单，用方向键选择 Boot OS/2 DRAM > 64MB，该项允许在 OS/2 操作系统下使用大于 64MB 的 DRAM。

可选项有：Non-OS2，OS2。

31. 如何全屏显示 LOGO

在 Award BIOS 设置程序主菜单中选择 Advance BIOS Features 项，然后按 Enter 键进入扩展功能设置菜单，用方向键选择 Full Screen LOGO Show，便可以设置在启动画面上显示公司的 LOGO 标志。

（1）Enabled：启动时显示静态的 LOGO 画面。

（2）Disabled：启动时显示自检信息。

32. 如何设置内存时钟

（1）在主菜单中用方向键选择 Advanced Chipset Features 项，按 Enter 键，进入图 5-4 所示的 Advanced Chipset Features 设置菜单。

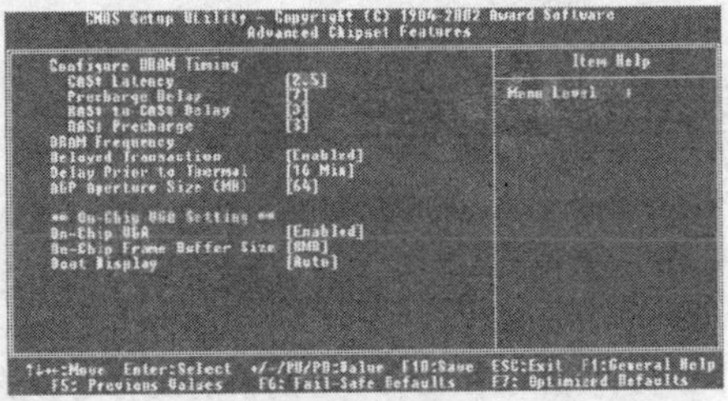

图 5–4

（2）用方向键选择 Configure DRAM Timing，便能绝对决定 DRAM 的时钟设置是否由读取内存模组上的 SPD（Serial PresenceDetect）EPROM 内容决定。

① By SPD：允许内存时钟根据 SPD 的设置由 BIOS 自动决定配置。

② Manual：允许用户手动配置这些项目。

33. 如何设置 CAS 延迟

在主菜单中用方向键选择 Advanced Chipset Features 项，按 Enter 键，进入 Advanced Chipset Features 设置菜单。

用方向键选择 CAS# Latency，便可以控制 SDRAM 在接受了命令并开始读之间的延迟（以时钟周期）。可选项有：1.5，2，2.5 和 3（clocks）。1.5 个 clock 是增加系统性能，而 3 个 clock 是增加系统的稳定性。

34. 如何设置预充电延迟

在主菜单中用方向键选择 Advanced Chipset Features 项，按 Enter 键，进入 Advanced Chipset Features 设置菜单。

用方向键选择 Precharge Delay，便可以规定在预充电之前的空闲周期。可选项有：7，6 和 5（clocks）。

35. 如何设置 RAS 到 CAS 的延迟

在主菜单中用方向键选择 Advanced Chipset Features 项，按 Enter 键，进入 Advanced Chipset Features 设置菜单。

用方向键选择 RAS# to CAS# Delay，便可以设置在向 DRAM 写入，读出或刷新时，从 CAS 脉冲信号到 RAS 脉冲信号之间延迟的时钟周期数。更快的速度可以增进系统的性能表现，而相对较慢的速度可以提供更稳定的系统表现。此项仅在系统中安装有同步 DRAM 才有效。可选项有：3 和 2（clocks）。

36. 如何设置 RAS 预充电

在主菜单中用方向键选择 Advanced Chipset Features 项，按 Enter 键，进入 Advanced Chipset Features 设置菜单。

用方向键选择 RAS# Precharge，便可以控制 RAS（Row Address Strobe）预充电过程的时钟周期数。如果在 DRAM 刷新前没有足够的时间给 RAS 积累电量，刷新过程可能无法完成而且 DRAM 将不能保持数据。此项仅在系统中安装了同步 DRAM 才有效。可选项有：3，2（clocks）。

37. 如何设置内存频率

在主菜单中用方向键选择 Advanced Chipset Features 项，按 Enter 键，进入 Advanced Chipset Features 设置菜单。

用方向键选择 DRAM Frequency，便可以设置所安装的内存的频率。可选项有：Auto，DDR200，DDR266，DDR333（仅 845GE/PE 支持）。

38. 如何设置超温优先延迟

在主菜单中用方向键选择 Advanced Chipset Features 项，按 Enter 键，进入 Advanced Chipset Features 设置菜单。

用方向键选择 Delay Prior to Thermal，便可以进行超温优先延迟设置。当 CPU 的温度到达了工厂预设的温度，时钟将被适当延迟。温度监控装置开启，由处理器内置传感器控制的时钟模组也被激活以保持处理器的温度限制。设定值有：4 Min，8 Min，16 Min，32 Min。

39. 如何设置 AGP 口径尺寸

在主菜单中用方向键选择 Advanced Chipset Features 项，按 Enter 键，进入 Advanced Chipset Features 设置菜单。

用方向键选择 AGP Aperture Size（MB），便可以设置用于特别 PAC 配置的图形口径的有效大小。AGP 口径是内存映射的，而图形数据结构是驻于图形口径中的。口径范围必须设计为不可在中央处理器缓存区内缓存，对口径范围的访问被转移到主内存，然后 PAC 将通过一保留在主内存中的译码表格翻译原始结果地址。此选项可供选择的口径尺寸为：4MB，8MB，16MB，32MB，64MB，28MB，256MB 和 512MB。

40. 如何进行板载 VGA 设置

在主菜单中用方向键选择 Advanced Chipset Features 项，按 Enter 键，进入 Advanced Chipset Features 设置菜单。

用方向键选择 On-Chip VGA Setting，便可以配置板载 VGA 了。可选项有：Enabled 和 Disabled。

41. 如何配置系统内存分配给视频的内存容量

在主菜单中用方向键选择 Advanced Chipset Features 项，按 Enter 键，进入 Advanced Chipset Features 设置菜单。

用方向键选择 On-Chip VGA Frame Buffer Size，便可以设置系统内存分配给视频的内存容量。可选项有：1MB 和 8MB。

42. 如何选择系统所安装的显示设备类型

在主菜单中用方向键选择 Advanced Chipset Features 项，按 Enter 键，进入

Advanced Chipset Features 设置菜单。

用方向键选择 Boot Display，便可以选择您的系统所安装的显示设备类型。可选项有：Auto，CRT，TV，EFP。选项 EFP 可引用 LCD 显示器。

43. 如何激活板载第一/第二 PCI IDE 通道

在 Award BIOS 主菜单中用方向键选择 Integrated Peripherals 项，按 Enter 键进入 Integrated Peripherals 菜单，如图 5-5 所示。

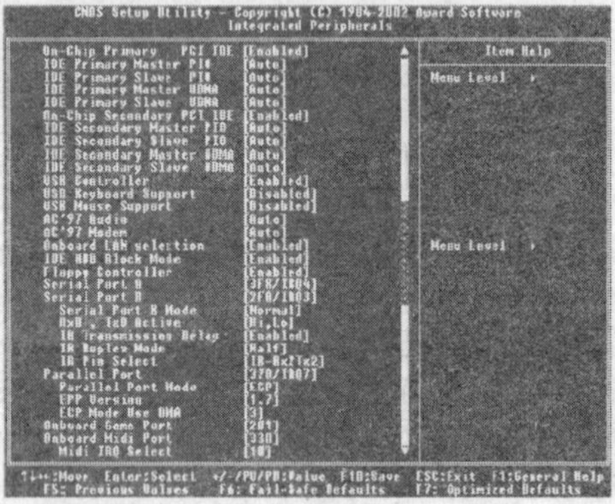

图 5-5

用方向键选择 On-Chip Primary/Secondary PCI IDE（板载第一/第二 PCI IDE）。整合周边控制器包含了一个 IDE 接口，可支持两个 IDE 通道。选择 Enabled 可以独立地激活每个通道。

44. 如何设置 IDE 设备的 PIO 模式

在 Award BIOS 主菜单中用方向键选择 Integrated Peripherals 项，按 Enter 键进入 Integrated Peripherals 菜单。

用方向键选择 IDE Primary/Secondary Master/Slave PIO（IDE 第一/第二主/从 PIO）。四个 IDE PIO（可编程输入/ 输出）项允许您为板载 IDE 支持的每一个 IDE 设备设定 PIO 模式（0～4）。模式 0 到 4 提供了递增的性能表现。在 Auto 模式中，系统自动决定每个设备工作的最佳模式。可选项有：Auto，Mode 0，Mode 1，Mode 2，Mode 3，Mode 4。

45. 如何设置 IDE 第一/第二主/从 UDMA

在 Award BIOS 主菜单中用方向键选择 Integrated Peripherals 项，按 Enter 键进入 Integrated Peripherals 菜单。

用方向键选择 IDE Primary/Secondary Master/Slave UDMA（IDE 第一/第二主/从 UDMA）。Ultra DMA/33/66/100 只能在您的 IDE 硬盘支持此功能时使用，而且操作环境包括一个 DMA 驱动程序（Windows 95 OSR2 或第三方 IDE 总线控制驱动程序）。如果您的硬盘和系统软件都支持 Ultra DMA/33，Ultra

DMA/66 或 Ultra DMA/100，选择 Auto 使 BIOS 支持有效。可选项有：Auto，Disabled。

46. 如何控制板载 USB 控制器

在 Award BIOS 主菜单中用方向键选择 Integrated Peripherals 项，按 Enter 键进入 Integrated Peripherals 菜单。

用方向键选择 USB Controller（USB 控制器）。此项用来控制板载 USB 控制器。可选项有：Enabled，Disabled。

47. 如何设置 USB 鼠标/键盘控制

如果您在不支持 USB 或没有 USB 驱动的操作系统下使用 USB 键盘或鼠标，如 DOS 和 SCO Unix，则需要进行如下操作：

（1）在 Award BIOS 主菜单中用方向键选择 Integrated Peripherals 项，按 Enter 键进入 Integrated Peripherals 菜单。

（2）用方向键选择 USB Keyboard/Mouse Support（USB 鼠标/键盘控制），然后将此项设定为 Enabled。

48. 如何启用或禁用板载的 AC′97 音频

（1）在 Award BIOS 主菜单中用方向键选择 Integrated Peripherals 项，按 Enter 键进入 Integrated Peripherals 菜单。

（2）用方向键选择 AC′97Audio（AC′97 音频）。

Auto：允许主板检测是否有音频设备在被使用。如果检测到了音频设备，板载的 AC′97 控制器将被启用。如果没有，控制器将被禁用。

Disabled：使用其他的声卡。

49. 如何启用或禁用板载的调制解调器

（1）在 Award BIOS 主菜单中用方向键选择 Integrated Peripherals 项，按 Enter 键进入 Integrated Peripherals 菜单。

（2）用方向键选择 AC′97 Modem。

Auto：允许主板检测是否有板载调制解调器在被使用。如果检测到了调制解调器设备，板载的 AC′97（Modem Codec′97）控制器将被启用。如果没有，控制器将被禁用。

Disabled：使用其他的调制解调器。

50. 如何启用或禁用板载网卡

（1）在 Award BIOS 主菜单中用方向键选择 Integrated Peripherals 项，按 Enter 键进入 Integrated Peripherals 菜单。

（2）用方向键选择 Onboard LAN selection，便可以决定板载 LAN 控制器是否要被激活。

Enabled：启用板载网卡。

Disabled：禁用板载网卡。

51. 如何设置 IDE 硬盘块模式

块模式也被称为块交换，度命令或多扇区读/写。要设置 IDE 硬盘块模式，方法为：

（1）在 Award BIOS 主菜单中用方向键选择 Integrated Peripherals 项，按 Enter 键进入 Integrated Peripherals 菜单。

（2）用方向键选择 IDE HDD Block Mode（IDE 硬盘块模式）。

Enabled：如果您的 IDE 硬盘支持块模式（多数新硬盘支持），则选择该项，将自动检测到最佳的且硬盘支持的每个扇区的块读/写数。

Disabled：禁用 IDE 硬盘支持块模式。

52. 如何控制板载软驱

（1）在 Award BIOS 主菜单中用方向键选择 Integrated Peripherals 项，按 Enter 键进入 Integrated Peripherals 菜单。

（2）用方向键选择 Floopy Disk Controller，便可以设置板载软驱控制器。

①Auto：BIOS 将自动决定是否打开板载软盘控制器。

②Enabled：打开板载软盘控制器。

③Disabled：关闭板载软盘控制器。

53. 如何设置板载串行接口 A/B

（1）在 Award BIOS 主菜单中用方向键选择 Integrated Peripherals 项，按 Enter 键进入 Integrated Peripherals 菜单。

（2）用方向键选择 Serial Port A/B，便可以设置主板串行端口 1（COM A）和串行端口 2（COM B）的基本 I/O 端口地址和中断请求号。选择 Auto 允许 AWARD 自动决定恰当的基本 I/O 端口地址。可选项有：Auto，3F8/IRQ4，2F8/IRQ3，3E8/COM4，2E8/COM3，Disabled。

54. 如何设置串行接口B的工作模式

（1）在 Award BIOS 主菜单中用方向键选择 Integrated Peripherals 项，按 Enter 键进入 Integrated Peripherals 菜单。

（2）用方向键选择 Serial Port B Mode，便可以设置串行接口 B 的工作模式。可选项有：Normal，1.6 us，3/16 Baud，ASKIR。

①Normal：RS-232C 串行接口。

②IrDA：IrDA-兼容串行红外线接口。

③ASKIR：广泛 Shift Keyed 红外线接口。

55. 如何设置板载并行接口的基本I/O端口地址

（1）在 Award BIOS 主菜单中用方向键选择 Integrated Peripherals 项，按 Enter 键进入 Integrated Peripherals 菜单。

（2）用方向键选择 Parallel Port，便可以设置板载并行接口的基本 I/O 端口地址。选择 Auto，允许 BIOS 自动决定恰当的基本 I/O 端口在地址。可选项有：Auto，378/IRQ7，278/IRQ5，3BC/IRQ7，Disabled。

56. 如何设置并行端口的工作模式

（1）在 Award BIOS 主菜单中用方向键选择 Integrated Peripherals 项，按 Enter 键进入 Integrated Peripherals 菜单。

（2）用方向键选择 Parallel Port Mode（并行端口模式），便可以设置并行端口的工作模式。可选项有：SPP，EPP，ECP，ECP+EPP，Normal。

① SPP：标准并行端口。

② EPP：增强并行端口。

③ ECP：扩展性能端口。

④ ECP + EPP：扩展性能端口加上增强并行端口。

57. 如何设置板载游戏端口的基本I/O端口地址

（1）在 Award BIOS 主菜单中用方向键选择 Integrated Peripherals 项，按 Enter 键进入 Integrated Peripherals 菜单。

（2）用方向键选择 Onboard Game Port，便可以设置板载游戏端口的基本 I/O 端口地址。可选项有：Disabled，201，209。

58. 如何设置板载 Midi 端口的基本 I/O 端口地址

（1）在 Award BIOS 主菜单中用方向键选择 Integrated Peripherals 项，按 Enter 键进入 Integrated Peripherals 菜单。

（2）用方向键选择 Onboard Midi Port，便可以设置板载 Midi 端口的基本 I/O 端口地址。可选项有：Disabled，330，300，290。

59. 如何设置板载 Midi 端口的中断请求号

（1）在 Award BIOS 主菜单中用方向键选择 Integrated Peripherals 项，按 Enter 键进入 Integrated Peripherals 菜单。

（2）用方向键选择 Midi IRQ Select（Midi 端口 IRQ 选择），便可以设置板载 Midi 端口的中断请求号。可选项有：5，10。

60. 如何激活高级配置和电源管理接口功能

如果您的操作系统支持 ACPI（高级配置和电源管理接口）功能，例如 Windows 98SE/2000/ME/XP/2003，便可以激活高级配置和电源管理接口功能，方法为：

（1）在 Award BIOS 主菜单中用方向键选择 Power Management Setup，按 Enter 键进入 Power Management（能源管理设置）菜单，如图 5-6 所示。

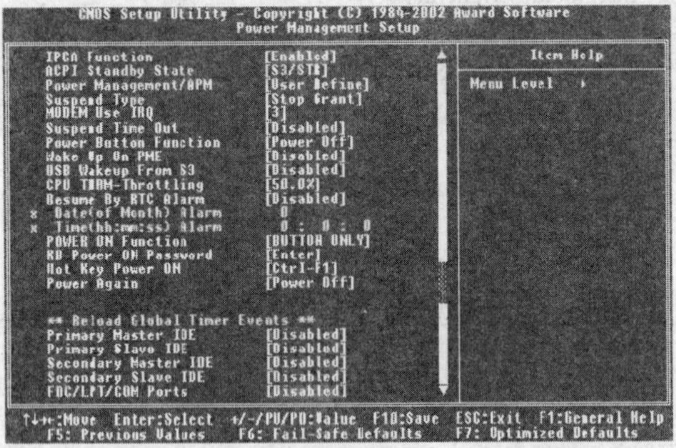

图 5–6

（2）用方向键选择 IPCA Function（IPCA 操作系统），选择 Enabled，便可以激活高级配置和电源管理接口功能。

61. 如何设定 ACPI 功能的节电模式

（1）在 Award BIOS 主菜单中用方向键选择 Power Management Setup，按 Enter 键进入 Power Management（能源管理设置）菜单。

（2）用方向键选择 ACPI Suspend Type（ACPI 挂起类型），便可以设定 ACPI 功能的节电模式。

S1/POS S1：该休眠模式是一种低能耗状态，在这种状态下，没有系统上下文丢失，（CPU 或芯片组）硬件维持着所有的系统上下文。

S3/STR S3 ：该休眠模式是一种低能耗状态，在这种状态下仅对主要部件供电，比如主内存和可唤醒系统设备，并且系统上下文将被保存在主内存。一旦有"唤醒"事件发生。存储在内存中的这些信息被用来将系统恢复到以前的状态。

62. 如何选择节电类型及相关模式

（1）在 Award BIOS 主菜单中用方向键选择 Power Management Setup，按 Enter 键进入 Power Management（能源管理设置）菜单。

（2）用方向键选择 Power Management/APM（电源管理/APM），便可以选择节电的类型（或程度）和与此相关的模式：Suspend Mode 和 HDD Power Down。

User Define：允许终端用户为每个模式分别配置模式。

Min Saving：最小省电管理，Suspend Time Out = 1 Hour，HDDPower Down = 15 Min。

Max Saving"最大省电管理，Suspend Time Out = 1 Min，HDDPower Down = 1Min。

Suspend Type（挂起类型）：允许选择挂起的类型。可选项有：Stop Grant（保存整个系统的状态，然后关掉电源），PwrOn Suspend（CPU 和核心系统在低量电源模式，保持电源供给）。

63. 如何设置 MODEM 使用的 IRQ（中断）

（1）在 Award BIOS 主菜单中用方向键选择 Power Management Setup，按 Enter 键进入 Power Management（能源管理设置）菜单。

（2）用方向键选择 MODEM Use IRQ，便可以设置 MODEM 使用的 IRQ（中断）。可选项有：3，4，5，7，9，10，11，NA。

64. 如何设置开机按钮的功能

（1）在 Award BIOS 主菜单中用方向键选择 Power Management Setup，按

Enter 键进入 Power Management（能源管理设置）菜单。

（2）用方向键选择 Power Button Function，便可以设置开机按钮功能。

① Power off：正常的开机关机按钮。

② Suspend：当按下开机按钮时，系统进入挂起或睡眠状态，当按下 4 秒或更多时间，系统关机。

65. 如何设置设置 CPU 温控比率

（1）在 Award BIOS 主菜单中用方向键选择 Power Management Setup，按 Enter 键进入 Power Management（能源管理设置）菜单。

（2）用方向键选择 CPU THRM-Throttling，便可以设置 CPU 温控比率。当 CPU 温度到达了预设的高温，可以通过此项减慢 CPU 的速度。设定范围从 12.5%~87.5%，以 12.5%递增。

66. 如何设置系统定时自动启动的时间/日期

（1）在 Award BIOS 主菜单中用方向键选择 Power Management Setup，按 Enter 键进入 Power Management（能源管理设置）菜单。

（2）用方向键选择 Resume by RTC Alarm，便可以设置系统定时自动启动的时间/日期。

①Date（of Month）Alarm：设置 Resume by Alarm 的日期。可选项有：0~31。

②Time（hh:mm:ss）Alarm：设置 Resume by Alarm 的日期。格式为<时><分><秒>。

67. 如何设置 PS/2 鼠标或键盘的开机功能

（1）在 Award BIOS 主菜单中用方向键选择 Power Management Setup，按 Enter 键进入 Power Management（能源管理设置）菜单。

（2）用方向键选择 POWER ON Function，便可以绝对使用 PS/2 鼠标或键盘的哪一部分开机。可选项有：Password，Hot KEY，Mouse Left，Mouse Right，Any Key，BUTTON ONLY 和 Keyboard98。

68. 如何为为 PS/2 键盘设定开机密码

（1）在 Award BIOS 主菜单中用方向键选择 Power Management Setup，按 Enter 键进入 Power Management（能源管理设置）菜单。

（2）用方向键选择 KB Power ON Password，然后将 POWER ON Function

设定为 Password，就可以在此项为 PS/2 键盘设定开机的密码。

69. 如何为 PS/2 键盘设定开机热键

（1）在 Award BIOS 主菜单中用方向键选择 Power Management Setup，按 Enter 键进入 Power Management（能源管理设置）菜单。

（2）用方向键选择 Hot Key Power ON（热键开机），然后将 POWER ON Function 设定为 Hot KEY，便可以为 PS/2 键盘设定开机热键，可选项有：Ctrl+F1 到 Ctrl+F12 12 个项。

70. 如何决定开机时意外断电之后，电力供应恢复时系统电源的状态

（1）在 Award BIOS 主菜单中用方向键选择 Power Management Setup，按 Enter 键进入 Power Management（能源管理设置）菜单。

（2）用方向键选择 Power Again（再来电状态），便可以决定开机时意外断电之后，电力供应恢复时系统电源的状态。

①Power Off ：保持机器处于关机状态。

②Power On ：保持机器处于开机状态。

③Last State：恢复到系统断电前的状态。进入挂起/睡眠模式，但若按钮被按下超过 4 秒，机器关机。

71. 什么是即插即用

什么是即插即用？支持即插即用是一种使您可以快速简易安装某硬件设备而无需安装设备驱动程序或重新配置系统的标准。即插即用需要硬件和软件两方面支持，Windows 98、ME、2000、XP 都支持即插即用，因此主要是看计算机配件是否支持即插即用。如具备即插即用功能，安装硬件就更为简易。即插即用功能为计算机用户提供底层硬件资源的智能管理能力。

72. 如何重置配置数据

（1）在 Award BIOS 设备主菜单中用方向键选择 PnP/PCI Configurations（即插即用/PCI 参数设置）项，按 Enter 键进入 PNP/PCI Configuration 菜单，如图 5-7 所示。

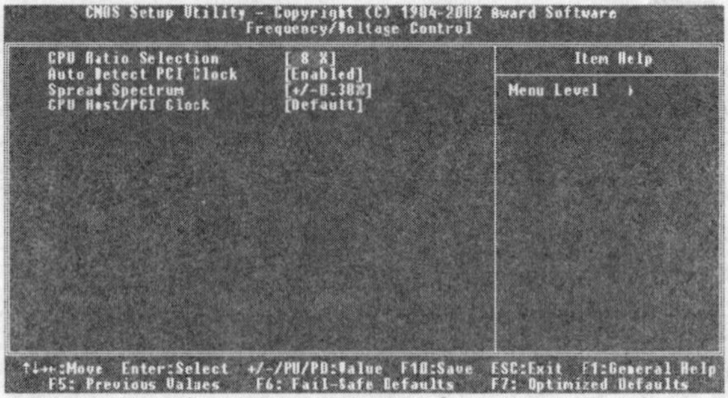

图 5-7

（2）用方向键选择 Reset Configuration Data，便可以重置配置数据。通常应将此项设置为 Disabled。如果你安装了一个新的外接卡，系统在重新配置后产生严重的冲突，导致无法进入操作系统，此时将此项设置为 Enabled，便可以在退出 Setup 后，重置 Extended System Configuration Data（ESCD，扩展系统配置数据）。可选项有：Enabled，Disabled。

73. 如何设置系统资源控制的方式

（1）在 Award BIOS 设备主菜单中用方向键选择 PnP/PCI Configurations（即插即用/PCI 参数设置）项，按 Enter 键进入 PNP/PCI Configuration 菜单。

（2）用方向键选择 Resource Controlled By，便可以设置系统资源控制的方式，也就是设置由谁来控制系统的 PNP/PCI 资源。但是，此功能仅在使用即插即用操作系统时有效。如果您将此项设置为 Manual（手动），可进入此项的各项子菜单（每个子菜单以▶开头），手动选择特定资源。

①Auto：安装支持 PNP 功能的 ISA 卡和 PCI 卡时，支持即插即用功能的 BIOS 或操作系统会自动为其分配硬件资源，如中断资源、接口地址等。

②Manual：用户可根据设备的安装情况自行设置所安装的 PNP 扩展卡使用的 IRQ（中断请求）和 DMA 通道等资源。选择 Manual 的同时，可以通过 IRQ Resources 和 DMA Resources 这两项的次级菜单，分别进行 IRQ 资源和 DMA 资源的分配。

74. 如何设置 PCI/VGA 调色板监测功能

（1）在 Award BIOS 设备主菜单中用方向键选择 PnP/PCI Configurations（即插即用/PCI 参数设置）项，按 Enter 键进入 PNP/PCI Configuration 菜单。

（2）用方向键选择 PCI/VGA Palette Snoop，便可以设置 PCI/VGA 调色板

监测功能。

①Enabled：BIOS 可以预先侦测 VGA 卡的状态，并修改从 VGA 卡的 Feature Connector 传送到图像压缩卡的资料，以改善显示颜色不准确的状况。当计算机上安装了非标准的显示卡，如 MPEG（图像压缩卡）或图形加速卡等，可以选择该设置，启用 PCI/VGA 调色板监测功能。

②Disabled：默认值，关闭 PCI/VGA 调色板监测功能。

75. 如何启用机箱入侵监测功能

（1）在主菜单中用方向键选择 PC Health Status 项，按 Enter 键，出现系统健康状态监测（PC Health Status）菜单，如图 5-8 所示。

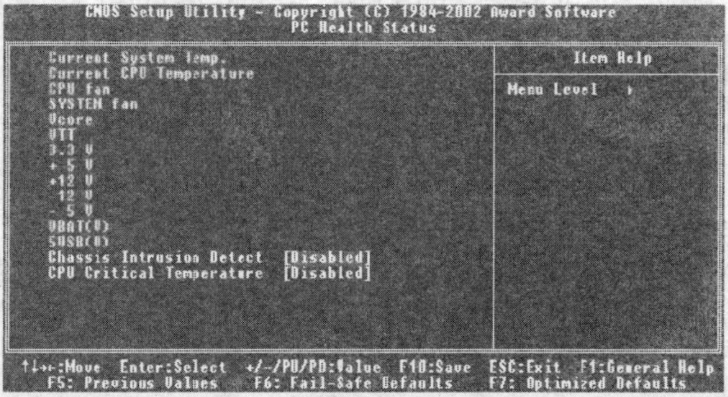

图 5-8

提示!!

PC Health Status 的意思是系统健康状态监测，该功能对监测计算机系统中所有重要参数是非常有用的，其中包括 CPU 温度、CPU 风扇速度和系统温度、机箱风扇速度、系统电源的各种电压状态。

（2）用方向键选择 Chassis Intrusion Detect，便可以启用、复位或禁用机箱入侵监视功能并提示机箱曾被打开的警告信息。设置为 Enable 时，系统将记录机箱的入侵信息。下次您打开系统，将显示警告信息。将此项设为 Reset 可清除警告信息。之后，此项会自动回复到 Enabled 状态。可选项有：Enabled，Reset 和 Disabled。

76. 如何指定 CPU 的温度临界值

（1）在主菜单中用方向键选择 PC Health Status 项，按 Enter 键，出现系统健康状态监测（PC Health Status）菜单。

（2）用方向键选择 CPU Critical Temperature，便可以指定 CPU 的温度临界值。如果 CPU 温度达到了这个指定值，系统就会发出一个警告并且允许你去防止这样的过热问题。

77. 如何加载系统默认的安全/优化设置

Award BIOS 主菜单中的 Load Fail-Safe Defaults 和 Load Optimized Defaults 两项分别用于加载系统默认的安全设置和优化设置。

设置的方法为：

用方向键选择 Load Fail-Safe Defaults 项，按 Enter 键，则弹出提示框提示用户是否加载安全/优化设置，如果要加载，则在提示框中输入 Y，如果不想加载，则输入 N，再次按下 Enter 键，即可。

78. 如何退出 BIOS 设置程序

退出 Award BIOS1 设置程序有两种方法，一是不保存修改后的设置，退出；二是保存修改后的设置，退出。

在 Award BIOS 主菜单中选择 Save & Exit Setup（保存设置，并退出），按 Enter 键，弹出提示框，如图 5-9 所示，在提示框中输入 Y，则保存设置，并退出；输入 N，则不退出。也不保存，而是继续进行设置。

图 5–9

不保存设置，并退出（Exit Without Saving）BIOS 设置程序的方法相同。

5-3 AMI BIOS 的设置

1. 如何进入 AMI BIOS 设置界面

开机显卡自检测完成后，按住键盘右边的数字小键盘上的 Del 键，即可进入 AMI BIOS SETUP 设置界面主菜单，如图 5-10 所示。

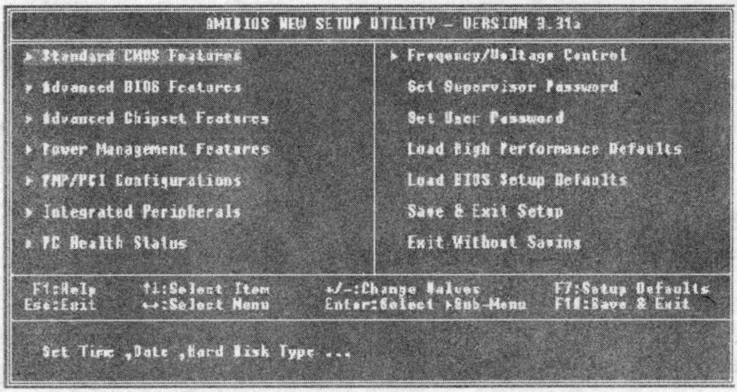

图 5-10

2. AMI BIOS 设置菜单中有哪些功能项

一般来说，AMI BIOS 设置菜单中有如下几项：

（1）Standard CMOS Features（标准 CMOS 设定）。使用此菜单可对基本的系统配置进行设定。如时间，日期等。

（2）Advanced BIOS Features（高级 BIOS 特性设定）。使用此菜单可对系统的高级特性进行设定。

（3）Advanced Chipset Features（高级芯片组功能设定）。使用此菜单可以修改芯片组寄存器的值，优化系统的性能表现。

（4）Power Management Features（电源管理设定）。使用此菜单可以对系统电源管理进行特别的设定。

（5）PNP/PCI Configurations（PnP/PCI 配置）。此项仅在系统支持 PnP/PCI 时才有效。

（6）Integrated Peripherals（整合周边设定）。使用此菜单可以对周边设备进行特别的设定。

（7）PC Health Status（PC 基本状态）。此项显示了 PC 的当前状态。

（8）Frequency/Voltage Control（频率和电压控制）。使用此菜单可以设定管理员/用户密码。

（9）Set Supervisor Password（设置管理员密码）。使用此菜单可以设定管理员密码。

（10）Set User Password（设置用户密码）。使用此菜单可以设定用户密码。

（11）Load High Performance Defaults（载入高性能缺省值）。使用此菜单可以加载主板制造商提供的为较高的性能优化过的 BIOS 设定值。

（12）Load BIOS Setup Defaults（载入 BIOS 设定值缺省值）。使用此菜单

可以加载主板制造商提供的最小稳定的方式运行设置的一组默认值。

（13）Save & Exit Setup（保存后退出）。保存对 CMOS 的修改，然后退出 Setup 程序。

（14）Exit Without Saving（不保存退出）。放弃对 CMOS 的修改，然后退出 Setup 程序。

3. 如何设置系统日期

使用方向键选定 Standard CMOS Features 项，然后按 Enter 键，出现如图 5-11 所示的 Standard CMOS Features 菜单。使用方向键选定 System Date（系统日期）项，然后使用<PgUp>键或<PgDn>键选择您所需要的设定值。

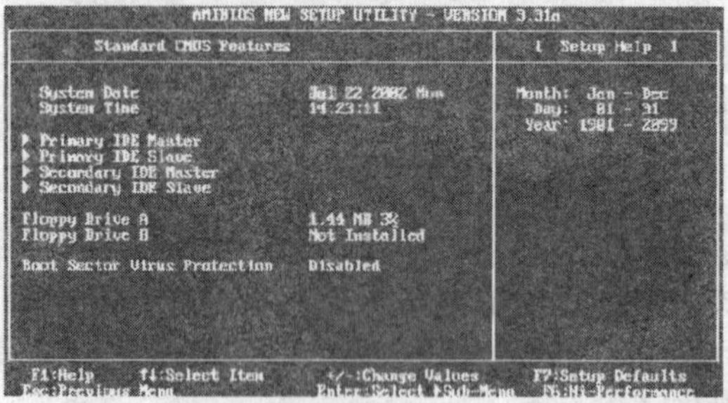

图 5-11

日期的格式是<day><month><date><year>。

（1）Day：星期，从 Sun.（星期日）到 Sat.（星期六），由 BIOS 定义，只读，不能修改。

（2）Month：月份，从 Jan.（一月）到 Dec.（十二月）。

（3）Date：日期，从 1~31 可用数字键修改。

（4）Year：年，用户设定年份。

4. 如何设置系统时间

使用方向键选定 Standard CMOS Features 项，然后按 Enter 键，出现 Standard CMOS Features 菜单。然后使用方向键选定 System Time（系统时间）项，使用<PgUp>键或<PgDn>键选择您所需要的设定值。

时间格式是<hour><minute><second>（<时><分><秒>）。

5. 如何设置盘类型

使用方向键选定 Standard CMOS Features 项，然后按 Enter 键，出现

Standard CMOS Features 菜单。然后使用方向键选定 Primary/Secondary IDE Master/Slave（IDE 第一/第二主/从）。按 PgUp+“+”或 PgUp+“－”键选择硬盘类型。

（1）Type：按下 PgUp+“+”或 PgDn+“－”选择装置类型。

（2）Cylinders：选择柱面数。

（3）Heads：选择磁头数。

6. 如何设置软驱的类型

使用方向键选定 Standard CMOS Features 项，然后按 Enter 键，出现 Standard CMOS Features 菜单。然后使用方向键选定 Floppy Drive A/B（驱动器 A/B），便可以设置软驱的类型，可选项有：Not Installed，1.2 MB，720 KB，1.44MB，2.88 MB。

7. 如何设置根区病毒保护

使用方向键选定 Standard CMOS Features 项，然后按 Enter 键，出现 Standard CMOS Features 菜单。然后使用方向键选定 Boot Sector Virus Protection，便可以设定 IDE 硬盘引导扇区病毒入侵警告功能。

（1）Enabled：启用病毒保护，如果有程序企图在此区中写入信息，BIOS 会在屏幕上显示警告信息，并发出蜂鸣警报声。

（2）Disabled：禁用病毒保护。

8. 如何在开机时进行快速引导

使用方向键选定 Standard CMOS Features 项，然后按 Enter 键，出现如图 5-12 所示的 AdvancedBIOS Features 菜单。

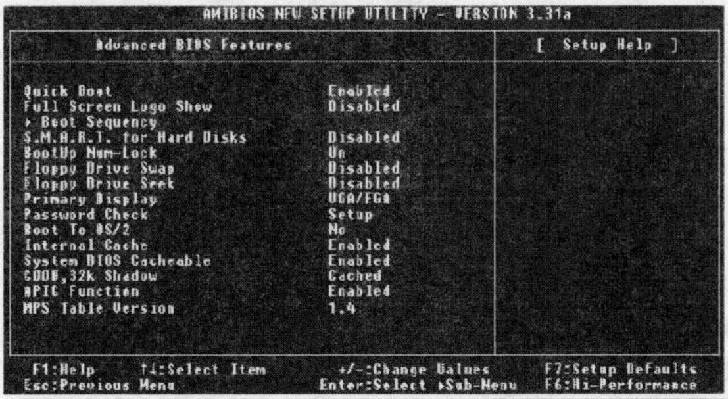

图 5–12

然后使用方向键选定 Quick Boot，便可以设置在系统开启后，加速 Power On Self Test（POST）过程。

（1）Enabled：BIOS 会在 POST 时，缩短或跳过一些检测项目。缩短开机自检的时间。

（2）Disabled：开机正常自检。

9. 如何设置开机时显示全屏 LOGO

（1）使用方向键选定 Standard CMOS Features 项，然后按 Enter 键，出现 AdvancedBIOS Features 菜单。

（2）然后使用方向键选定 Full Screen Logo Show，便可以设置在开机启动画面上显示公司的 LOGO 标志。

①Enabled：启动时显示静态的 LOGO 画面。

②Disabled：启动时显示自检信息。

10. 如何设置载入操作系统的引导设备启动顺序

使用方向键选定 Standard CMOS Features 项，按 Enter 键后，在出现的 AdvancedBIOS Features 菜单中使用方向键选定 Boot Sequency，按 Enter 键进入子菜单并出现如图 5-13 所示的画面。便可以设定 AMIBIOS 载入操作系统的引导设备启动顺序。

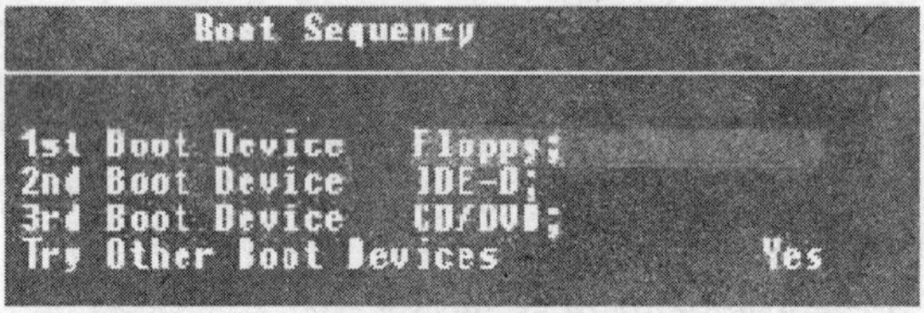

图 5–13

（1）IDE-0：系统首先尝试从第一硬盘引导。

（2）IDE-1：系统首先尝试从第二硬盘引导。

（3）IDE-2：系统首先尝试从第三硬盘引导。

（4）IDE-3：系统首先尝试从第四硬盘引导。

（5）Floppy：系统首先尝试从软盘驱动器引导。

（6）ARMD-FDD：系统首先尝试从 ARMD-FDD 驱动器引导，如 LS-120，ZIP 等类似软驱装置。

（7）ARMD-HDD：系统首先尝试从 ARMD-HDD 驱动器引导，如 MO，ZIP 等硬盘装置。

（8）CDROM：系统首先尝试从 CD-ROM 驱动器引导。

（9）Legacy SCSI：系统从 SCSI 设备引导。

（10）Legacy NET：系统从网络设备引导。

（11）BBS-0：系统首先尝试从第一个 BBS（BIOS 启动规格）兼容设备引导。

（12）BBS-1：系统首先尝试从第二个 BBS（BIOS 启动规格）兼容设备引导。

（13）BBS-2：系统首先尝试从第三个 BBS（BIOS 启动规格）兼容设备引导。

（14）BBS-3：系统首先尝试从第四个 BBS（BIOS 启动规格）兼容设备引导。

（15）BBS-4：系统首先尝试从第五个 BBS（BIOS 启动规格）兼容设备引导。

（16）BBS-5：系统首先尝试从第六个 BBS（BIOS 启动规格）兼容设备引导。

（17）BBS-6：系统首先尝试从第七个 BBS（BIOS 启动规格）兼容设备引导。

（18）BBS-7：系统首先尝试从第八个 BBS（BIOS 启动规格）兼容设备引导。

（19）BBS-8：系统首先尝试从第九个 BBS（BIOS 启动规格）兼容设备引导。

（20）BBS-9：系统首先尝试从第十个 BBS（BIOS 启动规格）兼容设备引导。

（21）USB FDD：系统首先尝试从 USB 接口的软盘驱动器启动。

（22）USB CD-ROM：系统首先尝试从 USB 接口的 CD-ROM 启动。

（23）USB HDD：系统首先尝试从 USB 接口的硬盘启动。

（24）USB RMD：系统先尝试从 USB 接口的 ARMD-FDD 驱动器引导，如 FDD LS-120，ZIP 等类似软驱装置。

（25）USB RMD：系统先尝试从 USB 接口的 ARMD-HDD 驱动器引导，如 HDD MO，ZIP 等类似硬盘装置。

（26）Disabled 禁用此次序。

（27）Try Other Boot Devices（其他设备引导）：将此项设定为 Yes 时，允许系统在从第一/第二/第三设备引导失败后，尝试从其他设备引导。

11. 如何激活硬盘的智能检测技术

（1）使用方向键选定 Standard CMOS Features 项，然后按 Enter 键，出现

AdvancedBIOS Features 菜单。

（2）然后使用方向键选定 S. M. A. R. T. for Hard Disks，便可以设置是否允许您激活硬盘的 S. M. A. R. T.（自我监控、分析、报告技术）能力。S. M. A. R. T. 应用程序是来监控硬盘的状态预测硬盘失败。可以提前将数据从硬盘上移动到安全的地方。可选项有：Enabled，Disabled。

① Enabled：激活硬盘的 S. M. A. R. T.能力。

② Disabled：禁用硬盘的 S. M. A. R. T.能力。

12. 设置开机时是否搜寻软盘驱动器

（1）使用方向键选定 Standard CMOS Features 项，然后按 Enter 键，出现 AdvancedBIOS Features 菜单。

（2）然后使用方向键选定 Floppy Drive Seek，便可以设置引起启动时候 BIOS 是否搜寻软盘驱动器。

① Enabled：在系统引导中，BIOS 会激活软盘驱动器，驱动器的激活指示灯将闪烁并且磁头来回移动一次。首先是软盘驱动器 A，然后是软盘驱动器 B。

② Disabled：禁止启动时候 BIOS 搜寻软盘驱动器。

13. 如何设置 AMI BIOS 的密码保护的种类

（1）使用方向键选定 Standard CMOS Features 项，然后按 Enter 键，出现 AdvancedBIOS Features 菜单。

（2）然后使用方向键选定 Password Check，便可以设置 AMI BIOS 的密码保护的种类。

① Setup：密码框仅在用户试图进入 BIOS 设置时出现。

② Always：密码框在每次加电开机或用户试图进入 BIOS 设置时出现。

14. 如何设置系统 BIOS 缓存

（1）使用方向键选定 Standard CMOS Features 项，然后按 Enter 键，出现 AdvancedBIOS Features 菜单。

（2）然后使用方向键选定 System BIOS Cacheable。

①Enabled：允许建立系统 BIOS ROM 缓存，位置在 F0000h ~ FFFFFh 范围，能得到更好的系统性能表现。但是，如果任何一个程序在此内存区内进行写入操作，系统将会报错。

②Disabled：禁用系统 BIOS 缓存。

15. 如何控制指定适配器 ROM 的内容

（1）使用方向键选定 Standard CMOS Features 项，然后按 Enter 键，出现 AdvancedBIOS Features 菜单。

（2）然后使用方向键选定“C000，32k Shadow”项，便可以设定如何控制指定适配器 ROM 的内容。

①Disabled：指定的 ROM 不复制到 RAM 中。

②Enabled：指定的 ROM 复制到 RAM 中以加快系统效能。

③Cached：指定的 ROM 不仅复制到 RA 中，还可以从缓存中读写。

16. 如何激活 ACPI 功能

ACPI 即高级配置和电源管理接口。如果您的操作系统支持 ACPI-aware，例如 Windows 98SE/2000/ME/XP/2003，便可以激活 ACPI 功能，方法为：

（1）在 AMI BIOS 设置界面中使用方向键选定 Power Management Features 项，然后按 Enter 键，出现如图 5-14 所示的 Power Management Features 菜单。

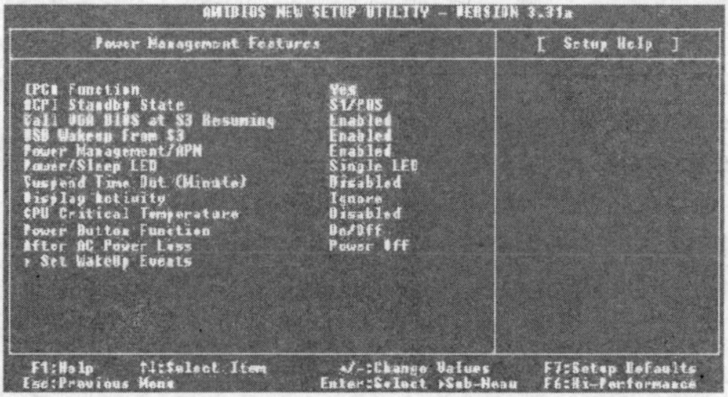

图 5-14

（2）然后使用方向键选定 IPCA Function，然后将其值设置为 Yes。

17. 如何设定 ACPI 功能的节电模式

（1）在 AMI BIOS 设置界面中使用方向键选定 Power Management Features 项，然后按 Enter 键，出现 Power Management Features 菜单。

（2）然后使用方向键选定 ACPI Standby State。如果您的操作系统支持 ACPI，例如 Windows 98SE/2000/ME/XP/2003，便可以通过此项的设定选择进入睡眠模式 S1（POS）或者 S3（STR）模式。

①S1/POS S1：休眠模式是一种低能耗状态，在这种状态下，没有系统上

下文丢失，CPU 或芯片组维持着所有的系统上下文。

②S3/STR S3：休眠模式是一种低能耗状态，在这种状态下仅对主要部件供电，比如主内存和可唤醒系统设备，并且系统上下文将被保存在主内存。一旦有“唤醒”事件发生。存储在内存中的这些信息被用来将系统恢复到以前的状态。

③Auto：BIOS 自动决定最佳模式。

18. 如何设定 VGA 卡 S3 唤醒

（1）在 AMI BIOS 设置界面中使用方向键选定 Power Management Features 项，然后按 Enter 键，出现 Power Management Features 菜单。

（2）使用方向键选定 Call VGA BIOS at S3 Resuming，然后选择 Enabled，当系统从 S3 睡眠状态被唤醒时，允许 BIOS 根据 VGA BIOS 信息初始化 VGA 卡。如果禁用此功能，系统从睡眠状态被唤醒的时间将会缩短，但是系统就需要通过 AGP 驱动程序来初始化 VGA 卡。因此，如果显卡的 AGP 驱动不支持初始化功能，显卡在系统从 S3 状态唤醒后将不能正常工作。

19. 如何设置 USB 设备从 S3 唤醒

Power Management Features 项允许 USB 设备的活动将系统从 S3 （挂起到 RAM）的睡眠状态唤醒。设置方法为：

（1）在 AMI BIOS 设置界面中使用方向键选定 Power Management Features 项，然后按 Enter 键，出现 Power Management Features 菜单。

（2）使用方向键选定 USB Wakeup From S3，然后选择 Enabled。

20. 如何进行电源管理/高级电源管理

（1）在 AMI BIOS 设置界面中使用方向键选定 Power Management Features 项，然后按 Enter 键，出现 Power Management Features 菜单。

（2）然后使用方向键选定 Power Management/APM，设定为 Enabled，以激活高级电源管理（APM）功能，这样可以增强节电性能，并停止系统内部时钟。

21. 如何使用机箱上的电源指示灯来指示休眠/挂起状态

（1）在 AMI BIOS 设置界面中使用方向键选定 Power Management Features 项，然后按 Enter 键，出现 Power Management Features 菜单。

（2）使用方向键选定 Power/Sleep LED。

① Single LED：电源指示灯不变色，以闪烁表示休眠/挂起状态。

② Dual LED：电源指示灯改变颜色以指示休眠/挂起状态。

22. 如何监视指定硬件周边或部件的活动

Power Management Features 选项可用来调节 BIOS 要监视的指定硬件周边或部件的活动。设置方法为：

（1）在 AMI BIOS 设置界面中使用方向键选定 Power Management Features 项，然后按 Enter 键，出现 Power Management Features 菜单。

（2）然后使用方向键选定 Display Activity。

①Monitor：自动监测指定的硬件中断活动。若被监视的硬件有任何活动发生，则系统会立即被唤醒或者阻止进入休眠状态。

②Ignore：禁止自动监测指定的硬件中断活动。

23. 如何设定 CPU 警戒温度

（1）在 AMI BIOS 设置界面中使用方向键选定 Power Management Features 项，然后按 Enter 键，出现 Power Management Features 菜单。

（2）然后使用方向键选定 CPU Critical Temperature。如果 CPU 的温度达到指定的限度，系统回发出一个警报，这将帮助您防止 CPU 过热问题的发生。

24. 如何设置开机按钮功能

Power Management Features 项用来设置开机按钮的功能。方法为：

（1）在 AMI BIOS 设置界面中使用方向键选定 Power Management Features 项，然后按 Enter 键，出现 Power Management Features 菜单。

（2）然后使用方向键选定 Power Button Function。

①On/Off ：最为正常的开机关机按钮。

②Suspend：当按下开机按钮时，系统进入休眠或睡眠状态，当按下 4 秒或超过 4 秒时，系统关机。

25. 如何设置开机时意外断电后电力供应再恢复时系统电源的状态

（1）在 AMI BIOS 设置界面中使用方向键选定 Power Management Features 项，然后按 Enter 键，出现 Power Management Features 菜单。

（2）使用方向键选定 After AC Power Loss。

① Power Off：保持机器处于关机状态。

② Power On：保持机器处于开机状态。

③ Last State：将机器恢复到调电或中断发生之前的状态。

26. 如何设置监控事件

（1）在 AMI BIOS 设置界面中使用方向键选定 Power Management Features 项，然后按 Enter 键，出现 Power Management Features 菜单。

（2）使用方向键选定 Set Monitor Events Set Monitor Events，按 Enter 键进入 Set Monitor Events 子菜单。

①Wake Up On Ring。要使此项设置生效，您必须先安装支持开机功能的 Modem 卡。当设置为 Enabled 时，modem 的激活或者输入信号将会使系统从 S3（Suspend toRAM）状态唤醒。设定值为： Disabled，Enabled。

②Wake Up On PME。此项设置为 Enabled 时，当检测到来自 PME（Power Management Event）的事件时，会将系统从节电模式唤醒。设定值有:Enabled，Disabled。

③Resume On KBC。此项设置允许键盘的激活信号将系统从 S3（Suspend to RAM）睡眠状态唤醒可选项有： Disabled，Any Key，Specific Key。

④Wake-Up Key。此项设置允许用户设置一个唤醒键，此唤醒键可以将系统从电源节电状态唤醒。设定值为：Any Key，Specific Key。

⑤Wake-Up Password。此项设置允许用户设置一个密码（最多五个字母）唤醒系统。

⑥Resume On PS/2 Mouse。此项设置允许鼠标的激活信息可以将系统从（Suspend to RAM）睡眠状态唤醒。设定值为：Disabled，（double-click）Left-button，（doubleclick）Right-button。

⑦Resume By Alarm （定事启动）。此项是用来启用或禁用系统在指定的的时间/日期从 S5 软关机状态启动的功能。设定值: Enabled，Disabled。如果 Resume By Alarm 被设为 Enabled，系统将自动从规定的日/时/分/秒来启动机器。设置项如下：

指定日期 01 ~ 31，Every Day

指定小时 00 ~ 23

指定分钟 00 ~ 59

指定秒钟 00 ~ 59

提示!!

上述设定改变后，必须重新启动系统再进入操作系统，改变后的特性才会生效。

27. 如何启用或禁用机箱入侵监视功能

（1）使用方向键选定 Power PC Health Status 项，然后按 Enter 键，出现如图 5-15 所示的 PC Health Status 菜单。

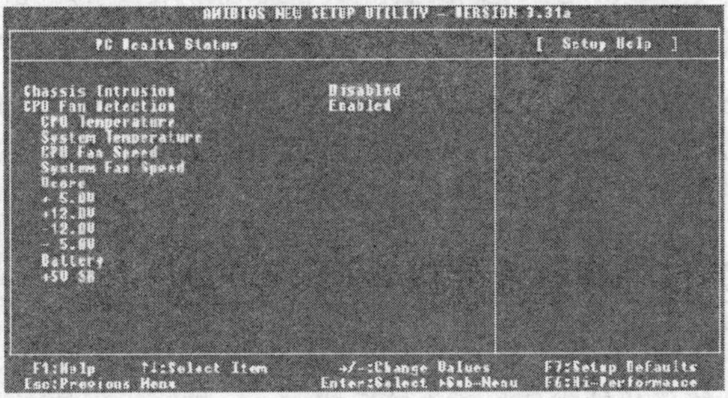

图 5–15

（2）使用方向键选定 Chassis Intrusion。此项是用来启用或禁用机箱入侵监视功能并提示机箱曾被打开的警告信息。将此项设为 Reset 可清除警告信息。之后，此项会自动回复到 Enabled 状态。可选项有：Enabled，Reset 和 Disabled。

28. 如何侦测 CPU 风扇

（1）CPU Fan Detection （CPU 风扇侦测）。当设置为 Enabled 时，启动时系统会自动监控 CPU 风扇。如果侦测到 CPU 风扇不在转动，系统会在屏幕显示一条出错信息同时停止启动进程。此功能仅支持 CPU 风扇电源接头（CFAN1）可防止 CPU 过热问题的产生。如果您没有将 CPU 风扇连接到 CPU 风扇电源接头（CFAN1），建议禁用此功能。可选项有： Enabled，Disabled。

（2）CPU/System Temperature，CPU/System Fan Speed，Vcore，+5.0V，+12.0V，-12.0V，-5.0V，Battery，+5V SB。此项显示目前所有监控的硬件设备/元器件状态如 CPU 电压，温度和所有风扇速度。

29. 如何设定管理员/用户密码

方法为：

（1）使用方向键选定 Set Supervisor Password 项，然后按 Enter 键，将会出现“Enter New Supervisor Password”或“Enter New User Password”的提示信息。

（2）在所出现的提示信息后输入密码，最多六个字符，然后按 Enter 键。

（3）输入的密码会清除所有以前输入的 CMOS 密码。当再次被要求输入密码时，再输入一次密码，然后按 Enter 键。这样，新的密码就设置好了。

> **提示!!** 在设置过程中，如果要放弃输入密码，则按 Esc 键即可。另外，设置 Supervisor password 后，用户能进入并修改 BIOS 设定程序；设置 User password 后，用户就只能进入但无权修改 BIOS 设定程序。

要清除密码，只要在弹出输入密码的窗口时按 Enter 键。屏幕会显示一条“是否禁用密码”的确认信息。一旦密码被禁用，系统重启后，就可以不需要输入密码直接进入 BIOS 设定程序。

30. 如何加载性能优化/BIOS 设定缺省值

（1）在 AMI BIOS 菜单中使用方向键选定 Load High Performance Defaults（性能优化缺省值）项，然后按 Enter 键，出现如图 5-16 所示菜单。

按 Enter 键加载性能优化缺省值，可优化系统的性能表现，但可能会对稳定性有所影响。

（2）在 AMI BIOS 菜单中使用方向键选定 Load BIOS Setup Defaults（载入 BIOS 设定值缺省值）项，然后按 Enter 键，出现如图 5-17 所示菜单。

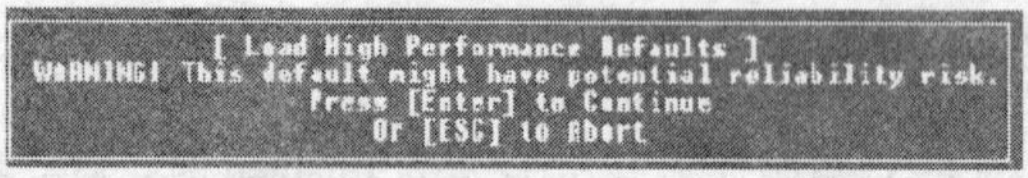

图 5-16

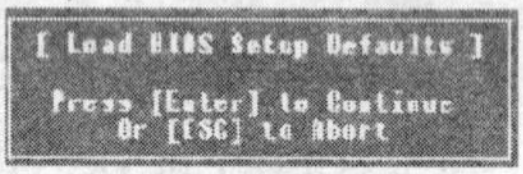

图 5-17

按 Enter 键加载 BIOS 设定缺省值，可提供稳定的系统性能表现。

31. 如何保存/退出 AMI BIOS 设置

方法为：

（1）使用方向键选定 Save & Exit Setup（保存后退出），将保存对 CMOS 的修改，然后退出 Setup 程序。

（2）使用方向键选定 Exit Without Saving（不保存退出），将放弃对 CMOS 的修改，然后退出 Setup 程序。

5-4 东芝笔记本 BIOS 设置

Toshiba（东芝）笔记本电脑的 BIOS 一般可分为三种，在 Tecra/Portege/Satellite Pro 三个系列的笔记本电脑上使用的是 Toshiba 专用的

BIOS，Toshiba 自己称之为 System Setup；在 Satellite 系列笔记本电脑上则使用通用的 Phoniex BIOS。但新的 Satellite 笔记本电脑上有些是没有 BIOS 设置界面的，BIOS 的设置只能在 Windows 中用 Toshiba 提供的 Toshiba Hardware Setup 进行。

System Setup BIOS 只有两个分页，看起来非常简单，但其中提供了一些其他品牌笔记本电脑没有的设置选项，并且许多选项对系统性能有很大影响，而其默认设置通常是非优化的。进入 Toshiba 笔记本电脑 BIOS 的一般方法是：开机时按 ESC 键，在屏幕上出现提示信息时再按 F1 键即可。Toshiba 笔记本电脑 BIOS 的启动非常快，用户最多只有两三秒钟的时间来操作。

System Setup 设置界面将不同的设置用不同的方框区分开来，用户可使用空格键和 Backspace 键来改变设置，End 键来保存设置并退出，方向键来切换设置项目。

下面对 System Setup 中几个对系统性能有很大影响的选项向大家介绍一下。

1. 如何设置电池节能模式

移动方向键选定 Battery（电池节能）选项，然后选择 User Setting，此时会出现一些隐藏的选项，可根据具体需要设置这些选项。

（1）将 Processor Speed 设为 High，将保持 CPU 速度为最高。

（2）将 CPU Sleep Mode（CPU 睡眠模式）设为 Disable，可以避免 CPU 进入睡眠模式而拖慢系统速度。

（3）LCD Brightness 是系统默认的液晶屏亮度设置，有 Semi-Bright（低亮度）、Brigh（一般亮度）和 Super-Bright（超亮）三种选项，可以根据自己的需要调节。

（4）Cooing Method（冷却系统运作）有 Max Performance（最强性能）、Performance（较强性能）和 Battery Optimizied（电池寿命优化）三种选择，可以根据自己的电源使用情况选择，一般建议大家选择 Performance。

2. 如何设置设备的启动顺序

移动方向键选定 Boot Priority（启动优先次序）选项。此选项的作用是设置设备的启动顺序，只要把光标移动到 Boot Priority 选项上然后按空格键即可。

3. 如何进行其他设置

移动方向键选定 Others（其他设置）选项。该选项中有以下两个非常重要的设置，对系统性能有着很大的影响。

（1）Level2 Cache（二级缓存）。将光标移动到该选项上就会弹出一个选择菜单让用户设置 CPU L2 Cache 的 Write Policy（写入方法）。将 WritePolicy 设置为 Write-Back 后，就会发现整部电脑好像 CPU 主频提高了一倍。对于 Portege 系列的超薄机来说，这个选项可以说是系统性能的关键所在。Dynamic CPU Frequency Mode（动态 CPU 频率模式）。该选项有三个设置，分别是 Always High（总是最高）、Dynamically Switchable（动态切换）和 Always Low（总是最低）。

（2）Dynamically Switchable。这时 CPU 会根据系统负荷动态的切换主频，但是系统的速度会有一定的降低，而且正常的 CPU 测速软件无法得出正确的 CPU 主频；若设置为 Always High 则 CPU 在任何时候都保持最高性能运行，如果不在乎电池寿命则建议采用 Always High。

5-5 IBM 笔记本电脑 BIOS 设置

1. 如何进入 IBM 笔记本电脑 BIOS

IBM 笔记本电脑进入 BIOS 的方法是：在冷开机（注意：不是重新启动）时屏幕上出现 IBM 标志，且左下角出现提示信息时，按 F1 键。稍待一会就会进入 BIOS 界面。

IBM 在其 T/A/X/I 四大系列中采用的 BIOS 界面有点像 PhoniexBIOS 的标准界面。其 BIOS 设置主界面分为上下两块，下方是主要信息显示，也是验正行货与水货的重要证据。

2. IBM 笔记本电脑 BIOS 设置界面有哪几项

IBM 笔记本电脑 BIOS 设置界面有如下几项：

（1）BIOS Version：显示当前使用 BIOS 的版本。

（2）BIOS Date：显示 BIOS 的发布时间。

（3）System-unit serial number（主机序列号）：为该 IBM 笔记本电脑唯一的序列号，IBM 的保修服务就是以这个序列号为凭证的。原装的 IBM 笔记本电脑在机身、包装箱和 BIOS 中都有这个序列号。只有这三个序列号都完全相同时，才表示该 IBM 笔记本电脑没有被动过。

（4）System board serial number（主板序列号）：为每一块 IBM 笔记本电脑主板唯一的序列号。IBM 在保修时会查证该主板的序列号，并且会与数据库中的数据进行对比，来判断主板是否为原装。

（5）CPU Type：表示该笔记本电脑所采用的 CPU 的型号。例如:Pentium（R）III-Intel（R）SpeedStep Technology，表示该电脑采用的是笔记本电脑专用的 Mobile Pentium Ⅲ CPU。

（6）CPU Speed：表示 CPU 的主频。

（7）Install memory：表示该笔记本电脑当前安装的内存容量。

IBM 笔记本电脑 BIOS 设置界面上方所显示的是主要菜单功能选项。选项前带三角箭头表示后面还有子菜单，用上下方向键将光标移动到某个选项上后，按 Enter 键即可打开下一级菜单。例如下面这些选项：Config，Date/Time，Password，Startup 和 ReStart。

3. Config 选项有什么功能

Config（设置）选项是 IBM 笔记本电脑最重要的 BIOS 设置都集中在该选项中，如网卡/无线网卡设置、串/并口设置、红外线接口设置，以及 PCI 中断设置等。下面着重介绍一下 Config 中的重要选项设置。

（1）Network（网卡）选项。继续按回车键可进入详细设置。利用该选项，用户可以设置网卡是否用于唤醒电脑等高级功能并可以同时管理两块网卡（但不包括 PCMCIA 网卡）。

① Wake on lan。如果选择 Enabled，那么可以在局域网中，通过局域网中的其他计算机将笔记本电源打开，并且启动笔记本；如果选择 Disabled 则禁止这项功能。

② Flash over lan。允许可以从一个可用的局域网中，通过网线，来升级 BIOS。Disable 则禁止这项功能。

（2）RFID Security（无线网卡通信频率安全）选项。该选项用于设置无线网卡的一些参数。若用户在笔记本电脑中装备了无线网卡，就可通过该预留的选项进行设置。

（3）Processor Serial Number（处理器序列号）选项。该选项用于设置禁用或者启用 Penfium Ⅲ 处理器特有的序列号。没有特殊需要的话，建议保持默认的 Disable 设置。

（4）Serial Pont（串口设置）选项。该选项用于设置串口的启用/禁用，以及改变串口的中断设置。建议具备串口的 T/A/I 系列 IBM 笔记本电脑打开串口设置（Enable），如果与其他硬件有冲突，可以自行更改。至于没有串口的 X 系列则建议设为禁用（Disable）。

（5）Infrared（红外线接口设置）选项。该选项用于设置红外线接口的启用与否和中断选项。和一般笔记本电脑 BIOS 不同的是，IBM 笔记本电脑 BIOS 没有红外线速度协议的设置，所有的红外线速度协议都是在 Windows 中设置的。

（6）Parallet Port（并口设置）选项。该选项和串口设置原理相同，设置原则也一样，只是并口设置中还可以选择使用 Bi-directional、ECP 和 Output Only 三种模式。一般情况下，建议设置为 Bi-directional，只有在确认并口外接的设备支持 ECP 模式时才启用 ECP 模式。

（7）PCI（PCI 中断设置）选项。该选项用于设置各个 PCI 设备的中断。正常情况应使用墨认设置，尽量不要修改，否则网卡、Modem 或声卡可能会无法使用。

（8）KeyBoard/Mouse（键盘和鼠标）选项。这里面的选项虽然不多，却是最容易出现问题的地方。许多笔记本电脑用户都会外接鼠标使用，这时就要正确设置该选项。

① TrackPoint（指点杆鼠标）：用于设置是否使用指点杆鼠标，其中有三个选项，Disable 表示禁用指点杆；Enable 表示启用指点杆并且和外接鼠标共同使用（如果有外接鼠标的话）；AutoDisable 则表示在插入外接鼠标时自动禁用指点杆。

② TypematicRate：表示击键的重复速度，也即一个键位允许连续触发的间隔时间。

③ Fn Key Lock：用于设置 Fn 键是按下时才生效，还是只按一下就自动保持锁定（就像大写字母键 Caps Lock 那样）。

（9）Display（显示）选项。该选项用于设置显示属性。IBM 笔记本电脑默认的显示设置是比较保守的，用户可以自己进行优化。

① Default Primary Display Device（默认主显示装置）：可以选择 PCI 或者 AGP 接口，默认为 PCI，但是绝大多数 IBM 笔记本电脑都可以设置为 AGP 来加快启动速度。

② Boot Display Device（启动时使用的显示装置）：可以选择 LCD、CRT 和 Both（即 LCD 和 CRT）三种。设置为 LCD，则笔记本电脑启动时只输出到自己的液晶显示屏，不会自动监测外接显示器装置；设置为 CRT，则启动时系统会自动寻找外接显示器，建议一般用户不要设为这个值，因为可能造成启动时没有显示的故障：设置为 Both，则会在启用自身液晶显示屏的同时启用外接 CRT 显示器，建议大多数用户采用这种设置。

③ HV Expansion（屏幕拉伸）：该选项允许屏幕分辨率在低于其默认值时，强制满屏显示。

④ Brightness（亮度）：该项目有 Normal 和 High 两个选项，建议设置为 High，这样屏幕默认的亮度就是最高了。

（10）Power（电源设置）：该选项中的各设置项目，也可以在 IBM 提供的 Windows 版本 IBM Configuration Utility 中设置，如果使用的是 Linux 等另类的操作系统，就只能在这里设置了。该选项提供了在使用电池和外接电源时的电源设置，比 Windows 中的电源管理设置更加详细。

① Power mode for ac：这种情况下选择 maximum performance,因为是用交流电，不会有时间限制，所以要启动最佳性能。

② Power mode for battery：选择 maximum battery life。因为使用电池，尽可能要让电池省电。

③ Customize：在以上两项选择了 customized 时，这个选项才会生效。

processor speed[max（最快）or medium（中等）or slow（慢速）。

suspend timer（一定的时间内自动挂起）：1~60 分钟 or 禁用。

lcd off（一定的时间内自动关闭 lcd）： 1~60 分钟 or 禁用。

hdd off（一定的时间内自动关闭硬盘：立即关闭 or 3~20 分钟 or 禁用。

④ Hibernate by timer：启动这个选项后，suspend timer 时间一到，执行的是 hibernate 而不是 suspend。

⑤ Low battery action：当电池处于低电压的状况下，可选执行 hibernate 或者是 suspend 两个动作。

⑥ Suspend when lcd is closed：当 lcd 关闭的同时决定是否同时挂起，或者不挂起。

⑦ Suspend /hibernate while docked：当连接时，是否挂起或者休眠。

⑧ Redisafe：启动时，这个功能将会让你在 suspend 或者休眠的状态的文件变得快速和安全。

⑨ Resume on time：自动开机选项。

resume time：一个特定的时间。

resume date：一个特定的日期。

⑩ Resume on modem ring：当有一个来电时是否唤醒计算机。

⑪ Intel speedstep technology：intel 的 cpu 自动调频技术，通常这个是一定要启动的。

mode for ac：可选 maximum performance cpu 总是高速运行。

battery optimized：cpu 总是低速运行。

maximum battery：最节省的电量来运行 cpu automatic 自动调整。

mode for battery：最节省的电量来运行 cpu automatic 自动调整。

⑫ Screen blanking：是否使用空屏。

⑬ Power switch mode[on/off]：按下电源键后切断电源。[hibernate] 按下电源键后进入休眠状态。

⑭ Suspend to hibernate：如果挂起很长一段时间，是否转入休眠状态。

⑮ Cdrom speed：可选择 slient，其实就是低速。normal 普通速度。high 高速。

⑯ CPU power management：启动 CPU 电源管理。正常情况下选择

自动。

⑰ PCI bus power management pci：总线电源管理。正常情况下选择自动。

（11）Alarm（警报）：用于设置是否允许警报声音响起。可以设置的项目有：笔记本电脑在休眠/等待时的报警声，电源耗尽时的报警声和音量控制按钮动作时的报警声等。

①power control beep：启用后，当笔记本进入挂起/休眠/连接交流电等状态时，都会发出一声提示音。

②low battery alarm：电池进入低电压状态时，将会发出警告声。

③volume beep：启用后，当你按音量控制按钮改变音箱音量时，会发出声音。

4. Date/Time 选项有什么功能

Date/Time（日期和时间）选项用于设置系统日期和时间。

（1）System date：系统日期，格式为月/日/年。

（2）System time：系统时间，格式为小时/分钟/秒。

5. Password 选项有什么功能

至于 Password（密码设置）选项，用户可以在其中设置开机密码、超级用户密码和硬盘密码。IBM 笔记本电脑的密码非常难以破解，安全性很高，建议没有必要密码的不要设置，因为一旦忘记密码，个人用户将无法破解，且在这种情况下，IBM 所提供的服务也只是帮用户更换主板而不是破解密码。用户还要自己负担昂贵的主板费用。

（1）Power-on password：启动该项后，每次开机时候，需要你要键入正确密码才能引导系统。

（2）Supervisor password：启动该项后，可阻止未授权用户访问 BIOS 设置。

（3）Lock BIOS setting：启动该项后,可以阻止其他用户更改 BIOS 设置，除了 supervisor 用户才可更改。

（4）Hard disk1 password：该设置可以阻止未授权的用户访问硬盘上的所有数据，只有输入正确的密码才能访问。通常是在开机时要求输入。

6. StartUp 选项有什么功能

StartUp（启动）选项用来调整设备的启动设置，功能和我们前面提到的启动时按下 F12 键是类似的，只是在该选项中所做的改动会保存在 BIOS 设置中，并且在下次启动时生效。

7. Restart 选项有什么功能

至于 Restart（重新启动）选项，当用户在改变了 BIOS 设置后，可利用该选项来保存设置，载入 BIOS 默认设置，放弃所做的改变，并重新启动系统等。

（1）Exit saving changes：退出并且保存刚才所更改的 BIOS 设置。

（2）Exit discarding changes：退出并且不保存刚才所更改的 BIOS 设置。

（3）Load setup defaults：读取默认的 BIOS 设置。

（4）Discard changes：取消所更改的 BIOS 设置。

（5）Save changes：保存刚才所更改的 BIOS 设置。

5-6 Dell 笔记本 BIOS 设置

Dell 笔记本电脑 BIOS 也是在 Phoniex BIOS 的基础上改进来的，只是界面比较特殊，相对于其他品牌的 BIOS，它的特点是界面非常清晰直观，而且每选择一个选项后右边都会出现说明选项用途的文字。Dell 的部分笔记本电脑甚至可以在 Windows 下按 Fn+F2 快捷键直接进入 BIOS 更改设置，这也是 Dell 的一大特色。

1. 如何进入 Dell 笔记本 BIOS 设置界面

Dell 笔记本电脑进入 BIOS 的方法是，在开机后待屏幕上出现“F2=Setup”提示信息时按 F2 键，这也是 Phoniex BIOS 的默认进入方式。

2. Dell 笔记本 BIOS 设置界面中各选项的功能是什么

Dell 笔记本电脑的 BIOS 一般分为六页（不同版本的 BIOS 略有不同），每一页的顶部都会显示出笔记本电脑的型号和 BIOS 的版本，以及当前的页数。使用 ALT+P 组合键可切换不同的分页，使用左右方向键可切换设置数值，使用上下键可移动光标，设置完后按 ESC 键即可退出。

下面简单介绍一下 Dell 笔记本电脑的 BIOS 设置选项。

第一页用于设置系统时间和日期，以及显示基本的系统信息，例如 CPU 型号，L2 Cache 大小，显卡类型，显存大小，内存大小，光驱、软驱配置信息等。

第二页用于设置启动顺序和启动选项。

第三页用于设置外置端口，包括串/并口，PS/2 接口，USB 接口等。也可以在此设置鼠标和按键触发时的声响（建议用户不要打开该功能，否则击键频繁的时候可能因为声卡负荷太重而死机）。

第四页用于显示电池的充放电情况，从中可以看到两个电池槽，因为 Dell lnsprion 和 Latitude 系列的笔记本电脑都可以使用光驱、软驱插槽来安装第二块电池。

第五页用于设置电源管理，但提供设置的选项较少，倒是可以单独设置电池供电和市电供电时的屏幕亮度，这个功能还是比较实用的。

第六页用于设置开机密码、管理员密码和硬盘密码。Dell 笔记本电脑的密码虽然没有 IBM 笔记本电脑那样难以破解，但其保密性也是相当好的。

第 6 章

安装硬件驱动和应用软件

电脑组装与 BIOS 设置速查 1 000——本章内容

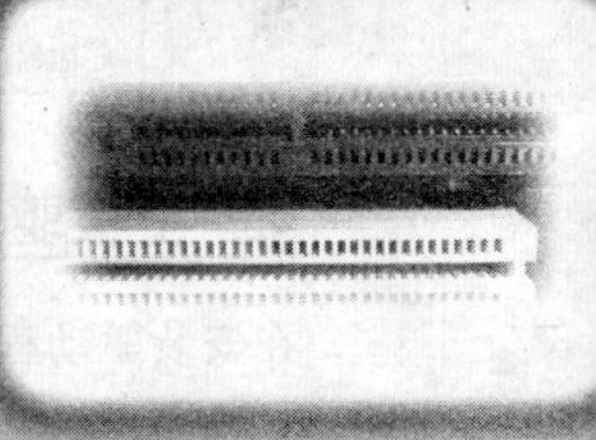

6-1 安装驱动程序

1. 什么是驱动

驱动程序是操作系统与电脑上的硬件设备之间的联系纽带，它实际上是一段能让电脑与各种硬件设备通话的程序代码。

2. 驱动程序有什么作用

如果一个硬件设备只依赖操作系统而没有驱动程序的话，这个硬件就不能发挥其特有的功效。驱动程序的作用就是把硬件本身的功能传达给操作系统，同时也将标准的操作系统指令转化成特殊的外设专用命令，从而保证硬件设备的正常工作。

我们有时候在找到某个硬件型号的驱动程序之后，会出现 VxD、WDM 两种驱动。其中，VxD 驱动是一款虚拟驱动程序，类似于 DOS 下的驱动程序，如果我们使用的是 Windows 98 操作系统，使用 VxD 驱动程序会发挥出硬件的最佳性能；在 Windows 2000/XP 操作系统中只支持 WDM 驱动，WDM 驱动支持更多的新设备，可以增强系统性能和稳定性。

3. 驱动程序躲在电脑的什么地方

在 Windows 操作系统中，大部分驱动程序文件都存放在 X：\Windows\System（这里的 X：符号代表操作系统安装根目录）目录下，还有的驱动程序文件存放在 X：\Windows 和 X：\Windows\System32 目录下。

4. 驱动程序的存储格式是什么

在 Windows 操作系统中，驱动程序一般由以.dll、.drv、.vxd、.sys、.exe .386、.ini、.inf、.cpl、.dat、.cat 等为扩展名的文件组成。

> 提示!! cat 文件是微软数字签名文件，存放在 X:\ Windows\ System\ CatRoot 目录中。这里的 X:代表操作系统安装根目录。

5. 主板驱动的安装应注意什么

在安装驱动程序的时候首先安装主板驱动程序。因为不少主板，特别是采用 INTEL 芯片组的产品，都要求先安装主板驱动以后才能安装别的驱动程序。

6. 显卡驱动的安装应注意什么

在显卡附带的驱动盘内，一般都附带了多个版本的驱动程序，但不是最新的驱动就一定最合适。安装 Windows 2000 以上的操作系统的朋友最好安装通过微软认证的驱动。而安装 Windows 98 操作系统的则没什么讲究，如果发现安装显卡驱动以后出现死机的情况，建议更换其他版本的驱动程序。

另外，显示卡的驱动因为影响到其他任务的状态显示，搞得不好也是死机和黑屏频繁，所以应该放在声卡、网卡等板卡之前安装。

7. 声卡驱动程序的安装应注意什么

很多读者可能不清楚自己的主板到底集成什么声卡，安装的时候面对众多的驱动也不知道应该如何取舍。笔者建议，在安装驱动程序之前，最好先看清楚主板上的声卡芯片型号，或者看主板说明书上关于声卡型号的标注，然后再安装相应的驱动程序。

8. 网卡驱动的安装应注意什么

目前大多数主板都集成了网卡，这类产品的驱动安装还是比较容易的。遗憾的是部分集成的威盛网卡容易出现安装的时候遇到不能被正确识别的问题。这时候一定要仔细研究说明书再安装。

9. USB 接口驱动的安装应注意什么

Windows 98 根本不能达到 USB2.0 的传输速度，所以在 Windows 98 下只要安装 USB1.X 的驱动就可以了。在 Windows 2000 以上系统当中同样需要安装补丁以后才能达到正常 USB2.0 的速度。所以安装 USB 驱动的时候大家要注意一下。

10. 打印机、扫描仪驱动的安装应注意什么

有不少的外设产品需要先执行驱动安装文件，然后根据安装提示进行操作，否则会出现无法安装的问题。针对这样的情况，建议先仔细研究说明书，然后根据说明进行安装。如果发现安装错误，建议在设备管理器中删除安装错误的设备，然后重新安装正确的驱动程序。

11. 驱动程序安装错误该怎么办

如果发现驱动程序安装错误，而删除设备以后又不能正确安装的话，读者只要找到 X：\WINDOWS\INF 中相应的文件，然后直接删除就可以了。

12. 如何选择安装驱动程序

在电脑中，一般的设备，如主板、显卡、声卡、Modem、打印机、扫描仪等设备要想在 Windows 中正常使用，需要依次安装驱动程序。而别的设备，如 CPU、内存、软驱等设备，因为已经能被 BIOS 所固化的程序代码所识别，所以就不需要单独安装驱动程序了。

针对不同版本的 Windows 操作系统，每一款硬件设备都提供了不同版本的驱动程序。例如，同一块声卡在 Windows 98 下的驱动程序和在 Windows XP 下的驱动程序肯定是不同的。所以我们在安装各项驱动程序前要根据操作系统的版本不同，来选择不同的安装程序。

提示！！ 有的硬件驱动做得比较大，里面包含了 Windows98 和 Windows XP 两者的驱动，则可以兼用于两种系统的安装。

13. 如何鉴别硬件的型号

在安装驱动程序前，我们首先要鉴别硬件的型号，再想办法找到相应硬件型号的驱动程序，然后才能进行安装。

可以通过以下几种方法鉴别硬件的型号：

（1）查看硬件说明书。买来的硬件一般都带有说明书和驱动光盘（或软盘），在说明书中会详细介绍此硬件的型号，以及该硬件在各种操作系统中的安装方法。

（2）通过芯片识别硬件。每个硬件的芯片上都标有该产品的型号，比如 Nvidia 公司的 GF4MX 系列显卡芯片便有 GF4MX420、GF4MX440se、GF4MX440、GF4MX460 及 GF4MX480 等不同的型号，我们也可以通过这些芯片信息来了解当前硬件的型号。由于从芯片来看无法知道具体的厂商，所以我们应该采用公版的驱动程序。

（3）通过开机信息了解硬件。在开机时，电脑会自动检测各个硬件，随后在屏幕上出现硬件提示信息，但是这些信息出现的时间很短，随后就会进入系统。在信息出现时，快速按下键盘上的 Pause Break 键，就可以对该开机信息画面进行查看。电脑启动时会出现三个信息画面：第一幅有显卡信息，比如显示为：Nvidia Geforce4 MX-440，它就是该显卡的型号；第二幅是主板的 BIOS

信息；第三幅是所有的硬件信息。

（4）用第三方软件显示硬件型号。除了上面介绍的方法外，借助第三方软件查看当前硬件信息也是一个非常好的办法。这类有很多软件，如 AIDA32、HWINFO 等。

14. 公版驱动是什么

公版驱动是由芯片厂商提供的，如显卡芯片、声卡芯片，他们是最基本的提供者；而具体的产品厂商（如显卡生产商）则是为了优化自己的产品，有针对性地把公版驱动做了某些修改。

15. 如何找到相应的驱动程序

知道了硬件的型号，下面我们还要找到相应的驱动程序，一般我们可以从以下几方面来获取驱动程序。

（1）安装盘。购买硬件设备时，供应商都会提供装有驱动的光盘或者软盘，硬件厂商把其生产的很多类型的硬件设备驱动都压制在这一张盘中。读者可以从该安装盘中按照该硬件的型号、操作系统的版本等安装驱动程序。所以，一定要保存好该硬件的驱动盘，这会给我们以后再安装该驱动程序带来极大的方便。

（2）操作系统提供。由于 Windows 系统中附带了鼠标、光驱等硬件设备的通用驱动程序，我们无须单独安装驱动程序就能使这些硬件设备正常运行。事实上，除了鼠标、光驱等设备的通用驱动程序之外，Windows 2000/XP 系统还为其他许多设备单独提供了驱动程序，如声卡、显卡、Modem、打印机等，我们都可以不进行驱动的安装而直接加以使用。Windows XP 比 Windows 2000 兼容更多的硬件设备。不过，系统附带的驱动程序都是微软公司提供的，它们的性能一般都不如相关硬件厂商提供的驱动程序好。因此，只有在无法通过其他途径获得专用驱动程序的情况下才使用这些通用驱动程序。

（3）通过网站获取。如果从以上两种方法都无法获取某一驱动程序的话，这时可以到该设备的官方网站去下载与该设备型号相对应的相应版本的驱动程序。许多硬件厂商还会将相关驱动程序放到网上供用户下载。由于这些驱动程序大多是硬件厂商最新推出的升级版本，它们的性能及稳定性无疑比用户驱动程序盘中的驱动程序更好，有上网条件的用户应经常下载这些最新的硬件驱动程序，以便对系统进行升级。

16. 如何确定驱动程序的安装顺序

一般来说，在 XP 系统安装完成之后紧接着要安装的就是驱动程序了。而各种驱动程序安装的顺序比较普遍的是：

（1） 主板。这里所谓的主板在很多时候指的就是芯片组的驱动程序。

（2） 各种板卡。在安装完主板驱动之后，接着要安装的就是各种插在主板上的板卡的驱动程序了。例如：显卡，声卡，网卡之类。

（3）各种外设。在进行完上面的两步工作之后，接下来要安装的就是各种外设的驱动程序了。例如：打印机，鼠标，键盘等等。

17. 你知道主板驱动程序的重要性吗

由于目前硬件更新换代的速度远远快于软件的速度，所以在使用新主板的时候往往会带来一系列的兼容问题。如很多主板芯片组无法被操作系统正确识别，这直接造成了本来能够支持的新技术不能正常使用以及兼容性问题大量出现。在这种情况下，各大芯片厂商提供了相关的主板驱动程序，以配合操作系统使用。其作用有两点：一是让操作系统正确识别新款芯片组以充分应用，二是让操作系统支持新款芯片组所支持的新技术。

主板驱动程序不仅解决了硬件与软件的兼容性问题，同时在一定程度上对系统整体或子系统的性能进行了优化。一块主板的性能发挥如何，与它的驱动程序完善程度有极大关系。

18. 如何确定主板芯片组的型号

目前，主板芯片组主要有 Intel、NVIDIA、VIA、ATI、SiS、ULi 等几家，它们都有各自的主板驱动程序。因此在安装主板驱动前，首先要确定当前主板所使用的芯片组品牌和型号。如果主板的包装盒、说明书还在，可以通过查看它们从而获知主板信息。当然通过 Everest 这款工具也可以查看到主板芯片组的具体型号。

19. 如何安装显卡驱动程序

一般情况下，操作系统安装成功后，重新启动计算机进入 Windows，系统会自动查找显卡的驱动程序并进行安装。如果不成功，就需要用户自己手动来进行安装了。手动安装显卡的方法为：

（1）单击“开始”/“控制面板”按钮，在打开的“控制面板”窗口中双击“系统”项，打开“系统属性”对话框。

（2）单击“系统属性”里的“设备管理器”标签，然后选择“显示适配器”，使其反白，再单击“属性”按钮。

（3）单击“驱动程序”标签，然后单击“更新驱动程序”。

（4）单击“搜索比当前设备使用的驱动程序更好的驱动程序”，然后单击“下一步”按钮。

（5）将显卡驱动磁盘放入软驱或驱动光盘放入光驱里，然后单击相应的选项，再单击“下一步”按钮继续。

（6）此时就可以看到新的驱动程序了，单击“下一步”按钮开始安装。

（7）安装完成之后，单击“完成”结束。

（8）单击“是”按钮重新启动电脑。

20. 如何安装 MP3 驱动

MP3 与电脑连接好之后，就该进行软件上的安装了。因为只有安装相应的软件，才能管理 MP3 里的歌曲，进行上传和下载工作。安装方法为：

（1）先将安装光盘放入光驱，在出现的安装画面中选取要安装的 MP3 管理软件。

（2）在出现的界面中单击“Next”按钮继续。

（3）在出现的对话框中选择好安装路径，然后单击“Next”按钮。接下来一直单击“Next”按钮。

（4）直到出现有“Finish”按钮的对话框，此时单击“Finish”按钮完成安装。

（5）安装完毕后，有些 MP3 可能需要重新启动计算机才能开始使用。所以最好重启电脑，然后就可以使用 MP3 管理歌曲了。

21. 如何安装手写板驱动

下面以清华紫光的 USB 系列为例，说明安装驱动程序方法。

（1）放入光盘，找到 setup.exe 文件；

（2）双击 setup.exe 文件，系统会启动安装程序。

（3）进入欢迎界面后，单击“下一步”按钮，则紫光笔驱动程序将自动装入系统，并提示安装成功。

22. 如何安装主板驱动程序

主板的驱动程序对于电脑的正常运行非常重要，像显卡、硬盘、声卡等所有的硬件都是基于主板而工作的。现在的主板驱动程序都会装在一张光盘里，随你所购买的主板一起放在包装盒中。安装过程其实很简单，只要将驱动安装光盘放入光驱里，随之会出现安装欢迎画面，每一项都有提示，只要跟着提示一步一步地安装就行了。不过，一定要注意，一般每安装一个小程序，就需要重新启动机器一次，不要嫌麻烦，否则对于以后安装其他硬件会有很大影响的。

23. 如何安装扫描仪驱动

将扫描仪安装光盘放入光驱后，一般都可以自动运行，这里以 HP 的 4400c 扫描仪为例讲解其安装方法。

（1）将扫描仪安装光盘放入光驱后，在出现的对话框中选择“下一步”按钮。

（2）接下来，在出现的对话框中一直单击“下一步”按钮，最后单击“完成”按钮。这时系统会提示在安装完成之后，需要重新启动计算机。只有重启后才能使扫描仪运行正常。

24. 如何安装声卡驱动程序

声卡驱动程序的安装与显卡相似，在这里需要说明的是有些声卡是需要先安装好声音软件，再通过系统的自动搜索完成驱动程序的安装。这里以创新 PCI128 声卡为例来进行说明。

（1）先将声卡驱动光盘放入光驱内，出现欢迎窗口。

（2）按照提示，将相关程序都安装在电脑上，重新启动计算机。如果系统不能自动搜索到相应的驱动程序，那么就按照安装显卡的方法来安装声卡的驱动。

25. 如何安装激光打印机驱动程序

打印机驱动的安装分两种，一种是激光打印机的驱动安装，另一种是喷墨打印机的驱动安装。下面讲述的是激光打印机驱动程序的安装。

（1）进入 Windows 后，依次选择“开始”/“打印机”/“添加打印机”，启动安装打印机向导画面。老式的打印机并没有随机附带驱动程序，在 Windows 系统里自带有这样的驱动程序。而新式打印机的驱动光盘则会在包装盒内。将其取出放入光驱中即可。

（2）单击“下一步”按钮之后，安装程序会询问是安装网络打印机还是本地打印机，此处安装的当然是本地打印机，因此对于默认值不需变动，直接单击“下一步”按钮。

（3）选择打印机型号，此处如果使用的是 Windows 2000，则会自动提示“是否自动搜索新的打印机”，选择“是”，则 Windows 会自行查询打印机状态

（要求此时打印机加电，并且打印机上的“联机”按钮打开），安装好相应的驱动程序。选择“否”或 Windows 并为其找到新的打印机，安装程序会要求手动选择打印机的生产厂商和产品型号。在生产厂商一栏中选择好对象，在打印机一栏中也要做好确定，然后单击“下一步”按钮继续安装。

（4）接下来为打印机选择所连接的端口。一般来说，会将激光打印机连接到并口，即 LPT1。后面的 ECP 打印机端口表示所使用的协议是 ECP 标准的，还可以有 SPP 等标准，随 BIOS 中不同的设置而不同，一般打印机对于这些并行口扩展协议都没有要求，因此可以不必理会，继续按“下一步”按钮。

（5）接下来安装程序会要求给打印机命名，一般取默认名就可以了。下面的“是否设置为默认打印机”的问题只会出现在机器上已经安装了一台打印机，再添加另一台打印机的时候。

（6）Windows 只允许将多台打印机中的一台设为默认打印机，在程序或用户没有指定使用哪一台的时候，将使用默认打印机打印。如果想用这台打印机作为默认打印机，则选择“是”，然后按“下一步”按钮。

（7）在安装好打印机后，可以做一个测试工作，检测整个连接系统（包括计算机到打印机）是否能够正常工作。一般情况下，可以给打印机上一张纸，然后按“完成”按钮开始测试工作。

（8）Windows 发送信息到打印机后，则会弹出询问窗口，询问打印测试页是否正确。此时可以注意打印机的工作，看看打印机上输出的文本和图形是否正确，打印机工作是否正常。如果正确，按“正确”按钮可以结束打印机的安装工作，否则应该从打印机的硬件安装开始检查哪一步没有完成或者出错。按“不正确”按钮 Windows 则会弹出一个帮助画面，提示一些常见的问题和故障。

（9）如果一切正常，就可以开始使用这台打印机了。在一些支持打印功能的程序中选择打印，就会看到打印机出现在打印设备一栏。

26. 如何使用驱动程序备份专家备份驱动程序

驱动对于一台电脑来说，它的作用是至关重要的，所以，我们一定要保护好它。下面为读者介绍一个驱动备份软件——驱动程序备份专家 V1.9 版本。该软件的下载地址为 http://www.fixdown.com/soft/4140.htm。

V1.9 版本的驱动程序备份专家适用于如下操作系统：Windows 9x/Windows NT/Windows 2000/Windows ME，该软件只有 483KB，下载很快。它能快速检测计算机中的所有硬件设备，提取并备份硬件设备的驱动程序。只需单击一两下鼠标，就可以完成选定或所有的硬件驱动程序的备份工作，并附带一个 INF 脚本安装器，简化硬件设备的安装过程。当计算机用户需要重新安装或升级自己的 Windows 操作系统，这些提取出来的驱动程序，将派上用场。该软件更加适合丢失硬件设备驱动程序磁盘或光盘的用户，可以完全 “克隆”出原来的驱动盘，只要用户当前的系统和外设能正常运转。

下面就讲述如何利用该软件备份驱动。

（1）有选择性的备份驱动

①启动备份专家，打开其操作主界面。然后单击“收集全部”图标按钮。

②如果需要备份光驱的驱动，则单击 CD-ROM Drive，然后单击“备份驱动”图标按钮，在弹出的对话框中选择备份路径。

③选择好备份路径后，单击“开始”按钮，开始备份。

④备份完毕后，在弹出的对话框中单击“OK”按钮完成操作。

（2）备份全部驱动

要备份所有的驱动。

方法为：

①在备份专家的主界面中直接单击“收集全部”图标按钮，然后单击“备份全部”图标按钮。

②在弹出的话框中选择备份路径，这里选择 D：\MY DOCUMENTS，然后单击“开始”按钮，在弹出的提示对话框中单击“OK”按钮即开始备份。

③备份完毕后，在弹出的提示信息框中单击“OK”按钮完成备份。

提示!!

如果由于出现故障而需要恢复驱动，可单击“恢复驱动”图标按钮，打开以前的备份文件，即可开始恢复驱动。

27. 显卡补丁有什么作用

有些主板光装上显示卡的 AGP 驱动还是不能完全使用显示卡的某些功能，要安装其补丁。建议你在装机前下载最新的补丁做好准备，而且应该在 IDE 驱动程序后再安装 AGP 显示卡的补丁。

28. 如何升级驱动程序

我们前面已经讲过升级驱动程序的种种好处：提高性能、增强兼容性、增添功能。所以我们应该时常关注一下自己电脑里一些设备的驱动程序是否有新版本的发布，做到及时更新。

升级驱动程序的方法有两种：

（1）手动更新。去硬件设备的官方网站或者是“驱动之家”（http:// www.mydrivers.com/）等网站下载自己所需的新版本驱动程序，然后进行安装。驱动程序的安装方法我们已经了解，而驱动程序的升级同样差不多，既可以直接使用驱动程序里的"setup.exe"安装文件，也可以从设备管理器里自己指定更新安装。不过为了避免出现一些兼容性问题，我们建议升级新的驱动程序前，最好先把老版本的驱动程序卸载了再安装，卸载方法将在后面讲解。

（2）软件更新。如果不想每天都在网站上反复地搜寻自己设备的驱动程序，也可以使用软件来帮你下载，"驱动精灵"就是驱动之家出品的一款免费的集驱动程序更新、备份和还原的工具（下载地址：http://www. mydrivers.com/tools/dir14/d5842.htm）。

29. 如何备份驱动程序

这里的备份不是指对原有的驱动盘进行备份，而是直接从操作系统里提取已经安装好的驱动程序，进行备份。

我们的电脑经常会因为各种不可预知的原因需要重装系统，而重装系统后安装驱动程序是必不可少的步骤。这对于那些硬件设备还比较新，容易找到驱动程序的用户就不算什么了。但对于那些硬件设备型号比较老，且驱动光盘已经丢失还很难再找到驱动程序的用户，趁着现在电脑还能正常工作赶紧备份驱动程序就可以说是"救命之招"了。

备份驱动程序的方法也有两种：

（1）手工备份。在操作系统上安装的驱动程序文件，都会放在操作系统所在盘 Windows 目录下的 System、Inf 和 System32 三个文件夹中，Windows 2000 例外，它是放在 WINNT 下的 System 和 System32 中。比如你的操作系统安装在 C 盘，则我们把"C:\Windows" 下的 System、Inf 和 System32 三个文件夹中的所有文件备份下来就可以了，Windows 2000 则是备份 C:\ WINNT 下的 System 和 System32 中的文件。

所以我们在重装操作系统之前，可先把这几个文件夹的文件备份到另外一个分区，重装操作系统后再把驱动程序指定到这个文件夹中进行安装。

也可以具体备份某个驱动文件，先在"设备管理器"中双击该硬件设备，察看其属性。然后在"驱动程序"项下，选"驱动程序详细信息"。此时就可以看到该硬件设备的驱动具体文件了，根据路径将驱动文件备份就可以了。

（2）软件备份。同驱动更新一样，除了用手工方法进行驱动备份外，我们还可以使用"驱动精灵"来进行全自动备份。

单击"驱动精灵"工具栏的"备份驱动"，然后在左边的硬件设备列表中把需要备份的驱动程序前面打上钩，单击右下角的"开始备份"就可以了。

提示!!

还可以在备份设置里选择备份的类型，如备份成一个自动解压缩文件等。

30. 如何卸载驱动程序

为了避免出现一些兼容性问题，建议升级新的驱动程序前，最好先把老版本的驱动程序卸载了再安装。方法为：

（1）在设备管理器中卸载。以 Windows 2000/XP 为例，先打开设备管理器，找到想要卸载驱动程序的硬件设备，然后右键单击它，选择“卸载”即可。也可以双击该硬件设备，然后在弹出的对话框中选择“驱动程序”项，然后单击“卸载”。

在 Windows 98 中卸载的方法也差不多，在设备管理器中选中要卸载驱动的硬件设备，然后单击窗口下部的“删除”按钮，在弹出的对话框单击“确定”即可将其驱动程序卸载掉。

（2）在“添加或删除程序”中卸载。有些驱动程序安装后还会自动添加到“添加或删除程序”中，比如 nVIDIA 的显卡驱动，这样就可以在“添加或删除程序”中将其卸载。首先在“控制面板”中单击“添加或删除程序”，在打开的“添加或删除程序”窗口中选择要删除的驱动程序，然后单击右侧的“更改/删除”按钮，按照提示操作即可。

6-2 安装应用软件

1. 如何认识应用软件的安装

应用软件的发布也有多种多样，有的是通过光盘发布，有的通过网络以压缩包方式发布，虽然发布方式不同，但安装方法基本相同。

（1）光盘发布的软件一般都是自动运行的，只要把它插入光驱，就会进入安装界面。如果光驱禁止了自动运行功能，那么可以打开光盘根目录（即所在文件夹）上的“autorun.inf”文件，看里面指定了哪个自动运行的程序，手工启动它即可。

（2）压缩包方式发布的软件要先把它解压到磁盘的某一个目录中，一般情况下是执行其中的 setup.exe 程序进行安装。此外，还有一种所谓的绿色软件，只要把它解压出来，执行其中的可执行文件就能运行，不需要安装。另外，在安装网络下载的软件前，建议先阅读它的说明文件，里面一般都包括安装方法。

目前软件的安装都比较简单，一般采取安装向导的方式，可供用户选择的一般有安装模式、安装目录等内容。安装模式即都安装哪些内容，小型软件一般分为全部安装、快速安装和自定义安装等，如果对软件不是非常了解，那么不建议使用自定义安装，一般使用快速安装就可以了。当然如果怕安装不全，可以使用全部安装方式。对于大型软件如微软的 office 办公组件来说，因为它其中涉及多个软件和很多配套工具，所以它的安装选项比较复杂，这将在后面的内容中讲解。

2. 如何选择应用软件的安装目录

对于应用软件的安装目录问题，如果软件没有明确非得安装到哪个目录中，就尽量不要把它与操作系统安装到同一个分区里。这是因为操作系统的分区不仅要保存操作系统，而且一般情况下还要负责保存系统所需的页面文件也就是虚拟内存。如果经常在系统分区中安装/卸载程序，这个分区中的磁盘碎片会迅速增加，影响页面文件的连续性，从而影响系统的整体性能。同理，对于通过应用软件生成的文档，也尽量不要保存在系统分区中。

3. 如何安装平面设计软件 Photoshop CS2

Adobe Photoshop 的诞生可以说掀起了图像出版业的革命。其版本从 3.0、4.0、5.0、5.5、6.0、7.0、8.0 直到 2005 年 Adobe 公司又推出了最新的 Photoshop CS2。它的每一个版本都增添了新的功能，这使得它在诸多的图形图像处理软件中立于不败之地。Adobe Photoshop CS2 带来了很多的新功能：更多的创造性选项，更方便地按照用户使用习惯定制 Photoshop，增加了更多可以节省工作效率的文件处理功能，例如批处理数码相机 RAW 格式文件。Adobe Photoshop CS2 可以使你的创意得到更大的提升。本节就来告诉读者如何安装这个软件。

操作步骤如下：

（1）双击 Photoshop CS2 的安装文件 setup.exe，在出现的对话框中选择安装语言“Simplified Chinese”，然后单击“OK”按钮。

（2）在出现的对话框中的“选择语言”下拉列表中选择软件所要使用的语言后，单击“接受”按钮继续安装过程。如果单击“拒绝”按钮，将退出安装程序。

（3）在出现的对话中单击“Install Photoshop CS2”，然后按照提示进行操作即可完成整个安装过程。

4. 如何安装 3DS Max 8.0 SP2 简体中文版

3DS Max 是 3DS 系列的一个最新的主要产品，它基于 PC 平台的，并且是全球销量最好的专业建模及三维动画制作软件。3DS Max 8.0 是最新版本，增加了许多新的插件，整合了其他软件的许多功能。其安装方法为：

（1）双击 3DS Max 8.0 的安装文件是 3DSMax8.exe，在出现的对话框中单击“下一步”按钮。

（2）选择“我接受许可协议”，然后单击“下一步”按钮。

（3）输入用户信息，设置好路径后，输入正确的软件安装序列号，并选择好许可证类型（单机或网络）后，单击“下一步”按钮。

（4）单击“下一步”按钮。接下来是系统开始自动安装过程，等待一段时间后，单击“完成”按钮，完成整个安装过程。

5. 如何安装瑞星杀毒软件 2006

瑞星杀毒软件 2006 版采用第七代极速杀毒引擎，该引擎在 2005 版的基础上进行了改进，使查杀病毒更为细致、准确。第七代极速引擎对性能做了进一步优化。与 2005 版相比，查毒速度提升 30%，扫描相同的文件量可以大幅度节省用户的时间。

（1）启动计算机，进入 Windows（98/Me/NT/2000/XP/2003）操作系统，关闭其他应用程序。

（2）将瑞星杀毒软件光盘放入光驱内。若自动安装程序没有启动，则运行光盘根目录下的 autorun.exe 程序，启动安装程序。在安装界面中，选择“安装瑞星杀毒软件”。

（3）在语言选择对话框中，可以选择“中文简体“、“中文繁体”、“English ”和“日本语”四种语言版本中的一种进行安装，在这里以选择“中文简体”安装为例，单击“确定”开始安装。

（4）进入安装欢迎界面，然后单击“下一步”继续。然后阅读“最终用户许可协议”选择“我接受”按钮并单击“下一步”继续安装过程。

（5）在“检查序列号”窗口中，输入正确的产品序列号和用户 ID（产品序列号与用户 ID 见用户身份卡）后，单击“下一步”按钮继续。

（6）在“定制安装”窗口中选择需要安装的组件，然后单击“下一步”按钮继续安装。

提示!! 在这里也可以按“完成”按钮直接按照默认方式进行安装。

（7）在“选择目标文件夹”窗口中，可自定义瑞星杀毒软件的安装目录，单击“下一步”按钮继续安装。

（8）在“选择开始菜单文件夹”窗口中单击“下一步”按钮继续安装。

（9）在“安装信息”窗口中单击“下一步”按钮开始复制文件。

（10）如果在上一步选择了“安装之前执行内存病毒扫描”，在“瑞星系统内存病毒扫描”窗口中程序将进行系统内存扫描。根据当前系统内存占用情况，此过程可能要占用 3~5 分钟，扫描完毕后单击“下一步”按钮继续。如果您需要跳过此功能，请选择“跳过”继续安装。

（11）文件开始复制。复制完成后，在“结束”窗口中，您可以选择 “运行设置向导”、“运行瑞星杀毒软件主程序”、“运行监控中心”和“运行注册向导”四项来启动相应程序，最后单击“完成”按钮结束安装。

6. 如何安装网络蚂蚁

现在的 Internet 真是一个资源的宝库，有无数的好东东。要从网上载这些好东东，你也许就要用到网络蚂蚁（NetAnts）——文件下载工具。它由中国人洪以容开发，针对国内网络线路差、速度慢、费用高等情况，作了许多特别设计，可以说是一款上网必备的软件。网民们都亲切地叫它蚂蚁。这里以网络蚂蚁（NetAnts）V1.25 中文版为例，讲一下它的安装使用方法。

（1）进入 http://www.skycn.com/soft/881.html，在该网页的中下部位你会找到如图 6-1 所示的下载地址列表。

（2）单击列表中的任何一个链接，比如“长春网通下载”，出现如图 6-2 所示的“文件下载”对话框。

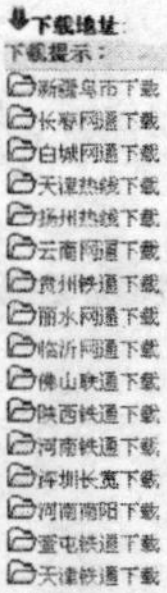

图 6–1

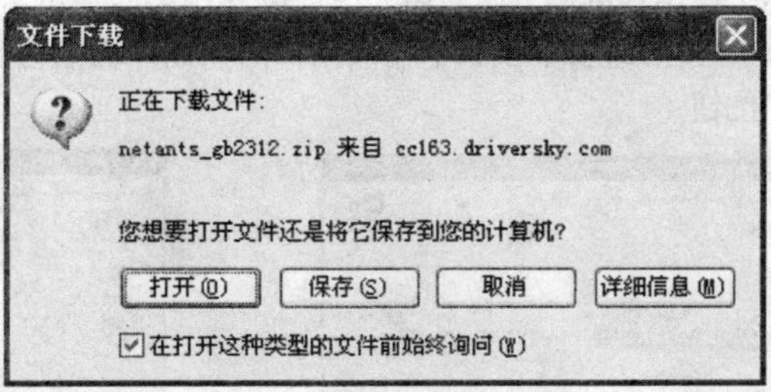

图 6–2

（3）单击“保存”按钮，在打开的“另存为”对话框的“保存在”下面选择文件的保存路径，然后单击“保存”按钮。

（4）开始下载文件，下载完毕，单击“打开”按钮。

（5）在打开的窗口中双击 setup.exe 文件图标。

（6）在打开的对话框中单击“Next”按钮。

（7）在出现的对话框中单击“Agree”按钮。

（8）在出现的对话框中单击“Agree to Software License”按钮。

（9）在出现的对话框单击“Next”按钮。

（10）在出现的对话框中继续单击“Next”按钮。

（11）开始安装，安装过程中提示是否将程序图标添加到 Windows 的桌面，然后单击“Next”按钮。

（12）程序安装完毕，在弹出的对话框中单击“Finish”按钮完成整个安装过程。

此时，在 Windows 的开始菜单程序项里面建立一个 NetAnts 的快捷启动程序组，桌面上也会自动生成快捷方式。在 IE 的工具栏中也会出现一个小蚂蚁的按钮，方便你在上网的时候下载东西。

7. 如何安装办公软件 Office 2003

Office 是一个跨平台，且由多种软件组合的套餐软件，主要包括了文本处理 Word、电子表格 Excel、计算机演示文稿 PowerPoint、数据库管理 Access、网页设计 FrontPage 与电子秘书 Outlook 等。接下来介绍 Office 2003 的安装方法。

（1）打开计算机电源，进入 Windows XP 系统。

（2）放入 Office 2003 安装光盘，稍等片刻，系统就会自动弹出安装画面，此时如果想取消安装，则单击“取消”按钮即可。待图中的“取消”按钮变成“确定”按钮后，单击“确定”按钮。

（3）在出现的图 6-3 中输入“产品密钥”后，单击“下一步”按钮。

（4）在出现的图 6-4 中输入用户名、用户名缩写和用户单位后，单击“下一步”按钮。

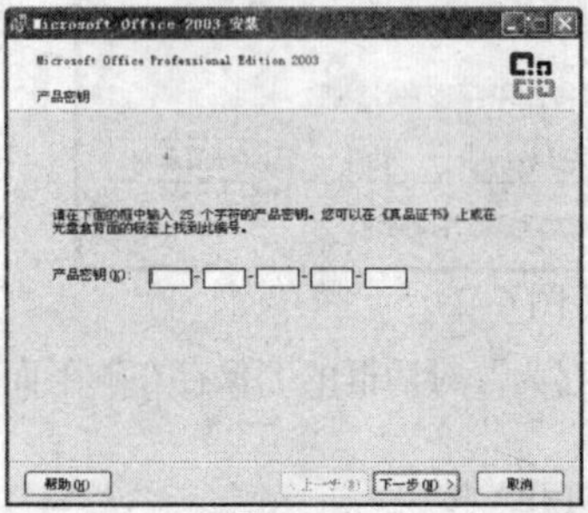

图 6–3

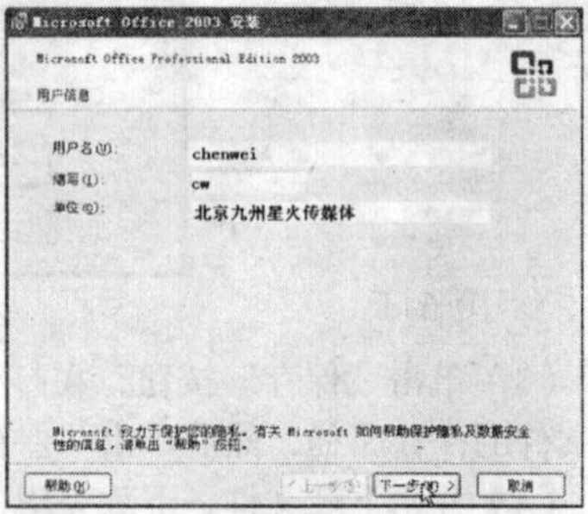

图 6–4

（5）在出现的图 6-5 中选中左下角的“我接受《许可协议》中的条款”后，单击“下一步”按钮。

（6）在出现的图 6-6 中有四个选项，若已安装 Access 2000/2002 或之前版本，那么选择“典型安装”便可直接升级；反之须先移除旧版的 Office 之后才能以“完全安装”、“最小安装”或“自定义安装”类型进行安装。可在“安装位置”处直接输入安装路径，或单击“浏览”按钮选择安装路径。

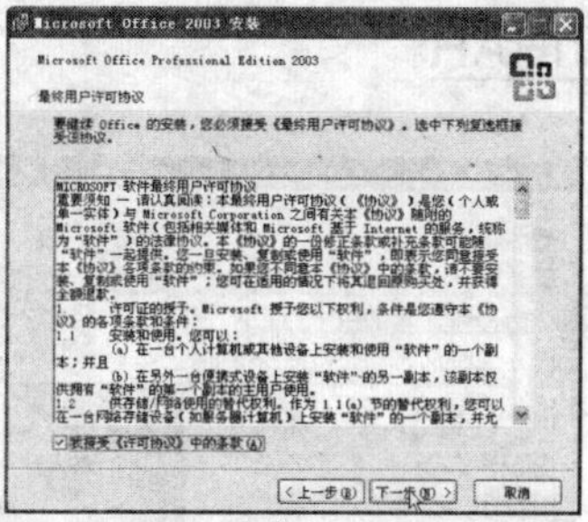

图 6–5

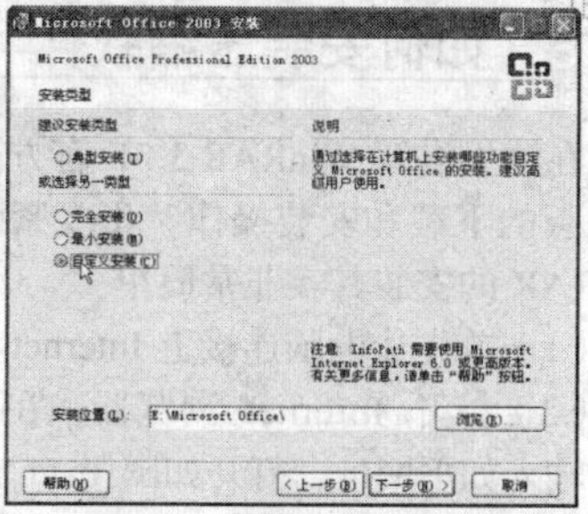

图 6–6

（7）在图 6-6 中选择“自定义安装”并指定安装的文件夹（安装路径）后，单击“下一步”按钮，在出现的图 6-7 中可进一步挑选欲安装的应用程序，也可全部保留，表示安装所有的 Office 软件。在图案中勾选左下角“选择应用程序的高级自定义”后，单击“下一步”按钮。

（8）图 6-8 是安装的选项，若无特殊要求，直接单击“下一步”按钮即可。

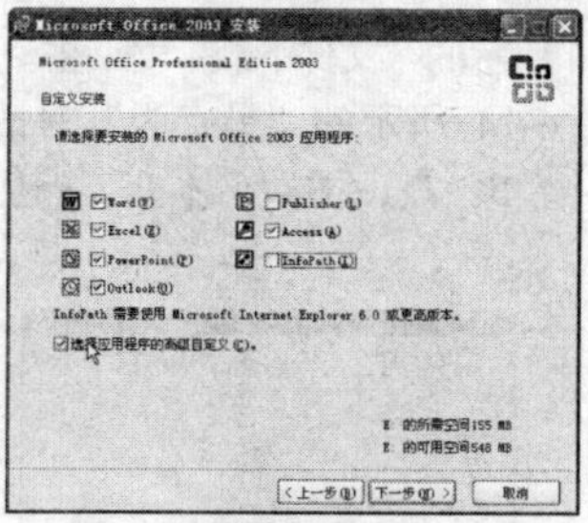

图 6–7

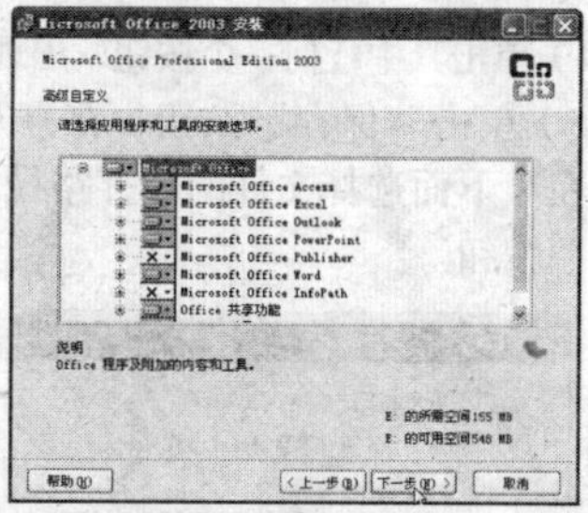

图 6–8

（9）此时系统会列出先前指定的安装信息，若有错误可单击“上一步”按钮进行更改，否则单击“安装”按钮开始安装，如图 6-9 所示。

（10）根据系统情况，可能需要 15~50 分钟的安装时间。完成后若硬盘空间有限，可选中“删除安装文件”选项，最后单击“完成”按钮结束整个安装过程，如图 6-10 所示。

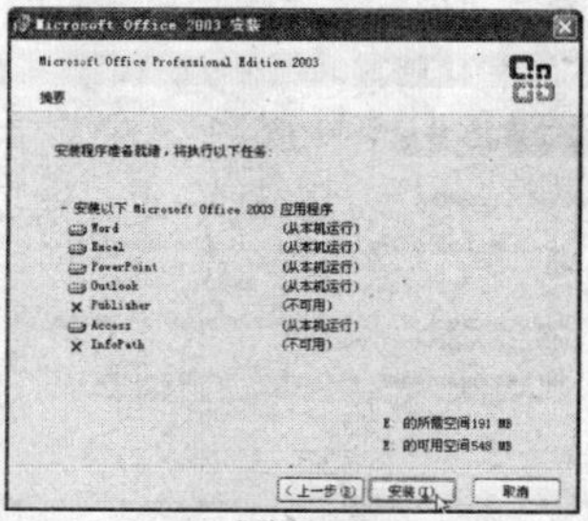

图 6–9

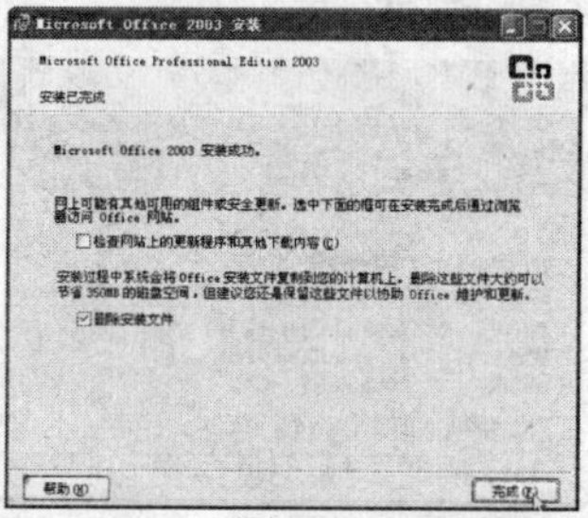

图 6–10

8. 如何安装压缩软件——WinRAR

在这里讲解 WinRAR 3.51 官方简体中文版的下载和安装操作。不要紧张，WinRAR 的安装其实非常简单。

（1）首先让电脑连接上 Internet。

（2）打开 Internet 浏览器，在地址栏中输入如下网址，打开如图 6-11 所示的 WinRAR3.51 下载窗口：http://download.zol.com.cn/detail9/89734.shtml。

图 6–11

（3）在该页面中部位置找到如图 6-12 所示的下载链接按钮。

图 6–12

（4）单击其中任何一个按钮，出现如图 6-13 所示的“文件下载”对话框。

（5）单击“保存”按钮，在打开的如图 6-14 所示的“另存为”对话框的“保存在”下面选择文件的保存路径，这里选择 F：盘，文件名不变。然后单击“保存”按钮。

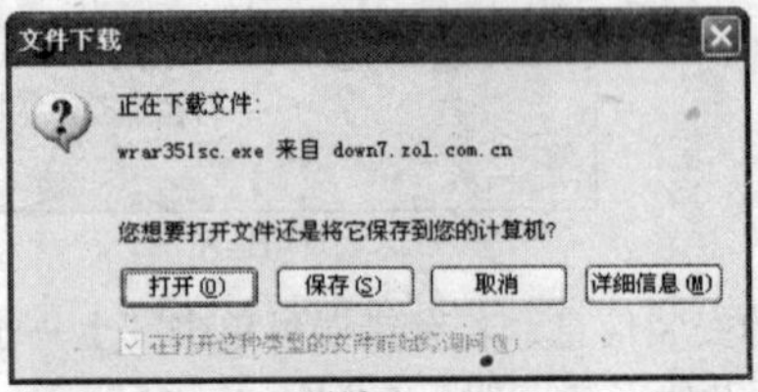

图 6–13

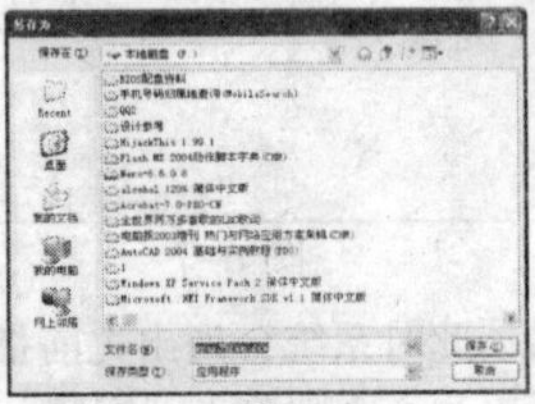

图 6–14

（6）开始下载文件，下载完毕，在图 6-15 中单击“打开”按钮。

（7）在打开的图 6-16 中的“目标文件夹”文本框中输入安装位置，然后单击“安装”按钮。

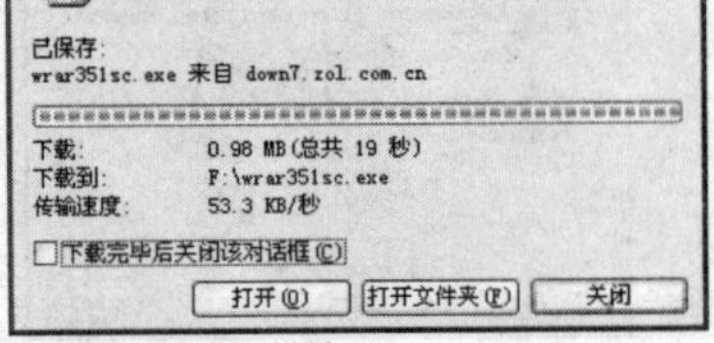

图 6–15

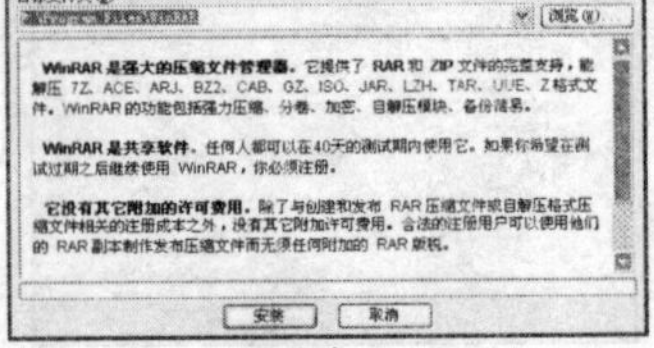

图 6–16

（8）在如图 6-17 所示的“WinRAR 简体中文版安装”对话框中的“WinRAR 关联文件”下单击“全部选择”选取关联所有的压缩文件类型，然后单击“确定”按钮。

（9）程序安装得很快，一闪就完成了，弹出如图 6-18 所示的对话框，单击“完成”按钮结束安装过程。

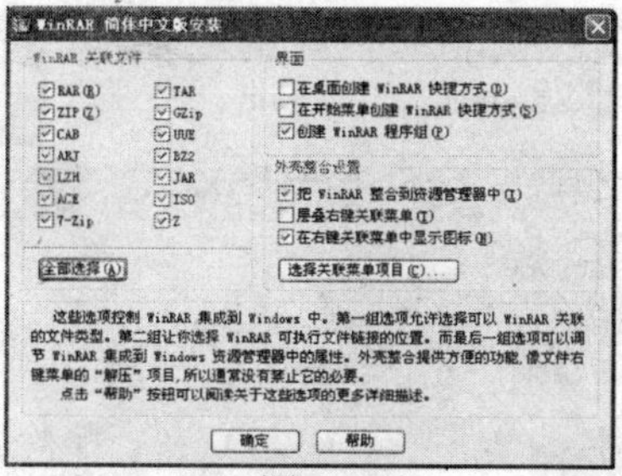

图 6–17

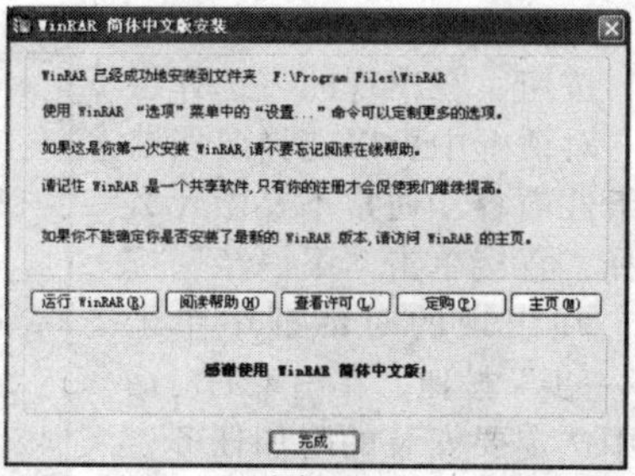

图 6–18

9. 如何安装聊天软件——腾讯 QQ

腾讯 QQ 不仅仅是 Internet 网络的虚拟寻呼机，它将和其他短讯通信网络互联，如无线寻呼网、GSM 无线移动电话短消息、传真甚至电话网。腾讯 QQ 支持显示朋友在线信息、即时传送信息、即时交谈、即时发送文件和网址。运行腾讯 QQ 后，腾讯 QQ 会自动检查是否已联网，如果您的电脑已连入 Internet，就可以搜索网友、显示在线网友，可以根据腾讯 QQ 号、姓名、Email 地址等关键词来检索，找到后可加入到通讯录中。当您的通讯录中的网友在线时，腾讯 QQ 中朋友的头像就会显示 online，根据提示就可以发送信息。如果对方登记了寻呼机或开通了手机短消息，即使离线了，您的信息也可“贴身追踪”，朋友们如同虚拟在线。腾讯 QQ 支持多用户设置，漫游功能。本节以“腾讯 QQ2006 飘云版 V3.52”为例，介绍其安装过程。

“腾讯 QQ2006 飘云版 V3.52”可以在如下网址进行下载：

http://download.it.com.cn/softweb/software/network/qqone/200511/14572.html

“腾讯 QQ2006 飘云版 V3.52”的下载方法与 WinRAR 3.51 官方简体中文版相同。

下载到本地硬盘的腾讯 QQ 软件是一个安装程序，要正常使用还需要安装软件，具体安装步骤如下：

（1）将其进行下载时，首先确认硬盘有没有足够的空间安装腾讯 QQ，最好大于 200MB。

（2）双击 QQ 安装应用程序包图标，在出现的安装界面中单击“下一步”

按钮后，在“许可协议”对话框中单击选中“我同意此协议”项。

（3）单击“下一步”按钮，在出现的对话框中单击“下一步”按钮，在出现的“选择目标位置”对话框中选择腾讯 QQ 软件的安装路径。可以选择默认安装路径；也可以单击“浏览”按钮，在弹出的“浏览文件夹”对话框中重新设置安装路径。

（4）设置好后单击“下一步”按钮，在出现的“选择组件”对话框中可以选择要安装的组件内容。通常不要做什么选择，直接单击“下一步”按钮，在出现的对话框中单击“下一步”按钮，在出现的对话框中选定要安装的附加任务，如图 6-19 所示。

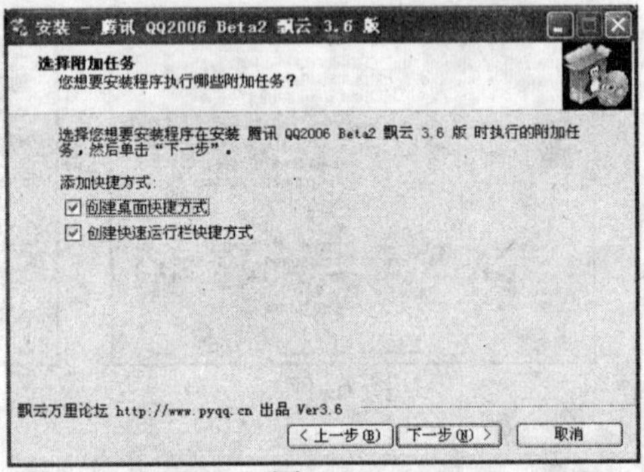

图 6-19

（5）单击“下一步”按钮，在出现的对话框中单击“安装”按钮，开始安装。

（6）安装完毕，单击出现的对话框中的“关闭”按钮，完成 QQ 软件的安装。

10. 如何使用 Windows 的“添加或删除程序”卸载应用程序

使用 Windows 的“添加或删除程序” 卸载程序的方法如下：

（1）单击“开始”/“控制面板”，在打开的“控制面板”窗口中单击“添加/删除程序”图标。

（2）在打开的“添加/删除程序属性”对话框的“更改或删除程序”列表框中选择要删除的程序选项，然后单击“更改/删除”按钮，接下来按照提示操作即可。

11. 如何使用超级兔子优化王卸载程序

超级兔子优化王是超级兔子的一个组件，它是专门为初学电脑的用户制作的，是一款专业的软件卸载程序，使用它可以将不再使用的软件卸载掉；也可将顽固不化的、使用 Windows 的“添加或删除程序”功能无法删除的应用程序，或使用软件自带的卸载程序而不能自身彻底删除的应用程序，我们就可以用超级兔子优化王派上用场。

这里以超级兔子优化王 V7.25 个人版为例进行讲解，该版本的软件适合于 Windows 98/Me/2000/XP/2003。

（1）首先安装超级兔子 V7.25 个人版，安装方法很简单，与 QQ 的安装类似。

（2）安装完毕，单击桌面上的超级兔子图标启动超级兔子。

（3）单击“超级兔子优化王”，然后单击“专业卸载”，在所出现的对话框的“专业卸载”列表框下列出了电脑中安装的绝大部分特殊的应用软件。接下来以删除“Infofo 工具栏”为例进行讲解。

（4）选择“卸载 Infofo 工具栏”，然后单击“下一步”按钮。

（5）在出现的“WinSpeed”对话框中单击“确定”按钮。

（6）接下来单击“取消”按钮。

（7）单击“退出”按钮，重新启动电脑，“Infofo 工具栏”就被彻底地删除掉了。

第 7 章

维护电脑系统

电脑组装与 BIOS 设置速查 1000——本章内容

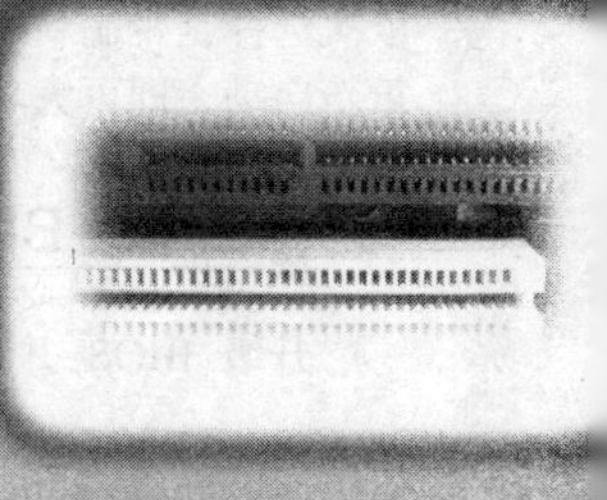

7-1 主板的维护

1. 如何为主板除尘

拔下所有插卡、内存及电源插头，拆除固定主板的螺丝，取下主板，用羊毛刷轻轻除去各部分的积尘。一定注意不要用力过大或动作过猛，以免碰掉主板表面的贴片元件或造成元件的松动以致虚焊。

2. 如何翻新主板

翻新主板比除尘的效果要好，只不过麻烦一点。

取下主板，拔下所有插卡，CPU，内存，CMOS 电池后，把主板浸入纯净水中，再用毛刷轻轻刷洗。待干净后，放在阴凉处至表面没有水分后，再用报纸包好放在阳光下暴晒至全干。一定完全干燥，否则会在以后的使用中造成主板积尘腐蚀损坏。

特别是一些主板上的电容出现漏液，在更换新的电容后，一定要把主板认真清洗一遍，防止酸性介质腐蚀主板，造成更大的故障。

3. 为什么要升级 BIOS

BIOS 程序决定了系统对硬件的支持、协调能力。随着新硬件层出不穷，BIOS 不可能预先具备对如此繁多的硬件的支持，这就依赖于对 BIOS 芯片内程序的更新。为了支持到更新的硬件产品，消除以往 BIOS 的 BUG，提高产品之间的兼容性，或者为了提升产品的性能，升级 BIOS 是最简单有效而又节省的办法。

4. 如何升级 BIOS

大部分主板厂商都会定期更新产品的 BIOS FIREWARM，另外 BIOS 生产厂商也会提供专用的刷新程序，在不加载任何硬件驱动和内存驻留的纯 DOS 模式下，运行刷新程序，输入厂商提供的 BIOS FIREWARM 文件名，通过提示依次选择是否刷新→是否保存原 BIOS→是否更新最新的 BIOS，最后按 F1 键重新启动，即可大功告成。

5. 升级 BIOS 要注意哪些问题

升级 BIOS 并不复杂，只要认真去做，应该是不会出现问题的。但升级过程中一定要注意以下几点：

（1）进入纯 DOS 模式，不要加载任何硬件产品的驱动，也不要运行任何程序。

（2）使用和主板相符的 BIOS 升级文件，尽可能用原厂提供的 BIOS 升级文件。

（3）BIOS 刷新程序和 BIOS FIREWARM 要匹配。一般情况下原厂的 BIOS 程序升级文件和刷新程序是配套的，所以最好一起下载。

（4）通常很多杂志或朋友都建议在软盘上升级，可是由于软盘的可靠性不如硬盘，很可能造成升级失败，因此，建议最好在硬盘上升级 BIOS。

（5）升级时一定要备份原 BIOS，如果升级不成功，那还有恢复的希望。

（6）部分主板提供商在 BIOS 程序中内置了 BIOS 更新程序，所以在升级 BIOS 前，应该在 BIOS 里把"System BIOS Cacheable"的选项设为 Disabled。

（7）某些主板出于保护 BIOS 的原因，设置了硬跳线禁止 BIOS 写入，或者在 BIOS 中设置的"BIOS UPDATA"的选项设为 Disabled，所以在更新之前尽量检查这两项设置，不然会出现更新失败。

（8）写入过程中不允许停电或半途退出，所以如果有条件的话，尽可能使用 UPS 电源，以防不测。

6. 什么时候需要对主板 BIOS 进行升级

以下几种情况需要升级主板的 BIOS：

（1）当一些新的硬件无法被主板识别时。如早期的主板可能会将 Celeron Ⅱ识别为 PⅢ，升级主板 BIOS 就可以正确显示 Celeron Ⅱ的型号和主频。还有很多早期主板的 BIOS 最大只能支持 8.4GB 的硬盘，但目前主流硬盘远大于这个容量，为了支持这些大容量硬盘，也需要升级主板 BIOS。

（2）软、硬件之间存在兼容性问题（如 Windows 2000 的高级电源管理与主板不兼容），也需要升级主板 BIOS 来解决。

（3）升级 BIOS 可以增添一些新功能，比如从光驱启动电脑，增加线性超频的范围等。

> **提示!!** 如果您的计算机使用正常，并不存在兼容性或其他问题，则没必要升级主板 BIOS。

7. 如何升级 Award BIOS

升级 Award BIOS 的方法为：

（1）以 DOS 实模式开机后，将当前目录切换到 Awdflash.exe 和升级文件

694x0916.bin 所在的目录下，为了下面叙述的方便，暂时把 694x0916.bin 改名为 bios.bin。

（2）键入 Awdflash 后按“Enter”键，进入 BIOS 更新程序。程序提示输入 BIOS 升级文件名，输入升级文件名：bios.bin，敲回车。注意在此要输入升级文件的全称，即包括文件名及扩展名。

（3）刷新程序提示是否要备份主板的 BIOS 文件。

提示!!

安全起见，一定要把目前系统的 BIOS 内容备份到机器上并记住它的文件名（为了方便、易记，文件名应简单为好，如存为 back.bin 等），以便在更新 BIOS 的过程中发生错误时，可以重新写回原来的 BIOS 数据。

（4）在“File Name to Save”框中输入要保存的文件名：back.bin。敲回车键后，刷新程序开始读出主板的 BIOS 内容，并把它保存成一个文件。

（5）备份工作完成后，刷新程序出现询问是否要升级 BIOS 的画面。选择“Y”，刷新程序开始正式刷新 BIOS，最关键的时刻就在此时，在这个过程中，千万不要中途关机；另外，如果你遇上停电、死机或下载的 BIOS 文件不对，那你的机器肯定就会全面瘫痪。

当进度条跑到最后，刷新结束，刷新程序提示你敲“F1”重启动或敲“F10”退出刷新程序。一般是选择重开机，按 Del 键进入 BIOS 设置，除了设置“HDD、FDD、DATE…”外，还应选取“Load Setup Defaults”来加载系统预设值，至此，便完成了 BIOS 的升级工作。

Awardflash.exe 的命令行参数如下：

Awardflash.exe 刷新 BIOS 用的是图形界面，实际上它还提供了许多命令行参数，灵活加以运用有时可以取得一些特殊效果。命令格式：Awardflash.exe [更新 BIOS 文件名] [备份 BIOS 文件名] /[命令参数]

其中命令参数有如下一些：

/?：显示帮助信息。

/py：自动完成 BIOS 刷新任务。

/sy：备份原来的 BIOS 到磁盘。

/sb：在升级 BIOS 时强行跳过 BootBlock 模块。

/cp：在刷新结束后清除即插即用数据（ESCD）。

/cd：在刷新 BIOS 结束后清除 DMI 数据。

/r：在刷新 BIOS 结束后自动重新启动。

/pn：不运行升级程序。

/sn：不备份 BIOS 文件。

/sd：保存 DMI 数据到某个文件。

/cks：在更新 BIOS 时显示备份文件的数据。

/tiny：只占用很少的内存。

/e：刷新 BIOS 结束后自动回到 DOS 命令行状态。

/f：刷新时使用原来的 BIOS 数据。

/ld：在刷新结束后清除 CMOS 数据并且不重新引导系统。

/cksXXXX：将备份的 BIOS 文件和待更新的 BIOS 文件进行校验。

8. AMI BIOS 升级实战

下面以 AMI 最高版本的刷新程序 8.48 版为例，说明升级 AMI BIOS 的方法：

（1）在纯 DOS 方式下运行刷新程序，运行之后出现的整个画面分成四部分，从左到右依次为：主菜单、选中的当前菜单、相关信息、帮助信息。从相关信息项中可以看到和 BIOS 有关的参数。相关的信息有：芯片组，是 Intel 的；Flash ROM 芯片的型号为 29EE010；128KB 的芯片。从后面可以知道，AMI8-21 版的刷新程序可以识别出大多数的 BIOS 芯片类型及主板芯片组类型。

（2）在升级之前，用户可以设置其主菜单中的开关项（FLAG），用方向键选中它后，敲回车键，出现了设置一些与刷新 BIOS 有关的参数的画面，包括是否刷新 BOOT BLOCK（出于安全考虑，一般不要选用此功能）、刷新完成之后是否重启（视个人需要而定）、是否进行 BIOS 校验（很有必要）、是否清除 CMOS 密码（最好清除，防止出现问题）、是否自动完成（懒惰并无视安全性的用户可以考虑）等。

（3）升级前的备份。在主界面上选择“FILE”，按回车键。第一个是载入 BIOS 升级文件，第二个才是保存 BIOS 文件，用方向键移至下面的“SAVE”项，输入文件名后按回车键。

（4）开始升级。用方向键移至“LOAD”项，这时输入栏呈高亮度反白显示，输入要升级的 BIOS 文件后按回车键。

（5）Amiflash 会提示要求确认，按“Enter”键开始升级，取消升级则按“Esc”键。

升级的基本操作就这些，还是比较简单明了的。

AMI 最高版本的刷新程序，没有主板与 BIOS 文件的一致性检查，在特定情况下，用户可以强制写入非本主板的 BIOS 升级文件，从而为修复损坏的 BIOS 芯片创造有利的条件。

升级 BIOS 过程中有一定的风险，一定要慎重。升级 BIOS 并不繁杂，只要认真去做，应该是不会出现问题的；但升级过程中一定要注意以下几点：

（1） 一定要用与你主板相符的 BIOS 升级程序码（虽说理论上只要芯片组一样的 BIOS 程序码可以通用，但是由于芯片组一样的主板可能扩展槽等一些附加功能不同，可能产生一些副作用。因此尽可能用原厂提供的 BIOS 升级程序码。）

（2）BIOS 写入程序，一般情况下原厂的 BIOS 程序码和写入程序是配套的，所以最好一起下载。

（3）格式化软盘，只拷贝以上两个文件即可（软盘质量一定要好，否则会无法读取文件）。

（4）一定要在纯 DOS 环境下（就是不加任何配置和驱动）。

（5）升级前一定要做备份。如果你的升级程序码不正确，还有恢复的希望。

（6）因写入过程中不允许停电等半途退出，如果有条件的话，尽可能使用 UPS 等不间断电源，以防不测。

（7）如果条件允许，最好用编程器升级 BIOS。

7-2 硬盘的维护

1. 为什么要保持干净卫生的电脑使用环境

环境中灰尘过多，会被吸附到印制电路板的表面及主轴电机的内部，硬盘在较潮湿的环境中工作，会使绝缘电阻下降，轻则引起工作不稳定，重则使某些电子器件损坏，或某些对灰尘敏感的传感器不能正常工作。因此要保持环境卫生，减少空气中的含尘量。用户不能自行拆开硬盘盖，否则空气中的灰尘便进入盘内，磁头读/写操作时将划伤盘片或磁头。因此，硬盘出现故障时决不允许在普通条件下拆开盘体外壳。

2. 为什么在对硬盘进行读/写操作时不要关机

硬盘在进行读/写时处于高速旋转状态中，如果忽然关掉电源，将导致磁头与盘片猛烈摩擦，从而损坏硬盘，所以在关机时，一定要注意机箱前面板上的硬盘指示灯，确保硬盘完成读/写之后再关机。

3. 为什么要尽量减少硬盘震动

硬盘是十分精密的设备，工作时磁头在盘片表面的浮动高度只有几微米。不工作时，磁头与盘片是接触的；硬盘在进行读/写操作时，一旦发生较大的震动，就可能造成磁头与数据区相撞击，导致盘片数据区损坏或划盘，甚至丢失硬盘内的文件信息。因此在工作时或关机后，主轴电机尚未停机之前，严禁搬运硬盘，以免磁头与盘片产生撞击而擦伤盘片表面的磁层。在硬盘的安装、拆卸过程中更要加倍小心，严禁摇晃、磕碰。

4. 为什么要注意防静电、防电磁干扰

硬盘驱动器的控制电路中有 CMOS 集成电路，这种集成电路对静电十分敏感，所以最好在防静电工作台上进行硬盘驱动器的维修工作。一般不要用手触摸驱动器背面的电路板，以防止静电损害电路板上的器件。当我们手执硬盘时，应该用手卡住硬盘两侧，尽量避免与其背面的电路板直接接触。单独存放和运输硬盘时，要把硬盘装入抗静电袋中。另外，还需注意的是不要把硬盘驱动器放置在磁场较强的区域，如音箱、喇叭、电机、电台、手机等附近，以免硬盘记录的资料因磁化而损坏。同时还应注意防止电磁干扰。

5. 为什么要保持合适的环境温度和湿度

按照硬盘驱动器的技术规范要求，硬盘合适的工作温度范围是10°C~40°C，温度过高或过低都会使晶体振荡器的时钟主频发生漂移，温度偏高会造成驱动器上的器件的工作范围发生变化，磁介质也会因热胀效应而出现记录错误；温度过低会导致空气中的水分会凝结在各芯片和组件上，容易造成短路。此外，硬盘工作时由于旋转会发热，因此使用过程中还要注意散热，保持良好的散热信道。合适的相对湿度范围是 20%~60%。相对湿度过高时，电子组件表面会吸附一层水膜，使电子线路逐渐氧化；相对湿度过低，容易出现静电荷积累现象，静电荷会吸附灰尘，容易损坏磁头和划伤磁盘片；静电过强还容易击穿 CMOS 电路。

6. 为什么要经常整理硬盘

硬盘的整理包括两方面的内容：一是根目录的整理，二是硬盘碎块的整理。

根目录一般存放系统文件和子目录文件，如 COMMAND.COM、CONFIG.SYS、AUTOEXEC.BAT 等个别文件，不要存放其他文件；DOS、Windows 等操作系统，文字处理系统及其他应用软件都应该分别建立一个子目录存放。一个清晰、整洁的目录结构会为工作带来方便，同时也避免了软件的重复放置及“垃圾文件”过多而浪费硬盘空间和影响运行速度。

硬盘在使用一段时间后，文件的反复存放、删除，往往会使许多文件，尤其是大文件在硬盘上占用的扇区不连续，看起来就像一个个碎块，硬盘上碎块

过多会极大地影响硬盘的速度，甚至造成死机或程序不能正常运行，MS DOS 6.0 以上版本都提供了硬盘整理程序 DEFRAG，Windows 98 以上版本都提供了“磁盘碎片整理程序”。

7. 为什么要防止电脑病毒破坏硬盘

电脑病毒对硬盘中存储的信息是一个很大的威胁，所以应利用最新版本的杀毒软件对硬盘进行定期的病毒检测，发现病毒，应立即采取办法清除，尽量避免对硬盘进行格式化，因为硬盘格式化会丢失全部数据并减少硬盘的使用寿命。当从外来软盘拷贝信息到硬盘时，先要对软盘进行病毒检查，防止硬盘由此染上病毒，破坏硬盘内的数据。

8. 如何正确拿硬盘

硬盘属于高精度设备，正确的拿法的怎样的?

（1）硬盘拿在手上时别磕碰，这只是要求之一。

（2）气候干燥时极易产生静电，在这种情况下若不小心用手触摸硬盘背面的电路板，静电就有可能会伤害到硬盘上的电子元件，导致无法正常运行。正确姿势应该是以手抓住硬盘两侧，并避免与其背面的电路板直接接触。此外，有些厂商会在其硬盘外部包上一层护膜，此护膜除具备防震功能外，更把电路板保护于其中，如此使用者在拿取硬盘时就可以少一些顾忌了。

9. 为什么要养成正确关闭系统的习惯

对 Windows 操作系统的用户来说，一定要养成正确关机的好习惯，即单击开始菜单，选择“关闭系统”一项关机。尽量不要随手关掉电源，因为这样可能会使磁头不能正确复位而使硬盘盘片受到划伤。

10. 如何让系统自动进行维护

我们可以为系统建立一个维护计划，然后由电脑自动按照计划规定的时间对硬盘进行维护，这样做效果可能会更好些。

具体操作步骤如下：

（1）执行“程序”/“附件”/“系统工具”/“计划任务”，启动 XP 的计划任务，并在该窗口双击“添加计划任务”图标，如图 7-1 所示为启动“计划任务向导”。

（2）在“应用程序”列表中选择所要运行的磁盘维护程序，这里选择的是

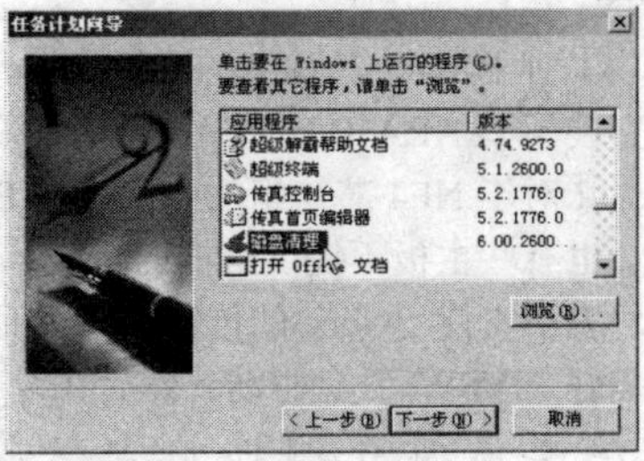

图 7-1

“磁盘清理”，然后单击“下一步”按钮。如果所要选择的程序不在列表中，可以单击“浏览”按钮，在弹出的浏览窗口中查找。

（3）在打开的界面中选择执行维护的间隔周期，并单击“下一步”按钮。

（4）在出现的界面中选择每个周期中自动进行维护的具体时间，并单击“下一步”按钮。

（5）在出现的界面中输入用户名和密码（本地电脑），如果不输入用户名和密码，计划任务可能不会运行，然后单击“下一步”按钮。

（6）在出现的界面中单击“完成”按钮，这时所选择的维护程序被添加到计划任务中。

提示!!

使用上面的方法，除了能将查错程序、磁盘碎片整理程序等系统维护程序添加到计划任务中，还可以将病毒扫描程序添加到系统的计划任务中，系统将自动启动这些维护程序对磁盘进行周期定时维护。

11. 如何禁止在 XP 下使用 U 盘或者移动硬盘

（1）如果用户有管理员权限的话，以管理员身份登录，执行“开始”/“运行”命令，在打开的对话框中输入 devmgmt.msc，展开到通用串行总线，双击下面的 USB ROOT HUB，将其设置为禁用就行了。

（2）如果用户没有管理员权限，则在 CMOS 里设置。启动电脑，按 DEL 键，进入 CMOS 的 Advance Chip Settings 设置界面，关闭 USB ON Board 即可。

12. 如何用好 SATA-2.5 串口 300MB/s 硬盘

与 SATA 相比，SATAII 硬盘拥有更高的传输速度和 NCQ 等诸多的功能，但在实际应用中，很多读者都会无法正常地打开 NCQ 和 300MB/s 的传输速度，有的更甚至是无法使用 SATAII 硬盘。下面就来介绍两个相关的使用技巧。

（1）主板和硬盘都支持 300MB/s 的传输速率和 NCQ 技术，要打开这些功能并得到他们的工作状态，方法为：

目前，只有 Intel 和 NF4 芯片组的驱动程序能够得知两者的工作状态。

①对于 Intel 芯片组的主板，只要在 BIOS 里选择了 AHCI/RAID 模式，并且安装了 IAARAID 磁盘驱动程序，就可以通过此驱动来得知工作状态。

②对于 NF4 芯片组的主板，在 BIOS 里可能会有 3Gb/s 和 1.5bGb/s 模式选择，也有些主板不提供这样的功能，如果有则选择 3Gb/s 模式；如果没有，并不代表不支持 3Gb/s 的传输速率。而 NCQ 选项是没有的，该怎么办呢？首先安装好 NVSW 磁盘驱动，然后在设备管理器里面的 IDEATA/ATAPI 属性里，选择硬盘所在的通道，会发现在 Transfer mode 框里有一项 SerialATAGeneration2-3G，其中的 3G 就表示硬盘接口工作在 300MB/s 速率了。其中的 Enable command queuing 是用来控制 NCQ 的打开或关闭。

（2）主板和硬盘均支持 300MB/s 的传输速率，BIOS 里已经正确设置，驱动也正确安装，但系统检测硬盘只是工作在 ATA100 或 133 模式下，用了不少的检测软件也是如此显示，这是怎么回事呢？

目前，SATA 的运行速度是无法检测的，原因在于操作系统对 SATA 的支持问题。只有下一代操作系统（Vista）才能很好地解决这问题，因此显示 ATA100/133 是正常的，想知道 300MB/s 的接口速度是否正常工作，可以用 HDTACH 软件进行测试，只要突发速度超过 150MB/s 就表示正常了。

7-3 内存的维护

1. 如何简便快捷地优化内存中的数据

在 Windows 中，驻留内存中的数据越多，如桌面上的快捷图标、任务栏中的图标、系统托盘中的时间等，都要占用内存资源。所以，桌面上和任务栏中的快捷图标不要设置得太多。如果内存资源较为紧张，可以考虑优化这些项目，尽量少用各种后台驻留的程序，特别是设计不好的程序，要占用大量内存资源。

平时在操作电脑时，不要打开太多的文件或窗口，或者在程序中打开太多的数据文件，如果打开了，不用时要及时关闭这些文件或窗口。

另外，长时间地使用计算机后，如果没有重新启动计算机，内存中的数据排列就有可能比较混乱，从而导致系统性能下降，这时就要考虑重新启动计算机。

2. 如何调整高速缓存区域的大小

所谓高速缓存，是指系统在读取磁盘、光盘上的数据时，采取“预读取”技术，也就是将估计即将要读取的数据预先读取到内存的高速缓冲存储器中，这样 CPU 在高速缓冲存储器中读取数据时就较快，从而提高运行速度。在内存中设置高速缓冲存储器，可以明显地加快读取数据的速度。Windows 可以根据内存的大小自动地设置高速缓存的大小，当然用户也可以根据自己使用内存的情况，在内存中设置高速缓存的大小，以优化内存的使用。方法如下：

在桌面上用鼠标右击“我的电脑”；在弹出的菜单中单击“属性”；在弹出的窗口中单击“性能”标签；单击下面的“文件系统”按钮；单击“硬盘”标签；拖动“预读式优化”调节杆，设置预读取条件；在“计算机的主要用途”栏设置系统利用高速缓存的比例；如果系统的内存较多，可选择“网络服务器”，这样系统将用较多的内存作为高速缓存；在 CD-ROM 标签中，可以直接调节系统用多少内存作为 CD-ROM 光盘读写的高速缓存，要在“最佳访问方式”中选择“四倍速或更高速”，这样系统将根据情况设置缓存的大小；也可以调节“追加的高速缓存大小”栏中的调节杆，追加高速缓存。

3. 如何监视内存

系统的内存不管有多大，总是会用完的，虽然有虚拟内存，但由于硬盘的读写速度无法与内存的速度相比，大量、频繁地使用虚拟内存将使计算机操作变得无法忍受，所以在使用内存时，就要时刻监视内存的使用情况。在 Windows 操作系统中提供了一个系统监视器，可以监视内存的使用情况。另外还有一个简单方法，就是在任何一个文件窗口中，选择“帮助”/“关于 Windows”菜单，在打开的窗口中就可以看到目前内存使用的情况，如果只有 60%的内存资源可用，这时你就要注意调整内存了，不然就会严重影响运行速度和系统性能。

4. 如何及时释放内存

如果发现系统的内存不多了，就要注意释放内存。所谓释放内存，就是将驻留在内存中的数据从内存中释放出来。释放内存最简单、最有效的方法就是重新启动计算机；另外就是关闭暂时不用的正在运行的程序，包括在后台运行的程序。平时就要养成这样的好习惯，随时关闭那些暂时不用的程序、文件或窗口。有些应用程序不能用一般的方法关闭，这时就要进行热启动，如按下“CTRL+ALT+DEL”键；在剪贴板中如果存储了一幅图片或图像，图片或图像是要占用大量内存的，这时只要剪贴几个字，就可以把内存中剪贴板上原有的图片冲掉，从而将它所占用的大量的内存释放出来；还有，在后台打印文件，也会占用大量的内存空间。

5. 如何优化内存中的数据

在 Windows 中，驻留内存中的数据，如桌面上的快捷图标、任务栏中的图标、系统托盘中的时间等，都要占用内存资源。所以，桌面上和任务栏中的快捷图标不要设置得太多。如果内存资源较为紧张，可以考虑优化这些项目，尽量少用各种后台驻留的程序，特别是设计不好的程序，要占用大量内存资源。另外，长时间地使用计算机后，如果没有重新启动计算机，内存中的数据排列就有可能比较混乱，从而导致系统性能下降，这时你就要考虑重新启动计算机。

6. 如何关闭 Windows 系统部分功能以提升内存效能

要通过关闭 Windows 系统的部分功能来提升内存效能，方法为：

（1）在“开始”/“控制面板”下双击“系统”图标，打开“系统属性”对话框。

（2）分别关闭“系统恢复”、“自动更新”和“远程桌面”功能。“系统恢复”虽然对经常犯错误的人有用，但是它会让你的硬盘处于高度繁忙的状态，你会发现你的硬盘总是忙个不停，因为 Windows XP 要记录所有的操作，以便日后恢复。如果你对自己有信心，那么就不要使用它，因为它会占用不少的内存。

（3）更改“性能”设置。下面我们再看看“系统属性”中的“高级”选项卡，首先是“性能”的设置。在设置缺省的状况下，Windows XP 按照最佳的视觉效果来配置，如果觉得系统尤其是显示部分十分的缓慢的话，建议用户做适当修改。

（4）关闭“启动和故障恢复”功能。接下来看看“启动与恢复”的设置。尽管 Windows XP 十分稳定，但是也有崩溃的时候。在系统崩溃时硬盘会使劲儿地响，这是因为 Windows XP 正在写 DUMP 文件，如果不打算把这个文件寄给微软公司，那么它又有什么用呢？所以建议关闭该功能为好。

（5）禁止“错误报告”功能。该功能可以在你的 Windows XP 发生错误的时候，系统自动收集一些错误资料，然后发送给微软公司，以便其完善他们的操作系统。这个功能对于一个拨号上网的用户而言十分的不适合，因为谁会花着自己的钱同时浪费着自己的时间去发送这些十分巨大的而且只对微软公司有用的数据呢？如果这个功能对你没有用，那又何必让它占用着你的内存呢？

（6）禁止其他多余的功能。执行“开始”/“控制面板”/“计算机管理”，进入系统服务列表。如果没有打印机，可以将“Printer Spooler”服务关闭掉。如果没有定期执行的任务，将“Task Scheduler”服务关闭掉。对于大多用户而言，“Remote Registry”同样没有用，也可以关闭掉。

7-4　CPU 的维护

1. 为什么要注重 CPU 的散热

CPU 的工作伴随着热量的产生，散热工夫不可少，CPU 的正常工作温度为 35℃～65℃，具体根据不同的 CPU 和不同的主频而定。散热风扇质量要好，并且带有测速功能，这样，可与主板监控功能配合监测风扇工作情况。散热片的底层要厚的为佳，这样有利于储热，从而易于风扇主动散热。保障机箱内外的空气流通顺畅。散热好了，一部分不明原因的死机亦会减少。

2. CPU 也需要减压和避震吗

CPU 死于散热风扇扣具压力的惨剧时有所闻，主要表现在 CPU 的 Die（即内核）被压毁。注意：在安装散热风扇时用力要均匀，扣具的压力亦要适中，具体可根据实际需要仔细调整扣具。另外，现在风扇的转速可达 6000 转/分，这时出现了一个共振的问题，长期如此，CPU 的 Die 有被磨坏的可能、CPU 与 CPU 插座接触不良，解决的办法就是选择正规厂家出产的散热风扇，转速适当，扣具安装须正确。

3. 灰尘、硅脂和静电会给 CPU 带来什么

灰尘要勤清除，不能让其积聚在 CPU 的表面上，以免造成短路烧毁 CPU。硅脂在使用时要涂于 CPU 表面内核上，薄薄一层就可以，过量会有可能渗到 CPU 表面和插槽，造成毁坏。

硅脂在使用一段时间后会干燥，这时可以除净后重新涂上硅脂。改良的硅脂更要小心使用，因改良的硅脂通常是以加入碳粉（如铅笔的笔芯粉末）和金属粉末，这时的硅脂有了导电的能力，在电脑运行时渗到 CPU 表面的电容上和插槽后果不堪设想。

平时在摆弄 CPU 时要注意身体上的静电，特别在秋冬季节，消除方法可以是事前洗洗手或双手接触一会儿金属水管之类的导体，以保安全。

4. 如何使用 Waterfall Pro 为 CPU 降温

在这里以 Waterfall Pro 2.99 完全版为例进行介绍。Waterfall Pro 2.99 完全版可以在如下地址进行下载：http://pcpc.cn/soft/1236.htm

该软件的大小为 1215KB，界面为英文界面。

Waterfall Pro 2.99 完全版提供了三大功能：CPU 温度管理、效能监视功能和系统最佳化。通过其独特的 CPU Throttle（温度调节器）设计，电脑用户可以自行设定警戒温度的高低、时间的长短等附加条件值。预设这些的好处是：一旦 CPU 温度达到警戒值或持续一段时间，整个 CPU 都处于负担很大的压力下，CPU 的效能开始降低的时候，Waterfall Pro 就会自动“强迫”降低系统的负担，于是 CPU 的温度也就降低了。

具体使用方法如下：

（1）启动 Waterfall Pro 后，用鼠标双击 Systray 上的 Waterfall 图标，就会出现 Waterfall Pro 的程序窗口。如果资源监视器上的数字出现比较明显的跳动，则说明 Waterfall Pro 已经在机器上生效了。

（2）打开 Option 选项，启动 Setup 就可以进行设置。在设置项目中，要根据操作步骤提示，依次选取 CPU 类型、主板类型、系统标准等若干项目，设置完毕，按确定按钮即可。

（3）这时 Waterfall Pro 会重新启动，并按照设置狂降 CPU 的温度。据测试，Waterfall Pro 可以消除 CPU 中所产生的 30%~70%的热能。该程序目前全面支持市场上流行的各种 CPU(Cyrix 芯片在这个最新的版本中也可以支持了)，占用 CPU 资源极少，与同类的著名软件 CpuIdle 比较，有着小巧玲珑、功能更强的优点。

提示!!

非常遗憾的是，Waterfall Pro 2.99 完全版只适合于 Windows 98/NT 操作系统。

5. 如何使用 CpuIdle Pro 为 CPU 降温

CpuIdle 是最先设计出来的降温软件，在这里以 CPUIdle Pro 6.0.3.49 为例进行讲述。

可在如下地址下载 CpuIdle Pro 6.0.3.49：

http://ruyi.onlinedown.net/soft/3917.htm

该软件的大小为 551KB，界面为英文界面，它适合于 Windows 98/Me /NT/ 2000/XP 操作系统。

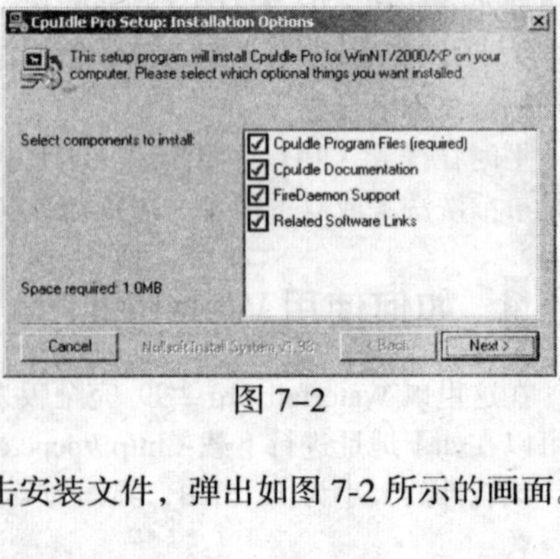

图 7–2

（1）安装

解压下载下来的 WinZIP 压缩文件包，得到一个安装文件，然后双击安装文件，弹出如图 7-2 所示的画面。

单击“Next”按钮，在出现的对话框中单击“是”按钮，然后设置安装路径，如图 7-3 所示。

设置好安装路径后，按“Install”按钮，即可快速完成安装。安装完毕，出现如图 7-4 所示画面，按“Close”按钮，程序提示是否重新启动电脑，选择重新启动电脑，以使安装生效。

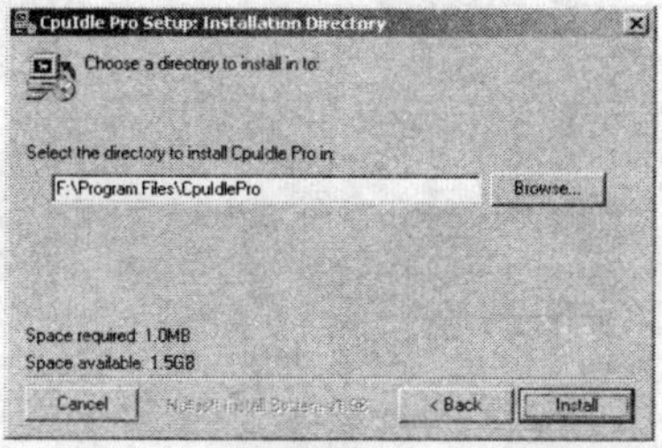

图 7–3

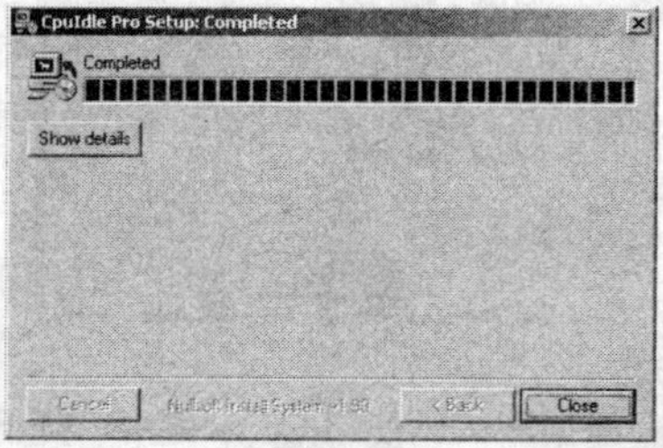

图 7–4

> 提示!! 如果安装完毕，不重新启动电脑而直接运行 CpuIdle 软件的话，将出现如图 7-5 所示的错误提示。

（2）使用

在这里以 Windows XP 为操作环境进行讲述。重新进入 Windows XP 操作系统后，执行“开始”/“程序”/“CpuIdle Pro”/“CpuIdle”，即可运行 CpuIdle。CpuIdle 启动后在任务栏上将出现一个红黄绿相间变化的图标，将鼠标放在小图标上，单击鼠标右键，在弹出的菜单中选择“Option”选项，打开如图 7-6 所示的画面。

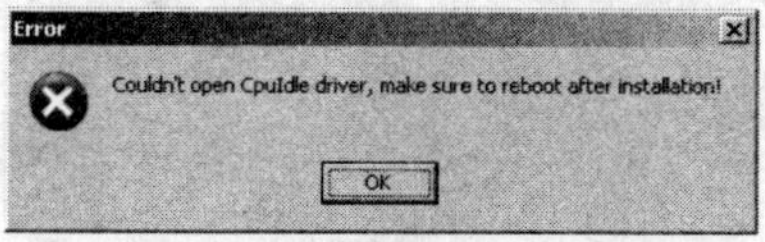

图 7–5

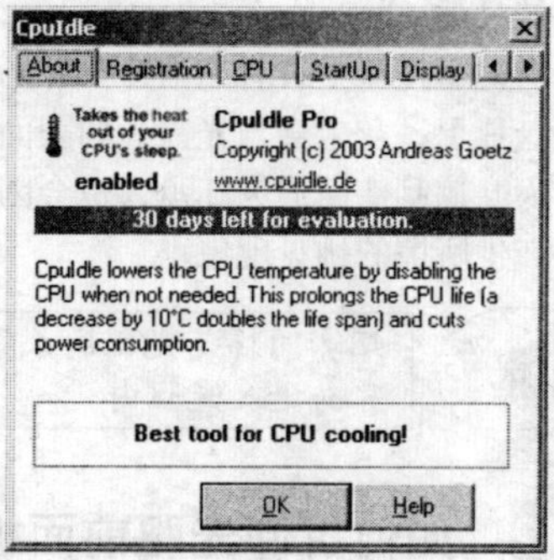

图 7–6

在图 7-6 中，选择 StartUp 项，即可设置每一次启动 CpuIdle 时的选项，如图 7-7 所示，设置完毕按“OK”按钮即可；选择 Display 项，即可设置 CpuIdle 启动后在任务栏的显示方式，如图 7-8 所示。设置完毕按“OK”按钮即可。

图 7–7

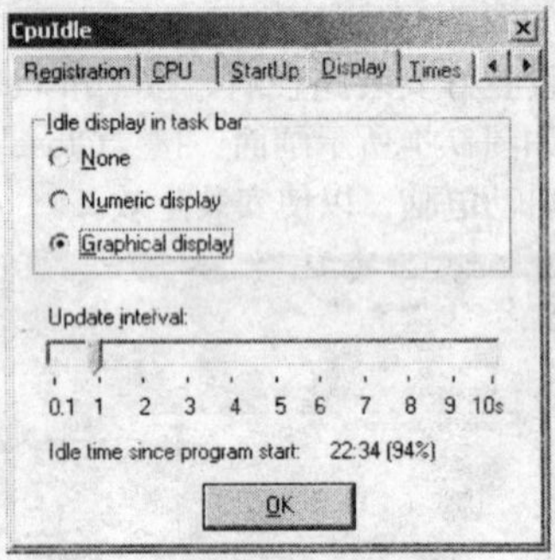

图 7–8

根据测试，使用 CpuIdle 可以降低 5℃~10℃的 CPU 温度。

7-5 光驱的维护

1. 灰尘对光驱有什么危害

在光存储设备中，读写头和马达等都是非常重要的部件，由于他们都非常精密，对周围环境的变化都相当敏感。即便只是环境微小的改变，也有可能使光驱出现故障。以光驱的激光头为例，当激光头蒙上一层薄薄的灰尘时，就会产生遮蔽效应，激光的强度会减弱，读取光盘片的信号也会变弱，从而会影响读盘的品质。

当光驱托盘上载有光盘片并开始工作时，光驱内部附着的灰尘或多或少会落在光盘片上，灰尘会与光盘片的表面摩擦，从而划伤光盘的表面。即使光盘片并不因为摩擦刮伤而成为坏盘，也会因光盘片上的灰尘层阻碍而较难读取到数据，从而产生所谓的挑盘现象。

提示!!

> 烟雾同样是光驱的杀手，与灰层相比，烟雾的颗粒更小，更容易进入光驱内。

2. 如何拆卸光驱前面板

首先切断计算机电源，然后拆开机箱，把光驱从 5.25 英寸驱动器槽中取出，拔去相应的 IDE 数据线以及音频线。找一根牙签或是细铁丝之类的东西，伸入到光驱的应急弹出孔中，把光驱仓门打开，便于下一步的拆卸。

还有一种方法：在计算机电源接通的情况下，让光驱弹开之后再切断计算机电源，不过从机箱里拆卸光驱时就比较麻烦了。光驱的仓门打开之后，在光驱的左右两侧，会发现光驱的前面板是用两个塑料小卡子，卡在了光驱的外壳上。用手按下那个卡子，再用力抠开前面板，这样光驱面板的拆卸就完成了。

3. 如何拆卸光驱外壳

在光驱的外壳四周，左右两边各有两颗螺丝，底部共有四颗螺丝。用螺丝刀一一将其拆除，然后将上下两部分壳体分离。这样就打开了光驱的外壳，光驱的内部结构就基本呈现出来了。需要补充说明的是：有些光驱外壳上的螺丝型号比较特殊，且十字槽比较浅，一般的装机螺丝刀是不行的。在拆卸时，还得注意用力均匀，一不小心就可能造成螺丝滑丝，这种情形可就不好办了。拆去外壳的上半部分后，就会看见一块覆盖在光头组件上的铁板，中间有一圆形物体，它是固定光盘盘片用的，光驱主轴电机开始旋转时就会向上移动，和夹板紧紧地合在一起，固定光盘然后高速旋转。

4. 如何拆卸光驱电路板

在光驱的底部，是一块绿色的 PCB 印刷电路板。上面有光驱的缓存、解码芯片、BIOS 等元件。另外还有一根数据线从 PCB 电路板上引出，线的另一端接在光驱激光头以及仓门控制电路附近，拆卸时一定要注意。电路板一般也是用螺丝固定在光驱底部的铁外壳上。拆掉螺丝后，电路板就分离出来了，不过还有几根白色的数据线连在光头组件之类的设备上。小心地把数据排线拔掉，注意不要折断数据排线（因为光驱内部的数据排线是那种 IDE 硬盘线）。现在 PCB 电路板已彻底地与光头组件分离。清洗 PCB 电路板我们可以用刷子轻轻刷去 PCB 电路板上的灰尘。

5. 如何拆卸光驱电机及激光头

光驱的激光头一般由两部分组成，一部分是激光透镜，一部分是激光头。不过目前有些光驱直接将光头与透镜做到了一起，这样拆卸起来更容易。光驱的电机也分为两种：一种是驱动激光头移动，对光盘进行读操作的主轴电机；一种是驱动光驱仓门进出的伺服电机。有些光驱二者是分离的，有些光驱二者是统一的。电机的拆卸比较方便，卸掉电源线路以及固定螺丝即可卸下。

6. 如何清洗光驱齿轮传动设备

老式一点的光驱，如 24 倍速以下速度的光驱中，很大一部分都是采用皮带传动。由于热胀冷缩，皮带传动比较容易出现故障。光驱仓门进出打滑、卡住等现象，多是由于皮带过于老化。遇到这种情况更换新的皮带即可。而齿轮驱动的光驱则比较容易维护，齿轮出现断齿或磨损严重，也只要换个新的就行了；如果使用的时间较长，可以给齿轮上点润滑油，这样能减少齿轮的磨损，一定程度上可以延长光驱的使用寿命。注意，给齿轮和传动轴加润滑油时，不要沾到光头组件上（最好使用固体润滑油，不使用液体润滑油）。

7. 如何清洗光驱激光头组件

一般光驱出现不读盘，或者读盘不好的现象多半是由激光头灰尘过而多引起的。清洗激光头是整个清洗光驱过程中最麻烦的地方。光头透镜一般就在主轴电机旁边，是一个淡蓝色绿豆大小的东西。这个蓝色激光头透镜固定在弹性物体上，擦拭时不能用力过大，否则会使光头偏移。有条件的朋友在擦拭光头透镜前，可以用放大镜看看光头透镜上的灰尘有多少。少的话，用一根脱脂棉签轻拭几下即可。如果较多的话，可以先用棉签擦拭一遍，再用溶液清洗。关于擦洗光驱的溶液最好使用纯度比较高的无水乙醇，有些人认为乙醇会溶解光头透镜上的涂层。其实光头透镜上的涂层是由氟化镁构成，氟化镁薄膜起的作用是减少折射，增加透明度。而无水乙醇根本不会溶解氟化镁，所以用乙醇清洗激光头透镜会溶解有机涂层的说法，未免有点夸张。关于棉签再谈一点，医用的大棉签上面有太多的纤维，绝对不行。超市中卖的那种比较细小的可以用。如果实在找不到这样的棉签，并且激光头透镜的灰尘又不多，那么大家也可以找一根新香烟，拔下过滤嘴，从中间撕开，去掉外边那圈纸露出过滤丝，对折好，然后就可以用过滤嘴上的过滤丝来擦拭光头透镜了。

8. 如何调节光驱激光头功率

在激光透镜的旁边或下侧，一般会有绿豆大小的电位调节器。它靠加大或减小电阻来改变电流的强弱，从而调节激光头的发射功率。它的外形有点像螺丝帽，因此可以用小起子或是修理钟表的那种小螺丝刀来进行调节。顺时针或逆时针调节，以 5 度为基准进行调整。每调整一次就加电检验一下光驱的读盘效果，直到满意为止。但切记不可调节过度，功率过大将会导致激光头烧毁。

9. 怎样升级光驱 Firmware

光驱的 Firmware 实际上就是光驱的 BIOS。与主板的 BIOS 一样，升级光驱的 Firmware，可以增强光驱的稳定性和兼容性，另外大多数生产厂家也提供专用的工具来升级其光驱的 Firmware。

具体方法与升级主板 BIOS 类似，不同的厂商提供的刷新程序和升级文件可能有所不同，有些可能分别有刷新程序和升级程序，有些合二为一。但是刷新的步骤都是大同小异的，比较简单。

> 提示!!
> 升级光驱的 Firmware 时要特别小心，一旦升级失败，恢复起来比较困难。

7-6 打印机的维护

1. 为何要保证打印机正常的工作环境

针式打印机工作的正常温度范围是 10℃～35℃（温度变化会引起电气参数的较大变动），正常湿度范围是 30%～80%，工作环境应保持相当的清洁度，打印机应远离电磁场源和噪音。

2. 打印机用什么电源好

打印机电源要用 AC220±10%、50Hz 的双相三线制中性电，尤其要保证良好的接地（接地电阻≤4Ω），以防止静电积累和雷击烧坏打印通信口等，并注意插拔信号电缆时，要关掉打印机和主机的电源，避免带电插拔。

3. 针式打印机能使用破旧色带吗

如果发现色带有破损，一定要立即更换新的色带。不要使用破旧色带，否则有可能将打印针挂断。

4. 为什么要定期清洗针式打印机的打印头

打印头是打印机的关键部件，因此使用者要加倍爱护。一般说来，打印头每打印 5 万字或使用 3 个月以上就清洗一次，方法是拆下打印头的固定螺钉，取下打印头，将打印头前端 1～2cm 处在 95%无水酒精中浸泡 5min 后，再用小毛刷清洗针孔，洗净后取出晾干，重新装上即可。注意调整纸厚调节杆，保持打印针与打印胶辊间的适当距离。

5. 为什么要尽量减少打印机空转

许多用户在实际工作中，往往打开主机即开打印机，这既浪费了电力又减少了打印机的寿命，故用户最好在需要打印时再打开打印机。

6. 为什么针式打印机要尽量避免打印蜡纸

因为蜡纸上的石蜡会与打印胶辊上的橡胶发生化学反应，使橡胶膨胀变形。另外石蜡也会进入打印针导孔，易造成断针。同时要注意定期用沾有中性洗涤剂的软布擦洗打印胶辊，以保证胶辊的平滑，延长胶辊和打印头的寿命。

7. 如何提高针式打印机的打印质量

针式打印机使用过久，总会出现这样或那样的问题，最直接的体现就是打印文稿的质量大受影响，可采取如下措施进行改进。

（1）在打印文稿的正文前加一空行。用针打打印出的文稿的第一行文字往往会出现错位扭曲的现象，而且比其他行同样字体的文字在高度上好像矮了一些。其实，这主要是由于驱动字车的皮带松弛，而且打印机在打印第一行文字前，带动卷辊的电机轴和卷辊轴之间有间隙存在，从而使得电机轴转动时，卷辊并没有同步跟着转相同的角度。在旧打印机上，由于卷辊轴的磨损。这种间隙会更大一些，所以更容易出现这些现象。只要在正文前加一空行，就可在打印文字时预先消除这种间隙，从而避免上述问题的发生。当然，也可顺着卷辊转动的方向轻轻地转动卷辊一个小的角度，来预先排除这种间隙。

（2）将打印机的打印方式设置成单向打印。因为单向打印可有效地消除打印头的空位，使打印机的前后两次打印都能精确在同一横向位置上，这样可以有效避免打印的文字出现错位或表格竖线不齐的现象。最好的办法是利用字处理软件提供的单向打印功能。

（3）利用打印机断针免修软件。针式打印机打印头磨损后，其打印效果将大大降低，通常情况下总是中间针号的打印针磨损得厉害一些。因此我们可以先用一些磨损相对较小的针，例如 1～8 号针、17～24 号针进行打印工作，而将其他针置为“断针”状态，这样打印出的字体将非常清晰。一些打印机断针免修软件还可提供“仿激光打印”功能，如能充分利用，打印出的字体将更加漂亮。

（4）换用质量较好的色带。优质色带手感光滑，油墨均匀，不沾手，而劣质色带则手感粗糙，摩擦力大。逆向打印时打印头与色带作相对运动，打印针极易被粗糙的带面别住而使打印头无法正确到位。同时，色带使用时间不宜过长，表面起毛后就不要再使用。

（5）定期清洗打印头和给导杆加仪表油。打印头由于长期使用，使得一些油污沾在打印头出针孔附近，影响打印头的出针，因此应定期地清洗打印头。同时打印头运行导轨也应保持润滑，否则造成打印头运行速度跟不上，造成文字扭曲、对不齐的故障。

（6）调整好打印头和卷辐之间的距离。调整好打印头和卷辊之间的距离非常重要。通常新购置的打印机可按说明书上的要求调整杆位置即可。当打印针磨损后，由于打印针相对短了一些，可将调整杆向前调整一个位置，使打印头和卷辊之间的距离相对较近一些。但应注意打印头和卷辊之间的距离也不可过小，否则由于打印针的击打力过大，将导致打印针磨损过快或打印针断针弯曲的现象，过大也会由于色带挂针而引起断针或挂断色带的现象，通常可以采用新购置的色带作为测试标准，当打印的字迹足够清晰时，以打印头和卷辊之间的距离最大为原则。

8. 硒鼓时要注意些什么

硒鼓在使用时，必须注意如下事项：

（1）避免在高湿、高温、高寒环境下使用和保存。硒鼓在使用前不要撕开封条，否则碳粉一旦受潮会结块，影响打印效果或造成打印色浅。如果硒鼓在高温或高寒的地方存放过久，在使用前要恢复室温一段时间再使用。

（2）尽量避免硒鼓长时间暴露在强光下。硒鼓在未使用时不要撕开胶袋，尤其不要随便打开硒鼓上的感光鼓挡光板，假如连续暴露在强光中的时间超过十分钟，硒鼓会报废。

（3）在更换硒鼓时，最好用吸尘器清洁机内放置硒鼓的地方，用软布清洁纸道上积聚的纸屑和碳粉，外露的电接触片可用棉签蘸酒精擦拭，以保持良好的电接触性。

（4）不要擅自用手转动 OPC 鼓芯，OPC 鼓芯转动时一定要注意方向，假如旋转方向不对，会损坏零件造成打印时漏粉或打印污迹。

（5）选择打印纸张时不要使用折皱、切口不齐或过厚、过硬等的纸质，会影响打印质量及磨损感光鼓。

（6）硒鼓新上打印机前先要以水平方向摇晃 6~8 次，使碳粉疏松并分布均匀，然后再将密封条拉出来，否则可能出现一块一块不均匀。

（7）确保硒鼓远离显示器、硬盘驱动器或任何其他磁性物质。

9. 如何清洗激光打印机

清洗激光打印机之前，应关闭打印机电源，切断与 PC 的连接电缆，等打印机冷却后方可进行。先用不起毛的干净软布擦拭打印机外壳上的浮尘、纸屑，如有油垢，应用无水酒精擦拭。然后取下上盖板、感光鼓和碳粉盒等部件，用软布擦去机器内部的纸屑和灰尘。

对于打印机机械运动部件的油垢可用汽油擦除，但不能让汽油触及塑料部件，以防老化。用汽油擦拭后，还应涂一层硅油，以保证机械部件润湿良好。但时间长了，润滑效果会下降，因此应适当补充硅油。一般在打印 10 000 张或使用半年左右，选用硅油进行清理。

激光打印机的感光鼓、定影鼓在一般情况下不必清洗。在更换碳粉盒或清除夹纸的过程中，不要用手触及感光鼓的表面，对其表面灰尘只能轻轻扫除，如不小心印上手印或油污，应用高级镜头纸蘸无水酒精顺着一个方向擦除。

在打印机的转印辊附近，也可能积累一些碳粉，影响成像质量。可用激光打印机自带的软毛刷，对黑色的转印辊进行清洁。对于静电消除器、送纸导引以及分离爪的清理，仍然可以用软毛刷进行清洁。

清理完毕后，即可重新启动打印机进行自检，如一切正常，再连接打印电缆，使打印机进入正常工状态。

对于激光打印机的维护，可视情况每隔 2~4 个月进行一次，若运动部件污垢不明显时，可与润滑工作配合进行。其实只要细心呵护，激光打印机定能让您感到轻松打印的快捷与便利。

10. 如何提高激光打印机的打印效果

激光打印机在长时间地使用后，其内部的硒鼓很容易产生疲劳现象，从而导致硒鼓表面不容易退电，这样就会在打印纸张上产生很深的底色，从而影响激光打印机的输出效果。可以采取如下措施避免硒鼓的疲劳现象，改善激光打印机的输出效果呢。

（1）一旦发现激光打印机的输出纸张上出现很深的底色时，立即打开激光打印机的外壳，将硒鼓小心从激光打印机中取出来。

（2）细心地拆下硒鼓的外壳，在拆卸的过程中，为防止操作不慎损伤硒鼓的表面，可以找一块软布来将硒鼓的表面包裹住。

（3）将硒鼓的外壳拆下来以后，就立即把硒鼓放置到有阳光的地方，让它接受 1~2h 的光线照射。

（4）使用小螺丝刀在废墨盒端口处来回划动，将废墨盒中的剩余墨粉倒出来。

（5）将从废墨盒中倒出来的墨粉统一收集起来，并再将它倒入墨粉盒中，以再次使用。

（6）用细软的棉布将硒鼓的表面和墨粉盒的表面再清洁干净，然后重新将硒鼓安装好。

（7）安装完毕，再次使用激光打印机进行打印时，就会发现原先底色很深的背景没有了，而且输出效果非常的好。

11. 使用喷墨打印机为何要养成关机的好习惯

喷墨打印机的面板一般都很简洁，通常只设置一两个按钮，有些甚至没有。这些按钮的功能无非是开关电源或启动打印自检步骤（也有部分家用喷墨打印机设置有三个以上按钮，能提供更多的功能）。使用时间一长，许多用户开始偷懒，经常懒得按电源按钮关闭打印机，不是直接拔掉电源插头，就是关断插线板开关。殊不知，这样做往往有害无益，我们在正常关机后机器会自动将打印头复位，同时为墨盒戴上“帽子”，防止墨水蒸发损失。而采用拔电源插头之类的“强行”关机方式，打印头往往来不及复位，顶端也无法盖住墨盒。因此极易造成打印头定位故障，墨水也很容易挥发损失，变黏稠的墨水还可能堵塞打印喷嘴。其结果必然是墨盒寿命减短，打印机出故障的机会更多。所以，我们一定要养成正确的关机习惯。

12. 喷墨打印机为何不用劣质打印纸

许多时候出于成本考虑，在打印时一般都不会选用价格昂贵的专用喷墨打印纸，通常使用复印纸来代替。这样做未尝不可，但一定要选用质量过关的复印纸，纸质应致密，光洁度要高，不要带有太多的纸粉。其中，劣质复印纸因其纸质疏松、表面粗糙，会对打印头磨损严重，从而减少了打印机的使用寿命。

13. 如何存放墨盒

在喷墨打印机中，墨盒应算是其中最主要的耗材了，我们要想降低打印成本，必然要打墨盒的主意。由于大部分的用户平常不经常使用打印机，并且一次打印的量也不多，因此家用打印机总是使用一阵子，然后又闲置一阵子。我们如何有效保存已开封的墨盒呢？是随随便便找个地方就放，还是给墨盒找个安稳的“家”。两种做法，其效果却相差很大。在这里，笔者告诉各位一个存放墨盒的小窍门，我们在拆开新墨盒的外包装时，请小心地拆开塑料封盖，保持墨盒外包装的完整（这里的外包装，指的是与墨盒“贴身”的硬塑料护壳，可不是最外层的纸盒子）。这样，等到墨盒暂时不用时，我们就把它放回塑料盒中，并将已掀开的塑料封盖用双面胶带紧密黏合，以确保墨盒与外界隔绝。笔者采用此方式，曾成功地将一只开封后的墨盒安然保存了一年之久。如果瞧不上这些土办法，那么我们也有更好的安全存放的方法。不过，这就需要我们稍稍“破费”了。例如笔者所用的佳能打印机墨盒，在市场上就有专门的墨盒存放匣，方便我们存取墨盒。

14. 为喷墨打印机注墨之前应知道哪些事情

墨盒里的墨水用完后，很多用户都会再买瓶新墨水把它重注入墨盒中，再接着使用。但在注墨前，我们应首先清楚几个细节：假如我用的是打印头一体化墨盒，那么不注白不注，反正墨盒也没什么用了，与其扔掉，倒不如再废物利用，就算打印效果不理想，一般也不会对打印机有什么损害；假如用的是打印头与墨盒分体的打印机，那么在重注墨水时，我们最好选择原厂的墨水，因为选用兼容墨水，打印机厂家通常都会取消用户的保修资格，要是不慎弄坏了打印头，就真是因小失大了。

15. 为什么不要频繁清洗喷墨打印机的打印头

有些型号的喷墨打印机会在驱动软件里提供清洗打印头的选项，可以实现定期清洗、手工清洗或打印前清洗等等操作。虽然清洗打印头之后，打印效果能得到改善，但清洗打印头却是相当费墨。我的体会是只要注意保养，并养成正确的使用习惯，打印头并不需要经常清洗。我们完全可以将清洗打印头选项设成手工清洗，待发现打印质量下降时再手工执行清洗操作，这样会节约宝贵的墨水。

16. 适宜的环境对于喷墨打印机有什么好处

喷墨打印机如果一段时间不使用，则残留在喷嘴中的墨水就会干涸，从而造成喷嘴堵塞，这种现象在温度较高、湿度较低、灰尘较多的环境里尤为常见。喷嘴堵塞后通常采用打印机随带工具软件进行清洗，而清洗喷嘴是一项非常浪费墨水的操作，所以保持适宜的使用环境就等于节约了墨水。

17. 集中定时打印能节约喷墨打印机的墨水吗

喷墨打印机每次打印之后，总会在喷嘴中留下少许墨水，这些墨水会很快干涸。正因为如此，喷墨打印机在每次开机自检时都需要进行充墨，即从墨盒输送到喷嘴中，打印后这里的墨水又会被白白浪费。所以要把平时零散的打印任务集中到一起进行，便可以有效地节约墨水。但是，任务过于集中可能会使打印机存在长时间的间隔，这样又容易发生喷嘴堵塞，所以要有意识地进行定时打印，并且每次打印时，墨水从喷嘴中冲出的同时也进行了清洗，既达到了目的又不会浪费墨水。

提示!! 如果是原装墨水，一般只需一个月使用一次；如果是灌装墨水，缩短时间间隔多打几次也无妨。

7-7　扫描仪的维护

1. 如何进行扫描仪的日常维护

有人形象地将扫描仪比喻为计算机的“眼睛”，然而我们怎样才能更好地保护“眼睛”呢?

（1）保护好光学部件。扫描仪在扫描图像的过程中，通过一个叫光电转换器的部件把模拟信号转换成数字信号，然后再送到计算机中的。这个光电转换设置非常精致，光学镜头或者反射镜头的位置对扫描的质量有很大的影响。因此我们在工作的过程中，不要随便地改动这些光学装置的位置，同时要尽量避免对扫描仪的震动或者倾斜。遇到扫描仪出现故障时，不要擅自拆修，一定要送到厂家或者指定的维修站去；另外大部分扫描仪，如 Acer 的绿旋风 1200（5100U），都带有安全锁，在运送扫描仪时，一定要把扫描仪背面的安全锁锁上，以避免改变光学配件的位置。

（2）定期做保洁工作。扫描仪可以说是一种比较精致的设备，我们平时一定要认真做好保洁工作。扫描仪中的玻璃平板以及反光镜片、镜头，如果落上灰尘或者其他一些杂质，会使扫描仪的反射光线变弱，从而影响图片的扫描质量。为此，我们一定要在无尘或者灰尘尽量少的环境下使用扫描仪，用完以后，一定要用防尘罩把扫描仪遮盖起来，以防止更多的灰尘来侵袭。当长时间不使用时，我们还要定期地对其进行清洁。

2. 如何放置扫描对象

在实际使用图像的过程中，有时希望能够获得倾斜效果的图像，有很多设计者往往都是通过扫描仪把图像输入到电脑中，然后使用专业的图像软件来进行旋转，以使图像达到旋转效果，但这种过程是很浪费时间的，根据旋转的角度大小，图像的质量会下降。如果事先就知道图像在页面上是如何放置的，那么使用量角器和原稿底边在滚筒和平台上放置原稿成精确的角度，会得到最高质量的图像，而不必在图像处理软件中再作旋转。

3. 如何扫描方式

使用扫描仪可以扫描图像、文字以及照片等，不同的扫描对象有其不同的扫描方式。打开扫描仪的驱动界面，会发现程序提供了三种扫描选项，其中“黑白”方式适用于白纸黑字的原稿或 OCR 识别；“灰度”则适用于既有图片又有文字的图文混排稿样，扫描该类型兼顾文字和具有多个灰度等级的图片；“照片”适用于扫描彩色照片，它要对红绿蓝三个通道进行多等级的采样和存储。

在扫描之前，一定要先根据被扫描的对象，选择一种合适的扫描方式，才有可能获得较高的扫描效果。

7-8 鼠标与键盘的维护

1. 需要定期对键盘进行清洁工作吗

由于键盘与空气的接触面积较大，因此在使用键盘的过程中，键盘不可避免地要受到空气灰尘的侵袭，如果键盘内积累的灰尘太多的话，将直接影响键盘内电路的正常工作，有时甚至会造成误操作。因此，如果要保证键盘有一定的灵敏度，就必须定期对键盘进行清洁工作。键盘的清洁主要就是定期清洁表面的污垢，一般清洁可以用柔软干净的湿布擦拭键盘，对于顽固的污渍可以用中性的清洁剂或者少量洗衣粉尝试去除，最后还要用湿布再擦洗一遍。对于缝隙内的污垢可以用棉签清洁，注意所有的清洁工作都不要用医用消毒酒精，以免对塑料部件产生不良影响。清洁过程请在关机状态下进行，所使用的湿布不宜过湿，以免滴水进入键盘内部。电容式键盘的很多故障是由于电容间不洁净所致，某些键位出现反应迟钝的现象，需要打开键盘进行内部除尘处理。对于机械键盘的有些按键故障，一般是键帽下弹性部件的问题，在没有备件的情况下可以用一些不太常用的按键替换一下。

2. 敲击键盘时是否需要注意力度问题

键盘有电容耦合式的无触点开关按键，也有采用触点开关按键的，无论哪种，操作时都不要用力击打键盘，以免损坏。正确的击键方式是弹击或点击，且按键时间不宜过长。

3. 水对键盘会造成伤害吗

由于电脑是一种电子产品，而电子产品从来就是和水“不相往来”的，作为电脑的一个部位，键盘同样也是对水“敬而远之”的，因为一旦有液体流进，则会使键盘受到损害，造成接触不良、腐蚀电路和短路等故障。

如果不小心把水倒在了键盘上，那么要立即做如下处理：

（1）立即拔下键盘。

（2）用鼠标关机。

（3）把键盘翻过去，尽量将液体排出来。

（4）使用吹风机或风扇对着键盘表面吹，注意一定要把吹风机设成冷风——不要烤键盘，只是将其弄干。

（5）让键盘放置 12h，最好在阳光下晒干。

（6）重新接好电源并启动机器。

4. 是否能带电插拔键盘

带点插拔键盘轻则造成你正在使用的文件遭到破坏，重则烧坏机器，引起惨重的损失。

5. 能用无水酒精清洗键盘么

可以用无水酒精清洗键盘。在清洗键钮下方的灰尘时，不一定非要把键盘全部拆卸下来，可以用普通的注射针筒抽取无水酒精，对准不良键位接缝处注射，并不断按键以加强清洗效果。此法简单实用，对分布在键盘外围的按键尤其实用。

6. 罩子能保护键盘吗

空气中灰尘含量对电脑影响也较大，灰尘太大，天长日久就会腐蚀各配件的电路板。如果显示器或机箱表面出现了水汽，会引起电脑机箱内部打火。不使用电脑时，用罩子罩住键盘，这样就避免防灰进入机箱内部，防止水汽出现在显示器、机箱、键盘等硬部件上，避免电脑受灰尘、水汽的侵蚀。

7. 使用鼠标应该注意哪些问题

鼠标的价格便宜，一旦出了毛病，很多人会再买一个。其实鼠标的维护并不难，只要在使用时能注意一下，即使有了问题也不妨自己动手修修，即省钱又练手。

（1）机械式鼠标。使用了一段时间后，橡胶球带入的黏性灰尘附着在传动轴上，会造成传动轴传动不均甚至被卡住，导致灵敏度降低，控制起来不会像刚买时那样方便灵活。只需要将鼠标翻过来，摘下塑料圆盖，取出橡胶球，用沾有无水酒精的棉球清洗一下然后晾干，再重新装好，就基本恢复正常了。

（2）光电机械式鼠标。发光二极管、光敏三极管都是较为单薄的元件，比较怕剧烈晃动和振动，在使用时一定要注意尽量避免摔碰鼠标，或是强力拉扯导线。点击鼠标按键时也不要用力过度，以免损坏弹性开关。最好给鼠标配备一个好的鼠标垫，既大大减少了污垢通过橡胶球进入鼠标的机会，又增加了橡胶球与鼠标垫之间的摩擦力，操作起来更加得心应手，还起到了一定的减振作用，以保护光电检测器件。

（3）光电式鼠标。使用光电鼠标时，要特别注意保持鼠标板的清洁以保持感光状态良好，避免污垢附着在发光二极管或光敏三极管上，遮挡光线的接收。在任何紧急情况下，都要注意千万不要对鼠标进行热插拔（USB 口除外）。这样做极易把鼠标和接口烧坏。此外，鼠标能够灵活操作的一个条件是鼠标具有一定的悬垂度。长期使用后，随着鼠标底座四角上的小垫层被磨低，导致鼠标球悬垂度随之降低，鼠标的灵活性会有所下降。这时将鼠标底座四角垫高一些，通常就能解决问题。垫高的材料可以用办公常用的透明胶纸等，一层不行可以垫两层或更多，直到感觉鼠标已经完全恢复了灵活性为止。

7-9 利用 BIOS 优化你的电脑

1. 如何实现键盘开机

（1）启动电脑，然后按 Del 键进入 BIOS 设置主界面。

（2）选择 Integrated Peripherals 设置项，按 Enter 键进入。

（3）将光标移到 POWER On Function 选项上，再按 Enter 键便会弹出 POWER On Function 选项菜单。

（4）移动方向键到 Password 上，然后按 Enter 键，返回上一级菜单，将光标移到 Power ON Password 选项上，按 Enter 键，然后输入密码即可。

2. 如何实现自动开机

自动开机功能可以使电脑按照预定的时间自动启动，方法如下：

（1）启动电脑，然后按 Del 键进入 BIOS 设置主界面。

（2）选择 Power Management Setup 设置项，按 Enter 键进入。

（3）找到 Power On By Alarm（定时开机），你会发现它是关闭的。现在将光标移到该项上，将 Disabled 改为 Enabled，此时就会发现 Power On By Alarm 选项下原本是灰色的日期与时间设置可以更改了。接下来我们只要将光标移到 Date (of Month) Alarm 上，通过 Page Down 键设置日期，然后再将光标移到 Time (hh:mm:ss) Alarm 上，按照需要将时间设置好（格式是小时：分钟：秒钟）。

保存设置后，只要 BIOS 的时钟跳到设置的时间时，电脑将自动开机。

提示!!

自动开机有周期性。不同的主板，它的周期性是不一样的。有的主板每月只能设置一次，也就是每月的某日几时几分几秒开机。而有的主板可以设置一个周期，如“每天的这个时间”都开机，这样就比较方便了。要了解具体的周期，大家最好认真研读主板说明。

3. 如何实现 MODEM 遥控开机

（1）启动电脑，然后按 Del 键进入 BIOS 设置主界面。

（2）选择 Power Management Setup 设置项，按 Enter 键进入。

（3）将光标移到 Power ON By Bing/LAN 选项上，将原来默认的 Disabled 改为 Enabled 即可。

提示!!

内置 MODEM 实现遥控开机时，将电话插入 MODEM 的线路输入端即可；如果是外置的 MODEM，先要根据 MODEM 所连接的串行端口设置不同的中断号（一般情况下，COM1 口使用的是 IRQ4，COM2 口使用的是 IRQ3），接下来插好电话线。当然还要打开 MODEM 的电源。

4. 如何实现鼠标开机

许多有实力的主板厂商，譬如华硕、微星等，其 BIOS 中提供了更为丰富的开机功能，不仅有密码开机、键盘开机和按钮开机（即仅使用机箱面板上的 Power 按钮开机），而且还为我们提供了鼠标开机功能。

方法如下：

（1）启动电脑，然后按 Del 键进入 BIOS 设置主界面。

（2）选择 Integrated Peripherals 设置项，按 Enter 键进入。

（3）将光标移到 Keyboard Power On Function 选项上，选择 Enabled。然后再从 Power On Function 中选择喜欢的开机方式（鼠标左键开机、热键开机、密码开机等）。

选择 Mouse Left（鼠标左键）开机之后，按 Esc 键退回到 BIOS 主菜单，进行保存并退出。这样，我们就可以用鼠标左键来开机了。

提示!!

由于每块主板键盘开机功能的设置方法不尽相同，因此，大家在设置时，可参照本机主板说明书。另外，假如你已经正确完成了所有的设置，却无法用键盘开机时，可另换其他品牌的键盘试试，因为键盘与主板之间的搭配关系很重要。还要注意的是，PS/2 键盘的开机成功率远高于 USB 键盘，如果采用的是 USB 键盘，却无法开机，可以换一个 PS/2 键盘试试。

5. 如何在 BIOS 中超频 CPU

一般情况下，通过提升 CPU 的外频或倍频（也就是我们常说的超频）可以使自己的 CPU 发挥最高的价值。

（1）启动电脑，然后按 Del 键进入 BIOS 设置主界面。

（2）选择 Frequency/Voltage Control 项，然后按 Enter 键进入。

（3）其中有 Host CPU/DIMM/PCI Clock 与 CPU Clock Ratio 这两个选择项，前者是设置 CPU 外频，后者是为 CPU 倍频的。如果想更改外频，只要将光标移动到 Host CPU/DIMM/PCI Clock 选项，然后用 Page Up 键或 Page Down 键进行更改，一般情况下，它的数值可以从 100MHz 调到 133MHz（各主板具体情况不同，请看主板说明书）。

6. 如何在 BIOS 中超频内存

在 BIOS 中有许多关于内存的参数，我们可以按以下步骤对这些参数进行优化，从而超频内存，提高系统的性能。

（1）启动电脑，然后按 Del 键进入 BIOS 设置主界面。

（2）选择 Advanced Chipset Features 选项，然后按 Enter 键进入。

①SDRAM CAS Latency Time（内存 CAS 延迟时间）：该参数对于 SDRAM 内存而言，CAS 信号延迟时间的长短对内存性能有很大影响。一般情况下它有 AUTO/3/2 三个选择项。普通的兼容内存一般只能在 CL=3（CAS 信号延迟时间为 3 个时钟周期）的模式下工作。不过，如果你的内存品质比较好（特别是 Kingmax 等名牌大厂的产品），则可以在 CL=2（CAS 信号延迟时间为两个时钟周期）下正常工作，性能也会有大幅的提高。

②SDRAM Cycle time Tras/Trc（内存 Tras/Trc 时钟周期）：该参数用于确定 SDRAM 内存行激活时间和行周期时间的时钟周期数。激活时间与周期数越少内存的读取就越快。所以我们可将该选项设置得小一些，如果内存的品质比较好的话，可以设为 5/7，这时内存的速度就比较快了。

提示!! 在内存能承受的情况下，如果想得到比较高的内存性能，可以适当地将有关内存的工作频率及相关参数设置得高一些。

7. 如何打开 CPU 的内部高速缓存

打开 CPU 的内部高速缓存，可以减少 CPU 在存储器读/写周期中的等待时间。方法如下：

（1）启动电脑，然后按 Del 键进入 BIOS 设置主界面。

（2）选择 Advanced BIOS Features 设置项，按 Enter 键进入。

（3）将 CPU Internal Cache 设置为 Enabled 即可。

8. 如何打开 CPU 的二级高速缓存

打开 CPU 的高速缓存，即二级高速缓存可以补偿一级高速缓存容量小而造成的速度降低，大大提高了系统运行速度。方法如下：

（1）启动电脑，然后按 Del 键进入 BIOS 设置主界面。

（2）选择 Advanced BIOS Features 设置项，按 Enter 键进入。

（3）将 External Cache 设置为 Enabled 即可。

9. 如何提高输入速度

在 BIOS 中可以设置是否使用人工设置来控制输入速度，如果想加快文字处理效率，可以调节输入速度和输入延迟。方法如下：

（1）启动电脑，然后按 Del 键进入 BIOS 设置主界面。

（2）选择 Advanced BIOS Features 设置项，按 Enter 键进入。

（3）将 Typematic Rate Setting 设置为 Enabled，即可开启人工输入状态。

（4）在 Typematic Rate (Chars/Sec)处我们可以输入速度，速度单位是字符/秒，主要有 8、10、12、15、20、24、30 等选项，它表示在一秒之内连续输入的字符数，当然数值越大速度越快。

（5）接下来设置 Typematic Rate Delay (Msec)选择项，它表示输入延迟，单位为毫秒，选项有 250、500、750、1000 等，即每一次输入字符延迟的时间，数值越小速度越快。

10. 如何打开视频 BIOS 遮罩

Video BIOS Shadow（视频 BIOS 遮罩）功能将把显卡的基本 BIOS 功能存储到内存里，使它在任何时候都能被方便地调用，从而使 CPU 能以更高的速度读取这些功能。打开该功能将在很大程度上提高系统的性能。

（1）启动电脑，然后按 Del 键进入 BIOS 设置主界面。

（2）选择 Advanced BIOS Features 设置项，按 Enter 键进入。

（3）将 Video BIOS Shadow 设置为 Enabled，即可打开视频 BIOS 遮罩。

> 提示!! 当然，如果你的显卡操作手册要求关闭该功能，那你就应该关闭它。

11. 如何打开系统 BIOS 缓存

System BIOS Cacheable（系统 BIOS 缓存），也叫 System BIOS Shadow（系统 BIOS 遮罩），该功能将你的主要 BIOS 代码复制到随机访问内存（RAM）中，如果打开该功能，系统的性能可以得到很大的提高。方法如下：

（1）启动电脑，然后按 Del 键进入 BIOS 设置主界面。

（2）选择 Advanced Chipset Features 设置项，按 Enter 键进入。

（3）将 System BIOS Cacheable 设置为 Enabled，即可打开系统 BIOS 缓存。

> 提示!! 该功能会引起与一些特定显卡或内存的冲突。最好将两种设置都试一遍，选择最适合自己的设置。如果在打开该功能的时候没有出现任何问题，那就应该打开它，因为它肯定可以增强系统的性能。

12. 如何打开视频 BIOS 缓存

Video BIOS Cacheable（视频 BIOS 缓存）选项同上面的一样，不过唯一的区别就是它与显卡的 BIOS 有关，而不与 BIOS 有关。方法如下：

（1）启动电脑，然后按 Del 键进入 BIOS 设置主界面。

（2）选择 Advanced Chipset Features 设置项，按 Enter 键进入。

（3）将 Video BIOS Cacheable 设置为 Enabled，即可打开系统 BIOS 缓存。

13. 如何设置显示内存的大小

板载显卡虽然廉价，但性能、速度确实让人不敢恭维。那你一定为自己的显卡速率而担忧。其实可以通过下面的操作优化显示速度。

（1）启动电脑，然后按 Del 键进入 BIOS 设置主界面。

（2）选择 Advanced Chipset Features 设置项，按 Enter 键进入。

（3）将 On-chip Video Window Size 的显示内存大小设置一下，即可以大大提高显卡的数据传输速率。

（4）如果你使用的是支持 AGP 4X 模式的显卡，那一定要在 BIOS 将 AGP 4X 模式打开。方法是在 Advanced Chipset Features 选项中，将 AGP Device 4X（AGP 4X 模式）设置为 Enabled。

提示!! 如果你使用的 AGP 显卡不支持 AGP 4X，则一定要将 AGP Device 4X 设置为 Disabled，否则将适得其反。

14. 如何打开显卡 RAM 缓存

Video RAM Cacheable（显卡 RAM 缓存）功能将使 CPU 从显卡的 RAM 中读取缓存数据。打开该功能通常能改进系统的性能。

方法如下：

（1）启动电脑，然后按 Del 键进入 BIOS 设置主界面。

（2）选择 Advanced Chipset Features 设置项，按 Enter 键进入。

（3）将 Video RAM Cacheable 设置为 Enabled，即可打开显卡 RAM 缓存。

15. 如何选择 IDE 第一接口

对于主板上的第一个 IDE 控制器，我们可以自由选择激活与禁止。

（1）启动电脑，然后按 Del 键进入 BIOS 设置主界面。

（2）选择 Integrated Peripherals 设置项，按 Enter 键进入。

（3）将光标移到 Onboard IDE-1 Controller 上，选择 Enabled 则激活 IDE 第一接口；选择 Disabled 则表示禁止第一个 IDE 接口，使用 SCSI 设备。

16. 如何调节硬盘的 PIO

当主板上 IDE 第一/二接口控制器被激活，我们可以调节硬盘的 PIO（Programmed Input/Output，可编程输入输出）模式。

方法如下：

（1）启动电脑，然后按 Del 键进入 BIOS 设置主界面。

（2）选择 Integrated Peripherals 设置项，按 Enter 键进入。

（3）将光标移到 Master/Slave Drive PIO Mode（主/副驱动器 PIO 模式），这里有 0, 1, 2, 3, 4,Auto（自动）5 个选项，它们的数值如表 7-1 所示。

表 7-1

PIO 数据传输	吞吐量（MB/s）
PIO Mode	0，3.3
PIO Mode	1，5.2
PIO Mode	2，8.3
PIO Mode	3，11.1
PIO Mode	4，16.6

可以根据自己的需要自由设置。数值越高，速度越快，超频时采用低速度模式能够增加系统稳定性，提高超频成功率。

17. 如何关闭并行口

与 U 盘一样，现在的 USB 接口设备越来越多，并行口的产品也会成为过去。如果不再使用并行口设备，最好将其关闭，这样可以节省一个 IRQ。方法如下：

（1）启动电脑，然后按 Del 键进入 BIOS 设置主界面。

（2）选择 Integrated Peripherals 设置项，按 Enter 键进入。

（3）将光标移到 Onboard Parallel Port（主板上并行口），它有四个参数可供选择，即 3BCh/IRQ7, 278h/IRQ5，378h/IRQ7 和 Disabled，如果选择 Disabled 便关闭了并行口。当然，如果有并行口设备，那就不要进行修改了。

18. 如何选择并行口模式

如果关闭了并行口，那就不谈并行口模式，如果还在使用并行口设备，那就看一看如何选择并行口模式吧。

（1）启动电脑，然后按 Del 键进入 BIOS 设置主界面。

（2）选择 Integrated Peripherals 设置项，按 Enter 键进入。

（3）将光标移到 Parallel Port Mode（并行口模式），该选项有四个参数，即 ECP, EPP, ECP+EPP, Normal SPP。Normal SPP（Standard Parallel Port，标准并行口）模式能够兼容所有并行设备，速度最慢。ECP（Extended Capabilities Port，延长能力端口）使用 DMA 协议发送数据并能提供对称双向通信，速度为 2.5Mb/s。在 FIFO（First Input First Output，先入先出队列）的帮助下，ECP 对扫描仪和打印机等大数据量设备十分有利。EPP（Enhanced Parallel Port，增强型并行接口）使用现有并行口提供不对称双向通信，较适合并行口驱动器。其实 BIOS 还同时支持 ECP+EPP 模式，如果你没有其中一项设备，则会浪费一个 IRQ。所以，按外围设备说明书设置适合的模式（ECP 或 EPP），能够提高总体速度。

19. 如何选择新标准的 EPP 模式

EPP 模式有两个标准，即 EPP 1.7 和 EPP 1.9，如果不是遇到兼容性问题，尽量选择新标准。

方法如下：

（1）启动电脑，然后按 Del 键进入 BIOS 设置主界面。

（2）选择 Integrated Peripherals 设置项，按 Enter 键进入。

（3）将光标移到 EPP Mode Select（EPP 模式选择），从中选择 EPP 1.9 试一试，如果没有兼容性问题，那就可以了。

7-10　显卡与显示器的维护

1. 如何维护 CRT 显示器

维护 CRT 显示器，要做到如下事项：

（1）尽量避免磁场干扰。如 CRT 附近有磁性物质，会使显示器局部变色，严重时可能会给显示器造成永久的损害。

（2）让显示器远离潮湿环境。显示器要做好防潮防湿工作，特别在梅雨季节，即使不使用显示器，也要定期接通电脑的电源，让电脑运行一段时间，以便加热元器件驱散潮气。否则，显示器会因此而产生各种故障。

（3）保持显示器内部清洁。灰尘是无孔不入的，当显示器内积聚的灰尘太多后，会使电路产生故障。所以除保持环境的清洁以外，建议购买或做一个专用的防尘罩，每次用完后用防尘罩罩上。

（4）正确调节显示器。显示器上都有显示调节按钮，可以根据自己的需要或者实际环境来进行调节。在使用这些调节按钮时，一定要缓慢稳妥，不可猛转硬转，以防损坏旋钮。

（5）正确插拔显示器的电源线和信号电缆。插拔显示器不当可能会烧坏显示器甚至主板。为此，在移动显示器时，不要忘记将电源线和信号电缆线拔掉。插拔电源线和信号电缆时，应先关机和关闭电源，以免损坏接口电路的元器件。插拔时不要让线缆拉得过长，这样可能会让显示器的亮度减小，且射线不能聚焦。插拔时动作一定要轻，如果不小心将插头的某个引脚弄弯或者折断，可能会导致显示器轻则不能显示颜色或者偏向一种颜色，重则不能显示内容，还有可能导致屏幕向下翻滚。

（6）不要随意拆卸显示器。在显示器的内部会产生高电压，关机很长时间后依然可能带有高达 1000V 的电压，对于 36V 安全电压而言，绝对是个危险值，它对人体造成的伤害可想而知。所以，非专业人员不要拆卸、打开显示器机壳。即使没有发生对人体的危害，可对显示器而言，造成暂时或永久的“丧失工作能力”也是有可能存在的。

2. 如何维护 LCD 显示器

维护 LCD 显示器，要做到如下事项：

（1）不要让 LCD 显示器长时间持续工作。CRT 会因为长期工作而烧坏，LCD 也是如此。所以要注意，在不用的时候，一定要关闭显示器，或者降低显示亮度，否则时间长了，会导致内部烧坏或者老化。这种损坏一旦发生就是永久性的，无法挽回。另外，如果长时间地连续显示一种固定的内容，就有可能导致某些 LCD 像素过热，进而造成内部烧坏。

（2）正确清洁 LCD 显示器。如果发现显示屏表面有污迹，可用沾有少许水的软布轻轻将其抹去，不要将水直接洒到显示屏表面，水进入 LCD 会导致屏幕短路。

（3）避免让 LCD 显示器遭受意外冲击。LCD 屏幕十分脆弱，所以要避免强烈的冲击和振动。LCD 中含有很多灵敏的电气元件，掉落在地板上或者其他类似的强烈打击会导致屏蔽或其他单元的损坏。还要注意，不要对 LCD 表面施加压力。

（4）不要随意拆卸 LCD 显示器。不要拆卸 LCD。即使在关闭了很长时间以后，背景照明组件中的 CFL 换流器依旧可能带有大约 1000V 的高压，这种高压能够导致严重的人身伤害。此外，未经许可的维修和变更会导致显示屏暂时甚至永久不能工作。

3. 如何更改 BIOS 设定达到安全超频

在 BIOS 设置中有几个选项能大幅提高显卡性能。大多数设置默认情况都是被禁止或是设置过低。这是因为那些设置可能造成系统的不稳定。一些 BIOS 可能对这些设置有不同的命名方法，查阅主板用户手册即可了解到相关设置说明。如果你使用 NVMax 进行超频，这些设置就会随 NVMax 的运用而自动改变，所以就没有必要再进行更改了。

（1）更改 AGP 模式（1x，2x，4x)。这个选项用来确定 AGP 插槽的运行速率。AGP 4x 速度最快，比 PCI 快很多。因此想让显卡性能提高，最好选择 AGP 4x。并非所有显卡和主板都支持 AGP 4x，也有部分显卡以 AGP 4x 运行不稳定。如果你发现选择 AGP 4x 后系统死机，请选用速度较低的选项。

（2）更改 AGP 快写。如果显卡可以选择在这个选项下运行，它的性能就会稍有点提高。AGP 快写允许信息流直接进入到显卡核心，这就或多或少地提高了信息的传输速度。

（3）更改AGP边带寻址。允许边带寻址后，显卡可以处理更多的AGP请求而不降低主要的地址/数据传输速度。这些设置是否可以提高性能依赖显卡的支持，某些设置可能导致系统的不稳定，特别是系统外频超频后。

（4）更改AGP显存容量。这个设置可以规定显卡能借用多少系统内存。一般来说，在系统内存少于256MB时，这个设置就设为系统内存的一半；如果系统内存超过了256MB，这些设置就设为系统内存的三分之一或四分之一，你也可以作不同尝试看到底多大容量才适合自己。

4. 如何设置显示器的分辨率和刷新频率

显示器充分发挥好的显示效果与显示卡配合是分不开的，要改变系统的分辨率和色彩数必须安装显卡的驱动程序。单击鼠标右键，选择“显示属性”/“设置”/“高级”选项，在打开的窗口中选择“适配器”/“更改”，根据安装向导提示，确定驱动程序所在路径，然后系统将自动安装显示卡的驱动程序。现在我们就可以设置显示器的分辨率和刷新频率了。

（1）打开“显示属性”的“设置”窗口，打开“色彩”项的下拉列表，选择需要的显示色彩位数，正常情况建议选择“增强16位色”，选择过高的色彩位数，可能由于色彩位过高会使某些程序运行过慢。移动“屏幕区域”项的滑块可改变显示分辨率，建议15in显示器设定为800×600像素，17in显示器设定为1 024×768像素。

（2）单击“设置”窗口下的“高级”选项，在出现的“属性”窗口的“刷新速度”项的下拉列表中即可选择显示的刷新频率，而刷新频率越高，屏幕的闪烁越小。现有的15in和17in显示器多支持85Hz的刷新频率。

（3）某些型号较早的14in或15in显示器通常只提供60Hz的刷新频率，可通过下面的方法实现高刷新频率。单击“控制面板”中的“添加新硬件”项，从窗口中列表中选择“监视器”，在出现的厂商与型号选择窗口中选择合理的分辨率和刷新频率。然后再重复第二步的操作，即可支持更高的分辨率和刷新频率。

（4）显示器的色彩数、分辨率和刷新频率不仅和本身的性能指标有关，还和显示卡的性能参数有关，如果在尝试调整高分辨率或刷新频率出现了黑屏或显示器无法支持，可不必按任何键，15秒后系统将自动恢复原来的参数设置。如果系统已确定了显示模式，可进入“安全模式”将有关参数改回即可。所以不能盲目地高调分辨率和刷新频率，以免引起不必要的麻烦，甚至导致显示器的损坏。

> **提示!!**
> 不要用此方法强制 14in 的彩显运行在 1024×768 的分辨率下，因为对于 14in 的普遍 SVGA 彩显来说，800×600 的分辨率是最佳的显示模式，更高的 1024×768 的分辨率并非理想，毕竟 14in 的屏幕所拥有的像素有限，过高的分辨率使它力不从心，会带来一些弊病，例如显示清晰度下降，不能设为 64K 的高色彩，系统连度变慢，软解压播放 VCD 的帧数下降等。更严重的是，有的 14in 的显示器不能工作在过高的行屏状态下，否则会使显示器的工作电路老化，甚至很快报废。

7-11 优化 Windows XP

1. 如何关闭系统还原功能

“系统还原”功能是 Windows 系列操作系统的一个重要特色，这一功能最初仅限于：当 Windows 运行出现问题后，还原操作系统。到 Windows XP 进了一步，除了还原操作系统，还可以还原私人数据，如 Word 文档、绘图资料、E-mail 甚至是浏览器的历史资料等等。“系统还原”虽然对经常犯错误的用户有用，但是它会让你的硬盘处于高度繁忙的状态，你会发现你的硬盘总是忙个不停，因为 Windows XP 要记录操作，以便日后还原。如果你已是一名电脑的熟练操作手，那么就不要使用它，因为它须占用过多的内存。

方法如下：

（1）右键单击“我的电脑”，选择“属性”。

（2）在弹出的“系统属性”对话框中单击“系统还原”标签选项卡。

（3）选择“在所有驱动器上关闭系统还原”选项。

（4）单击“确定”按钮，结束本次操作。

2. 如何通过优化驱动程序加快运行速度

如果是 Intel 8XX 芯片组的话，一定要安装 Intel Application Accelerator，安装以后系统优化很明显，这个东西可以到 Intel 官方网站下载。

如果是非 Intel 芯片组的主板，安装相应的补丁程序是必不可少的，如 VIA 的 4in1 程序等。

尽量使用通过了 WHL 认证的驱动程序。这种驱动程序通过了微软硬件实验室的认证，在稳定性/兼容性方面有很大的优势。

3. 如何禁止桌面清理向导

在默认的情况下，Windows XP 每隔 60 天就会自动运行一次桌面清理向导，该向导会将你在最近 60 天内未曾使用的快捷方式图标移动到一个“未使用的桌面快捷方式”的文件夹中，如果用户以后要打开这些快捷方式，无疑要多花一些时间。要禁止桌面清理向导的这移功能，方法为：

（1）右击桌面空白处，在弹出的快捷菜单中选择“属性”。

（2）在出现的“显示属性”对话框中单击“桌面”选项卡，然后单击“自定义桌面”按钮。

（3）在出现的对话框的“常规”选项卡中将“每 60 天运行桌面清理向导”取消即可。

（4）最后单击“确定”按钮，结束操作。

4. 如何改变 Windows 启动程序及常驻程序

要改变 Windows 启动程序及常驻程序，方法为：

（1）单击“开始”/“运行”，在打开的对话框中输入 msconfig 后按 Enter 键，打开“系统配置实用程序”窗口。

（2）在“启动”选项卡中单击取消不必要的程序所在项，完成后单击“应用”按钮，重新启动电脑即可。

5. 如何设定固定 IP 地址

Windows XP 虽然进到桌面的速度相当的快，但是运行动作却是一步步来的，必须要等一段时间才能真的运行程序。如果机器装网卡的话，Windows XP 会在进入到桌面后会自动搜寻 IP 地址，如果没有设定一个固定的 IP 地址的话，它便会浪费许多的时间在搜寻 IP 地址上面。

要设定固定的 IP 地址，方法为：

（1）右击“网上邻居”，从出现的菜单中选择“属性”，弹出“网络连接”窗口。

（2）右击局域网连接，从出现的菜单中选择“属性”，打开局域网连接属性，在“常规”选项卡中双击“Internet 协议（TCP/IP）”。

（3）在打开的“Internet 协议（TCP/IP） 属性”对话框中单击“使用下面的 IP 地址”，然后在“IP 地址”中输入：192.168.0.1，“子网掩码”中输入：255.255.255.0。

6. 如何把 IDE 设备设置为 DMA 传输模式

由于某些原因，Windows XP 有时会在 IDE 通道上使用 PIO 并行输入输出传输模式，而不是 DMA 模式。用户可以手动把 IDE 通道改为 DMA 模式，这样可以减少该设备占用的 CPU 周期。方法为：

（1）打开“控制面板”窗口，双击“系统”图标，出现“系统属性”对话框。

（2）单击选中“硬件”选项卡，然后单击“设备管理器”列表框中的“设备管理器”按钮，出现“设备管理器”窗口。单击展开“IDE ATA/ATAPI 控制器”。

（3）双击“主要 IDE 通道”，出现“主要 IDE 通道 属性”对话框。单击“高级设置”选项卡，检查“传送模式”下拉菜单，把它们全部设为“DMA（若可用）”，然后单击“确定”按钮。

采用同样的方法，修改每一个 IDE 控制器即可。

7. 如何便捷地使用硬盘碎片整理

电脑使用一段时间后硬盘会产生大量文件碎片，用户需要定期调用磁盘碎片整理程序进行清理。为此，这里向提供一个可以让更加便捷地调用整理硬盘碎片程序的方法。

（1）使用“记事本”编辑一个名为 context_defrag.inf 的文件，并在该文件中输入下列内容：

```
version
signature="$CHICAGO$"
DefaultInstall
AddReg=AddMe
AddMe
HKCR, "Drive\Shell\Defrag\command",,, "DEFRAG.EXE %1"
```

（2）编辑并保存完毕后，右击该文件，在出现的菜单中选择“安装”命令，安装后即在 Windows XP 右键菜单中多了一个“Defrag”命令。以后用户需要整理硬盘时，打开“我的电脑”窗口，用鼠标右击需要进行整理的硬盘盘符，从弹出的文本菜单中选择“defrag”，这时系统就会自动整理驱动器中的碎片了。

8. 如何解除限制可保留的频宽设定提高宽带速度

专业版的 Windows XP 默认保留了 20%的带宽，其实这对于个人用户来说是没有什么作用的。与其让它闲着还不如充分地利用起来。要解除限制可保留的频宽设定提高宽带速度。方法为：

（1）单击“开始”/“运行”，在打开的对话框中输入 gpedit.msc 后按 Enter 键，打开组策略编辑器。

（2）依次展开左侧窗口中的“电脑配置”/“管理模板”/“网络”/“QoS 数据包调度程序”，然后单击选择右侧窗口中的“限制可保留带宽”项。

（3）右击该项，在出现的菜单中选择“属性”命令，打开“限制可保留带宽属性”对话框。

（4）选择“已禁用”即可（或者选择“已启用，然后在带宽限制中输入：0”）。这样就释放了保留的带宽，对于上网的朋友是非常有用的。

9. 如何关闭“自动更新”

开启“自动更新”功能，会消耗一定的内存，完全可以将其关闭，定期手动更新便可以。方法为：

（1）右击“我的电脑”，在出现的菜单中选择“属性”，打开“系统属性”对话框。

（2）单击选中“自动更新”选项卡，然后单击取消“关闭自动更新，将手动更新电脑”选项。

（3）单击“确定”按钮，关闭对话框。

10. 如何禁用“错误汇报”功能

要禁用“错误汇报”功能。方法为：

（1）右击“我的电脑”，在出现的菜单中选择“属性”，打开“系统属性”对话框。

（2）单击选择“高级”选项卡，然后单击“错误报告”按钮，选中“禁用错误报告”选项，并取消“但在发生严重错误时通知”选项，最后单击“确定”按钮，这样以后系统错误报告就不会再出来烦人了。

重新启动系统后，电脑在启动过程中将不会装载错误报告服务。

11. 如何使用系统优化工具——MsConfig

大多数用户都应该熟识 MsConfig 了，这是一个系统内置的 Windows 设置工具，使用方法如下：

（1）单击“开始”/“运行”，在打开的对话框中输入 msconfig 后按 Enter 键，出现“系统配置实用程序”窗口。

（2）单击“启动”选项卡。该选项卡中显示了 Windows 启动时运行的所有程序，这些程序对 Windows 来说是生死攸关的，所以用户可以放心地把不要的去掉。把部分勾勾去掉之后，Windows 启动会快些，同时空闲的系统资源也会多出一些。

（3）设置完毕，先单击“应用”按钮，然后单击“确定”按钮关闭打开的窗口。

12. 如何设置页面虚拟内存

Windows XP 运用的虚拟缓存技术可以将磁盘作为虚拟内存来使用，但同时会占用大量的硬盘空间，这对于拥有小硬盘和将系统区分得很小的用户来说是很痛苦的。要设置合适的虚拟内存，方法为：

（1）右击“我的电脑”，从出现的菜单中选择“属性”，出现“系统属性”对话框。

（2）单击“高级”选项卡，然后单击“性能”下的“设置”按钮，出现“性能选项”对话框。

（3）切换到“高级”选项卡，单击“虚拟内存”下的“更改”按钮，在出现的“自定义大小”对话框中修改页面虚拟内存大小，最好不小于 256MB，不大于 382MB。而且最大值和最小值最好一样。

（4）修改好以后先单击右边的“设置”按钮，然后单击“确定”按钮，结束操作。

13. 如何转移临时文件来提升系统性能

IE 的临时文件会影响系统的性能，这是因为临时文件小、多、乱，会产生好多的碎片，如果让它和系统文件放在一起会影响到系统的性能。遇到这样的问题，解决方法为：

（1）打开 IE 浏览器，单击菜单命令“工具”/“Internet 选项”，出现“Internet 选项”对话框。

（2）单击“常规”选项卡中的“Internet 临时文件夹”下的“设置”按钮，在打开对话框中单击“移动文件夹”，把 Internet 临时文件夹移到别的盘区，不要让它和系统文件处在同一盘区内。

（3）最后单击“确定”按钮，结束操作。

14. 如何关闭“Internet 时间同步”功能

如果启用了同步，电脑时钟每周就会和 Internet 时间服务器进行一次同步，这样将会影响系统性能。建议关闭该功能。

方法为：

（1）单击“开始”/“控制面板”，在打开的“控制面板”窗口中双击“日期和时间”图标。

（2）单击“日期和时间 属性”对话框中的“Internet 时间”选项卡，取消“自动与 Internet 时间服务器同步”复选框，然后单击“确定”按钮完成设置。

第 8 章

电脑常见故障的分析与排除

电脑组装与 BIOS 设置速查 1000——→本章内容

8-1 与 CMOS 与 BISO 相关的故障排除

1. 为什么不能进入 BIOS 设置

某电脑在使用 HWINFO 中的 FIXED DISK INFO 项时，突然自行热启动。启动后硬盘配置丢失，只能使用软驱。用各种热键方式均不能进入 BIOS 设置程序。

显示如下提示：

-FLFX DISK

Error 162-READ Time Clock Failure（CRC）

Please Reconfigure and Retry

当将机中模块 DALLAS DS1387 用同类型计算机中的模块更换时，则故障消失。

故障代码 162 是表示 CMOS 参数检验出错或者系统配置错误。

根据故障现象，其提示已指出是实时时钟有故障。在 DALLAS DS1387 模块中包含 CMOS RAM，实时时钟信息只是其中的一组参数，当该模块发生问题时，必然导致 CMOS 参数的校验错误，在提示中才要求重新进行系统参数的设置。由于事实上采用替换法已证明其模块本身有故障，才造成不能进入 BIOS 设置程序，也就无法重新设置 CMOS 参数。

更换 DALLAS DS1387 模块后，故障排除。

2. 为什么 CMOS 设置参数经常丢失

CMOS 设置参数丢失，就是通过 BIOS SETUP 程序设置的计算机各硬件参数不能保存，当计算机重新冷启动时，CMOS RAM 中设置的参数丢失，导致系统检测不到各硬件，计算机不能工作。

CMOS RAM 参数丢失是系统常见的故障，其原因与解决方法如下：

（1）破坏性关机。所谓破坏性关机，即在开机自检过程中突然掉电或意外关机。这将对 CMOS RAM 造成电流冲击，致使 CMOS 信息丢失。对此，应避免掉电或误操作的关机。

（2）病毒致使 CMOS 设置参数丢失。当 CMOS 被计算机病毒感染时，病毒将定期破坏 CMOS 设置，导致 CMOS 设置参数丢失。可用杀毒软件检查系统有无病毒。

（3）电池电压不足。当电池电压不足时，亦将导致 CMOS 设置参数丢失。用万用表检测电池电压，正常值为 3V 左右，若电压降低过多，应更换新电池。

（4）电池接触不良。若电池接触不良，便会造成 CMOS 设置参数丢失。

因此，应确保后备电池始终接触良好。

（5）CMOS 的跳线开关设置错误。当主板上的“CMOS CLEAR”及其类似的消除 CMOS 内容的跳线开关设置在“消除”状态时，会在开机时使系统自动地消除以前的 CMOS 设置参数。应参照主板说明书，检查 CMOS 跳线开关设置是否正确；若设置有误，应纠正过来。

（6）CMOS RAM 芯片接触不良。当 CMOS RAM 芯片接触不良时，亦会造成 CMOS 设置参数丢失。应检查 CMOS RAM 芯片焊接情况，确保 CMOS RAM 芯片接触良好。

（7）软件的原因。检查常用的软件是否对 CMOS 进行了写操作，使 CMOS 设置被改变。若有这种软件，应弃之不用。

（8）主板故障。当主板上的相关电路出现故障时，亦会导致 CMOS 设置参数丢失，此时，应维修或更换主板。

3. BIOS 被 CIH 病毒破坏该怎么

如果 BIOS 芯片真的被 CIH 病毒破坏了的话，最好的方法就是找厂商更换。如果不得已也可以采用重写 BIOS 的方法来恢复 BIOS 中的数据。

所以最好不要让 CIH 病毒破坏你的 BIOS 芯片，常用的方法是在 BIOS 设置中找到有关“Update FlashBIOS”的选项，把它设成 Disable，如果 BIOS 中没有这个选项，主板上也会有禁止写 FlashBIOS 的跳线，查查你的主板说明书就能找到，将它设成禁止写 BIOS，这样的设置可以使 CIH 病毒不能改写 BIOS 中的数据。不过我国台湾地区生产的很多主板虽然有这样的跳线和 BIOS 设置，即使将它们都设成禁写状态，BIOS 仍然能够被改写，所以这并不是万全之策。

就算 CIH 病毒不能破坏你的 BIOS，还可能破坏你的硬盘上的数据，更好的方式是防止计算机感染 CIH 病毒。

4. 电脑为什么自动开机

使用能源之星电源的用户在开机时可能会出现计算机一旦接通电源无需按开关就会启动，经过检查证明开机按钮是正常的。

（1）检查 BIOS 设置。首先在 BIOS 中将 Power Management Setup 的 Restore ACPower Loss 项的值设置为 Disabled。

（2）如果上述操作无效，则在 BIOS 设置程序中将 Power Management Setup 的 PM control by APM 项的值设置为 Yes。

5. CMOS 设置引起打印机无法工作该怎么办

某电脑安装的是 Windows 98 操作系统，在安装 Epson LQ1600K 打印机后，打印时总提示“打印机没纸，过 5s 后 Windows 会自动重试”信息，无法打印，而这台打印机在其他的机器上却能正常打印，起初怀疑机器的并口损坏，但切换至 DOS 下能够照常打印。

重新启动电脑，进入到 CMOS 设置，将“On Board Parallel Port”由“Normal”方式设置为“ECP+EPP”方式，再次启动电脑，如果 Windows 提示发现新硬件，插入安装光盘，完成并口的安装，再打开打印机打印，一切就会正常了。

提示!! 有一些打印机比较新，不支持老的并口“Normal”方式，只需要在 CMOS 中做相应的设置，再重新安装驱动程序就可以正常使用了。

6. 开机时提示硬盘参数设置不正确该怎么办

开机时提示如下信息：

C：Drive Failure Run Setup Utility，Press（F1）To Resume（硬盘参数设置不正确，请使用软盘引导）

硬盘参数设置不正确。

打开 BIOS 设置界面，利用“IDE HDD Auto Detection”功能自动配置硬盘参数。如果系统仍然不能自动识别硬盘，用户可以进入“Standard COMS Setup”，手动配置参数。

7. 开机时硬盘 C 启动失败该怎么办

开机时提示如下信息：

C：Drive Failure, Run Setup Utility, Press To Resume（硬盘 C 启动失败、请执行设置功能、按任意键重新开始）

硬盘类型设置参数与格式化时使用的参数不相符。

利用 Windows 98 启动盘引导电脑，然后观察 C 盘能否正常读写。如果可以，打开 BIOS 设置界面，重新设置硬盘参数。如果仍不能解决问题，可以在正确设置硬盘参数后重新格式化。

8. 开机时提示 Invalid Drive Specification 该怎么办

Invalid Drive Specification 表示硬盘 BOOT 引导系统被破坏或无效的驱动器号。这是由于硬盘主引导扇区中的内容丢失。

最简单的方法是事先备份硬盘主引导扇区，以 KV3000 多功能国际版为例，备份操作方法是：单击窗口中的“辅助功能”按钮，选中“安全防护”下的“引导扇区”，然后单击备份按钮，在打开的对话框中将 hdboot.dat 保存到软盘。一旦出现上述故障，可以用 KV3000 的软盘 A 引导系统，然后使用 kvd3000/hdboot.daT 命令即可恢复。

9. 开机时提示 Error Loading Operation System 该怎么办

Error Loading Operation System 表示装载操作系统时发生错误。这是 POST 程序读取引导区时出现错误。

其主要原因有：分区表指示的分区起始物理地址不正确；分区引导扇区所在磁道的磁道标志和扇区 ID 损坏；硬盘读电路硬件故障。

如果事先备份了硬盘分区表，可以用上面介绍的方法恢复。或者对硬盘进行重新分区和格式化。如果是硬盘读电路硬件故障，只能更换电路板或硬盘。

10. 开机时提示硬盘没有准备好该怎么办

开机时出现如下信息：

Drive Not Ready Error,Insert Boot Diskette In A：,Press Any Key When Ready（硬盘没有准备好，请插入启动盘到 A 驱动器，准备好后按任意键）

BIOS 读取硬盘 0 面 0 道 1 扇区的主引导程序和分区表失败。其主要原因有：0 面 0 道磁道格式和扇区 ID 逻辑或物理损坏，因此找不到指定的扇区；硬盘读电路硬件故障，使读操作失败；读盘时读出的 MBR 尾标不为“55AA”，系统认为 MBR 不正确。

尝试使用 fdisk/mbr 命令恢复引导程序。如果 0 面 0 道磁道存在物理损坏，可以将起始扇区从 0 面 0 道 1 扇区改为 0 面 1 道 1 扇区。以 Pctools9.0 为例，可以利用 DOS 6.22 启动盘引导电脑，运行 Pctools9.0 目录下的 DE.EXE 文件。接着选择主菜单“Select”中的“Drive”，然后在“Drive type”选项中选择“Physical”。再按下“Tab”键切换到“Drives”选项，选中“Hard disk”，回车确认后返回主菜单。打开“Select”菜单，这时会出现“Partition Table”项，选中进入后显示硬盘分区表数据。将 1 分区 Begin- ning Cylinder 的 0 改成 1，保存后退出。重新启动电脑后打开 BIOS 设置界面，使用“IDE Auto Detect”功能设置好参数。保存退出后重新分区格式化该硬盘即可（注意：此后不能再对其进行分区操作）。

11. 开机时出现非系统盘或磁盘错误该怎么办

开机时出现如下信息：

Non-System Disk Or Disk Error, Replace And Press Any Key When Ready（非系统盘或磁盘错误，重新换盘后按任意键）

系统文件丢失或损坏；另有一种可能是 BPB 表损坏。

使用“sys c:”命令向 C 盘传送系统文件，如果不能解决问题可以用 fdisk/mbr 命令尝试，如果仍然无效，就需重新分区并格式化硬盘。

12. 开机时提示 HDD Controller Failure BIOS 该怎么办

HDD Controller Failure BIOS 表示硬盘控制器错误。

POST 程序向硬盘控制器发出复位命令，在规定时间内没有得到控制器的中断响应。其主要原因有：硬盘控制器损坏、数据线接触不良或者连接错误、硬盘参数设置不正确。

检查硬盘数据线连接或硬盘参数设置情况，发现问题后及时纠正。如果确认硬盘控制器损坏，只能更换电路板或者硬盘本身。这类故障大都属于硬件故障。

13. 开机时提示 Hard Disk Install Failure 该怎么办

Hard Disk Install Failure 表示硬盘安装失败。

这是由于硬盘没有正确连接或是跳线。

遇到这种情况，请先检查硬盘的电源线、硬盘线是否安装妥当？或者硬盘 Jumper 是否设错？

14. 开机时提示 Primary Master Hard Disk Fail 该怎么办

Primary Master Hard Disk Fail 表示 POST 检测到 Primary Master IDE 硬盘有错误。

这是由于硬盘没有正确连接或是跳线。

遇到这种情况，请先检查硬盘的电源线、硬盘线是否安装妥当？或者硬盘 Jumper 是否设错？

15. 开机时提示 Primary Slave Hard Disk Fail 该怎么办

开机时提示表示 POST 检测到 Primary Slave IDE 硬盘有错误。

这是由于硬盘没有正确连接或是跳线。

遇到这种情况，请先检查硬盘的电源线、硬盘线是否安装妥当？或者硬盘 Jumper 是否设错？

16. 开机时提示 Secondary Master Hard Fail 该怎么办

Secondary Master Hard Fail 表示 POST 检测到 Secondary Master IDE 硬盘有错误。

这是由于硬盘没有正确连接或是跳线。

遇到这种情况，请先检查硬盘的电源线、硬盘线是否安装妥当？或者硬盘 Jumper 是否设错？

17. 开机时提示 Secondary Slave Hard Fail 该怎么办

Secondary Slave Hard Fail 表示 POST 检测到 Secondary Slave IDE 硬盘有错误。

这是由于硬盘没有正确连接或是跳线。

遇到这种情况，请检查硬盘的电源线、硬盘线是否安装妥当？或者硬盘 Jumper 是否设错？如果都不是的话，估计需要送修了。

18. 开机时提示 Hard Disk（S）Diagnosis Fail 该怎么办

Hard Disk（S）Diagnosis Fail 表示执行硬盘诊断时发生错误。

硬盘可能有物理故障。

这种提示信息通常代表硬盘本身故障。可以先把这个硬盘接到别的电脑上试试看，如果还是一样的问题，那只好送修了。

19. 开机提示 Press ESC to skip memory test 该怎么办

Press ESC to skip memory test 表示“内存检查，可按 ESC 键跳过”。

如果在 BIOS 内并没有设定快速加电自检的话，那么开机就会执行内存的测试，如果不想等待，可按 ESC 键跳过或到 BIOS 内开启 Quick Power On Self Test。

20. 开机提示 Hard disk（s）diagnosis fail 该怎么办

Hard disk（s）diagnosis fail 表示执行硬盘诊断时发生错误。

这通常代表硬盘本身的故障。你可以先把硬盘接到另一台电脑上试一下，如果问题一样，那只好送修了。

21. 开机提示 Keyboard error or no keyboard present 该怎么办

Keyboard error or no keyboard present 表示键盘错误或者未接键盘。

检查键盘连接线是否插好，以及连接线是否损坏。

22. 开机提示 Memory test fail 该怎么办

Memory test fail 表示内存检测失败。

通常是因为内存不兼容或故障所导致。

23. 开机提示 Override enable–Defaults loaded 该怎么办

Override enable-Defaults loaded 表示当前 CMOS 设定无法启动系统，载入 BIOS 预设值以启动系统。

这可能是你在 BIOS 内的设定并不适合你的电脑（比如，内存只能跑 100MHz 但是你让它跑 133MHz ），这时进入 BIOS 设定重新调整即可。

24. 开机提示 Press TAB to show POST screen 该怎么办

Press TAB to show POST screen 表示按 Tab 键可以切换屏幕显示。

有一些 OEM 厂商会以自己设计的显示画面来取代 BIOS 预设的开机显示画面，而此提示就是要告诉使用者可以按 Tab 键来把厂商的自定义画面和 BIOS 预设的开机画面进行切换。

25. 开机提示 Resuming from disk，Press TAB to show POST screen 该怎么办

Resuming from disk，Press TAB to show POST screen 表示从硬盘恢复开机，按 Tab 键显示开机自检画面。

某些主板的 BIOS 提供了 Suspend to disk（挂起到硬盘）的功能，当使用者以 Suspend to disk 的方式来关机时，那么在下次开机时就会显示此提示消息。

26. 开机提示 BIOS ROM checksum error–System halted 该怎么办

BIOS ROM checksum error-System halted 表示 BIOS 程序代码在进行总和检查（checksum）时发现错误，因此无法开机。

遇到这种问题通常是因为 BIOS 程序代码更新不完全所造成的，解决办法是重新刷写烧坏主板 BIOS。

27. 启动时 Himem.sys 文件为何出错

电脑无法进入 Windows 98，进入系统后立即自动关机。用安全模式启动，读取 Himem.sys 后提示“Error：HImem.sys has delected unreliable XMS memory at address XXXXX…”，该如何解决？

根据提示信息，问题应该与主板或内存有关。由于提示表示在启动 Himem.sys 文件时内存出错，所以一般应先从内存上找出问题。此时可以试试以下方法：

（1）将 BIOS 中的参数设为保守方式，最简单的方法就是使用默认的 BIOS 参数。

（2）可以尝试使用放电方式清除 CMOS 存储器中的信息。假如以上方法均不行，建议将主板送维修点或直接更换。

28. 开机时显示开关配置错误该怎么办

开机读写 BIOS 时，系统提示如下信息：

Display switch is set incorrectly。

较旧型的主板上有跳线可设定显示器为单色或彩色，而这个错误提示表示主板上的设定和 BIOS 里的设定不一致，重新设定即可。

29. 开机时提示 CMOS Battery Failed 该怎么办

CMOS Battery Failed 表示 CMOS 电池失效。

更换一块新的 COMS 电池即可。

30. 开机时提示 CMOS Checksum Error-Defaults Loaded 该怎么办

CMOS Checksum Error-Defaults Loaded 表示 CMOS 执行和检查时发现错误，因此载入预设的系统设定值。

通常发生这种状况都是因为电池电力不足所造成，因此建议先更换电源。如果此情形依然存在，那就有可能是 CMOS RAM 有问题，而 CMOS RAM 我们个人是无法维修的，所以建议送回原厂处理。

31. 开机时硬盘无法自检该怎么办

开机时硬盘无法自检，系统显示出错信息：Drive not ready error Insert Boot Diskette in A Press any key when ready…（硬盘驱动器未准备好，请插入引导盘

到 A 驱动器，按任意键继续）。

这类现象是由一些与硬盘相关的硬件故障引起的。这些硬件故障可根据开机自检后所提示的信息来进行分析。上述问题多半是由于 CMOS 供电不足，造成 CMOS 信息丢失所引起。

更换主板上为 BIOS 供电的电池，故障排除。

32. 电脑启动时提示 Monitor Warning 该怎么办

电脑每次启动时都会有一个“Monitor Warning”的提示。按 Esc 键可以跳过，然后一切运行正常，并没有其他现象发生，这样的故障主要是主板 BIOS 设置不当所致。解决故障之前，首先要明白“Monitor Warning”是什么意思。现在很多 P4 主板都具备所谓的环境监测功能，这项功能中有一项就是开机时自动对电脑的各项指标进行检测，如果存在问题就会给用户提示。在这些检测中第一项就是电压检测。当电脑的电源输出电压高于 CMOS 中设置的数值时，就会出现上述的“Monitor Warning”提示。但这种电压高只是“虚高”，并不会对电脑产生负面影响，只要在 BIOS 的电源管理中，将检测电压的选项关闭就可以了。

33. 硬盘安装失败该怎么办

开机读写 BIOS 时，系统提示如下信息：Hard disk install failure。

硬盘的电源线、数据线可能未接好或者硬盘跳线不当出现错误（例如一根数据线上的两个硬盘都设为 Master 或 Slave），检查这些部件，使之正确设置，问题即可解决。

34. 检测从盘失败该怎么办

开机读写 BIOS 时，系统提示如下信息：

Secondary slave hard fail。

（1）CMOS 设置不当，例如没有从盘但在 CMOS 里却设有从盘，将该项的值设置为 Disable 即可解决问题。

（2）硬盘的电源线、数据线可能未接好或者硬盘跳线设置不当，检查这些部件，使之正确设置，问题即可解决。

35. 执行硬盘诊断时发生错误该怎么办

开机读写 BIOS 时，系统提示如下信息：

Hard disk（s）diagnosis fail。

这通常代表硬盘本身出了故障。可以先把硬盘接到另一台计算机上试一试，如果问题一样，只好送修。

36. 使用 USB 盘无法启动计算机该怎么办

这主要是由于 BIOS 中的 USB 启动选项未打开或未正确设置的缘故。进入 CMOS 设置后，在系统启动顺序中，有“FDD USB”和“HDD USB”两个选项，这是 USB 启动选项，将系统的启动顺序设置为 USB 优先，问题即可得到解决。

提示!! 有些老主板不支持 USB 启动，因此也就无法使用闪盘。

37. 设置 CMOS 后，Pentium 4 计算机运行速度明显变慢

开机进入 BIOS 设置程序，查看 BIOS Features Setup（BIOS 功能参数设定）选项中的“CPU L1&L2 Cache”（CPU 的一、二级缓存），将其值设置为“Enabled”，保存退出 CMOS 设置，问题即可解决。

38. 开机输入密码后提示 Can't Write EscD

如果电脑开机输入密码后一声鸣响，然后报错：ERROR：Can't Write EscD。是什么原因呢？先让我们来看一下什么是 EscD。EscD 是 Extended System Configure Data 的缩写，就是系统开机时需要把配置情况写入主板的 BIOS 模块中。遇到上述问题，可以试试调用主板初始的 BIOS，并存盘，然后检查主板 BIOS 的防改写跳线状态，如果还是解决不了就要送修了。

39. 在 CMOS 设置里出现死机该怎么办

CMOS 设置里出现死机现象，一般是由于主板 Cache 有问题或主板设计散热不良引起的。在死机后触摸 CPU 周围主板元件，发现其温度非常之高而且烫手。在更换大功率风扇之后，死机故障得以解决。对于 Cache 有问题的故障，我们可以进入 CMOS 设置，将 Cache 禁止后即可顺利解决问题，当然，Cache 禁止后肯定会影响速度。如若按以上方法不能解决故障，那就只有更换主板或 CPU 了。

40. BIOS 密码设置无效该怎么办

在 BIOS 里不论设置 Super User Password 或 User Password，开机后都不询问密码而直接进入操作系统。

这是因为只设置了口令而没有激活口令使用模式。一般来说，AWARD BIOS 的口令使用方式有三种：None、Setup、Always，功能分别是：不检查口令、进入 BIOS SETUP 时检查口令、在开机时（包括 Reset 键重启）和进入 BIOS SETUP 时检查口令。口令作用方式一般是在 BIOS 的高级设置 Advanced Setting 中用的 Password Check 项来设置的，如果主板用的不是标准 AWARD BIOS，该项的设置可能略有不同。

41. 设置过 CMOS 后，为什么内存需要检测三次

其实，主要是将 BIOS 设置中的 Quick Boot 关闭即可。只要进入 CMOS 设置中，在 Quick Power On Self Test（开机时快速自我检测），将其设置为 Enable 即可。

42. CMOS 设置有误导致无法使用 STR 问题该怎么办

尝试主板的 STR，将 CMOS 中从 STD（挂起到硬盘）设为 STR，但还是无法实现这个功能。

想用 STR 功能，首先要在 BIOS 中设为 STR，再重装 Windows 98 操作系统，需加参数安装：SETUP/PJ，这样才能安装 ACPI BIOS，装完后执行“开始”/“关机”/“暂停”，就可进入 STR 状态，还可在“控制面板”/“电源管理”/“电源开关”设置为“等待使用”，这样按下电源开关即可进入 STR 状态。

43. CMOS 设置喇叭叫个不停及电脑无反应该怎么办

电脑的时钟总是要比标准时间慢好几个小时。插入新电池后开机，喇叭却叫个不停，屏幕显示“No Signal”，机器不能自检，按任何按键均无反应。检查显示器与显卡的连线，连线没问题但换用旧电池开机喇叭依然在叫，“No Signal”仍旧存在！

这个故障的根源不在电池、主板、内存，而在 BIOS。只要把 BIOS 中的设定全部改为出现故障前的设定，保存后重新插上 SDRAM 再开机，问题就会排除。因为一般取下了主板上的电池后，主板的 BIOS 的设置将自动回到原厂设置。根据上面的现象，可以看出在 BIOS 恢复出厂设置后，会有许多的设置需要用户根据自己的需要进行设置。如果要测试它，在测试中慎用测试版的程序，对于像 BIOS 这样举足轻重的东西，更不要使用还处于测试阶段的程序去升级。

44. BIOS 芯片接触不良导致“死机”该怎么办

开机运行后一切正常。在打开“资源管理器”时突然死机，连硬盘灯也不闪，且没有任何出错提示，按 Ctrl+Alt+Del 键无效，按 Reset 键后一下子完全

黑屏，除了电源风扇的声音外没有任何反应。关电源冷启动，电源灯亮但仍然黑屏，主机无任何动作，喇叭也不响。自此，无论如何也没法启动了。

如果加电电源灯亮，键盘上的 LED 会闪一下，可以判定主板通电后 BIOS 没有进入例行开机自检。于是可以将 CMOS 芯片卸下来，检查该芯片的针脚是否有光泽，如果蒙上了一层氧化铝膜，很可能就是它造成了 CMOS 芯片接触不良。可将针脚用砂纸擦拭干净后将芯片插回插座，再开机，连接上其他配件，进入 CMOS 重新设置各参数。

45. 升级 BIOS 时提示内存不足该怎么办

升级 BIOS 时提示“Insufficient memory”，内存不足导致无法升级。

（1）在 CMOS 的“Chipset Features”的设置里，屏蔽掉“Video Bios Cacheable”项，按 Esc，F10，存储退出。

（2）重新启动电脑，在出现“Windows Starting”时按 Ctrl+F5 键，这可以不加载 Drvspace.bin，省了大约 108KB 的内存空间。

（3）开始升级 BIOS，然后重新启动电脑。重新进入 CMOS 的“Chipset Features”的设置里，开启“Video Bios Cacheable”项。按 Esc，F10，存储退出。

46. 硬盘能正常使用，为什么无法对硬盘重新分区

硬盘能正常使用，但无法对硬盘重新分区。经查硬盘上无病毒，分区表信息也正确。

硬盘无法重新分区通常表现为：用 Fdisk 命令对硬盘分区后，原来的分区设置一点也没有发生改变。在这种情况下用 Format 命令对硬盘格式化，系统就会提示写入分区表信息出错。但在期初，硬盘能正常使用，分区表没有问题，也没有被病毒感染，说明故障与 CMOS 设置有关。

开机进入 CMOS 设置菜单，在主板的病毒防护功能菜单中找到硬盘引导扇区 Fixed Disk boot sector 项（主板不同，该项的名称也可能不一样），结果发现这一项被设成了写保护，将该项设置改成 Normal 并保存设置，重新启动电脑后，问题得到解决。

47. 内存检测时间过长该怎么办

开机时电脑内存自检需要重复三遍才可以通过。

随着电脑基本配置内存容量的增加，开机内存自检时间越来越长，有时可能需要进行几次检测，才可检测完内存，此时用户可使用 Esc 键直接跳过检测。

开机时，按 Del 键进入 BIOS 设置程序，选择“BIOS Features Setup”选

项，把其中的“Quick Power On Self Test”设置为“Enabled”，然后存盘退出，系统将跳过内存自检，或使用 Esc 键手动跳过自检。

48. 光驱盘符变为可移动磁盘图标该怎么办

在 Windows 操作系统中，光驱的盘符变成了“可移动磁盘”，插入任何光盘，系统都提示“驱动器中的磁盘未被格式化”，并询问是否马上格式化。

出现这种情况，一般是 BIOS 设置的问题。重启电脑，进入 BIOS 设置程序，在“STARDARD CMOS FEATUER”中检查一下。然后再将“IDE Primary（Secondary）”、“Master（slave）”均设为“AUTO”状态，将“Drive A”设为“1.44MB 3.5in”，最后再重新启动计算机，问题即可解决。

49. 升级 Award BIOS 时提示 Insufficient memory 该怎么办

提示“Insufficient memory”即表示内存不足，这是因为没有关闭系统 BIOS 缓存、显卡以及各个设置中的 Shadow 相关项。还有就是注意用干净的系统引导盘来引导系统启动，最好用硬盘升级 BIOS，保险系数会大一些。当出现内存不足的情况时，可以采取以下办法加以解决：

（1）在 CMOS 中将“CMOS CHIPSET FEATURE SETUP”选项中的“VIDEO BIOS Cacheable”项禁止掉。

（2）在重启机器出现“Windows Starting”时，按 Ctrl+F5 键，避免加载占用内存达 108KB 的 drvspace.bin。

（3）重新进行 BIOS 刷新。

50. 升级 Award BIOS 时提示 Program Chip Failed 时该怎么办

Program Chip Failed 即 BIOS 芯片失效。这是由于芯片中有 8KB 的 BOOTRLOCK 处于硬件的保护状态下，它不宜用此法更新 BIOS，应使用主板说明书指定的方法升级。

51. 升级 Award BIOS 时提示 Unknown Type Flash 该怎么办

Unknown Type Flash 表示无法识别芯片类型，一般是因为刷新电压错误造成的，将电压调整一下，问题应该可以解决。

52. 如何解决笔记本电脑黑屏故障

某联想昭阳 8510Dfe 笔记本电脑，最近却出现奇怪的黑屏现象。症状为机器正常使用中，会出现黑屏，硬盘灯熄灭，该如何解决？

如果显示卡或屏幕没有毛病，可以进入 BIOS 设置，看一看“Power Menu”下的“Power Management Mode”，电源管理模式的默认值是“Customized”，如果将它设置成“Disabled”，则会出现上述现象，只要将其值改回默认值之后一切就恢复正常。

53. 开机提示 Display switch is set incorrectly 该怎么办

开机时电脑提示 Display switch is set incorrectly 错误信息。

Display switch is set incorrectly 的意思是“显示开关配置错误”。在一些较旧的主板上有跳线可设定显示器为单色或彩色，而这个错误提示表示主板上的设定和 BIOS 里的设定不一致，重新设定即可。

54. 为什么使用 USB 盘无法启动电脑

有些读者使用的是软盘或是光驱进行启动的，为什么使用 USB 盘就无法启动电脑呢？

这主要是由于 BIOS 中的 USB 启动选项未打开或未正确设置的缘故。进入 CMOS 设置后，在系统启动顺序中，有 FDD USB 和 HDD USB 选项，这就是 USB 启动选项，应使系统启动顺序为 USB 设置为先，即在 CMOS 设置中，将系统启动顺序设置为 USB-HDD。但有些老主板不支持 USB 启动，因此也就无法使用 U 盘了。

55. 开机自检提示 Memory Test Fail 该怎么办

电脑开机后，自检提示信息是“Memory Test Fail”，这句话的含义是内存测试失败。通常这种情形一般都是因为内存不兼容或故障所导致，所以每次开机先以一条内存测试，找出故障的内存，把它拿掉或送修即可。

56. 在 Windows 下频繁出现“非法操作”错误该怎么办

某 KT133 主板，采用普通 HY PC133 128MB 内存的电脑，下载了一个优化 BIOS 设置的程序对 BIOS 进行了优化，可是优化后，在 Windows 下频繁出现“非法操作”错误，该怎样解决呢？

一般情况下，BIOS 优化程序会给 BIOS 进行全面的优化。从上面的配置看，内存是普通的 HY 内存，并不是太好的，所以进入 BIOS 后，会在“Advanced Chipset Features”处发现，BIOS 优化程序已经将“SDRAM Cycle Length”项设为 2。如果要稳定，我们只要将 2 改为 3，再将“Bank InterLeave”由“4Bank”改为“Disable”，然后重新启动机器即可。

57. 为什么开机显示的内存容量与实际不符

购买的是 256MB 内存，但开机显示的内存容量是 262 144MB。

系统开机自检时显示的内存容量的单位是 KB（千字节），而我们常说的内存容量单位是 MB（兆字节），1MB 等于 1 024KB。因此，对于 256MB 的内存，应该显示为 256×1 024KB，就是 262 144KB。

58. 修改 DRAM Timing By SPD 时为何黑屏

使用 Epox 磐英 EP-8KTA3 主板，将 BIOS 中“DRAM Timing By SPD”选项设为“Disabled”时，电脑就发生黑屏现象；而将“DRAM Timing By SPD”设为“Enabled”时，电脑使用一切正常，这是为什么呢?

这其实是 Epox 磐英 EP-8KTA3/8KTA3+主板的一个 BUG，我们可以通过升级主板 BIOS 来解决这个“检测 SDRAM 大小的问题”，大家可以到 http://file.mydrivers.com/BIOS/8kt31305.exe 下载修正 BIOS 进行升级。

59. 256MB SDR 的内存安装后为何只显示 128MB

电脑是联想天喜品牌机，主板是 810，现在想扩展内存，买了一条 256MB 的 SDR 内存，可是安装上去后只显示 128MB。

这样的问题在 Intel810 芯片组的主板出现的比较多。这是因为 Intel 芯片组的 810 不支持单面 256MB 内存引导，而 810 之后的 810E 和 815、820 等都能支持。所以解决问题的办法就是将单面的 93.256MB 内存换成双面 256MB 的内存就可以了。

60. 128MB 内存条在插下一根 64MB 后内存总量为何只认出是 64MB

某电脑配置为 815EP 主板、128MB 内存，原本使用正常，后来将一条 64MB 内存，一起插上之后，内存总量为何只认出是 64MB 呢?

将内存一条条单独插到主板上，证实都是好的，可以排除内存条的质量问题，看来兼容性问题再次出现。对于这样的内存兼容性的故障，我们一般情况下可以通过升级主板 BIOS 来解决，到主板厂商的网站上看一看，有没有新的 BIOS 升级。

61. BIOS 里不能显示 CPU 风扇转速

某电脑使用的是 P4 1.8GHz 的盒装 CPU，在 BIOS 中显示 CPU FAN Speed：4 017rpm，使用一段时间后，发现 CPU 风扇的噪音很大，换了一个散装的 CPU 风扇后查看 BIOS 信息，发现系统检测不到 CPU 风扇的转速，BIOS 的 CPU FAN Speed 这一项显示为 CPU FAN Speed：0 rpm。

请问这是什么原因?

盒装 CPU 风扇的电源线是三根线，它除了传输电源外，还通过传感器将 CPU 风扇的转速传送给主板，因此主板能显示 CPU 风扇的转速，但现在市面上的一些散装风扇的电源线是两根线的，有的即使是三根线但不具有传感功能，因此主板 BIOS 也就无法显示风扇转速了。要解决这个问题，只要更换一个带传感器的 CPU 风扇就可以了。

62. 不能设置从 A 盘启动

某电脑在 CMOS 参数设置中，无法设置从 A 盘启动，只有按 F4 键跳过硬盘才可以启动，而这台电脑在不按 F4 键时，屏幕上出现“UNKNOWMN FLASH TYPE”，然后就死机了。

主要原因可能是 CMOS 电池电路有问题，这种情况下不能保持设置值，或者需要重新校验 CMOS 参数，系统给出提示“UNKNOWMN FLASH TYPE（不能识别 FLASH 存储器类型）”，必须按下 F1 键或者 F4 键之后才能进入启动。在这种情况下设置 A 为启动盘也因为无法保存而失败。请你检查 CMOS 电池和电池电路有无问题。

8-2　主板常见故障分析与排除

1. 哪些故障现象和主板电池有关

电脑开机后提示“CMOS Battery State Low”、不能正确找到硬盘、系统时间显示不正确或者 CMOS 设置不能保存。这些故障都有可能与主板电池有关。

出现该类故障后，可先检查主板 CMOS 跳线是否被设为清除“CLEAR”模式，如果是这样的话，请先将跳线改为“NORMAL”模式，然后重新设置

CMOS。如果不是 CMOS 跳线错误，就有可能是主板电池损坏或电池电压不足造成的，可换个主板电池试试。对于不同的 CMOS 供电方式，采取不同的措施：

（1）焊接式电池：用电烙铁重新焊上一颗新电池即可。

（2）钮扣式电池：直接更换。

（3）芯片式：更换此芯片最好采用相同型号芯片替换。如果更换电池后时间不长又出现同样现象的话，很可能是主板漏电，可检查主板上的二极管或电容是否损坏，也可以跳线使用外接电池。

2. 主板元件失效可能导致哪些故障

主板元件失效，可能导致系统启动失败、屏幕无显示等难以直观判断的故障现象。

元件故障则包括电阻、电容、集成电路芯片及其他元部件的故障。我们可以购买与故障件同规格的元件，准备好电烙铁、焊锡丝、松香后，将故障件替换即可。另外，拆装电脑时工具的失落也有可能不小心将元器件砸坏，也应检查排除。

3. 主板上键盘接口不能使用该怎么办

接上一个好的键盘，开机自检时出现提示“Keyboard Interface Error”后死机，拔下键盘，重新插入后又能正常启动系统，使用一段时间后键盘无反应。

这种现象主要是多次拔插键盘引起主板键盘接口松动，拆下主板用电烙铁重新焊接好即可；也可能是带电拔插键盘，引起主板上一个保险电阻断了（在主板上标记为 Fn 的东西），换上一个 1 欧姆/0.5 瓦的电阻即可。

4. 主板不清洁引起死机故障该怎么办

电脑经常出现蓝屏、非法操作或死机的故障。这些问题出现的时间没有规律，而且随着时间的推移，死机越来越频繁。先用各种杀毒软件反复检查排除病毒的干扰；接着把所有启动时运行的程序关闭排除软件冲突问题，但故障依然存在；用替换法替换 CPU、显卡、内存、电源，还是死机；最后只好重装系统，但安装过程中却又死机。

打开机箱，如发现主板上积满了灰尘，可怀疑是灰尘导致引脚之间短路而频繁死机。用旧毛刷除去灰尘。如果有无水酒精，可用其仔细擦拭。

5. 主板短路导致黑屏该怎么办

电脑开机后电源能正常工作，一般是黑屏，偶尔能正常启动，但运行一会儿就黑屏。

由于偶尔能启动，所以不可能是电源的原因。用替换法检查显示器是否正常。另外，因为开机时没有任何报警声，由此认为显卡、内存的可能性极小。所以分析很可能是由于部件接触不良造成的。重新插拔内存、CPU、显卡、硬盘保证其接触正常。用螺丝刀连接主板上的 POWER 跳线，检查是否正常开机。最后检查主板上哪些连线中可能有的接触不良。可以耐心地一个一个试。当试到 RESET 线时，出现了故障……用万用表一量，果然是 RESET 线短路。

6. 开机无任何响应，主板未加电该怎么办

系统工作正常，因故卸下主板，重新安装后开机无任何响应，电源指示灯不亮。

首先检查电源，更换后故障依旧，怀疑主板故障。主板在拆卸以前工作正常，拆卸后无任何损伤。仔细检查主板，发现整体轻微弯曲，推断为安装不合理导致主板线路接触不良。卸下主板，重新安装，各螺丝均匀固定。开机后正常启动。

7. 为什么按机箱电源开关不能关机

电脑正常运行时，按机箱上的电源开关不能关机，反而进入休眠状态，使用操作系统的关机命令可以正常关机。

对于 ATX 构架的电脑，BIOS 电源管理中有一项对机箱电源开关的设置（例如 Power Management Setup 中的 Soft-Off by PWR-BTTN），可以将电源开关设定为按下 4 秒钟以内进入休眠状态。查阅 BIOS 帮助和主板说明书，修改设置即可。

8. 电脑自动开机该怎么办

使用能源之星电源的用户在开机时可能会出现计算机一旦接通电源无需按开关就会启动，经过检查证明开机按钮是正常的。

（1）检查 BIOS 设置。首先将 BIOS 中“Power Management Setup”的“Restore ACPower Loss”设置为“Disabled”。

（2）如果上述操作无效，则在 BIOS 设置程序中将“Power Management Setup”的“PM control by APM”设置为“Yes”。

9. 主板电容老化导致系统工作不正常

某电脑使用多年，无严重故障。一次开机，光驱指示灯微亮，托盘无法弹出，硬盘指示灯不亮，显示器无任何信息显示，电脑不能启动，但几分钟后系

统工作正常。此后，该现象又出现了几次。

根据故障现象可以推断为硬件问题（如要确定非其他原因，使用杀毒软件扫描系统，并重新安装操作系统）。使用替换法，将故障原因锁定在主板上。仔细检查后发现，CPU 插座旁边的两个电解电容上端微微鼓起，确定为此问题导致故障。请维修人员或者有经验用户更换电容后，系统工作正常，故障现象不再发生。

提示!!

电解电容主要用于低频滤波，起着稳定电压和电流的作用。当电解电容逐渐失效时，主板上的电压和电流就会变得不稳定，进而出现各种莫名其妙的问题。

10. 系统时钟经常变慢该怎么办

某电脑使用较长时间后，出现系统时间变慢现象，多次校准，但过不久便会慢很多。

出现时钟变慢的情况，大多数是主板电池电量不足造成的。如果更换电池后问题没有解决，就要检查主板的时钟电路了。控制电脑系统时钟的电路一般在电池附近，很像电子表中的石英电路。用无水酒精谨慎清洁电路，若故障仍存在，需要联系经销商或者生产厂家进行修理。

11. 主板温度过高导致无法启动该怎么办

某奔腾 4 电脑，开机时系统报警：Hard monitor has detected an error, please enter power setup menu for detail。无法正常启动。

根据报警提示，可以断定为温度过高引起故障。进入 BIOS 查看，发现主板温度超过了警戒线，但 CPU 温度却正常。打开机箱检查，发现主板芯片组的散热片下堆积了很多灰尘，推断是过多灰尘导致散热不好。用毛刷仔细清除灰尘后系统启动正常。

12. 主板打印机口烧坏，系统无法正常启动该怎么办

由于带电插拔打印机与主机连接电缆，烧毁主板的并口，系统无法正常启动。

可能是系统自检程序检测到并口错误而导致不能启动。查看 BIOS 设置程序，或者参阅说明书，将有关并口的选项禁用。通过屏蔽并口来试试能否正常启动电脑。

13. VIA 芯片组主板，系统运行总是不正常该怎么办

电脑主板使用的是 VIA 芯片组，操作系统为 Windows 98，经常出现死机、蓝屏、黑屏等现象。

VIA 芯片组的兼容性不好，如果没有正确安装 VIA 4in1 驱动程序，会造成运行故障。首先从主板厂商的网站上下载最新驱动程序，或者在主板驱动光盘中查找，根据安装提示或帮助正确安装。然后，在 BIOS 中将 AGP 的模式设置为 Normal，不要使用 Turbo 模式。最后，建议将支持 DMA/66 的硬盘设置为 DMA/33 工作模式。

14. 如何处理主板和内存不兼容导致系统安装不正常

升技 SE6 主板，PC133 128MB 内存两条，安装操作系统时提示找不到安装文件，无法继续安装。重试多次，总是提示找不到某些安装文件（每次不相同），有时安装界面还出现大量乱码。

通过替换法排除硬件故障，认真查看 BIOS 设置的各个选项，将多个选项一一设置为较低的性能指标测试。最终发现，如果将内存的工作频率从 133MHz 改为 100MHz，故障排除。咨询生产商，得知该型号主板对 PC133 内存支持不好，需要将内存工作频率降低使用，或者尝试更换内存插槽，有时也能解决问题。该主板的后续型号不存在此问题。

8-3 CPU 常见故障分析与排除

1. 如何处理风扇引起的不能开机

某电脑配置为雷鸟 750、华硕 7100、升技 KT7A。一切就绪后，开机，没显示，微机喇叭连续鸣叫，五六秒后自动关掉电源。

此问题是这样处理的：

（1）将硬盘、软驱、光驱全部拔掉，仍然不行。找了块微星 K7Tpro2，插上 CPU 开机一切正常。

（2）怀疑升技主板有问题，但拿到经销商那里去测试，却证明板子是好的，只好拿回来。

（3）把一个正常使用的风扇安装到电脑上，故障排除。

（4）看来是风扇的原因，于是更换了风扇，但接下来又出现另一个问题：机箱立着放，第一次开不了机，得开两次以上；平躺着放，没什么问题。估计还是风扇的问题，找了一个好的风扇换上，问题立即得到解决。

> 提示!! 买风扇一定要仔细挑，最好能插上试一下。并且要选那种底部较厚实，与空气接触面积大，转速平稳的风扇。别看是小配件，作用很大，出故障概率很大，没它就开不了机。

2. CPU 为何自动降频

开机后本来是 1.2GHz 的 CPU 变成 800MHz 了，显示的信息是“Defaults CMOS Setup Loaded”，在重新设置 CMOS Setup 中的 CPU 参数后，系统正常显示 1.2G 主频，但下一次开机时，又会重复上面的过程。

这种现象常见于软设置 CPU 参数的主板。普通的纽扣型锂电池是 3V 的，实际测量应该是高于 3V。如果发生上述问题，多数是电池电压已经低于 3V 了，只需更换 CMOS 电池即可。

关机，在主板上找到纽扣形的锂电池，更换该电池；开机，重新设置 CPU 等参数。

> 提示!! 这种现象常见于软设置 CPU 参数的情况之下。如果使用的是特殊电池，如 Dallas 电池，则需要找厂商更换。

3. 导热硅胶会造成 CPU 温度升高吗

为了 CPU 更好地散热，在芯片表面和散热片之间涂了很多硅胶，可是 CPU 的温度没有降低，反而升高了一点。

硅胶的作用是提升热量的传导效果，正确的方法是在 CPU 芯片表面薄薄地涂上一层，基本能覆盖芯片即可。如果涂抹得过多，反而不利于热量传导。而且，硅胶很容易吸附灰尘，硅胶和灰尘的混合物会大大影响散热效果。

> 提示!! 如果硅胶涂抹得太多，从芯片和散热片之间被挤出，则有烧毁主板的危险。因为硅胶中含有少量导电物质，容易引起线路短路。

4. 降温软件导致系统变慢该怎么办

夏季气温较高，为防止毒龙 CPU 温度过高，安装了 AMD 的专用降温软件。运行操作系统速度很慢，即使没有启动什么软件，移动鼠标都不流畅。查看任务管理器的系统性能参数，发现 CPU 的占用率总是很高。降温软件显示的 CPU 温度也不低。

排除病毒原因，对于没有运行其他软件，CPU 的占用率很高的问题，可以这样推理。降温软件一般都提供类似于"当温度高于设定值时进行节流"、"当温度超过设定值时自动关机"等选项。当 CPU 温度达到一定数值时，降温软件一方面暂停系统中正运行的进程，同时不断地向 CPU 发送"休眠"指令。由于 CPU 接收到大量指令，便会显示出占用率很高的情况，同时系统速度会明显下降。

对于这种故障，应该从硬件方面降低 CPU 的温度，例如更换大功率风扇、向风扇轴承注入一些润滑油，甚至选择其他制冷方式等等，而不要使用软件降温手段。

5. 电脑使用不久便出现风扇噪音过大现象该怎么办

某电脑使用几天后，开机后机箱内噪音很大。经检查是 CPU 散热风扇发出，但风扇是新的，而且非劣质产品。

打开机箱，启动电脑，经过仔细检查，发现风扇轴承部分的润滑油已经凝固，导致风扇转动不畅，从而产生噪音。仔细分析，推断为室温过低导致润滑油凝固。对于此故障，有两个解决方法，一是更换为防冻润滑油，二是改善使用环境。

> 提示!!
> 电脑对工作环境是有一定要求的，例如除尘、温度、防静电和稳压等方面。如果不能满足这些要求，容易出现各种故障。

6. CPU 安装不到位会导致哪些故障现象

如果 CPU 安装不到位，则会出现系统无法启动，机箱蜂鸣器无鸣叫，显示器无任何显示或者系统不稳定，频繁死机等故障。

此时应检查 CPU 是否插入到位，尤其是对采用 Slot1 插槽的 CPU，安装时容易安装不到位。现在的 CPU 都有定位措施，但仍要检查 CPU 插座的固定杆是否固定到位。

7. CPU 降频使用会有危险吗

CPU 是 Pentium III，主频 993MHz，133MHz 外频，请问是否可以稳定工作在只是支持 100 外频的主板上，CPU 是否有危险。

很显然，一般来说 CPU 降频使用是没有任何危害的，可放心使用。但这并不是绝对的，大家知道目前 66、100、13MHz 为标准外频，采用标准外频时主板 PCI 总线的速度自动为 2、3、4 分频，保持 33MHz 的标准速度不变，如果你将 CPU 外频从标准的 133MHz 降为 112 等非标准外频时，在某些主板上由于 PCI 总线的速度将高于 33MHz，则有可能对显卡、硬盘等其他配件造成不良影响。

8. CPU 电压为何与标称不合

电脑 CPU BIOS 里显示温度 55 度左右（未超频），是否正常？另外 CPU 标称电压为 1.7V，为何 BIOS 测出来是 1.77V，VIO 电压是 3.47V，均比默认的高，这是怎么回事？

CPU 温度受室温影响很大。一般在正常情况下比室温高二三十摄氏度左右。夏秋季 CPU 温度在 55 度左右当然很正常。主板 BIOS 测出的 CPU 温度、电压等值，受多方面因素的影响（比如电源、主板质量、CPU 个体差异等）并不一定与 CPU 的标称值完全一致。该例的实际情况看应该在误差范围内，对正常使用没有影响。

9. CPU 针脚被污染导致无法开机该怎么办

一台使用一直正常的电脑，突然无法开机，屏幕上无任何信号输出。开始认定显卡出现故障。用替换法检查后，发现显卡和显示器都正常。纳闷之余，拔下插在主板上的 CPU，仔细观察并无烧毁痕迹，但就是无法点亮机器。后来发现 CPU 的针脚均发黑、发绿，有氧化的痕迹和锈迹（CPU 的针脚为铜材料制造，外层镀金），便用牙刷对 CPU 针脚做了清洁工作，再开机，电脑就正常工作了。

CPU 除锈后解决了问题，但锈究竟是怎么来的?最后把疑点落在了那块制冷片上，可能是因为制冷片将芯片的表面温度降得太低，低过了结露点，导致 CPU 长期工作在潮湿环境中。而裸露的铜针脚在此环境中与空气中的氧气发生反应生成了铜锈。日积月累锈斑太多造成接触不良，从而引发这次奇特故障。此外还有一些劣质主板，由于 CPU 插槽质量不好，也会造成接触不良。用户需要自行固定 CPU 和插槽的接触，方可解决问题。

10. 为何 Duron 超频后经常断电

将 Duron 1GHz 超频到 1.33GHz 后，主机经常自动断电。

主机自动断电不是超频失败的表现，问题应该不是出在主板和 CPU 身上，估计电源供电不足的可能性最大。建议更换一个功率较高的电源。

11. 为何升级 P4 后出现死机故障

将电脑升级到 Pentium 4 时，一些不必要升级的配件就没有更换了，如显卡、电源等。但升级后，电脑出现死机现象。

Intel 所推出的 Pentium 4 处理器，特别加强对 3D 绘图及网络功能的支持能力，所需的整体耗电量也随之增加。许多 Pentium 4 主板上除了保留旧有一组 12V 的 ATX 电源供应器连接插槽外，又再增加一组供处理器风扇使用的 3.3V 外接的电源插座。你的机器经常出现死机现象有可能是因为电源功率不够，还有可能是新旧的配件的兼容性不好造成的。

12. CPU 散热不好该怎么办

环境温度较高，且对 CPU 进行超频后，导致电脑无法开机。

可作如下处理：

（1）拆开机箱盖，检查 CPU 风扇电源线是否连接好，一般 CPU 风扇的电源线是单独地接在主机板上的一个插座上。如果已经插上了，最好是将其拔下，再重新安插一次。安装好后，再按下电源开关，看是否正常启动。

（2）如果机箱内温度太高，可以另外再外接一个风扇帮助降温。

一般机箱上都设为外接风扇的安装位置，只要将新增风扇安装好，再接上电源线就可以很好地起到电脑降温工作了。

13. CPU 温度过高导致经常死机该怎么办

电脑在启动后，运行一段时间就会慢下来，而且经常出现无故死机和自动重启的现象。

在排除了病毒和使用不当的原因后，主要应检查 CPU 和内存。CPU 的性能是引起死机的一个常见原因，如果 CPU 的温度过高就会引起死机或者自动重启现象。经检查，发现该电脑的 CPU 散热风扇的散热效果不好，导致工作温度过高。更换一个优质风扇后故障排除。

> 提示!!
> 如果电脑没有检查 CPU 温度和风扇转速的功能，可以打开机箱，通过触摸和观察大致检测温度与转速。

14. 为什么新装奔腾 4 CPU 后电脑无法启动

为升级电脑，新购 Intel 845D 芯片组主板、P4 2.4 CPU 和 P4 专用电源。组装好后不能启动，电源和 CPU 的散热风扇都正常转动，但系统无任何响应。

奔腾 4 CPU 比前几代产品性能提高不少，但功耗也增长很多，通过主板向其供电远远不能满足需要，不但需要专用的 ATX 12V 电源，而且还要直接从电源取电。P4 专用电源提供了一根专门用于向 CPU 供电的电缆，组装时需要将其插到 CPU 附近的主板插头上，仅连接电源和主板的电源线是不够的。

15. CPU 超频导致系统无法正常启动该怎么办

CPU 超频使用，开机后在自检内存时死机。超频前，系统工作正常。

根据现象分析，是内存不能适应当前的工作环境。常用的解决方法是在 BIOS 设置程序中把内存设为 CL=3（如果以前是 2），如果此方法不能解决问题，则需要考虑更换性能更高的内存了（例如工作频率更高的，高于或者等于超频后的 CPU 外频）。

16. CPU 超频导致 3D 游戏死机该怎么办

CPU 超频使用，其他工作都正常，但运行 Quake 等 3D 游戏时经常死机，画面停止不动，只能重启。

根据现象分析，问题应该出在显卡上，可能是显卡本身不支持当前的超频环境，也可能是超频使用后，显卡的散热能力不能满足需要。试试更换散热更好的显卡散热风扇能否解决问题。

17. CPU 超频导致黑屏故障该怎么办

CPU 超频后，开机无任何响应，屏幕一片漆黑，显示器进入节能模式，硬盘灯不闪烁。

经过分析和细致检查，排除硬件毁坏问题，是 CPU 无法超频的原因。此时，可以试试提高 CPU 的电压，如果不行就需要考虑更换一块超频能力较强的主板，例如升技和微星的一些型号。

18. CPU 芯片断针该怎么办

插拔过程中不慎将 CPU 的一根针脚折断了，但其他部分完好无损。

对于 CPU 芯片针脚折断问题，有以下几种常用处理方法：

（1）如果还找得到折断的针脚，可以使用磨尖的电烙铁小心将其焊回原位。焊接时注意电烙铁要良好接地，或者在拔下电源插头后用余热焊接。

（2）如果找不到折断的针脚，可以用一根漆包线（多用于变压器线圈）代替。一端焊接到 CPU 的断脚处，从芯片和插座之间引出，另一端焊接到主板（或者转接卡）背面对应的焊点上。

> **提示!!** 以上操作对焊接技术要求很高，建议没有经验者不要尝试。

（3）将大头针插入 CPU 插座上对应断针的插孔，量取合适的高度截断，高度以插上 CPU 后正好与断针处良好接触为宜。

8-4　硬盘常见故障分析与排除

1. 如何处理新装硬盘在系统中的状态为“未初始化”

电脑使用的操作系统是 Windows XP，前几天新安装了一块硬盘，但是在系统中，此硬盘的状态显示为“未初始化”，该硬盘也无法使用。请问应该如何处理？

新安装的硬盘没有有效的签名会导致硬盘状态为“未初始化”。在安装新硬盘后，Windows XP 必须写入磁盘签名、扇区标记的末端（也称为签名字）、主启动记录或 GUID 分区表，然后才能在这些磁盘上创建分区。所以，一块新的硬盘安装以后，必须首先进行初始化，然后才能分区和格式化。

安装新硬盘后，第一次启动系统的磁盘管理工具时，将会打开磁盘初始化向导，其中显示 Windows XP 检测到的新磁盘列表。如果在写入磁盘签名前取消该向导，磁盘状态就会显示为“未初始化”。当然，也可以按照如下步骤手工初始化该硬盘：

（1）在控制面板中双击“管理工具”图标，打开“管理工具”窗口。然后双击“计算机管理”图标，打开“计算机管理”窗口。

（2）在“计算机管理”窗口中，单击“磁盘管理”，然后在右边的窗口中使用鼠标右键单击要初始化的磁盘，在下拉菜单中选择“初始化磁盘”菜单项。接下来，按照系统的提示进行操作即可。

2. 如何处理硬盘的状态显示为“不可读”

某电脑安装的是 Windows XP 系统，使用了三个多月，一直都很正常。后来发现一个硬盘分区的状态显示为“不可读”，而且也无法正常使用该分区。

出现这种情况，很有可能是硬件存在问题、受到破坏或 I/O 错误。当然，当磁盘正在转动或磁盘管理工具正在扫描系统中的所有磁盘时，磁盘也可能显示“不可读”状态。所以，当系统出现此故障时，可以首先尝试重新启动电脑，查看故障是否排除。如果问题依旧，可以尝试重新扫描系统中的磁盘。如果故障还是没有排除，那么就有可能是硬件损坏了，最好联系硬盘的技术服务部门，请专业技术人员来检修。

3. 如何处理转换磁盘格式后在 DOS 下无法识别 C 盘

某电脑安装了 Windows XP 系统之后，把磁盘分区格式从 FAT 转换成了 NTFS。一段时间之后想重新安装系统，但是在 DOS 下无法识别 C 盘。

出现此问题的原因是 DOS 系统无法正确地识别 NTFS 格式的磁盘分区。有多种方法可以解决此问题，例如，再次用 Windows XP 的安装盘引导系统，当安装向导要求选择分区时，将原 C 盘删除，退出安装向导，然后使用其他磁盘分区工具（如 Fdisk，Partition Magic）分区，并将 C 盘格式化为 FAT 32 格式即可。

4. 如何处理系统经常不能识别出硬盘

系统不能正确识别硬盘，通常是硬盘本身、主板、电源、BIOS 设置这几个方面的问题。通过替换法反复检查后，一一排除了各部分的问题。仔细查看时发现，硬盘数据线的很多地方扭曲、捆扎得十分混乱，怀疑是数据线内部有断路或者接触不良。更换数据线后，故障排除。

5. 如何处理硬盘间断性自动读写

使用电脑时，发现每隔一段时间，没有任何操作的情况下，硬盘灯一直闪烁，读写磁盘的声音很大，然后又自动停止了。

根据现象分析，可能是系统自动对硬盘进行了某些操作。可能的原因有多种，例如硬盘的自动节能功能，当一段时间没有进行任何操作后，将内存中的所有数据写入磁盘，然后进入“休眠”状态，当系统检测到有操作时，再将数据从硬盘读出，恢复原来的工作状态。还有，操作系统可能会周期性地执行某些操作，例如自动保存、更新缓存等等，也会出现读写硬盘的操作。如果这种间断性的读写硬盘操作影响了正常的使用，可以检查 BIOS 和操作系统的有关设置，禁用自动节能等功能。

6. 如何处理格式化硬盘时出错

对硬盘分区后进行格式化操作，系统提示出错“Trying to recover allocation unit”，无法进行格式化。

根据错误现象分析，可能是 BIOS 中设置的硬盘类型与硬盘中保存的数据不一致造成的。建议检查硬盘的实际参数，并重新在 BIOS 中设置。

7. 如何处理硬盘出现坏道

硬盘上出现了坏道，使用 Windows 系统自带的磁盘扫描工具和 NDD 都不能成功修复。

一般情况下，使用 Scandisk，NDD 无法修复的坏道，分区格式化后依然存在的坏道，都属于物理坏道。对于物理坏道，可以通过划分单独的分区并隐藏来处理，也可以尝试低级格式化，但低级格式化的效果不好而且对硬盘有物理损伤。抱着尝试的心理，使用 DM 软件对有坏道的硬盘进行了“清零”操作（使用“Advanced Options”、“Maintenance Options”、“Zero Filling”命令，就是将硬盘的所有空间写入 0）。然后重新分区格式化，安装操作系统，使用一直正常。说明硬盘的坏道还是属于逻辑坏道，虽然通过各种软件无法修复。

8. 为什么安装新硬盘后各盘符顺序发生变化

电脑原有一块硬盘，分为 C 区和 D 区。后又安装一块分为三个分区的硬盘，结果原硬盘的 D 区变为 E 区，新硬盘的 C 区变为 D 区、D 区变为 F 区、E 区变为 G 区。而且原来安装在 D 区的软件都不能正常运行了。

这是 DOS 系统对硬盘的管理方法造成的。新旧两块硬盘的 C 区都是主分区，而其他分区为逻辑分区，操作系统会将主盘的主分区识别为 C 区，将从盘的主分区识别为 D 区，然后再将主盘的各逻辑分区、从盘的各逻辑分区依次识别为 E，F 等分区。

解决此问题有好几种方法，最简单的方法是在 BIOS 程序中将第二块硬盘设置为 None。Windows 操作系统的“即插即用”功能会在启动时检查出该硬件，并自动顺次分配原盘符之后的盘符。这样，各盘符的顺序就会安装硬盘的顺序排列了。

如果打算将第二块硬盘一直当做从盘，为了避免在安装到其他电脑时总是需要该设置，可以将它重新分区，把全部空间用于建立扩展分区，并在其上建立各个逻辑分区。

> 提示!!
> Windows 2000/NT/XP 操作系统不存在此问题，而且可以对盘符进行修改。Partition Magic，DM 等软件也可以修改各分区的盘符。

9. 安装双硬盘导致死机该怎么办

在电脑上加了一块硬盘，使用时经常出现死机、不能检测到硬盘等现象。

根据故障现象分析，可能是新加的硬盘存在问题。使用替换法检查，发现新硬盘无故障，但单独使用两块硬盘中的任意一块时，无故障现象。推断为电源功率不足，更换大功率电源后，故障消失。

10. 分区找不到了该怎么办

电脑染上病毒后，引导区受到破坏，一个分区找不到了。

首先确定病毒已经完全清除了，找一个容量和分区完全一样的硬盘（或者找一个容量一样的硬盘设置一样的分区），使用能够备份引导区的软件，例如 KV300，保存新硬盘的分区表，然后将其恢复到故障硬盘上。

11. 如何挽救被误删除的分区

由于误操作，在 Fdisk 程序中删除了错误的分区，如何将被删除的分区找回来？

如果误操作后没有进行格式化，也没有进行其他读写操作，被删除的分区还可以恢复。比较简单的方法是找一块容量和分区完全一样的硬盘，将它的分区信息复制，覆盖到故障硬盘上即可（一些杀毒软件提供备份和恢复磁盘分区表的功能）。此外，还可以尝试使用数据恢复软件恢复被删除分区上的数据。

12. 如何恢复误格式化的分区

由于输入错误，在 DOS 环境中错误地格式化了存储重要数据的分区，如何恢复磁盘数据？

在 DOS 的高版本下，格式化操作在默认状态下建立了用于恢复的信息，即将引导区、分区表、目录表等所有内容复制到磁盘的最后几个扇区中，而实际数据并没有消失。如果格式化后没有进行任何磁盘操作，通过 Unformat 命令可以恢复数据。

提示!! 在 DOS 和 Windows 环境下，无论是误删除还是误格式化，只要没有在原数据区写入新数据，基本上都可以通过数据恢复软件进行恢复。

13. 为什么磁盘碎片整理过程反复

对硬盘进行碎片整理，总是在 10%时重新开始。

在操作系统对硬盘进行碎片整理时，如果发生写硬盘的操作以及某些后台程序启动的情况，就会重新开始。在整理磁盘碎片前，应该禁用屏幕保护功能，将系统等待、关闭硬盘的选项都设置为“从不”，检查系统后台是否有其他程序正在运行，全部关闭，如果与局域网相连，最好也将网线拔下。

提示!! 在整理磁盘碎片之前，最好先进行磁盘扫描、删除不再需要的文件，以保证整理过程快速、正确地进行。

14. 为什么需连续两次开机才能正常运行操作系统

某 Pentium 4 电脑，硬盘容量为 60GB。使用 10 个月后，启动时出现故障，每次开机必须要人工连续启动两次才能正常运行操作系统。

首次开机后，屏幕能显示 Windows XP 开机画面，开机画面消失一段时间后，计算机就报告出现致命错误，但再次热启动电脑系统可以正常运行。通常，报告有致命错误发生的原因很可能是操作系统运行不正常，但第二次启动后系统能正常运行操作系统，说明硬盘本身并没有硬件故障，可能的一种原因是硬盘的工作效率下降，致使在第一次启动计算机时搜寻相关文件出错，而硬盘工作效率下降的一个重要因素是文件碎片太多。

运行磁盘碎片整理程序对硬盘进行整理。当硬盘全部整理完毕后，重新启动电脑，一次启动成功，问题得以圆满解决。

15. 为什么换新硬盘后，加电启动出现黑屏故障

某台电脑原先使用正常，为其更换了一块新硬盘，在系统加电后就一直黑屏。

开机就出现黑屏，表明显示器没有信号输入，系统根本没有自检，而以前计算器工作正常。出现这种毛病的最大原因就是硬盘数据线接反。

打开机箱，拔出硬盘数据线，仔细观察数据线的顺序标志，一般在接头的地方第一针标有“1”字样，其对应的信号线为红色。确保再次连接时硬盘数据线接入方向正确无误。另外，质量很好的数据线在插入方向搞反时，一般无法或者很难插入硬盘接口。如果反方向也能轻松插入，说明数据线有质量问题，最好加以更换。

16. 如何解决听音乐时读/写硬盘声音受干扰的问题

在用电脑听音乐时，只要有对硬盘进行读写操作，声音就会变得断断续续，并且伴有刺耳的吱啦声。

出现这种情况的原因主要是声卡和硬盘争夺系统总线的资源造成的。

（1）用鼠标右键选择“我的电脑”/“ 属性”选项，在弹出“系统属性”对话框中选择“设备管理器”，打开“设备管理器”窗口。

（2）展开“磁盘驱动器”分支，选中需要的磁盘，单击鼠标右键，在弹出的快捷菜单中选择“属性”。

（3）在弹出的对话框中去掉“DMA”前的选择，然后单击“确定”按钮。

（4）再单击“确定”按钮，然后关闭系统属性窗口。

（5）重新启动电脑，如果问题还未解决就可能是声卡太老的原因了，此时就只能更换声卡了。

17. 为什么对硬盘进行读/写操作后，硬盘指示灯一直闪烁不停

某台兼容机，硬盘能够被正确访问，但对硬盘进行读/写操作后，硬盘指示灯就一直闪烁不停。

该故障其实跟硬盘并没有多大关系，因为能够对硬盘进行正常读/写操作，很可能是在装机时硬盘指示灯的接线不当。

检查驱动器和驱动器控制器的硬盘指示灯跳线设置，看看硬盘指示灯跳线是锁存模式还是活动模式。该跳线应设置成活动模式，这样指示灯在硬盘被访问时才会闪烁。需要注意的是，某些硬盘，特别是一些 SCSI 硬盘，利用硬盘指示灯来指示硬盘或者控制器出错。这种情况下，就需要仔细查阅硬盘说明书，以确认不同的闪烁到底代表哪种硬盘故障类型。

18. 为什么电脑突然死机后，热启动过程中提示主硬盘出错

电脑在运行过程中突然死机，死机前的瞬间硬盘驱动器还转个不停，接着对该电脑热启动，启动过程中电脑屏幕显示：Primaster HDD error…

上述错误信息表明 CMOS 没有检测到硬盘。由于死机前硬盘转动不停，所以故障原因多半是因为当硬盘驱动器还在高速运转时，突然碰到死机（等同于非正常关机），结果硬盘驱动器磁头就没有能够准确回到着陆区，形成了磁头定位偏差，以至于再次热启动时 CMOS 检测硬盘失败。如果出现这类情况，说明该硬盘存在质量缺陷，值得重视。

断开电脑电源，等上 1min 再重新开机，这时硬盘会进行磁头定位，这有助于磁头回到正确的位置，或者把此硬盘拿到另一台电脑上使用一段时间，以帮助校正磁头。

19. 为什么硬盘变“大”了

硬盘大小实际为 40GB，某天开机发现自检程序识别为 90GB，而且不能进入系统。

根据现象推断，可能是 CMOS 参数有错误，或者是主板、硬盘出现故障。放电清了 CMOS 后故障依然，说明是主板或者硬盘的原因。经过仔细检查，发现硬盘的电源接口中断了一根针。分析原因，应该是硬盘没有正常供电，不但无法正常引导进入操作系统，还让自检程序没有获得正确的数据。送维修单位修理后，故障排除，硬盘上的数据也不会丢失。

20. 转换文件格式后，C 盘丢失该怎么办

用驱动器转换器把 C 盘从 FAT16 转换为 FAT32 文件系统后，找不到 C 盘。

这种故障并不普遍，但在 Windows 98 操作系统中的确存在这种现象。发生这种故障后，如果用软盘启动系统，会发现原来的 C 盘找不到，原来的 D 盘变成了 C 盘。这种故障可能是由于操作系统因某些原因运行不稳定，造成文件分配表不能被操作系统承认所致。

用系统软盘启动电脑后，运行 Partition Magic 软件（该软件可以自动找到“丢失”的硬盘），然后再把文件分配表重新调整回来即可。如果以前安装的部分软件不能正常运行，可重新安装软件。

21. 为什么无法对硬盘进行格式化

用 Format 命令对硬盘作高级格式化，当进行到大约 30%的时候，格式化进度就停滞不前，等待很长时间后，格式化进程终止。

当操作系统对硬盘格式化时，要读取各扇区的标示（ID）信息。当读到某些位置的扇区时，如果扇区的 ID 信息出错，或者扇区物理受损导致根本无法读出信息，格式化过程就会反复对这部分扇区进行读操作，企图读出其中的信息，但总是出错。从表面上看，格式化进程出现停顿。

出现这种情况说明硬盘的一些区域可能有坏扇区。此时可按键盘组合键 Ctrl+Break 强行终止格式化过程，然后进行如下处理：

（1）使用 Scandisk 修复逻辑坏道：在 DOS 环境下运行 Windows 自带的 Scandisk，选择表面检测，如果发现了坏扇区，按照提示进行修复即可。

（2）使用 Fbdisk 将坏扇区自动重新分区，将所有坏扇区隐藏，还自动将坏扇区分开，防止坏扇区扩散。

Fbdisk 的下载地址如下：

http://www.jhdz.com.cn/personnel/patchhome/openfile.asp?TableName=debugsoft&Type=酷品推荐&FileName=download\fbdisk10.zip

22. 硬盘出现了坏道该怎么办

硬盘上出现了坏道，使用 Windows 系统自带的磁盘扫描工具和 NDD 都不能成功修复。

一般情况下，使用 Scandisk，NDD 无法修复的坏道，分区格式化后依然存在的坏道，都属于物理坏道。对于物理坏道，可以通过划分单独的分区并隐藏来处理，也可以尝试低级格式化，但低级格式化的效果不好而且对硬盘有物理损伤。抱着尝试的心理，使用 DM 软件对有坏道的硬盘进行了“清

零”操作（使用“Advanced Options”、“Maintenance Options”、“Zero Filling”命令，就是将硬盘的所有空间写入 0）。然后重新分区格式化，安装操作系统，使用一直正常。说明硬盘的坏道还是属于逻辑坏道，虽然通过各种软件无法修复。

23. 为什么硬盘能正常使用，但无法对硬盘重新分区

硬盘能正常使用，但无法对硬盘重新分区。经查硬盘上无病毒，分区表信息也正确。

硬盘无法重新分区通常表现为：用 Fdisk 命令对硬盘分区后，原来的分区设置一点也没有发生改变。在这种情况下用 Format 命令对硬盘格式化，系统就会提示写入分区表信息出错。但在此初，硬盘能正常使用，分区表没有问题，也没有被病毒感染，说明故障跟 CMOS 设置有关。

开机进入 CMOS 设置菜单，在主板的病毒防护功能菜单中找到硬盘引导扇区 Fixed Disk boot sector 项（主板不同，该项的名称也可能不一样），结果发现这一项被设成了写保护，将该项设置改成 Normal 并保存设置，重新启动电脑后，问题得到解决。

24. 误删除了硬盘的分区后该怎么办

当分区被误删除后，如果企图访问硬盘，系统会报告无效驱动器错误，使得我们误以为硬盘中的资料完全被毁。其实，删除分区表只是改写了硬盘的主引导扇区（0 面 0 道 1 扇区）中的内容，虽然硬盘分区表信息被删除，但硬盘各分区的资料却完好无损。

只需重新恢复原来的分区表信息，就能挽救硬盘的资料。方法如下：

首先准备一张 KV3000 杀毒软盘和一个分区表无误的好硬盘。用 KV3000 杀毒盘启动安装有好硬盘的电脑，在 A 盘提示符下输入命令 KV3000/b 并回车，这时根据提示插入另一张软盘以保存分区表信息，其缺省文件名是 HDPT.DAT，即硬盘分区表数据文件。再用 KV3000 启动装有故障硬盘的电脑，然后插入保存分区表信息的软盘，键入命令：KV3000/hdpt.dat 并回车，这样就把好盘的分区表信息写入到故障盘的分区表。

提示!! 当分区表被误删除后，一定不要急着用 Fdisk 命令重建分区。因为重建分区之后，就必须再对硬盘作高级格式化，文件分配表会被改写。一旦文件分配表跟以前的不一样，就再也无法恢复资料了。

再次强调，为了防患于未然，一定要对分区表信息进行备份处理。

25. 为什么对硬盘进行分区和格式化后，仍然不能清除硬盘上的病毒

硬盘被发现感染有病毒，重新对该硬盘分区和格式化后，发现仍然存在病毒。

一般情况下，通过对硬盘重新分区和格式化，就可以把附在文件上的病毒都清除掉。但上述故障现象表明，病毒并非存在于数据区，而是深藏在硬盘的引导区里，这种病毒通常就是引导型病毒。为什么引导型病毒没有被格式化掉呢？原来，由于在引导扇区中保存的是主引导记录，对硬盘重新分区后，格式化操作并不完全重写主引导区的内容，仅仅是重新改写分区表信息。所以，隐藏在引导区的病毒并没有被这样清除掉。

利用 KV3000 可查杀引导型病毒。或者找一张跟原来系统版本一致，确保无病毒的启动盘，用它启动电脑后运行 FDISK\MBR 命令重写主引导记录即可。

26. 为什么无法运行磁盘清理程序

在运行“磁盘清理程序”时，系统突然提示执行了非法操作，即将被关闭，然后就只好执行系统的“关闭”操作。实际上是，此时并没有执行非法操作。

要搞清楚这个问题，首先我们要知道：“磁盘清理程序”在搜索驱动器后，会列出驱动器上的临时文件、Internet 缓存文件和可以安全删除的不需要的文件，以便于最大限度地释放硬盘空间。如果系统报告硬盘存在错误，则“磁盘清理程序”将无法进行正常运行，但不一定是执行了非法操作。

首先运行“磁盘扫描程序”对硬盘进行查错处理，然后再运行磁盘清理程序。

运行“磁盘扫描程序”的操作步骤如下：

（1）在“我的电脑”中右击需查错的驱动器（如 C:），选择“属性”，打开相应驱动器属性对话框。

（2）在驱动器属性对话框“工具”选项卡的“查错”栏中单击“开始检查”按钮即可。

27. 硬盘容量为什么变小

购买了一块 120GB 的硬盘，系统自检时显示只有 114GB。

生产硬盘的厂商计算容量时，1000KB 为 1MB，而主板 BIOS 和其他测试软件是以 1028KB 为 1MB 计算，这样便会造成 5%左右的差异。而且，硬盘在分区格式化后，分区表等信息也要占用一部分硬盘空间。这样，在 Windows 系统中显示的可用容量也会和实际总值存在一点出入。

提示!!

在 CMOS 中选择不同的工作模式（NORMAL，LBA，LARGE）也会造成容量的不一致。

28. 为什么硬盘的空间越来越小

使用了 Windows XP 一段时间之后，发现硬盘的空间越来越少。这究竟是为什么呢？

经过检查，发现每个硬盘分区中都有一个 System Volume Information 文件夹，也就是系统还原。每次对硬盘进行操作，就会在这个文件夹中添加一些文件，随着时间的增加，这个文件夹的容量越来越大，从而使硬盘的可用空间越来越少。如希望硬盘容量不用于保存系统还原信息，只需禁止系统还原功能即可。

提示!!

如果想删除这个文件夹中的文件，必须以管理员（默认为 Administrator）身份登录系统。

29. 为什么向第二硬盘中复制文件时速度很慢

为某 Pentium 4 电脑加装一块 120GB 的硬盘后，向第二硬盘中复制文件时，复制速度很慢。

出现这种情况的原因很可能是将原来硬盘和新硬盘接在同一条 DMA 数据线上了。如果新硬盘支持 DMA100 功能，而旧硬盘不支持，我们又开启了旧硬盘的 DMA 选项，这时候我们如果向旧硬盘写入文件，就会出现速度很慢的现象。

只要在 Windows 系统中将原来的那块硬盘的 DMA 功能关闭就可以了。

具体操作步骤如下：

（1）右击“我的电脑”图标，在弹出的快捷菜单中选择“属性”选项。

（2）在“系统属性”窗口中选择“设备管理器”标签，展开“磁盘驱动器”分支，选中原来的那块硬盘，然后单击“属性”按钮。

（3）在弹出的窗口中选择“设置”标签，去掉“DMA”前的复选标志即可。

30. 如何处理硬盘噪音大的问题

某电脑上的硬盘，在使用过程中发现硬盘的工作噪音很大，读盘时跟炒豆似的。

硬盘在运行中，都有一定的工作噪音，这与硬盘的结构有很大的关系。硬盘内部由固定面板、控制电路板、磁头、盘片、主轴承、电机、接口及其他附件组成，其中轴承和驱动电机是噪音的主要来源。同时硬盘正面还有一个透气孔，它的作用就是使硬盘内部气压与大气气压保持一致，难免会有一些噪音传出来。

硬盘如果发出“噌噌”的声音，应该属于正常现象，这主要来源于盘片的旋转噪音；硬盘读盘的时候有炒豆一样的声音，如果不影响性能，也基本属于正常情况。

硬盘出现故障时，噪音一般是“咯楞咯楞”的声音，这样的声音是轴承带动的机械手臂与盘片出现了碰撞造成的。

（1）如果硬盘发出的“噌噌”的工作噪音，那就采取如下措施：水平安装的硬盘必须与机箱底面平行（电路板朝下），垂直安装的硬盘必须与机箱底面垂直，不得有歪斜发生。最重要的是硬盘必须紧固，不能只用一两个螺丝固定。但要注意硬盘固定螺丝不能太长和拧得太紧，以防损伤电路板和盘体。

（2）如果硬盘发出的是“咯楞咯楞”的声音，那就只有报废了。但别忘记了将硬盘中有用的数据及时转移出来。

31. 系统提示找不到 USB 设备怎么办

USB 移动硬盘在连接到电脑之后，系统没有弹出“发现 USB 设备”的提示。

在 BIOS 中没有为 USB 接口分配中断号，从而导致系统无法正常地识别和管理 USB 设备。

重新启动电脑，进入 BIOS 设置窗口，在“PNP/PCI CONFIGURATION”中将“Assign IRQ For USB”一项设置为“Enable”，这样系统就可以给 USB 端口分配可用的中断地址。

32. 闪存盘损坏后应如何处理

一块 128MB Netac 朗科优盘（双启动型，型号是 ODH）。因为电脑长时间没有响应，于是热插拔下来（当时正在拷贝数据）。但是在后来的使用中发现当拷贝的数据超过 10MB 时总是提示“数据循环冗余”使拷贝失败。但是，USB 闪存盘应该是可以热插拔的。请问这是怎么回事？怎样才能修复？

请首先试试将闪存换到别的机器上用不同的软件反复格式化几次，如果仍出现同样的错误，则该闪存可能出现的物理损坏，只能更换或返厂修复。另外现在有一款针对某些闪存芯片的“低级格式化”程序，可以修复很多出现“软”故障的闪存。这里特别提醒读者，USB 设备的“热插拔”并不是能够保证绝对安全的，大家在 USB 设备工作时（比如闪存正在读写数据时）应该尽量避免拔插设备，否则也可能导致设备损坏或数据丢失。

33. 为什么移动硬盘无法在系统中弹出和关闭

在 Windows 2000 或 Windows XP 系统中，移动硬盘无法在系统中弹出和关闭。

出现这样的问题，应该是系统中有其他程序正在访问移动硬盘中的数据，从而产生对移动硬盘的读写操作。

关闭所有对移动硬盘进行操作的程序，有必要尽可能地在弹出移动硬盘时关闭系统中的病毒防火墙等软件，问题应该会得到解决。

34. 无法打开移动硬盘中的内容怎么办

USB 移动硬盘能被操作系统识别，却无法打开移动硬盘所在的盘符。或者，移动硬盘在操作系统中能被发现，但被识别为“未知的 USB 设备”，并提示安装无法继续进行。

移动硬盘对工作电压和电流有较高的要求（+5V 最大要求 500mA），如果主板上 USB 接口供电不足，会造成上述现象。

选择带有外接电源的移动硬盘盒，或者使用带有外接电源的 USB HUB 即可解决此类问题。

35. 为什么 USB 硬盘读写时发出“咔咔”异响

新买的 IBM 20GB USB 2.0 移动硬盘，在接入电脑后发现 USB 硬盘读写操作发出“咔咔”的声音，经常产生读写错误。

USB 接口的设备需要 +5V 最大 500mA 供电，如果供电不足会导致移动硬盘读写错误甚至无法识别。

更换 USB 接口供电方式，从 +5VSB 切换为主板 +5V 供电；如果仍不能解决问题则考虑更换电源。某些 USB 移动硬盘也提供 PS/2 取电接口，也可尝试使用。

8-5 内存常见故障分析与排除

1. 为什么开机时伴有长时间的警报声

Award BIOS 主板，使用一段时间后，开机时伴有长时间的警报声。

在开机时伴有长时间的警报声，就可以根据声音来判断故障，这样解决问题就要方便许多。对 Award BIOS 而言，开机时长时间的鸣叫，初步可以断定为是由内存引起故障。解决内存故障一般可从以下方面入手：

（1）内存的安插问题，安装内存时，一定要注意将其完全装入插槽内，通常在插入内存后，插槽两旁的弹扣会自动弹回，并发出轻微的响声。

（2）将内存条重新安插一次后，再开机。如果仍然有问题，可以再为内存做除尘工作，使用橡皮擦对内存的金手指进行擦拭，擦除其表面的氧化层，同时要使用毛刷对主机板上的插槽进行清理。

（3）当然，也不能忽略其他硬件引起的故障，重点检查内存后，如果还是不能启动电脑，可使用最小系统法即只保留显示卡、内存、主机板、显示器进行开机，这样就可以逐步的缩小检查的范围。

提示!!

（1）显示卡和内存有问题时，电脑开机时屏幕都是漆黑一片，此时应注意电脑有无警报声，如果是有警报声的，显示卡的问题可能会大一些，如果黑屏无警报声，多半是内存没插好或损坏。

（2）可以注意面板的指示灯状态，如果无警报声又检查过内存了，可能会是显示卡接触不良的问题，这里往往伴随硬盘灯长亮，还可以观察显示器的状态灯，如果显示器上的指示灯不停地闪烁，可能会是连接显示卡信号线没连接好，或是显示卡没有插紧。

2. 内存故障导致安装操作系统失败该怎么办

组装电脑，安装 Windows XP 操作系统，在复制文件阶段，速度较慢，总是报错，提示无法复制文件，或者文件不符。根据提示选择重试，有时能继续安装，有时则不能继续，只能中断安装，重启系统。而且，安装界面上出现大量乱码。反复尝试均无法正常安装。

Windows XP 操作系统对系统硬件要求较高，如果某个硬件存在故障或者不够稳定，安装过程将会出现问题。上述故障现象，一般是内存质量问题引起的。如果仅使用一条内存，则更换一条内存试试；如果使用多条内存，分别进行测试，确定是哪一个内存存在故障后再进行更换。

3. 内存延迟时间会影响系统稳定性吗

更换内存后，系统稳定性下降，死机、意外退出程序的情况时有发生。

由于故障发生在更换内存后，因此，内存故障是重点考虑原因。将内存安装到其他电脑上检测，发现能够稳定运行，排除内存硬件本身故障。检查内存的各个相关设置，发现将 BIOS 中的 CL 参数从 2 改为 3 后，故障消失。推断为新换的内存质量不及原来的，或者性能参数低于以前，导致无法稳定工作在原来的环境中。

> **提示!!** CL 参数，指 CAS Latency，与内存的反应速度关系密切。此参数控制内存 CAS 信号需要经过多少个时钟周期，才能开始读写数据。如果内存质量或者性能不佳，设置为 2 会导致系统工作不稳定。

4. 为什么开机提示 Error:Unable to Control A20 Line

某电脑开机后系统报错，不能正常启动。屏幕上显示“Error:Unable to Control A20 Line”。

此提示信息说明内存存在问题，可能是硬件间的接触不良、内存条硬件故障，或者是主板的控制电路有问题。首先应检查内存和主板的外观，查看是否有过多灰尘和锈迹，并重新插拔试试。如果不行就更换内存试试，如果故障消失，则说明内存有质量问题，需要更换。

5. 为什么加装内存条后显示器就无显示

某电脑一直使用正常，但是新增一条内存后，就不能正常开机。

电脑以前使用正常，在新增一条内存后出现故障，因此应将重点放在新增的内存上，但也不排除其他方面的故障，可从以下几个方面来解决。

（1）拔出新增的内存，看是否能正常启动电脑，如果正常，那就可以排除其他方面的原因。

（2）注意是否选择了与主板不兼容的内存条。如果真是出现了兼容的问题，首先升级主板的 BIOS，看看是否能解决问题，如果仍无济于事，就只好换内存条了。

（3）将两条内存都拔出，然后再插入一次，排除安装不好导致不能开机的原因。

（4）接着考虑两个内存间是否兼容，如果是两个不同频率或是不同厂商的内存，都有可能出现不兼容的情况，解决方法是拔下其中的任何一条内存，然后再启动电脑看是否能正常启动。

（5）如果使用的是相同的两条内存，那就要考虑新增的内存是否能正常使用，可拔出原来主机板上使用的内存，然后单独使用新增的内存来开机，看是否能正常启动电脑，如果能够启动，那就排除内存损坏的原因。

（6）如果两条内存间不存在兼容或质量问题，那就要检查主机板上的插槽是否有问题了，可以尝试将内存插在不同的插槽里面，再运行开机动作，看能否正常启动。

（7）如果两条内存工作频率不相同，可以使用其中的一条内存先启动电脑进入 BIOS 设置，将内存的相应项（包括 CAS 值）设置为较低的参数值，确定无误后，再插入第二条内存看能否使用。

6. 添加内存条后开机报警该怎么办

添加一条内存后，开机报警，系统无法启动。

根据报警声音判断是内存故障，打开机箱检查，发现内存条未完全插入插槽，有一边的锁扣没有扣到位置。均匀用力将内存正确插入插槽，接好电源后开机，自检正常。

7. 不同内存混用导致开机黑屏该怎么办

原内存为 PC333 DDR，后添加一条 PC266 DDR 内存，结果开机就黑屏，无法启动。

不同品牌、型号，甚至不同生产批次的内存混用，会产生不稳定因素，严重时就会导致多种故障发生。对于内存混用的情况，常用以下措施来保证系统的稳定：

（1）更换各内存条的安装位置，尽量将性能指标低的内存插在第一插槽中，并按照性能指标由低到高依次插入第二、第三等插槽。

（2）如果系统能够启动，进入 BIOS 设置程序，将内存的相应选项（例如 CAS 参数）设置为较低水平。一个比较合理的方法是：单独用性能指标最低的内存条启动系统，并进行合理的 BIOS 设置，如果能启动操作系统并稳定运行一段时间，说明参数设置较合理，再关机安装其他内存。

（3）如果各内存的工作电压不同，应通过主板跳线或者 BIOS 设置将内存电压调为各内存中电压最低值。如果此时不能正常工作，则将工作电压较高的内存卸下。

8-6 光驱常见故障分析与排除

1. 无法从光驱引导系统怎么办

某兼容机，安装系统时设置为从光盘启动，放入了能够启动系统的安装盘，可启动时根本没有检测光驱，直接从硬盘启动。

开机检查，发现光驱的数据线接反，正确接上后，故障消失。

2. 为什么找不到光驱

某兼容机，装好后开机，自检时没有检测到光驱，进入操作系统也没有显示存在光驱。

开机检查，发现数据线没有插牢。重新插好数据线，开机，故障消失。

3. 如何处理开机自检到光驱时出现停止或死机

有可能是 CMOS 设置中的光驱的工作模式设置有误所致。一般来说，只要将所有用到的 IDE 接口设置为“AUTO”，就可以正确地识别光驱工作模式了。对于一些早期的主板或个别现象则需要进行单独设置。

4. 为什么光驱盘符变为可移动磁盘

在 Windows 操作系统中，光驱的盘符变成了“可移动磁盘”，插入任何光盘，系统都提示“驱动器中的磁盘未被格式化”，并询问是否马上格式化。

出现这种情况，一般是 BIOS 设置的问题。重启电脑，进入 BIOS 设置程序，检查各 IDE 接口所连的设备是否设置都正确，软驱的设置选项是否正确，有必要的话，让系统重新检测一下 IDE 设备。

5. 使用光驱时电脑自动重启怎么办

某兼容机，一直工作正常，新装上一个光驱后出现故障：使用新光驱播放 CD 和 VCD 光盘时正常，但使用它安装软件时电脑自动重启，有时候两个光驱同时使用时也会出现重启现象。

首先使用替换法检查两个光驱，发现单独使用任何一个都能正常工作。考虑到新光驱可以播放 CD 和 VCD 光盘，但不能安装软件，怀疑是电源功率不足所致。因为，光驱在读取 CD 和 VCD 数据时，基本都是以 4 倍速工作的，耗电量不是很大，当用于安装软件、复制大量数据时，光驱转速很高，所需电流比播放 CD 时要大。将电脑上的杂牌电源更换为高品质大功率电源后，故障消失。建议无特殊需要的情况下，将旧光驱卸下不使用，以减小电源的负荷。

6. 为什么光驱在工作却无法读取数据

光驱使用一直正常，突然出现不能读取光盘数据的现象。将光盘放入光驱后，能够听见光盘的旋转声音，光驱指示灯也在闪烁，但长时间读取后无法看到光盘上的内容，系统提示将磁盘插入驱动器。

根据现象分析，光驱的机械部分工作正常，不能识别光盘上的内容，可能是激光头、数据传输等方面的问题。经过检查，发现由于光盘上没有印刷任何文字和图像，两面没什么区别，导致光盘数据面向上被放入光驱。翻转光盘重新插入驱动器，故障消失。

7. 光驱托盘进出不畅怎么办

一台普通 IDE 光驱，使用一年有余，近日在使用时发现光驱的托盘进出时不通畅，有时候进出很快，有时候好像被卡住似的，一顿一顿的。

根据现象分析，应该是光驱的机械部分出现了问题。拆下光驱并打开外壳，仔细检查后发现，托盘旁边的齿轮和轨道有轻微的磨损，原来的少量润滑油与大量灰尘混合，已经失去润滑的功效。使用棉签小心擦去这些没有润滑作用的污物，均匀涂抹上新的润滑油（如果一时找不到润滑油，可以使用金霉素眼膏代替）。安装好后开机检查，故障排除。

8. 为什么光驱耳机插孔无声音信号

电脑各部分使用都正常，使用光驱播放 VCD 光盘时，将耳机插入光驱前面板上的插孔，但听不到任何声音。

目前，所有光驱基本上都带有一个数字/模拟信号转换器，用于将光盘上读取的数字信号转换为模拟信号，并从自带的耳机插孔输出。使用光驱播放 CD 光盘时，可以从面板上的耳机插孔获得声音信号，但播放 VCD 时，其数字信号的转换工作不能由光驱独立完成，需要由电脑的声卡协助完成。所以，播放 VCD 光盘时，耳机插孔中没有任何音频信号。将耳机或者音箱连接到电脑声卡的输出插孔即可听到所有声音。

9. 你遇到过杂物导致光驱机械故障吗

光驱使用了一段时间，期间调整过激光头的发射功率，工作状态一直比较稳定。近来突然出现了不读盘的现象。

拆开光驱外壳，接上电源检查光驱的工作情况，发现放入光盘后，主轴电机并没有正常地升起与顶部的塑料盘夹紧光盘，导致光盘还在托盘上，没有随电机一同旋转。仔细检查光驱的机械部分，发现控制主轴电机的传动装置中有杂物，阻碍了电机的升起。小心挑出杂物后，光驱工作恢复正常。推断为上次打开光驱进行清理时，留下了一小团脱脂棉。

10. 使用光驱播放音乐无声音怎么办

某兼容机，各部分工作都正常，但使用光驱播放 CD 和 VCD 光盘时，从电脑音箱中听不到声音。

打开机箱检查，发现光驱与声卡没有使用音频线进行连接，这样，光驱读取的音频信号并不会传入系统进行处理，电脑音箱也就不会放出任何声音。使用专用音频线将光驱与声卡正确连接后，故障排除。

11. 光驱挑盘怎么办

一台普通 CD-ROM 光驱，读取大部分光盘时正常，读取某些光盘时速度明显变慢，甚至不能读取数据。

对比此光驱能顺利读取和无法读取的光盘，发现不能顺利读取的光盘普遍偏薄，多为制作工艺较差的盗版光盘。推测光驱挑盘的原因是光驱工作时不能很好地夹住光盘一同旋转，使光盘与主动轴之间存在相对运动，导致激光头不能正常读取光盘数据。将光驱内上夹盘的不锈钢支架轻轻向下压，使用光驱能够很好地夹住光盘。重新安装好光驱，开机试用，故障排除。

12. 光盘变形导致数据无法读出怎么办

由于受到长期的重压，一张光盘有点变形了，表面不再是一个平面，而是有点“波浪”状。放到光驱中读不出数据。

由于光盘是塑料制成，可以通过加温后施加压力让其恢复原状。用两块略大于光盘的玻璃夹住光盘，再用弹力很大的夹子（例如夹报刊的夹子）夹牢，夹子和玻璃中间可以垫一些耐热的东西以保护玻璃，并使夹子夹得紧一些。将玻璃和光盘放入 80℃左右的热水中浸泡几分钟，取出，取下夹子平放，上面放置一些重物（注意不要把玻璃压碎）。大约十分钟后，取出光盘，试试能否正常读取数据。

13. 光盘上灰尘过多怎么办

由于保存不当，光盘数据面上有很多灰尘。听说不能随便擦光盘，该如何清理上面的灰尘？

光盘上的灰尘是光驱的最大杀手之一，它会使部分灰尘附着在激光头上，久而久之造成光驱读盘能力的严重下降。清理光盘上的灰尘不能用嘴吹或用手擦，这样不仅擦不掉灰尘，反而更容易对盘面造成新的伤害。正确的方法是用干净的绒布或丝质布轻轻擦拭，注意擦拭的方法是沿径向由内向外。对于不易擦掉的污物，可以用清水（或者添加一些清洁剂）清洗，晾干后再使用。

提示!! 一定不能使用酒精清洗光盘，因为这类有机物会和塑料发生化学反应，造成光驱激光束无法准确聚焦。

14. 光盘表面被划伤怎么办

由于收藏不当，导致光盘的数据面上出现了很多划痕，读取数据时很不流畅，有时候无法识别出。

处理光盘表面划痕的最好办法是将其打磨平整。首先准备一些工业用研磨剂，如果没有可以用牙膏加洗洁精代替。在光盘的数据面上倒少许研磨剂（或者洗洁精），均匀抹平，然后用软布蘸清水（或者牙膏）在有划痕的地方轻轻摩擦。注意，打磨的方向是沿光盘径向由外至内、由内至外，切勿做圆周运动。划痕深的地方稍微加力。如果打磨时感觉阻力稍大，就再加点清水。整个光盘表面都要打磨，直至划痕变浅、消失。最后用清水冲洗干净，擦干后放入光驱检查。

15. 为什么软件安装盘变成了音频 CD

重新安装系统后，将光驱的驱动程序也安装了，程序询问传输模式，选择了 DMA/33。重启电脑后，发现任何插入光驱的光盘都被识别为音频 CD。

根据现象分析，出现故障的原因与光驱的驱动程序有关，建议使用“控制面板”将该 DMA/33 的驱动程序卸载，选择其他传输模式（例如 PIO）重新安装驱动程序。

16. 为什么可擦写刻录光盘容量变小

购买的 CD-RW 光盘容量为 650MB，使用 Direct CD 格式化之后，容量少了许多。

Direct CD 对 CD-RW 光盘进行格式化时所采用的是 UDF 格式，也就是封包写入（Packet Writing）的固定长度格式。UDF 格式将光盘容量分为一个个大小为 32KB 的区块（Block），让刻录机对每一个区块进行写入及删除操作，以便 CD-RW 光盘可像硬盘或软盘一样读写及删除数据。UDF 格式的这种特性也造成了需要“牺牲”一些空间来记录每一个区块在光盘上的物理位置，所以会出现容量“丢失”的情况。

17. 刻录机能读盘却不能刻盘怎么办

新购一台刻录机，安装好后发现只能读盘，不能刻盘。

对于此类问题，首先检查设备的驱动程序是否正确安装了，再尝试更换一个刻录软件。由于不同品牌的刻录机与不同的刻录软件可能存在兼容性问题，最好使用刻录机附带的刻录软件，或者厂商推荐的刻录软件。

18. 安装刻录机后系统无法正常启动怎么办

新购的 IDE 内置光盘刻录机，安装到电脑上后，系统无法正常启动。

开机检查，发现光盘刻录机与硬盘使用同一根 IDE 数据线，而且刻录机和硬盘的跳线都设置为 Master（主盘）。将光盘刻录机跳线调整为 Slave（从盘），开机，系统启动正常。

> 提示!! 建议硬盘不要和光驱、光盘刻录机共用一根数据线，这样可能会影响数据传输的效率。

19. 为什么刻录的 VCD 光盘无法在 VCD 机上播放

使用刻录软件将 MPEG 文件制作为 VCD 格式的光盘，在电脑上能够播放，在家用的 VCD 机上却无法播放。

出现这种情况有两种可能：第一，刻盘时没有选择 DAO 模式，这样刻出来的光盘在电脑以外的设备上不能读取；第二，VCD 机不支持 CD-R 光盘，可以换到其他 VCD 机上试一下。

20. 光盘刻录连续失败怎么办

一台 IDE 接口的内置刻录机，正常使用较长时间，突然出现连续刻盘几十张全部失败的情况。更换了几个刻录软件也无济于事。

根据现象分析，故障应该出在刻录机上。检查刻坏的光盘，发现绝大部分盘面上没有激光烧录的痕迹，怀疑是刻录机激光头出现问题。卸下刻录机，打开外壳，发现激光头上蒙上了薄薄一层污垢。使用棉签小心擦除后，重新安装刻录机，开机试用，故障排除。

21. 刻录时提示找不到刻录设备怎么办

新安装刻录机和刻录软件，刻录光盘时，程序提示找不到可用的刻录设备。

出现此类问题的可能原因有很多。首先检查刻录机的驱动程序是否正确安装了，如果是外置设备，连接是否正确，电源是否打开。如果这几方面没有问题，检查刻录软件的版本，如果版本太低，很可能不能正确识别新近销售的刻录设备。如果以上方面都没有问题，建议将刻录设备和刻录软件都卸载，重新安装刻录设备的驱动程序，再安装新版刻录软件。

22. 为什么刻录过程报错 Buffer Under Run

使用刻录机刻盘的过程中，系统报错 Buffer Under Run，刻录过程中止，光盘报废。

Buffer Under Run（缓存欠载）现象是 CD-R/CD-RW 刻录机经常遇到的，通常是由于系统资源占用过大，或是同时运行的程序过多所致。所以，在整个刻录过程中一定要关闭任何非必要的应用程序（包括病毒防火墙等），而且不能设置屏幕保护程序和电源管理功能。另外，刻录失败还与操作系统、刻录软件、刻录机自身都有一定关系，比如系统不稳定，或是所使用的刻录软件有缺陷，刻录机不带防“缓存欠载”技术等，都会使刻录失败。

23. 刻盘失败后刻录机托盘无法弹出怎么办

刻录光盘时意外中断，但按光驱上的退盘按键、关闭刻录软件，都不能弹出托盘。重启电脑后，光盘依然取不出来。

一般情况下，当刻录机开始刻盘工作时，就会自动锁死光驱托盘，以防误操作中止刻盘进程。如果刻盘过程意外中止，但刻录软件并没有检测到刻盘失败，就会继续锁住光驱托盘。即使重启电脑，刻盘进程依然会自动加载，从而继续锁住。对于此问题，可以在重启电脑后、进入操作系统前按退盘键打开托盘，或者使用拉直的曲别针捅退盘孔打开托盘。

8-7 显卡常见故障分析与排除

1. 如何处理电脑开机黑屏但能听见自检和硬盘启动声音

首先检查显示器的电源和数据线的连接是否正常，然后将显示器安装到其他电脑上使用。排除这些问题后，打开机箱检查显卡，发现显卡没有完全插入主板插槽，可能是搬运时的振动所致。将显卡重新安装后开机，故障排除。

2. 为什么一进入游戏就死机

Geforce 显卡，Windows XP 操作系统，一般使用都正常，但运行游戏程序时黑屏、死机。

经过检查和询问，发现显卡的驱动程序是在安装操作系统时，Windows XP 自动安装的。一般情况下，操作系统自带的显卡驱动程序中没有 OpenGL 程序，但多数 3D 游戏都需要这个程序。对于此故障，建议安装显卡厂商正式发布相应驱动程序。

3. 显卡工作不稳定，有时频繁死机该怎么办

这常发生在电脑开机使用一段时间后。显卡的芯片同 CPU 一样，工作时会产生大量的热量，因此需要有个比较好的散热条件，而有些厂商为降低制造成本，省去了散热片或采用了质量不好的风扇，这都会使显卡工作的稳定性降低。这时我们可以自己给显卡换上一个质量较好的风扇。另外，由于显卡风扇上灰尘过多导致转速减慢还会引起显卡过热等问题。

4. 系统不能正确识别到显卡或显卡工作不正常怎么办

这类故障一般多发生在电脑刚装机或进行升级后。多见于主板与显卡的不兼容；主板插槽与显卡“金手指”不能完全接触；显卡与其他板卡不兼容。可试着替换排除。

5. 显卡驱动无法安装怎么办

安装显卡驱动时，提示失败，换用不同版本的驱动也无法解决。

要正确安装显卡驱动，可按照以下方法进行：

（1）首先，在机器启动时，按“Del”键进入 BIOS 设置，找到“Chipset Features Setup”选项，将里面的“Assign IRQ To VGA”设置为“Enable”，然后保存退出。很多显卡，特别是 Matrox 的显卡，当此项设置为“Disable”时一般都无法正确安装其驱动。另外，对于 ATI 显卡，要先将显卡设置为标准 VGA 显卡后再安装附带驱动。

（2）在安装好操作系统之后，一定要主板芯片组补丁程序，特别是对于采用 VIA 芯片组的主板而言，一定要记住安装其 VIA 4IN1 补丁。

（3）按照以下方法安装驱动程序：进入“设备管理器”后，右键单击“显示卡”下的显卡名称，然后点击右键菜单中的“属性”。进入显卡属性后点击“驱动程序”标签，选择“更新驱动程序”，然后选择“显示已知设备驱动程序的列表，从中选择特定的驱动程序”，当弹出驱动列表后，选择“从磁盘安装”。接着点击“浏览”按钮，在弹出的查找窗口中找到驱动程序所在的文件夹，按“打开”按钮，最后确定。此时驱动程序列表中出现了许多显示芯片的名称，根据你的显卡类型，选中一款后按“确定”完成安装。如果程序是非 WHQL 版，则系统会弹出一个警告窗口，不要管它，点击“是”继续安装，最后根据系统提示重新启动电脑即可。另外，显卡安装不到位，也会引起驱动安装错误，因此在安装显卡时，一定要注意显卡“金手指”要完全插入 AGP 插槽。

6. 屏幕出现异常杂点或图案该如何处理

此类故障一般是由于显卡的显存出现问题或显卡与主板接触不良造成。需清洁显卡“金手指”部位或更换显卡。

7. 为什么开机后显示器指示灯一直呈橘黄色

通常情况是显卡的信号没有发送到显示器，请在关机后更换显卡插槽或显卡本身。但一些 SLOT1 插槽的 CPU 插得不紧，也会出现无显示的情况，或者是一些 AGP 插槽上与 AGP 显卡接触不良，而主板上大多只有一个 AGP 插槽，无法更换其他插槽。这时只能更换到其他电脑上测试 AGP 显卡。也可以临时插一个 PCI 或 ISA 显卡来证明是否是显卡的问题，这样可以排除 CPU 的接触问题。

一些名牌显卡可能需要 AGP 插槽提供更大的电量，而 INTEL 440LX 时期的主板不能很好地支持这些插卡。关机后，插紧显卡或更换另外的扩展槽。尽可能保持显卡与主板垂直。在显卡无效的时候，可以把 CPU 拔下来，再插紧。

8. 为什么重新安装显示卡后，显示器屏幕无显示

电脑在安装好后，使用一直都非常正常，但更换显示卡后，就出现不能启动的问题，但是主机电源指示灯显示正常，CPU、电源风扇也能正常运转，开机也无警报声。

（1）打开机箱，判断显示卡、内存、硬盘及各类硬件的安装是否存在问题，如果都没有问题，就应该从新安装的显示卡入手进行解决了。

（2）拔下显示卡并重新安装，如果仍旧无法开机，可以用刷子对插槽进行除尘处理，再次插好显示卡及内存，重新开机，一般问题都可以得到解决。如果问题都不能解决，那基本上可判断显示卡有问题了。

> **提示!!** 主机板上板卡间的接触不好，也是导致屏幕不显示的一大原因，所以在排除这类故障时不可不考虑，解决问题时可试着对板卡多插入几次，确保其接触良好，必要时可对主机板做除尘工作。

9. 为什么播放视频时电脑就自动重启

电脑使用基本正常，但在播放 DVD 影片等视频文件时，只要单击鼠标键，系统就会自动重启。操作系统为 Windows XP，升级前使用 Windows

2000，没有出现过此问题。是不是与在 Windows XP 中使用了支持 Windows 2000 的显卡驱动程序有关？

很多时候，在找不到支持 Windows XP 的驱动程序时，使用支持 Windows 2000/NT 的驱动程序也是可以的，但这两种程序毕竟不完全一样，出现一些现象也是可能的。对于此类问题，一般只要安装支持 Windows XP 的显卡驱动程序即可解决。

10. 为什么屏幕画面会抖动

电脑启动正常，工作一会儿后频繁出现屏幕画面抖动现象，严重影响使用。

先检查显示器是否正常，安装到其他电脑上使用，工作正常。重新插拔显卡，故障依旧，排除安装问题。仔细检查显卡，发现“金手指”上有灰白色锈迹，推断为金属氧化物导致接触不良。使用橡皮或者软布仔细清理，安装好后开机，故障消失。

11. 为什么更换显卡后无法设置分辨率

为升级电脑更换了显卡，且运行了新显卡所带光盘上的驱动程序安装文件，但重启电脑后发现，在 Windows 系统中只能使用 640×480 分辨率和 16 色显示。重新运行了驱动程序安装文件，还是这样。

根据现象分析，可能是新旧显卡的驱动程序发生了冲突，导致系统不能正确使用显卡。对于此问题，建议进入安全模式，卸载原驱动程序，然后通过“设备管理器”指定显卡驱动程序安装文件的存放路径，再根据操作系统的安装向导一步一步安装驱动程序。重新启动电脑后，就可以调整显示分辨率等参数了。

12. 为什么运行 3D 游戏时屏幕闪烁

电脑运行一直正常，就是在玩游戏时，特别是 3D 游戏，屏幕总是有明显闪烁。GeForce3 显卡，Windows XP 操作系统。

屏幕闪烁与刷新频率有关，一般情况下，刷新频率达到 75Hz 以上就基本感觉不到闪烁。目前的显卡和显示器基本都能保证 1 024×768 分辨率下 75Hz 的刷新率，但这只是在 2D 情况下，在 3D 游戏中，有时会变为 60Hz，就会感觉有些闪烁。此问题的解决方法如下：运行 Windwos\system32\dxdiag.exe 文件，启动 DirectX 诊断工具，打开“其他帮助”选项卡，单击“替代”按钮打开“替代 DirectDraw 刷新行为”对话框，在“替代值”框中输入一个合适的刷新频率值，确认后退出程序。

8-8　显示器常见故障分析与排除

1. 为什么开机时显示器发出声响

CRT 显示器在开机的时候发出"啪"的一声。

显示器在连接电源开关后，其内部的消磁线圈就会开始工作，以消除周围磁场对显像管的影响，保证显示器不会因磁化导致影像及色彩失真。开机时听到"啪"的一声就是消磁电流（比正常工作电流大得多）通过消磁线圈产生的声音。显示器越高档就越注重消磁线圈的作用，消磁电路设计中使用的继电器在切换工作状态时会产生更大的声音。对此现象不用担心，它不会给显示器造成任何损坏。

2. 为什么开机后显示器画面先大后小

刚刚购买的显示器存在这样一种现象，开机后显示画面先是很大，然后在几秒钟后慢慢缩小到正常，请问这是故障吗？

这其实是一种正常现象，并且说明您的显示器品质较好。造成这种现象的原因是在刚开机的时候，显像管内偏转线圈上的电子束强度非常大（偏转线圈的作用是对电子枪射向荧光屏的电子束进行方向、序列方面的控制）。为了防止这些强度过大的电子束瞬间轰击某一小片荧光屏，长此以往将造成该区域内的荧光粉迅速老化，最终形成无光感黑斑区域的故障，一些品牌显示器会针对性地设计一个保护电路，作用是在开机时控制偏转线圈让过强的电子束散开，而不是集中轰击在某块区域内。当偏转线圈的电子束强度正常后，就关闭这个保护电路。因此您所看到的显示画面先大后小的情况正是这个保护电路进行调节的过程。当然，如果是您从一个高亮度图像切换到一个低亮度图像后产生该种现象，则说明该款显示器有明显的"呼吸效应"，即显示器的高压线路部分不是很稳定。

3. 为什么刚开机时屏幕抖动很厉害

电脑刚开机时，CRT 显示器的画面抖动很厉害，有时连图标和文字也看不清，但过一两分钟后就会恢复正常。

由于此故障多发生在潮湿的天气，推断可能是显示器内部受潮所致。最好的方法是改善电脑的工作环境，如果不能很好地改善，这里介绍一个小窍门。将一些食品包装中的干燥剂（防潮砂）用棉线串起来，打开显示器的后盖，将其挂于显像管管颈尾部靠近管座的地方。此方法可以有效地缓解潮湿导致的问题。

4. 为什么开机后很长时间才有画面显示

启动系统后，CRT 显示器一直黑屏，等上十几分钟后才出现画面，其他方面都正常。

根据现象分析，可能是显像管座漏电所致，建议联系专业维修人员进行更换、修理。

5. 为什么更换显示器后启动死机

原显示器为 17 英寸 CRT，更换为 15 英寸 LCD，开机自检正常，操作系统启动画面过后黑屏，但系统仍在启动。

根据现象判断，问题出在显示器上。经查询，得知原 CRT 显示器设置的分辨率为 1 152×864。由于新换的 LCD 支持的最大分辨率为 1 024×768，无法支持原分辨率设置，所以在进入 Windows 操作系统界面时黑屏。

解决方法如下：重启系统，按“F8”键，选择进入安全模式，或者是 VGA 模式，进入操作系统后将分辨率设置为当前 LCD 所支持的数值，再重启系统。

6. 为什么一进入 Windows 就黑屏

某兼容机，CRT 显示器。系统启动后，自检正常，启动到 Windows 界面时黑屏。

根据现象分析，硬件基本正常，可能是显示分辨率或者刷新率调得过高了。重启进入 Windows 的安全模式，调整显示属性时发现，屏幕分辨率的设置正确，没有超过设备所支持的上限，但系统内安装的显示器驱动程序与实际不符，而且刷新率也过高了。原来是使用者发现屏幕稍有闪烁，就要调整刷新率，但由于在显示属性中不提供更高的刷新率选项，就安装了一个其他显示器的驱动程序，从而设置了一个较高的刷新率。将显示器的驱动程序重新安装，并设置了所支持的刷新率后，故障排除。

7. 进入睡眠状态屏黑一下马上又亮怎么办

Windows 在进入睡眠状态后总是黑一下屏马上又亮了。可作如下处理：

（1）单击“开始”/“控制面板”，在打开的“控制面板”窗口中单击“性能和维护”图标按钮。

（2）在打开的“性能和维护”窗口中单击“电源选项”图标按钮。

（3）在打开的“电源选项属性”对话框中单击“高级”标签选项卡，在“在单击计算机电源按钮时”下拉列表中选择“待机”。

8. 显示器温度过高怎么办

一台 CRT 显示器，使用数年后，出现聚焦、亮度不稳定情况。开机时显示正常，数分钟后亮度逐渐增大，字符逐渐模糊，背景变红，屏幕闪烁，约半小时后，机壳上部温度烫手。

电脑刚开机能正常显示，基本可确定显示器线路板和元器件无断路、短路现象。显示器正常显示数分钟后，故障逐渐出现，而且逐步加重，很可能是某些元器件不稳定。根据机壳温度较高这一情况分析，产生故障的原因可能是散热不好。经检查，发现显示器离供暖设置过近，且通风散热条件不好。改善显示器工作环境后，故障消失。

9. 为什么玩游戏时屏幕整体偏移

CRT 显示器，1 024×768 分辨率，平时使用一直正常，但在玩游戏时，屏幕总是整体向右偏移一段距离。

出现这种现象的原因是游戏不支持高分辨率，进入游戏时，系统会自动切换到低分辨率，例如 640×480，此时就可能出现屏幕画面偏移的情况。对于数控显示器，解决此问题很简单，在 Windows 环境中，将分辨率调为各个支持的数值，分别通过控制菜单调整屏幕显示和形状失真等参数。由于数控显示器可以自动记忆各分辨率、刷新率下的屏幕位置，在系统自动切换到任何模式时，都不会出现屏幕偏移的情况。

10. 为什么显示器屏幕左右抖动

CRT 显示器，屏幕上显示的画面总是左右抖动，或者出现很多“波纹”。

这可能是周围有磁场在干扰显示器。检查显示器附近有没有能产生强磁场的物体，例如大型的劣质稳压电源、劣质 UPS、磁化杯、彩电、冰箱或者劣质“防磁”音箱等。将显示器远离能产生将磁场的物体，如果屏幕显示依然不正常，就要考虑进行消磁。

11. 为什么屏幕上有细灰线

新购买的 SONY CRT 显示器，发现在屏幕上有一条很细的水平灰线，不注意时很难看出来。

这是 SONY 显像管的特殊技术造成的，是正常现象。应用 SONY 显像管的显示器都存在同样的问题，一般 15 英寸显示器在 1/3 处有一条水平灰线，17 英寸显示器在上下 1/3 处各有一条水平灰线。

12. 屏幕出现大片粉红区域怎么办

组装电脑，CRT 显示器，使用一直正常，突然在屏幕右下角出现一大片粉红区域，很影响屏幕显示。

此现象多发生在显示器附近有强磁场时。由于是屏幕的右下角出现粉红区域，在屏幕右边查找磁场源，发现是一个磁化杯引起的。将磁化杯远离显示器，故障消失。

13. 显示器屏幕出现水平条纹怎么办

组装电脑，CRT 显示器，使用一直正常，突然在屏幕右下角出现一大片粉红区域，很影响屏幕显示。

此现象多发生在显示器附近有强磁场时。由于是屏幕的右下角出现粉红区域，在屏幕右边查找磁场源，发现是一个磁化杯引起的。将磁化杯远离显示器，故障消失。

14. 液晶显示器上有一块黑斑怎么办

液晶显示器（LCD）屏幕上出现了一块黑斑，使用软布擦拭后仍存在。

根据黑斑的大小，推断为手指按压造成。由于 LCD 屏幕并不像 CRT 那样使用坚固的玻璃制作，稍有外力压迫即可造成偏振片变形，且不会自动恢复，造成液晶屏幕的透视、反光性能改变，在使用时就会出现黑色或者灰色的斑点。此问题无法解决，但也不会造成其他方面的问题。

> 提示!!
> 使用 LCD 显示器时应注意尽量避免任何物体对 LCD 屏幕的接触，很小的外力就可能留下痕迹，稍大的外力就可能造成整块屏幕的报废。

15. 室温过低会导致液晶显示器无法使用吗

某液晶显示器使用情况一直正常，某天出现启动时无显示的故障。整个屏幕呈有规则性的微弱闪烁。从显示器背后的散热孔可以看到，灯管在被稍微点亮之后马上又熄灭了，如此反复，并发出轻微的“咔嚓”声。

使用替换法检查，发现将显示器安装其他电脑上能正常使用，但当前电脑的所有硬件均无问题。最后确定是使用环境问题，通过查阅产品说明书，得知该产品的环境要求为：工作温度 5℃～35℃，湿度 20%～80%。而当前室温低于 5℃，于是导致无法使用。改善工作环境的温度后，故障排除。

16. 为什么显示器指示灯突然变红后自动关闭

打开显示器时，显示器的指示灯突然变红了（正常时为绿色），然后显示器自动关闭，反复多次都是如此。可当第二天准备把显示器送修时，却发现故障消失。

显示器指示灯变红，随后自动关闭，这应该是显示器进入了高压保护状态。此时应立即拔下显示器的电源线，并检查给显示器供电的电源电压是否正常。如正常，则可能是显示器内部由于某种故障产生了一个瞬间的高压，此时最好将显示器送专业人员维修，以免造成其他故障。

17. 显示器信号超出显示范围怎么办

某电脑显示器从等待状态进入工作状态，屏幕上就显示“信号超出显示范围”。

这应该是刷新频率设置不当，在桌面单击右键出现“属性”对话框，选择“设置”/“高级适配器”选项，前提是必须有显示器驱动程序，然后在适配器的刷新速度里选“默认”或“优化”，如果还出现问题，建议用更换法对显卡和显示器进行校验。

18. 显示器边缘有两条垂直黑边怎么办

显示器边缘有两条垂直黑边，很宽，减小了很大一部分显示空间，请问这是怎么回事?

这种现象是由于显卡的显存不够所致。较老显卡的显存一般只有 1MB 甚至更少，此时如果将显示分辨率设置得太高，则会出现描述的现象。解决的方法是：

（1）增加显卡上的显存，显卡上一般都会留有空余的扩充显存用的插槽，但一定要注意，扩充的显存型号要与原有的显存兼容，如果把握不准，请抄下显卡上原显存的型号供经销商参考或直接拿显卡去扩充。

（2）降低显示分辨率，如果使用的是 Windows 操作系统，可以通过“开始”/“设置”/“控制面板”/“显示”/“设置”，将“屏幕区域”调节柄由“大”向“小”的方向拉动，并连续选择“确定”后保存设置即可。

8-9 打印机常见故障分析与排除

1. 打印时电脑提示硬盘空间不够怎么办

在打印一份包含多页高精度图片的文档时，打印机长时间无响应，系统提示 C 盘空间不够，是否进行磁盘清理。

根据故障情况分析，很可能是打印作业计算量太大，占用了很大虚拟内存空间，而虚拟内存默认存放在系统所安装的磁盘分区（通常是 C 盘），当磁盘空间不够时就会出现此情况。清理 C 盘，将没用的文件（系统临时文件、不再需要的文件等）删除，转移可以保存在其他位置的数据。重新打印，故障排除。

提示!! 打印多页文档时，如果速度很慢，可以将文档单页输出，以免一次占用过多的系统资源，同时减少出错的可能。

2. 通过共享打印机打印文件时打印机无响应怎么办

在 Windows 系统中，打开打印机的设置窗口，右击相应打印机的图标，选择“属性”命令，在打印机的属性窗口的“详细资料”选项卡中查看打印端口的设置，如果是其他电脑上的共享打印机，端口应为相应电脑的名称和打印机的共享名称。原来是那台电脑修改了计算机名称，修改为正确的名称后，故障排除。

3. 发送打印命令后打印机无响应怎么办

在字处理程序中，处理完成文档后，单击菜单命令“打印”/“打印”进行打印，但打印机没有任何响应。

打开系统的打印机窗口，检查打印机设置，发现要使用的打印机没有被设置为默认的打印机。由于在 Windows 操作系统下，应用程序执行打印命令时，总是向默认的打印机发送信息。如果当前要使用的打印机并没有被设置为默认，则接收不到信息，也就不会有任何反应。在打印机设置窗口中，右击要使用的打印机图标，从弹出的快捷菜单中选择“设为默认打印机”命令即可。

4. 打印文档时，打印机没有任何响应怎么办

双击系统托盘中的打印机图标，在打开的窗口中打开“打印机”菜单，检查“暂停打印”或者“脱机使用打印机”选项是否被选中。如果这两项之一被选中，打印机都不会有任何响应。单击有关选项，取消选项前面的选中标记即可。

5. 使用打印机打印文件时，发现打印机没有任何响应怎么办

检查打印机是否已经正常联机，包括打印机的电源是否打开，打印电缆是

否正确连接，打印机面板上是否有任何报警信息显示等等。打开打印机电源，或者在关机的情况下重新连接打印电缆。

6. 为什么打印出很多乱码

使用打印机打印文档时，出现很多乱码，有时候整页就一行乱码，其他都是空白。

打印时出现乱码有多个可能原因，包括：所打印的文件损坏；打印机出现暂时性的故障；打印电缆存在问题；打印驱动程序被破坏；打印所使用的应用程序有问题等。对于这些问题，一般采用以下方法进行解决：重启打印机和电脑，使用打印机打印测试页以检查打印机本身是否有问题；重新安装打印驱动程序；检查其他应用程序是否能正常打印，以确定是否是当前应用程序有问题；更换一根打印电缆试试。如果通过以上方法确定了不是应用程序和打印电缆有问题，就可以判断为打印机自身有问题，最好联系客户服务机构或者打印机专业维修人员进行检修。

7. 打印出来的字符出现重叠、歪斜怎么办

使用打印机打印文档和图像时，经常出现字符重叠、文本歪斜、内容不完全等现象。

可能的原因及处理方法如下：

（1）打印过程曾经被强行中止（例如意外断电等），再继续时会出现此类现象。对于此问题，先取消当前打印任务，重启打印机，再重新进行打印。

（2）使用应用程序设置的打印内容版面不合理，通过应用程序的打印预览功能可以纠正此类错误。

（3）系统字库或者打印机字库损坏，需要重新安装。

（4）打印驱动程序损坏或者和打印机不对应，需要重新安装打印机驱动程序。

8. 为何打印机夹带多张纸

打印机在打印时，经常出现多张纸层叠地粘连在一起被打印的情况，有时由于夹带的纸张过多而导致卡纸。

造成打印机夹带多张纸的原因有两方面：

（1）所用的纸张不符合要求：如果打印纸带有很多静电（例如质量不佳的打印纸，或者另一面已经打印过的纸张等），容易在进纸时粘连在一起。还有，将厚度不同的纸张放入进纸槽使用时，也容易出现粘连现象。

（2）打印机的设置不合适：有些打印机具有纸张厚度调节、纸张类型选择等功能，如果设置得不合适，就会出现夹带纸张的情况。建议翻阅说明书，查看有关内容，进行正确的设置。

9. 中文字符打不出来怎么办

在打印文件时，英文字符能够正常打印，但遇到中文字符时，经常打不出来，或者变成了乱码。

根据情况分析，可能是打印机驱动程序存在问题。经过查看，发现安装的是英文版驱动程序。将原驱动程序卸载，安装最新的中文版驱动程序，故障排除。

10. 打印时提示 LPT1 端口输入错误怎么办

在打印文件时，系统报错“LPT1 端口输入错误”，不能正常打印。

遇到此错误提示，可以先将打印机重启，如果不能解决问题，再重新安装打印机驱动程序，并检查打印机的默认设置是否合适，是否存在系统冲突。如果这些方法都不能排除故障，建议更换打印电缆，或者联系专业人员进行检查维修，打印机使用时间过长，会因一些元器件老化引起不能打印的故障。

11. 打印文件时系统报错，打印机面板上有指示灯闪烁怎么办

根据打印机面板上的指示灯信息，可以判断是卡纸了。将打印机电源关闭，打开前盖（不同类型、型号的打印机结构不同，打开的方法也不相同），取出硒鼓，将卡住的纸张顺着正常走纸的方向小心抽出。如果进纸槽可以取下，最好将其取下，并检查是否还有其他的纸张被卡住。抽出被卡的纸张时要谨慎，且勿用蛮力，尽量不要让纸张撕坏。如果纸张被撕碎，一定要将所有碎片取出，遗留的纸屑会引起更严重的故障。确认没有卡住的纸张后，将硒鼓装好，盖好前盖，开启电源。

打印机自检正常后，一般会继续进行打印作业。如果发现卡纸导致丢页，可以重新打印所缺的页，也可以中止当前打印作业，重新打印文件。

12. 打印机不进纸怎么办

一台喷墨打印机，突然出现了不能进纸的情况。纸张已经放好，但执行打印任务时，纸张不能正常进入打印机内部，过了一会儿系统就报告打印错误，不能正常打印。打开打印机机盖查看，没有发现有卡住的纸张。

根据情况分析，可能是进纸部分的机械出现了问题。关闭电源，打开机盖仔细检查，发现进纸槽的底部有一个别针卡住了进纸辊。取出别针，再次检查确认无其他异物后，安装好打印机并进行打印操作，故障排除。

13. 为何喷墨打印时将文档自动压缩为原来的 1/4

佳能 4310SP 喷墨打印机在打印文档时，自动将文档压缩为原来的 1/4。

佳能打印机的打印机属性设置错误时，就会出现能够打印、但打印出的文件都自动被压缩为正常页面的 1/4 大小。此时将打印机的相关属性恢复为出厂时的初始值即可。

14. 更换墨盒后墨水存量显示为一格怎么办

一台彩色喷墨打印机，当黑色墨盒墨量显示为只剩一格（满墨量显示为三格）时，更换了一个新的墨盒。可是墨水存量显示还是一格，但并不影响打印。

当墨量显示还有一格时，并不代表墨水使用完了，应当等系统提示墨水用完时再进行更换。打印机检测墨水存量并不是直接检查墨盒里的存量，一般是通过已打印过的字符来计算的。所以，当一个墨盒没有完全用完时更换为新墨盒，打印机不会重新开始计算墨量。

出现这种情况一般不会影响正常使用，可以查阅说明书，看是否能将计数器清零，或者不理会墨量显示，当打印的文件变浅时再更换墨盒。

15. 为什么喷墨打印机打印速度变慢

一台彩色喷墨打印机，说明书上说打印黑白文档的速度为每分钟 6 页，实际打印时基本上是每分钟两页。是不是什么地方出现问题了？

经过检查，确定打印速度变慢的原因是采用了“精细”打印选项，而且文档中的字体和字号变化很多，这些都会导致打印速度变慢，并不代表打印机出现了故障。说明书上的打印速度是有一定前提条件的，一般是在文字覆盖率约为 5%，基本上没有复杂的版面变化的情况下的速度。如果采用高分辨率、精细模式打印复杂的图像，10 分钟打印一页也不足为怪。

16. 为何更换墨盒后自检通不过

一台喷墨打印机，更换墨盒后一直不能正常使用，开机后出现有节奏的“咔嚓”声，自检通不过，有指示灯报警。

根据现象分析，应该是墨盒安装得不正确。打开打印机盖进行检查，发现墨盒没有安装到位。将墨盒取下重新安装，然后开机检查，故障排除。

17. 如何处理喷墨打印机喷嘴堵塞

一台喷墨打印机，墨盒和打印头是一体的，打印的字符残缺不全，经过检查，发现是墨盒上的喷嘴被凝固的墨水堵塞了。怎么处理?

如果墨盒剩余的墨水还比较多，不想整个更换，可以尝试一下自己动手处理。在关闭电源的情况下，取下墨盒，在温水浸泡一段时间，注意墨盒上的电路部分不要接触水。取出墨盒，并擦拭干净，安装到打印机上。执行一两次打印机清洗操作后，问题即可解决。

18. 喷墨打印机为何无故打出细黑线

使用喷墨打印机打印文档时，经常在文字的下面打出细黑线，而且黑线的长短不一。

根据现象分析，可能是喷墨打印机的喷嘴或者控制芯片出现了问题，导致墨滴的控制出现错误。经过检查，发现该打印机的喷嘴和控制芯片和墨盒是一体的，便更换了一个新的墨盒，打印文档进行检查，故障消失。

19. 如何处理喷墨打印机走纸不正

一台彩色喷墨打印机，在打印时纸张不能平直地从打印机中走出，经常是斜着出来，打印的内容也就歪斜了。

出现打印机走纸不正的情况，首先应检查进纸槽两边卡住纸张的滑动挡板是否正确地夹住了打印纸。在使用不同大小的纸张时，应将打印纸整齐地放入进纸槽，并用滑动挡板夹好。如果挡板已经调整正确，则问题可能出在进纸辊上，检查进纸辊上的橡胶套是否齐全、完好，如果缺少或者某个磨损严重，就会出现进纸不正的情况。

20. 为何更换新墨盒后打印出来的都是白纸

一台彩色喷墨打印机，墨盒和打印头是一体化的，使用一直正常。更换了一个新的原装墨盒后，打印动作正常，但打出来的都是白纸，没有任何内容。

出现打印动作正常，但打印不出内容的情况，可能的原因包括：喷嘴堵塞，打印控制电路故障等。由于打印控制电路出现故障的可能性很小，先考虑喷嘴的原因。经过检查，发现新换上的墨盒没有将封条取下，导致墨滴不能喷出。取下封条，重新打印，故障消失。

21. 为什么打印文稿字迹模糊类似空心字

一台 HP 激光打印机，以前使用一直正常，最近打印出来的文稿出现类似空心字的模糊字迹。

出现上述故障的原因一般有：汉字字体设置被修改；墨粉盒内的墨粉量不足；打印机本身有故障；所用系统被感染了病毒。

针对上述故障现象可做如下处理：

（1）进入所使用的文稿处理系统，检查文件字体设置正确与否，经检查文件字体设置正确。

（2）进行打印自测样张检查，自测样张正常，说明墨粉盒的墨粉量充足，打印机本身工作基本正常。

（3）用病毒查杀软件如瑞星杀毒软件 2003 对系统进行查杀病毒处理。

（4）如果故障不变，则重新安装文稿处理系统后。

（5）试机，如果故障依旧，说明激光打印机电缆有断线故障，找一条 37 针的同型号电缆替换后，故障排除，证实打印电缆有断线故障。拆开该打印机电缆线，用万用表逐一测试，发现与计算机相连的一根连至 9 针插头上的电缆线脱落，将其重新焊牢后换上，打印输出的文稿恢复正常。

22. 如何处理激光打印机输出纸张出现白色条纹

一台激光打印机，使用时间较长，近来打印出来的纸张都带有很宽的白色条纹，很多内容都没打出来。

根据现象分析，可能是激光打印机的硒鼓内部存在问题。激光打印机主要由激光扫描系统、电子成像系统和控制电路组成。激光扫描系统利用激光束扫描形成静电潜像，电子成像系统则把静电潜像转变为可见的输出，控制系统负责整个系统的协调工作。如果激光扫描系统出现了问题，则不能形成可见打印输出。打印机输出的纸张有一长条部分没有内容，说明激光镜面的相应部位可能被杂物遮挡了，导致不能成像。由于目前的硒鼓大多为一次性，建议直接更换一个硒鼓，如果想进行维修，最好联系专业维修人员。

23. 为何激光打印机频繁卡纸

一台没用多久的激光打印机，在打印时频繁出现卡纸的情况，使用高质量的打印纸也是一样。

由于打印机是新的，先不考虑机械故障的可能，可能的原因包括：

（1）进纸槽上的纸张大小设置没有调整正确。有些打印机的进纸槽上有一个调整纸张大小的游标，如果和所使用的纸张不符，很容易出现卡纸的现象。

（2）打印机的进纸槽都有一次容纳纸张的限度，放入的纸张数量接近或者超过上限都不利于正常走纸，建议每次不要放入过多的纸张。

（3）很多打印机提供调整所用纸张厚度的功能，如果没有调整正确，就容易出现卡纸现象。

（4）打印机属性设置中，一般具有选择纸张类型（普通纸、胶片、卡片、信封纸等）和大小（A4，B5，自定义等）的设置，与实际所用纸张不一致也会导致卡纸问题。

24. 为何激光打印机输出纸张出现黑色条纹

一台激光打印机，自行灌了墨粉后，输出纸张都带有很宽的一条黑色竖纹，盖住了字迹。

根据故障现象分析，很可能是在灌粉的过程中，不慎将墨粉沾到了显影辊上，导致每张打印纸都被污染。如果污染情况不重，多打几张纸，看是否能将墨粉全部沾出。有些硒鼓带有清理污物的设计，例如一个可以推动的滑块，来回推动该滑块进行清理。如果打印多张纸后仍带有很深的黑条纹，则需要更换硒鼓，或者拆开硒鼓进行清理。

25. 为何打印纸刚进入机打印内就卡纸

这一般是由搓纸轮磨损打滑使打印纸送不到位引起的，如果磨损不严重，清洗后可排除故障，可能使用一段时间后，又会出现故障，最好更换新的搓纸轮以彻底解决此问题。

26. 为何激光打印机打印效果深浅不均

一台激光打印机，一直使用正常，近来输出的文稿字迹普遍没有以前那么清晰了，特别是纸张中间的位置，内容显示很模糊。

这种情况一般是打印机墨粉不足所致，关闭打印机电源，取出硒鼓（一般情况下，硒鼓和墨粉盒是安装在一起的），前后轻轻摇动，以使墨粉在墨盒中均匀分布。将硒鼓原样装好，开机打印，故障消失。出现打印内容变浅后，通过摇动硒鼓可以维持一段时间，反复几次后就需要更换墨盒了。

27. 为何打印头停止不动发出长鸣或在原处震动

某针式打印机，长时间打印报表后，打印头停止不动，发出长鸣，有时会在原处震动。

打印头导轨长时间滑动会变得干涩，打印头移动时就会受阻，到一定程度就可以使打印停止，严重时可以烧坏驱动电路。

在打印导轨上涂几滴仪表油，来回移动打印头，使其均匀。重新开机，如果还有此现象，那有可能是驱动电路烧坏，需要拿到维修部了。

28. 为何使用针式打印机时经常死机

一台针式打印机，在进行打印操作时，经常出现死机现象。

根据现象分析，打印机硬件方面可能出现了故障。关闭打印机电源，拆开机盖，用万用表检查电路板。发现在主板上有一根大头针，推断是这根无意中落入打印机内部的大头针造成了电路短路，从而引起打印机频繁死机。取出大头针，检测各部分电路，未发现异常情况。原样装好打印机，开机检测，故障消失。

29. 为何针式打印机打印错位

使用针式打印机打印文件时，总是出现偏差，比在应用程序中设置的位置偏向纸张的下面和右边。

出现打印错位的现象，首先应检查驱动程序是否正确，打印机属性设置是否合适，然后检查在程序里设置的纸张大小、版面是否和实际相符。

30. 为何针式打印机输出文稿出现细白线

一台针式打印机，在打印文稿时，纸张上总是有一条细白线，但和断针出现的白线相比，要细得多。

由于出现的白线比断针所引起的要细，说明没有断针，很可能是相应的那根针由于磨损等原因比其他针略细一些，因而在打印时出现了细白线。找到被磨损的针，将其更换即可。

31. 针式打印机打印文稿上下没对齐怎么办

一台针式打印机，在打印时，打印头移动吃力，有较大噪声，输出的文稿上下没对齐，有的表格线都是歪曲的。

根据故障现象分析，是打印头导轨润滑不够所致。检查打印机上的两根导轨，发现上面的润滑油和灰尘混合，阻碍了打印头的通畅移动。使用棉签蘸无水酒精清洗，然后涂上一些润滑油即可排除故障。

8-10　其他硬件常见故障分析与排除

1. 开机后找不到鼠标怎么办

仔细检查鼠标与主机连接串口或 PS/2 口接触是否良好，仔细接好线后，如果故障依旧，则检查鼠标线路是否接触不良。接触不良的点多在鼠标内部的电线与电路板的连接处。只要不是在 PS/2 接头处，一般维修起来不难。

（1）将鼠标打开，再使用电烙铁将焊点补好。

（2）如果还不行，更换新鼠标再试。如果仍然无法解决问题，则可能是主板上的串口或 PS/2 口损坏，只能去更换一个主板或使用多功能卡上的串口了。

2. 如何处理开机提示错误按 F1 键死机问题

开机时，显示 KEYBOARD ERROR，PRESS F1 T0 RESUME，按 F1 键后死机。

可作如下处理：

（1）首先检查接口是否有问题。关机后先将键盘线从机箱上拔下来，然后重新插回，再开机看故障是否消失；

（2）如果仍有问题，使用万用表测量机箱上的键盘接口。开机时测量到 1、2、5 芯的电压相对于 4 芯的电压，如果为 0，说明连接线断了。找到断点重新接好就行了。或者，直接更换一个新的键盘。

3. 无论怎样按鼠标按键都没反应怎么办

可作如下处理：

（1）鼠标按键无动作，这可能是因为鼠标按键和电路板上的微动开关距离太远或点击开关经过一段时间的使用而使反弹能力下降。拆开鼠标，在鼠标按键的下面粘上一块厚度适中的塑料片，厚度要根据实际需要而确定，处理完毕后即可使用。

（2）鼠标按键无法正常弹起，这可能是因为当按键下方微动开关中的碗形接触片断裂引起的，尤其是塑料簧片长期使用后容易断裂。如果是三键鼠标，那么可以将中间的那一个键拆下来应急。如果是品质好的原装名牌鼠标，则可以焊下，拆开微动开关，细心清洗触点，上一些润滑脂后，装好即可使用。

4. 键盘鼠标插反会造成开机黑屏吗

对于某些电脑，键盘和鼠标接口插反，会造成开机后黑屏。

因为目前的电脑主板上，两者的接口都是 PS/2 接口，如果接反了，开机就可能会黑屏，但是不会烧坏设备。可以假设主板平放，则鼠标接口在上，键盘接口在下。如果键盘和鼠标同在一行，就更要注意正确连接了。

只要在关机后，将键盘和鼠标接口调换一下就可以搞定。

5. 为什么按键盘的一个键产生一串多种字符，或按键时字符乱跳

这种现象是由逻辑电路故障造成的。先选中某一列字符，若是不含回车键

的某行某列，有可能产生多个其他字符现象；若是含回车键的一列，将会产生字符乱跳且不能最后进入系统的现象，用示波器检查逻辑电路芯片，找出故障芯片后更换同型号的新芯片，排除故障。

6. 开机进入 Windows 后鼠标可以使用但键盘不能使用怎么办

有可能是检查键盘接口是否松动。

（1）使用鼠标软关机 Windows 系统，以防硬关机使系统瘫痪。

（2）关机后，拔出键盘接口一部分再稍用力插回。注意不要力气太大，以免损伤主板上的键盘接口部分。

（3）开机检验。

> **提示!!** 有的键盘接口是因为维修维护电脑时或搬动电脑时使键盘接口松动。如果是刚组装的电脑，请注意是否键盘接口质量问题或主板上键盘接口质量问题，如果是要及时更换，以免过保修期。键盘接口不好的情况时有发生，主板接口不好的情况少有。

7. 光电鼠标为什么乱动

有时鼠标会不听控制，自己移动鼠标，鼠标就乱动，还左右键乱点。不动它的话，它也不动，不上网时也有这种现象。

这种情况一般是鼠标出现了机械故障。更换一个鼠标后故障消失即可确定为鼠标故障。根据光电鼠标的工作原理分析，很可能是鼠标中红外线发射管与栅轮及红外接收管三者之间的相对位置不当，使两个感光管产生的光信号电压正好处于鼠标芯片判别亮暗信号的识别分界线上，这个点非常巧合，即此时鼠标芯片会把暗识别为亮，也可能把亮识别为暗，从而造成信号混乱，使指针满屏乱跑。打开鼠标，适当调整感光管的位置，装好，开机检测，故障排除。

8. 如何处理鼠标箭头移动困难

开机后鼠标能显示，但移动困难，灵活性明显下降，鼠标指针不像以前那样随心所欲，而是反应迟钝，定位不准确，或干脆不能移动了。这种情况主要是因为鼠标里的机械定位滚动轴上积聚了过多污垢而导致传动失灵，造成滚动不灵活。重点检查鼠标内部的 X 轴和 Y 轴的传动机构。

（1）打开鼠标下面的胶球锁片，将鼠标滚动球卸下来，用干净的布蘸上中性洗涤剂对胶球进行清洗，摩擦轴等可用酒精进行擦洗。

（2）最好在轴心处滴上几滴缝纫机油，但一定要仔细，不要流到摩擦面和码盘栅缝上了。

（3）将一切污垢清除后，鼠标的灵活性就会恢复如初。

9. 普通 Modem 提示错误 630 怎么办

拨号时提示：错误 630，调制解调器没有正确响应。请确认已将调制解调器插在计算机里并接上电话线。

可作如下处理：

（1）检查调制解调器连接是否有问题，指示灯是否亮。

（2）如果没发现问题，将调制解调器电源关闭再打开。

（3）如果使用的是内置调制解调器或问题还没有解决，则在“我的电脑”/“拨号网络”中用鼠标右键单击“263 连接（您的连接名称可能与此名称不一样）”，在弹出的快捷菜单中选择“属性”，在弹出的菜单中的“连接方式”中检查该连接所使用的连接设备驱动是否正确。

（4）如果问题还没有解决，则进入“控制面板”/“调制解调器”/“诊断”，在其中选中您安装调制解调器的端口，然后单击下面的“详细信息”。

（5）如果无法提示出详细信息，则重新启动计算机。

（6）如果还无法提示出详细信息请重新安装调制解调器驱动，直到可以提示出详细信息为止，调制解调器就可以正常使用了。

10. 普通 Modem 提示错误 676 怎么办

拨号时提示：错误 676，占线，请稍后再试。

可作如下处理：

（1）先检查电话线是否有问题。将电话线拔下，直接接在电话上，用电话拨 ISP 号码听一听听筒里有没有类似传真音的尖叫声，如果有此声，说明您的电话可以拨 ISP 号码上网。

（2）然后确认在“我的电脑”/“拨号网络”/“263 连接”中的电话号码在 ISP 号码之前没有其他数字。如果是通过总机拨号，则需在 ISP 号码之前加外线号和逗号，例如“0，ISP 号码”。

（3）如果在听筒中确为占线音，且占线频率极高，请联系 ISP（此处为 263）的客户服务部。

11. 普通 Modem 提示错误 629 怎么办

拨号时提示：错误 629，已经与对方计算机断开连接。请双击此连接，再试一次。

如果出现这个问题，情况一般比较复杂，因为有多种情况可以导致“错误629”，多数情况是因为同时拨入的人数过多造成的。另外，在您的拨号连接设置中应该全部采取默认设置，如“启用软件压缩”、“登录网络”都需要选上。

一般来讲，此种情况也有可能是由于您所用的 Modem 或电话线的性能和质量原因，以至于在您选定的通讯速率上不能很好地建立连接，处理此类问题的方法就是降速，将您设定的最高通信速率调低一级至两级（这要依赖于你的 Modem 速率，若是 56K 的速率，从 115 200 往下调，若是 33.6Kbps 的速率，从 57 600 往下调，若是 214.8Kbps 速率，从 38 400 往下调），一般来讲，当速率调至 19 200 时，问题即可得到解决。若已降至 19 200 甚至 9 600 或 4 800 还不行，则请与网络公司客户服务部联系，进一步核实。

还有一种情况就是：如果您的电话开启了防盗打功能，在拨号时将有调制解调器的握手音，但握手音响后将出现错误 629，如果有分机拨打电话，电话就会报警，只要把防盗打功能关掉就可以了。

12. 拨号时输入用户名和密码后为何提示 Login in correct

可能有三种情况，一是用户名或密码输入不符，输入的密码必须完全正确；二是费用已用完了或是欠前月费用而被暂停了服务，去指定地点续费或补齐您的欠费，即可开通使用；三是 ISP 的问题，可以询问当地 ISP 商。

13. 普通 Modem 提示错误 678 怎么办

可能与 TCP/IP 有关，可删除所有有关“TCP/IP”的选项后重新添加“TCP/IP 协议”；也可能是线路本身的问题，可以换一根好的线路，以判断是否是线路问题（对于 56KModem，正常线路的连接速度为 42kbps~52kbps 之间，如其速度小于 40kbps 就是线路问题）。如是线路问题，最好先解决线路问题，以更好地发挥 Modem 的功能。

14. 为什么普通 Modem 提示错误 680

原因可能有以下几种：

（1）Modem 的 Line 接口未接电话线，此时要查看电话线是否正确连接到 Modem 的 Line 接口上，如果未安装则接好。

（2）Modem 的拨号音不标准，这时需要取消“拨号之前等候拨号音”。

（3）有干扰线路的设备，如分机、并机、子母机等，此时最好去掉干扰线路的设备，尽量把入室电话线的主线以尽量短的方式直接接入 Modem，然后再从 Modem 转接出去，如果仍然不行，最好就换一条电话线来检测，以判定是否是 Modem 的原因。

15. 系统为何提示“没有拨号音”

拨号上网时，系统总是提示“没有拨号音”，不能上网。

经过检查，排除了硬件故障原因。将电话线连接到电话机上，拿起听筒，发现有其他人正在使用电话。原来这个线路还并联有其他分机。当其他人使用完电话后，拨号正常。

16. 安装 ADSL 出现错误提示 Rundll32 错误怎么办

安装 ADSL 后在电脑关机时提示“Rundll32 错误”，单击“关闭”按钮后可关机。

由于是在安装 ADSL 后出现的此类问题，应该与网卡及其驱动程序有关，请首先升级网卡的驱动程序，然后调整网卡安装的插槽位置，此外需要注意的是，很多关机故障都与显卡和声卡的驱动程序有关，建议同时升级显卡和声卡等设备的驱动程序。

17. 为何电话一来就掉线

使用 ADSL 上网，在玩游戏的时候电话一来就掉线。

之所以出现这个问题，可能是你 ADSL 硬件或者本地网络的问题。建议与 ADSL 的提供商来联系。

通常，ADSL 断线涉及多方面的问题，包括 ISP 的接入服务器故障，线路的故障，线路干扰，ADSL Modem 故障（发热、质量、兼容性）和网卡（速度慢、驱动程序老）等等，可以从几个方面着手解决：

（1）检查 ADSL 电话线接头是否稳妥。

（2）远离电源线和大功率电子设备。

（3）ADSL 入户线和分离器之间不可安装电话分机和传真机等任何设备。

（4）正确安装分离器。

（5）淘汰老式的 ISA 网卡，换成 10/100Mbit/s 的 PCI 网卡及最新驱动程序。

（6）确保 ADSL Modem 散热良好。

18. 拨号上网后无法下线怎么办

某日，开始上网时一切正常，可当我运行的程序以及打开的网页越来越多后，突然之间，屏幕一闪，“该程序执行了非法操作即将关闭，发生××错误，导致其中一个窗口即将关闭”，接着就关闭了所有运行中的程序，回到了桌面。看一下系统托盘，拨号网络的图标不见了，只剩下一个小喇叭留在那里。掉线了吗？没有听到“猫”掉线时那一声熟悉的咔嗒声（如果是外置 Modem，则只要看一下 Modem 的指示灯就可以知道了），肯定没有掉线。试着重新打开一个 Internet Explorer 窗口并打开一个网站，页面迅速打开了。上网没问题，可没有显示出拨号网络图标，该怎么下线呢？

解决方法：

依次单击“开始”/“注销”，在弹出的“注销”对话框中单击“注销”按钮即可。注销用户后，等于系统重新启动了一次，自然也就与网络断开了。

19. 如何处理系统检测不到扫描仪

一台 SCSI 接口扫描仪，开机自检正常，在应用程序中进行扫描时，系统提示找不到扫描仪。

对于系统检测不到扫描仪的情况，首先检查扫描仪与电脑的连接电缆是否正确连接，再查看 SCSI 卡和扫描仪的驱动程序是否正确安装，并在操作系统的“设备管理器”中检查是否存在硬件资源冲突。如果这些方面都没有问题，则需要考虑扫描仪硬件损坏的可能了。

20. 扫描速度为何过于缓慢

一台并口扫描仪，在扫描照片时速度很慢，要用很长时间才能扫描一张照片。

扫描速度慢的原因主要包括：

（1）设定的扫描分辨率太大，或者使用了某些特效。

（2）电脑的硬件配置较低，例如内存、硬盘容量偏小。

（3）并口设置不合适。在主板 BIOS 中，将 Integrated Peripherals 中的 Parallel Port Mode 设置为 EPP 1.9 试试。

21. 为何扫描仪扫描出来的图像比较模糊

扫描效果不佳的可能原因存在多种，主要为以下这些：

（1）扫描选项设置不合适，例如扫描分辨率太低、色彩设置错误等。

（2）扫描仪的玻璃板上有污迹。

（3）扫描时图片没有放置平整，或者出现了漏光等现象。

（4）用于显示扫描的图像的电脑设置有问题，例如显示器分辨率、色彩设置较低，显示器驱动程序有问题，或者显示器存在故障等。

22. 扫描预览模糊怎么办

使用并口扫描仪扫描图片时，显示的预扫描图像很模糊。

由于扫描预览的图像模糊，首先用软布小心擦拭了扫描仪的玻璃板（不要将水或者清洗液直接喷到玻璃板上），然后进行预扫描，但故障依旧。怀疑扫描仪驱动程序存在问题，卸载后重新安装，依然没有解决问题。重启电脑，进入 BIOS 设置程序中查看，发现并口的中断和 ISA/EISA 总线存在冲突。调整设置后，进入操作系统，扫描故障排除。

23. 文字扫描效果差怎么办

使用冠东 OA-OCR 扫描仪扫描文件，发现有很多文字没有被正确识别出来，不知道应该如何做才可以提高文字识别正确率。

冠东 OA-OCR 是一款印刷体方字识别软件，只能识别印刷体的原稿。如果原稿是手写稿将无法正确识别。冠东 OA-OCR 要求识别的文稿以黑白模式（Line/art），300dpi 或更高的分辨率扫描。如果扫描时使用的分辨率太低，也会造成文字识别率下降。

（1）尽量使用质量较好的原稿。

（2）识别之前，先使用自动倾斜校正和自动版面分析命令处理原稿。

（3）如果自动版面分析的结果不理想，可以手工调节文本框到合适的大小。

（4）如果原稿字迹比较淡，可调节 Mirascan 的“临界值”选项，使扫描的字迹加深以便识别。